Adolf Friedrich von Schack

Gesammelte Werke

3. Band

Adolf Friedrich von Schack

Gesammelte Werke
3. Band

ISBN/EAN: 9783744612395

Hergestellt in Europa, USA, Kanada, Australien, Japan

Cover: Foto ©ninafisch / pixelio.de

Weitere Bücher finden Sie auf **www.hansebooks.com**

Gesammelte Werke

des Grafen

Adolf Friedrich von Schack.

In sechs Bänden.

Mit dem Bildnisse des Verfassers.

Dritter Band.

Inhalt: Episoden. — Ebenbürtig.

Stuttgart.
Verlag der J. G. Cotta'schen Buchhandlung.
1883.

Episoden.

Erzählende Dichtungen.

———

Vierte Auflage.

Der Frau Gräfin

Marie von Schleinitz

in Berlin

verehrungsvoll gewidmet.

I.

Giorgione.

1.

Noch einmal steig empor im alten Glanz
Mit deinen goldnen Kuppeln von Byzanz
Und deinen Thürmen, die wie Minarete
Zum blauen Himmel ragen! Stadt der Städte,
Nicht so wie heute, wo in stummem Weh
Durch deine öden Straßen schluchzt die See,
Will ich dich schaun — nein, herrlich, wie du warst,
Als du den üpp'gen Lenz der Kunst gebarst,
Der, ob auch jede Blüthe sonst geknickt,
Uns noch mit Regenbogenpracht entzückt,
Phantastisch wie die Fluth, aus deren Schaum
Du dich erhobst! — Ein bunter Märchentraum,
Ein Bau der Feen, aus dem fernen Osten
Zu uns getragen und auf Eichenpfosten
Ins Abendmeer gebannt, also vor mir,
Venetia, das Flügellenn-Panier
Weitflatternd ob der blauen Adria,
Mit deinen Siegstrophäen stehst du da.
Die Gärten seh' ich über den Kanälen

Und die Paläste, wo in reichen Sälen
Palma und Gian Bellin und Pordenone
Als Meister walten, und hoch vom Balkone
Schwarzäugig, goldgelockt die hehren Frauen,
Die sie unsterblich machten, niederschauen.
Fast für der Menge fluthendes Gedräng
Ist des St. Marcus Riesenplatz zu eng;
Zahllose reichgeschmückte Nachen wogen
Hin unter Brücken, deren mächt'ger Bogen
Vom Tritt der Käufer und Verkäufer hallt,
Und ringsher über die Lagunen wallt
Bis spät im Dunkel Gondoliergesang.
Dann vor den Fenstern Mandolinenklang,
Guitarrenton zu nächt'gen Serenaden
Und Liebesflüstern unter den Arkaden.

2.

Heimkehrend aus Trevijo, wo noch heut
Sein Meisterbild uns Aug' und Herz erfreut,
Fliegt in der Barke durch den Canal grande
Giorgione der Piazzetta zu. Am Strande
Erblickt er den geliebten Schüler schon,
Sebastian, seines todten Freundes Sohn
Und theuer ihm, als obs sein eigner sei.
Bald in den Armen liegen sich die Zwei;
Begruß und Wiedergruß und Druck von Händen
Und Frag' und Antwort wollen nimmer enden:
„Ein Jahr, o eine Ewigkeit dies Jahr,
Nicht sah ich dich! Wie schnell, wie wunderbar
Bist du erblüht! Als ich dich ließ, fast Knabe
Noch schienst du mir; jetzt, mit dem Feldherrnstabe
Gemalt, fürwahr gäbst du ein Gegenstück

Zu meinem Gaston mit dem Adlerblick.
Doch, mein Sebastian, nicht durch Schild und Lanze
Zu siegen trachte du! mit edlerm Kranze,
Wie ihn die Kunst auf würd'ge Stirnen drückt,
Sei einst gleich unserm Gian Bellin geschmückt!
Nun? warst du fleißig an der Staffelei,
Und sind die Heil'gen schon gemalt, die drei,
Von denen mir dein Brief berichtet hat?"

Auf alle Fragen, die der Meister that,
Empfing er von Sebastian Bescheid,
Und in des Jünglings freudigem Geleit
Hinschreitend längs der Riva der Sclavonen,
Von Neuem hebt er an: „Hier werd' ich wohnen,
Vor mir das blaue Meer und nah bei ihr,
Bei Angela! Ein Traum fast däucht es mir,
Daß sie, die vor der Seele anmuthvoll
Mir stets geschwebt, mein Auge schauen soll.
Als klein hab' ich sie auf dem Arm gehalten,
Von Jahr zu Jahr ihr Werden und Entfalten
Belauscht und ihre Kunst im Spiel der Laute
Stets wachsen sehn; schon mit dem Kind getraute
Kein Meister sich den Wettstreit einzugehn;
Und seh' ich nun die Jungfrau vor mir stehn,
Der Rose gleich, die aus der Knospe brach,
Wie wird mir sein? Bei ihrem Lautenschlag
Wie muß das Herz mir beben! Sieh, wir nahn
Der Schwelle; auf nachher, Sebastian!"

Betroffen bleibt, als so der Meister spricht,
Der Jüngling stehn, todbleich sein Angesicht;
Stumm in die Weite vor des Mädchens Haus,
Drin Jener eintritt, starrt er lang hinaus.

3.

Aufsteigt Giorgione zum Gemache leise,
Wo seine Angela, seit früh schon Waise,
In Obhut braver Schiffersleute weilt.
Da horch! was hemmt, indeß er aufwärts eilt,
Den Schritt ihm plötzlich auf dem Corridor?
Ein Klang hallt aus dem Garten ihm ans Ohr,
Wie wenn der Wind durch Harfensaiten bebt.
Und lauter dann und immer voller schwebt
Der Ton herüber; jeglicher Akkord
Ist wie ein Seufzer, wie ein Klagewort
Sehnsücht'ger Liebe; solche Töne waren
Dem Mädchen fremd gewesen, als vor Jahren
Sie oft ihm seine Lieblingsmelodien
Gespielt, indessen mit dem Tamburin
Die Freundinnen beim lust'gen Klang der Schelle
Umhergehüpft im Tanz der Tarantelle.

Zu singen nun beginnt sie; leise schleicht
Er in das Gärtchen ein, sein Tritt so leicht,
Daß nichts die Sängerin, die in ihr Lied
Versunkene, gewahrt. Sie ists; er sieht,
Durch ein Gebüsch vor ihr versteckt, die Holde,
Die einzig Theure, von der Locken Golde
Das Haupt umwallt; was er im kühnsten Traum,
Als mählig sie erblühte, ahnend kaum
Gehofft, nun steht es herrlich und vollendet
Vor seinem Blicke da, der wie geblendet
Hin über all die Wunderreize streift.
Wie des Granatbaums Frucht, die vollgereift
Herniederfällt noch eh die Hand sie pflückt,
Wird ihm dies Mädchen sein. Er schaut entzückt
Das schöne Antlitz, blaß gleich dem Jasmine,
Halb hingesunken auf die Mandoline,

Der liebetiefen Augen zartes Braun,
Draus süße Schauer auf ihn niederthaun;
Er hört, wie, ihrer tiefsten Brust entquollen,
Die Stimme sich im sanften, seelenvollen
Gesange auf den Saitenklängen wiegt.
„Mir gilt dies Lied; zu mir fernhin nun fliegt
Ihr der Gedanke; hab' ich doch das Kind,
In ihm die Jungfrau ahnend, schon gemeint
Und ihr noch halb im Scherze zugeschworen,
Daß ich zu meiner Braut sie auserkoren;
Sie zeigte früh mir schon im kind'schen Spiel,
Daß auch in ihrem Herzen ein Gefühl
Der Liebe nach und nach für mich erwachte;
Selbst wenn sie spottete und wenn sie lachte,
Nie ward ich irr an ihr, und überreich,
So wie in Blüthenpracht der Mandelzweig,
Hat nun zu ihrem alten Spielgenossen
In Liebe ihre Seele sich erschlossen."

Er denkts und will die Arme nach ihr breiten;
Was hemmt ihn plötzlich da? Zum Klang der Saiten
Tönt es: „o mein Sebastian!" an sein Ohr,
Und „mein Sebastian!" nochmals, wie zuvor,
Hört er sie seufzen in der Liebe Weh.
So wie dem Wandrer im Gebirg, wenn jäh
Bei Nacht ein Blitzstrahl vor ihm niederfällt
Und grausenvoll des Abgrunds Schlund erhellt,
An dem er steht, ist ihm bei diesem Wort.
Er stürzt wie sinnlos aus dem Garten fort,
Und Angela erhebt das Haupt voll Schreck;
Erst jetzt ihn sieht sie, wie er dem Versteck
Entflieht; sie eilt ihm nach, sie will ihn rufen,
Doch schon ist er hinab die Treppenstufen.

Von Platz zu Platz, Kanal zu Kanal,
Rastlos getrieben von der Seelenqual,
Eilt durch Venedigs Gassen-Labyrinth
Der Meister hin — vergebens, er entrinnt
Den marternden Gedanken nicht: betrogen!
Von Denen, die er liebevoll erzogen,
Schmachvoll getäuscht! Kein Zweifel, der noch bliebe;
Gestohlen hat Sebastian ihm die Liebe,
Nach der er all sein Glück auf Erden maß.
Er denkt, wie bei dem Namen Angelas
Sein Schüler bleich sich abgewendet hat,
Und neues Zeugniß ist's für den Verrath.
„Der Schändliche, der Alles mir verdankt,
Der mählig sich an mir emporgerankt,
Wie Epheu an dem Stamm! Doch in sein Nichts
Zurück werd' ich ihn schleudern, Angesichts
Von ihr, zu der sich seine Blicke huben,
Den Frechen züchtigen gleich bösen Buben!
Ei, wie es kost, das junge Liebespaar;
Wie mag Giorgione auch, dem bald das Haar
Ergrauen wird, sich thöricht unterfangen,
Mit solchem Milchgesicht von Rosenwangen
Den Wettkampf einzugehn? Doch kann sich's fügen,
Du holde Unschuld mit den Engelszügen,
Daß du mit dem Betrogenen, Verschmähten,
Gezwungen wirst vor den Altar zu treten.
Du wolltest meine Liebe nicht, wohlan,
Laß sehn, was ich von dir ertrotzen kann!"

Gejagt vom wilden Sturme der Gedanken,
Rastlos forteilt er, seine Tritte schwanken,
Und auf der Stirn ihm liegts wie Blei so schwer.
Ihm ist, als ob ein nächt'ges Geisterheer

Mit dunkeln Flügeln ihm das Haupt umschwirrte,
Und sinnberaubt zuletzt sinkt der Verirrte
Hin vor dem Thor von St. Johann und Paul.

Schon auf den zack'gen Höhen von Friaul
Verglomm der Tag; allmählig seine blassen
Lichtstrahlen durch die volkserfüllten Gassen
Ergießt der Mond: da zieht ein munterer Schwarm
Von Malern, aus der Werkstatt Arm in Arm
Heimkehrend, an dem Kirchenthor vorbei;
Sie forschen, wer der Hingesunkne sei:
Hinab sich beugen sie und schaun erschreckt,
Wie reglos auf den Boden hingestreckt
In Fiebergluth mit halbgeschwundnen Sinnen
Der Meister liegt. Sie tragen ihn von hinnen
Und legen den Erkrankten, der nur matt
Noch aufblickt, sorgend auf die Lagerstatt.

Früh Morgens hört Sebastian mit schwerer
Betrübniß, was geschehn; hin zu dem Lehrer
Eilt er voll Angst und trifft ihn auf den Pfühl
Starr hingebannt; die Schläfe fiebert schwül,
Im Antlitz wechselt Todtenblaß und Roth,
Und durch die Adern pocht's wie naher Tod.
Auch Angela fliegt tiefbewegt herbei,
Und sorgend, pflegend weilen nun die Zwei
Am Bett des Kranken, selbst die Nächte wach.
Sie spähn jedwedem seiner Züge nach,
Ob sich nicht Hoffnung zur Genesung zeigt;
Bald er, bald sie hin über ihn geneigt,
Aufhorchen sie, wie er, vernehmbar kaum,
Von seinen Qualen spricht im Fiebertraum,
Und sengend, wie ein Pfeil von glühndem Erz,
Bohrt jedes Wort sich in ihr tiefstes Herz.
Zu reden nicht noch athmen wagen sie,

Mit Blicken nur einander klagen sie,
Daß schwerer er und immer schwerer krankt.

   Lang so am Grabesrand hat er geschwankt;
Da einst, als durch das Fenster, rebumgittert,
Der erste Lichtstrahl auf sein Lager zittert,
Scheint es, daß minder heiß die Stirne glühe.
Entschlummert liegt er sanft im Schein der Frühe,
Und nieder knien die Beiden im Gebete,
Dem Himmel für des Meisters langerflehte
Genesung dankend. Zu dem Mädchen leise
Spricht dann Sebastian: „Eine arme Waise,
Ob auch von anderm Elternpaar geboren,
War ich wie du; fremd standen wir, verloren
In dieser weiten Welt; wer bot uns da
Die Rettungshand? Wer — sag es, Angela —
Hat unsre Kindheit liebevoll gehegt?
Muß ich ihn nennen erst, der uns gepflegt
Und vor des Lebens rauhem Sturm gehütet?
Wie Frühlingsluft, die über Knospen brütet,
Umgab uns seiner Liebe warmer Hauch,
Und, wie zwei Blüthen an demselben Strauch,
Erschloß in seines Geistes Sonnenscheine
Der Kunst sich deine Seele wie die meine;
Er war es, der die kleine Hand mir führte,'
Als sie noch kaum den schweren Stift regierte;
Er spannte dir zuerst der Leier Saiten
Und lehrte dich, ihn beim Gesang begleiten.
Alles, ja Alles, was wir sind und haben,
Ihm schulden wir's, und nun für all die Gaben
So brächten wir ihm Dank? Du hast gehört,
Was für ein Gram ihm an der Seele zehrt;
Geloben laß uns drum: wenn im Geheimen
Gefühle, Wünsche uns im Herzen keimen,
Die Andres wollen, als was ihn beglückt,

In der Geburt schon seien sie erstickt!
Treu werd' ich dir, wie in der Kindheit Jahren,
Die Liebe, die ein Bruder fühlt, bewahren;
Allein bei dir und in Venedig ist
Für mich nicht ferner mehr zum Bleiben Frist:
Ich will nach Rom und, nur der Kunst geweiht,
Vergessen, daß noch andre Seligkeit
Auf Erden ist. Doch du, wenn wir uns trennen,
O Schwester — so muß ich fortan dich nennen —
Bleib hier zurück an unsres Meisters Seite!
Jedwedem, auch dem kleinsten Wunsch bereite
Erfüllung, den dein Blick im Aug' ihm liest,
Und wenn es ganz von Wonne überfließt,
So denk, daß glücklich du auch mich gemacht!
Gelobst du mirs? Doch, weil er sonst erwacht,
Sprich leise!" —

    Angela, die Hand ihm reichend,
That das Gelübd'; in Thränen und erbleichend
Sank sie dem Jüngling an die Brust, und lange
Umarmt sich hielten Beide Wang' an Wange,
Indessen um des Schlummernden Gesicht
Ein rosig Lächeln spielt' im Morgenlicht.

5.

Allmählig fühlt Giorgione sich genesen;
Vom Lager, drauf er lang gebannt gewesen,
Erhebt er sich in mancher Stunde schon,
Um, in dem Sessel lehnend, vom Balkon
Die frische Luft des Meeres einzusaugen,
Sich zu ergötzen, wie vor seinen Augen
Die hehre Stadt mit seedurchströmten Gassen,

Palästen, Inseln, Tempeln und Terrassen
Leuchtend emporsteigt, und den Glockenspielen
Zu lauschen von den schlanken Campanilen.

Wie also wieder Kraft und frischer Muth
Ihm durch die Adern strömte, wie die Fluth
Des jungen Lebens mächtig nach und nach
In ihm aus halb versiegten Quellen brach,
Schwand mit dem Fiebertraum auch der Verdacht,
Der ihn geängstet, hinter ihm in Nacht,
Gleich einem Wetter, welches fern verrollt.
So liebevoll war Angela, so hold!
Mit blassem Schein auf ihren Zügen lagen
Die Sorgen noch, die sie um ihn getragen;
Erst an der Röthe seiner Wange glühte
Auch ihre hoch und höher auf, als blühte
Genesend sie dem Leben neu entgegen.
Und wider sie den Argwohn konnt' er hegen?
Der Jüngling auch, der Tag für Tag aufs Neue
Ihm seine Liebe zeigte, seine Treue,
Wie hatt' er ihn so ungerecht verkannt!
Und als Sebastian gar vom Tiberstrand
Ihm sprach, daß er der Heimath Lebewohl
Nun sagen wolle, um aus Kapitol
Zum hohen Meister Michel Angelo
Zu ziehn, da, seliger Gewißheit froh,
Glaubt' er an eines neuen Lebens Schwelle
Zu stehn, durch dessen Frühlingssonnenhelle
Ihn das geliebte Mädchen führen werde.
Bald auch, daß sie das höchste Glück der Erde
Mit ihrer Hand ihm schenke, bat er sie,
Und süßer als die schönste Melodie,
Zum Lautenklang gesungen, scholl das Ja
Ihm von den Lippen seiner Angela.

6.

Selig Giorgione nun, der edle Meister!
Wie jubeln ihm verjüngt die Lebensgeister,
Seitdem er in den Augen seiner Braut
Glanzvoll die Welt zurückgespiegelt schaut!
Wie, denkend, daß er bald sich ihr vermähle,
Erbebt in freud'ger Hoffnung seine Seele!
Vereinen soll der Tag der Auferstehung
Die Beiden am Altar, und nach Begehung
Des Festes wird zur Stadt, die ihn gebar,
Nach Castelfranco, das beglückte Paar
Der Nachen tragen, während fern hinüber
Zur alten Weltgebietrin an der Tiber
Sebastian für immer scheiden will.

Inzwischen, o wie lieblich der April!
Vorboten schon vom nahen Osterfeste,
Herwehen von der Brenta milde Weste,
Und da die Frühlingssonne wärmern Strahl
Herniedergießt, um Hafen und Kanal,
Lagune, Meer und Inseln zu vergolden,
Schweift an der Seite Angelas, der holden,
Und neben sich den Jüngling als Begleiter,
Giorgione durch die Stadt dahin. Bald heiter
Die lieben Plätze sucht er wieder auf,
Wo er die andern Knaben oft im Lauf
Besiegt hat oder den Ballon geschlagen;
Bald, in der Gondel sanft dahingetragen,
Sieht er die Säulen mit den wehnden Fahnen,
Die an bezwungne Königreiche mahnen,
Die Tempel und die bleigedeckten Dome
Wie traumhaft tauchen aus dem Wellenstrome,
Indeß fernhin die blauen Euganeen
Gleich zack'gen Inseln aus der Fluth erstehen.

Doch wenn auf Stadt und Meer und Prachtgebäude
Sein Blick geschweift und er des Herzens Freude
Mit den Begleitern theilen will, warum
In sich versunken schlagen sie so stumm,
Als bebten sie vor ihm, die Augen nieder?
Er bittet Angela, daß sie die Lieder
Ihm singen soll, die ihm vor allen lieb.
Zur Laute greift sie wohl; allein wo blieb
Die alte Meisterschaft? Sie bebt, sie stockt,
Die Klänge, die den Saiten sie entlockt,
Verschmelzen nicht harmonisch zu Akkorden.
Sebastian auch, ein Andrer ganz geworden
Ist er als einst: der alle die Genossen
Durch Scherze sonst ergötzt und Spiel und Possen,
Als wär' es Carneval das ganze Jahr,
Nun ist der Mund ihm jedes Lächelns bar;
Und wie der Festtag näher rückt, so minder
Erkennt der Meister noch die frohen Kinder
Von ehedem; was mag sie nur betrüben?

Sie zu erlust'gen, an den Lido drüben
Fährt er mit ihnen, wo die öden Dünen
Nun in dem Hauch des Lenzes blühn und grünen,
Zur Riva führt er sie, wo buntgemengt
Das Volk sich rings um den Erzähler drängt,
Und Abends auf den Markusplatz, den weiten,
Von Lampen flimmernden, wo an den Seiten
Auf den Gerüsten sich in scheck'gen Trachten
Die Masken tummeln, die stets neu belachten;
Allein nicht Truffaldin noch Pantalon
Erheitert sie. Wohl sucht den muntern Ton
Von sonst der Jüngling, wohl zum Lächeln zwingt
Das Mädchen sich — vergebens, es mißlingt,
Und mehr und mehr — der Meister sieht's mit Bangen —
Verblühn die Rosen auf der Beiden Wangen.

7.

Erschienen ist Benedigs schönster Tag,
Das Palmenfest. Es bebt vom Ruderschlag
Die Fluth in den Lagunen und Kanälen;
Hin durch die Brücken, an den Hafenpfählen
Vorüber, die im Morgenlichte glühn,
Wie wogen, reich bekränzt mit Frühlingsgrün,
Ins Meer hinaus die buntbeflaggten Nachen!
Aus jedem schallt Gesang und Scherz und Lachen
Von schönen Frauen, die, im Arm die Cither,
Den Frühling grüßen, während schmucke Ritter,
Umfluthet von den goldnen Lockenringen,
Mit Schmeicheln ihren schlanken Leib umschlingen.
Kaufherrn bei Jünglingen altedlen Stamms,
Bildhauer, Maler, die im seidnen Wamms
Mit weißer Feder auf dem Sammtbaret,
Im Mantel die mit Degen und Stilet,
Zur Brenta schiffen sie im frohen Zug;
Und jenes Boot, an dessen Vorderbug
Die Muschelhörner blasen Meertritonen,
Kennt ihr das zierliche? Es trägt Giorgionen
Und jene Zwei, die nie von ihm getrennt.
Leichthin durch das beschäumte Element
Zur Küste schwebt die Gondel in den stillen,
Tiefklaren Strom, in dem die weißen Villen,
Die Gärten sich und Rebgelände spiegeln. —

Ans Ufer nun! Schon auf den üpp'gen Hügeln
In muntern Gruppen schweift das Volk umher;
Die sonst nur Himmel schaun und Stadt und Meer.
Jetzt, an den Halden junge Blumen pflückend,
Mit frischer Zweige Grün das Haupt sich schmückend,
Lustwandeln sie durch die Orangengärten,
Mit ihrem Tritt die grünlichen Lacerten

Aufscheuchend, die sich an den Mauern sonnen.
Von Fröhlichen, die an den Sprudelbronnen
Und unter breitem Schattendach der Pinien
Sich lagern, sind weithin erfüllt die Vignen,
Die Myrtenlauben am Gestad der Brenta;
Es perlt der Wein, es duftet die Polenta,
Zum Tanze ruft das wilde Tamburin,
Und Paare, die sich suchen oder fliehn,
Hinauf, hinunter schwingen um die Wette
Sie sich beim lust'gen Schall der Castagnette.

Giorgione wandelt fern der lauten Menge
Mit jenen Beiden durch die Laubengänge;
Obgleich so nah an seiner Wünsche Ziel,
Er fühlt: der Freudenklang und Scherz und Spiel
Sind nicht für ihn, noch sie. Bald in den Wald,
Wohin nur matt des Jubels Stimme schallt
Und kühler Schauer auf sie niedertrieft,
Sich flüchten sie; in Sinnen ganz vertieft,
Bricht ihrer Einer selten nur das Schweigen
Mit hingeworfnem Wort, dann neu besteigen
Zur Heimfahrt nach Venedig sie das Boot.
Rasch geht die Fahrt; schon glüht das Abendroth
Durch Purpurrauch der Wolken, als ergösse
All ihre Flammenwirbel eine Esse;
Hinwogts in feur'gen Streifen auf den Wellen
Und sprüht ostwärts zum Horizont in hellen
Lichtgarben, daß Venedigs Thürmespitzen,
Kuppeln und Säulen in dem Goldglanz blitzen.
Doch mit der Sonne, da sie sinkt, schnell taucht
In Dunkel Alles; nur noch leise haucht
Die Nacht, als ob sie schlummernd Athem hole:
Zum Ruderschlag ertönt die Barcarole
Des Gondoliers, indessen sanft der Kahn
Hinschwebt auf kaum bewegtem Meeresplan.

Stumm läßt Giorgione aus der Gondel vorn
Beim Lichte, das aus seinem Silberhorn
Der junge Mond ergießt, das Auge schweifen.
Da, wie ihm träumend die Gedanken streifen,
Fällt ihm der Blick auf Angela: sie liegt
Halbschlummernd in Sebastians Arm geschmiegt,
Das Haupt an seine Brust zurückgelehnt;
Des Jünglings Auge aber ruht bethränt
Auf ihr; er trinkt, hin über sie geneigt,
Den süßen Duft, der ihrem Mund entsteigt,
Und Seufzer haucht er aus in Seelenqual,
Da er sich sagt, daß nun zum letzten Mal
Er die Geliebte so im Arme hält,
Um in die weite, unbekannte Welt,
Die kalte, bald für immerdar zu scheiden.

Lang schaut Giorgione sinnend auf die Beiden,
Dann spricht er vor sich hin: „Konnt' ich bethört
Den Schatz begehren, welcher ihm gehört?
Der Jüngling, meines liebsten Freundes Sohn,
Um meinethalb, dem schon der Lenz geflohn,
Sollt' er des Lebens Herrlichstes verscherzen?
Und an des Mädchens fünfzehnjähr'gem Herzen,
Das in dem seinen eben Wurzeln schlug
Und knospend sich erschloß, übt' ich Betrug?
Was kann ich anders bieten ihr als Trümmer?
Umsonst wär's, aus der Asche flücht'gen Schimmer
Zu fachen, wenn der Flamme Glanz verglüht.
Für mich nicht ists, daß ihre Jugend blüht;
Ein Frühlingswetter, nicht das Sturmgetose
Des öden Herbstes breche diese Rose!"

Hintritt er zu dem Paare; süß erschreckt
Erhebt sich Angela, vom Schlaf erweckt,
Und Beide staunen sprachlos, wie er spricht:

„Verhehlt mir länger eur Geheimniß nicht,
Ihr Vielgeliebten! Heil und Frieden sei
Mit euch in eures Lebens süßem Mai!
Zum Himmel fleh' ich, daß aus reinstem Blaue
Er huldreich, immer lächelnd, auf euch schaue
Und Glück in Fülle auf euch niederregne,
So wie ich euern Bund von Herzen segne!
Erfahr, Sebastian! wisse, Angela!
Der Tag, der eure Wünsche krönt, ist nah:
Am Osterfest sollt ihr, ein frohes Paar,
Im Marcusdom hintreten zum Altar."

Des Meisters Hand mit Thränen netzend, knieten
Die Beiden, um ihm ihren Dank zu bieten,
Entzückenstumm vor ihm, indeß im Flug
Das Boot sie wieder an die Riva trug.

8.

O Frühling, senktest du dich je zuvor
So zauberisch im Abendpurpurflor
Hernieder auf die Königin der Meere,
Wie heut, da zu des jungen Paares Ehre
In Festesschmuck Giorgiones Villa prangt?
Mit blassem Scheine ob den Gärten hangt
Die Mondesampel schon; allein noch sprüht
Vom Horizont empor bis zum Zenith
Der Spätrothglanz, und durch den Himmel ist
Ein ros'ger Schimmer, klar wie Amethyst,
Ergossen, der durch duft'ge Nebelschleier
Auf Meer und Inseln hinströmt. Von der Feier
Im Marcusdome drängen sich die Gäste
Durchs Villenthor heran zum Hochzeitsfeste.

Entlang den Laubengang, wo nur verirrte
Lichtstrahlen dringen durch das Grün der Myrte,
Hinauf die Treppe, über Marmorfliesen
Wogts in die Halle, wo bis zu den Friesen
Empor Giovannis heitre Arabesken
Sich schlängeln, und Giorgiones Götter-Fresken
(Wer weiß gleich ihm in Farbengluth zu malen?)
Glorreich hernieder von den Wänden strahlen. —

Sieh da, der Meister selbst! An seinem Arm
Führt er die Neuvermählten durch den Schwarm
Der Grüßenden dahin, und aus der Halle,
Ihm folgend, in den Garten treten Alle,
Wo Marmorbilder aus Granatenbüschen
Die weißen Glieder heben und dazwischen
Im Abendschein der Strahl des Springquells blinkt,
Der bald aufsteigt, bald in das Becken sinkt.
Auf Goldsandpfaden am Lagunenbett,
Das in der Wogen tiefem Violett
Die ersten Sterne spiegelt, durch die Gänge
Hochwipfliger Cypressen wogt die Menge
In langen Reihn; o welche Festgenossen!
Hat je ein Gartenraum mehr Ruhm umschlossen?
Nur Wen'ge nenn' ich. Dort im rothen Sammt
Der Jüngling, dessen Blick so mächtig flammt,
Er ists, den schon als Knaben ferne Länder
Mit Ehrfurcht nannten, Tizian, der Vollender
Von Allem, was Giorgione nur erstrebt;
Hold flüsternd an des Hohen Seite schwebt
Das Götterweib, die schöne Violante,
Die er unsterblich auf die Leinwand bannte,
Ein Staunen und ein Wunder aller Zeiten.
Nicht fern ihm durch die Lorbeerhecken schreiten
Der Stolz Venedigs, Palma, der erlauchte,
Der in das Morgenroth den Pinsel tauchte,

Als er in St. Marie auf dem Altare
Die Barbara gemalt, die wunderbare.
Dort Gian Bellin, der Greis, so sanft und mild
Wie seine Engel auf dem hehren Bild
In St. Johann — beklagenswerth, ihr Spätern,
Euch nenn' ich, daß ihr nie mehr, gleich den Vätern,
Es schauen werdet: ach, verzehrt von Flammen,
Sank jüngst die ganze Herrlichkeit zusammen!

Zu nachten nun beginnt es; hochauf strahlen
Die Fackeln auf den Marmor-Piedestalen,
Und an der Tafel unterm Rebengitter
Mit ihren Damen nehmen Platz die Ritter,
Giorgione nächst dem neuvermählten Paar.
Im Hochzeitglanz, Juwelenschmuck im Haar,
Prangt Angela, allein noch heller leuchtet
Ihr Auge, von der Freude Thau gefeuchtet,
Da mit dem ihren sich Sebastians Blick
Begegnet und das wonnige Geschick
Ihr kündet, das, aus süßer Gegenwart
Zu süßrer Zukunft führend, ihrer harrt.
Zu voll von Seligkeit ist ihr Gemüth,
Als daß in Worten sie, was in ihr glüht,
Ihm künden könnte; mit beredtem Schweigen
Sagt nur ihr Antlitz, daß sie ganz sein eigen. —

Von bunter Lampen Schimmer unterdessen
Erglühn die dunkeln Wipfel der Cypressen;
Daher vom Meer, wo leichte Gondeln gleiten,
Schallt Lachen und Gesang und Klang von Saiten,
Und durch das Nachtazur, das tiefe, schießend
Sprühn, rothe Flammen auf den Garten gießend,
Leuchtkugeln himmelan. Der Festeslust
Erschließt sich mehr und mehr der Gäste Brust,
Die Herzen heben sich in höhern Schlägen;

Es weckt der Cyperwein (wie Frühlingsregen
Lenzdüfte lockt aus wucherndem Gestäude)
In jeder Seele die verborgne Freude.
Da nimmt beim Wiederfüllen des Potals
Tizian das Wort: „Nun ziemt dem Wirth des Mahls,
Den Beiden, welche dieses Festes Krone,
Ein Lebehoch zu bringen." Auf Giorgione
Schaun Alle und erschrecken, denn todblaß
Sitzt er mit starrem Blicke. „Meister, was,
Um Gott, was ists? — Als sollte die Cypresse
Bald seine Gruft beschatten, lagert Blässe
Schreckbar auf seinem Antlitz." Plötzlich bebt
Bei diesem Wort Giorgione, er erhebt
Das Auge, sucht zum Lächeln sich zu zwingen
Und ringt sich, um das Lebehoch zu bringen,
Vom Sessel auf, doch sinkt ermattet wieder
Zurück, kalt, ohne Regung alle Glieder.
Die Lust verstummt; ein Flüstern geht, erst leis,
Dann laut und lauter durch der Gäste Kreis:
„Weh! von der Krankheit, der die Jugendkraft
Ihn kaum entriß, neu wird er hingerafft!"
Um den Dahingesunkenen verstört
Sich drängen Alle: „Kommt doch zu Euch, hört!
Hört, edler Meister! — Nein, er regt sich nicht;
Schafft Hülfe, schnell! Des hellsten Sternes Licht,
Die schönste Perle in des Dogen Krone
Verlöre dieser Freistaat in Giorgione!"

9.

Durch ganz Venedig fliegt von Mund zu Munde
In Hütte wie Palast die Trauerkunde:
Dahingerafft vom jähen Tode sei

Der Meister, unter dessen Hauch ein Mai
Der Kunst am Strand der Adria erblüht,
Wie keiner, gleich von Farbenpracht durchglüht,
Gleich duftreich noch auf Erden sich entfaltet.
„So soll denn diese Rechte, nun erkaltet,
Der Faune trunkne Lust bei Bacchanalen,
Ariadnes Liebesweh uns nie mehr malen;
Uns nie des Himmels Glorie mehr erschließen,
Daß wir schon hier der Sel'gen Glück genießen;
Uns nimmer mehr die Thäler von Cadore
Herzaubern, wo mit siebenfachem Rohre,
In breiter Fichten Schatten hingestreckt,
Der Ziegenhirt des Berges Echo weckt?"
Als ob der Stadt fortan ihr Liebstes fehle,
Schwebt mit den Gondeln über die Kanäle
Die Klage so; doch tröste dich, Venedig!
Dein Genius schützte dir den Liebling gnädig:
Dem Tod nicht gönnt er, ihn dahinzuraffen,
Bis er ein letztes, größtes Werk geschaffen
Und noch einmal mit Kraft des Alpenaars
Den Sonnenflug gewagt.

      Nur Ohnmacht war's
Gewesen, was ihm tief den Sinn umwoben;
Zu neuem Leben hat er sich erhoben.
Doch wenn er sonst im Kreis der Freunde gern
Bei Scherz und Spiel geweilt, nun menschenfern
Streift er allein auf abgelegnem Pfade;
Nur mit den Wogen, die sich am Gestade
Der Adria, dem hochbeschäumten, brechen,
Im Sturm hinüberrudernd, mag er sprechen.
Wohl, wenn ihn der Genossen einer fragt,
Ob er erkrankt, ob Gram sein Herz zernagt,
Sucht er mit heiterm Blick den Schein der Trauer
Hinwegzutäuschen; doch auf kurze Dauer

Nur führt er irr den Freunden die Gedanken:
Sie sehn ihn mehr und mehr gleich Schatten schwanken
Und ahnen mit bekümmertem Gemüthe,
Daß hingewelkt ihm sei die Lebensblüthe.

Der Schmerz, der ihm in jäher Uebermannung
Plötzlich geraubt der Lebenskräfte Spannung,
Der Gram um hingeschwundnes Lebensglück
Umflort ihm noch die Seele wie den Blick
Mit düsterm Schleier; aber, gleich wie hell
Durch Nebelwolken, ein lebend'ger Quell
Von Strahlenglanz, des Herbstes Sonne bricht,
So ringt sein Geist sich endlich klar und licht
Aus all der Nacht empor, und wieder glättet
Sich seine hohe Stirn, daß sanft gebettet
Auf ihr der Friede ruhe. — Wochen schon
Sind ihm, seit er Sebastian sah, geflohn,
Da tritt der Jüngling mit gewohntem Gruß
In sein Gemach. „Hört, Meister, den Entschluß,
Den ich gefaßt! Mit banger Sorge quält
Das Leiden mich, das Ihr umsonst verhehlt;
Und tiefer noch ist Angela bekümmert,
Mit Euch ja würd' uns alles Glück zertrümmert.
Drum laßt uns sorgend, pflegend bei Euch weilen!
Vielleicht, wenn wir auch nicht Eur Leiden heilen,
Doch helfen wir Euch, daß Ihrs leichter tragt!
Schon haben wir der Fahrt nach Rom entsagt."
Zu ihm Giorgione: „Freund, die Sorge scheuch'!
Für immerdar so glücklich wünsch' ich euch,
Wie ich es bin! Ich fühle frische Kraft
Durch meine Adern rinnen, gleich dem Saft,
Der, in den Reben gährend, feur'gen Most
Zum Herbst verheißt! Neu steigt in mir und sprießt
Der alte Schöpfungsdrang empor, und ganz
Genes' ich bald, wenn erst in Farbenglanz

Ein neues Bild aufblüht von meiner Hand.
Lang war ich von der Staffelei verbannt;
Mich treibt das Herz, dahin zurückzukehren,
Und, Freund, du mußt mir einen Wunsch gewähren:
Daß ich dein Weib, daß Angela ich male.
Den ganzen Schmelz aus meiner Farbenschale
Und meiner Seele ganze Gluth will ich
Ausströmen auf dies Bild, das jugendlich
Noch, wenn uns längst die Todtenglocke scholl,
Den künftigen Geschlechtern leuchten soll.
Ja, hehr will ich, und mög' ich dann erblassen,
Dies Weib durch alle Zeiten strahlen lassen,
Daß noch die späten Enkel mit Entzücken
Empor zu ihrem Wunderbilde blicken
Und ins Geheime sich mit Neid gestehen:
Wir werden lebend keine Gleiche sehen! —
Wenn ich das Werk vollendet, laß uns scheiden:
Zum großen, ew'gen Rom zieht hin, ihr Beiden!
Auf eurem Haupte ruht mein wärmster Segen,
Und stolz klopft mir das Herz in höhern Schlägen,
Zu denken, wie sich dort in kühnem Schwung
Dein Geist erheben wird. Kraftvoll und jung,
Sebastian, bist du noch und darfst nicht zagen,
Des Genius höchsten Adlerflug zu wagen,
Der mir vergönnt nicht ward. Was lieblich nur
Und sinnbestrickend ist in der Natur,
Das war das Reich, in welchem ich gewaltet,
Und Zauberbilder hab' ich so gestaltet,
Wie sie der Pinsel nie zuvor erschuf.
Doch an die Kunst ergeht ein andrer Ruf;
Vom Irdischen soll sie empor sich ringen
Und in die ew'ge Welt auf mächt'gen Schwingen
Empor die Seele tragen. Zieh nach Rom,
Sebastian! Dort nächst St. Peters Dom,
Der hoch und höher zu den Wolken strebt,

Die Marmorstufen steig hinan! Dir bebt
Das Herz, als stündst du an des Himmels Schwelle,
Denn vor dir liegt die einzige Kapelle,
Die göttliche, die selbst der Unerschaffne
Mit seinem Athem füllt — mit Muth denn waffne
Dein Herz, damit die Größe der Gesichte,
Die drinnen deiner harrt, dich nicht vernichte!
Und hast du dich geweiht, dann eingetreten
Zur Decke blick empor, wo die Propheten
Und die Sibyllen mit den mächt'gen Brau'n
Wie vom Beginn der Zeiten niederschau'n,
Und überm Meer, dem schöpfungsturm-geschwellten,
Unnahbar groß er selbst, der Herr der Welten,
In Allmacht schwebt, den schnaubenden Orkan
Am Zügel führend und die hehre Bahn
Den jungen Sonnen weisend — im Beginn,
Sebastian, wohl verzagen wird dein Sinn,
Wenn über dir dies neue Gottesreich
Der Kunst aufgeht und, Sternenbildern gleich,
Sich dir all die gigantischen Gestalten,
Des Genius höchste Schöpfungen, entfalten;
Doch Tag für Tag dort pilgre hin und stähle
Den Geist an Buonarottis Riesenseele,
Die vom Gewölb auf dich heruntersieht,
Bis du, in stiller Andacht hingekniet,
In dir die neue Weihe fühlst, und Stärke
Und Muth gewinnst zum eignen großen Werke!
Zu deiner Angela dann kehr zurück,
Und reifen mag durch ihrer Liebe Glück,
Wie Trauben an der Sonne Flammenherd,
Die Frucht, die dir der Genius beschert!
Und nun, geliebter Schüler, schwör' mir du
Mit heiligem Gelübd' und Handschlag zu,
Treu zu erfüllen, was ich dir geboten,
Als wär's der letzte Wille eines Todten!

Für Alles, was ich je an dir gethan,
Sei das der Dank. O mein Sebastian,
Sohn meines Leo, mehr als du gedacht,
Der Opfer größtes hab' ich dir gebracht,
Doch freudig that ichs — dieses eine nur
Will ich als Lohn. Nun? leistest du den Schwur?"

Und schluchzend zu des Meisters Füßen sinkt
Der Jüngling nieder: ihm im Auge blinkt
Das helle Naß der Thränen, lautlos preßt
Er statt des Schwurs Giorgiones Rechte fest
In seine Hand; stumm liegen dann im warmen
Herzenserguß die Zwei sich in den Armen.

10.

Beim Frühroth schon rafft von der Lagerstätte
Der Meister sich empor, um die Palette
Zum Tagewerk zu rüsten — sieh, und bald
Naht Angela, vom Lockenhaar umwallt,
Das um die Schultern in gelösten Flechten
Herniederrollt, die Laute in der Rechten,
Schön wie die erste Rose, die dem Mai
Ihr duftend Herz erschließt! Der Staffelei
Genüber, wo der Sessel ihr bereitet,
Hinlehnt sie, und die weiße Rechte gleitet
Sanft ob den Saiten, daß mit leisem Schall
Töne auf Töne, wie im Widerhall
Von ihres Herzens Träumen und Empfinden,
Sich zum Akkord, zur Melodie verbinden. —
Giorgione schaut indeß vom Malgerüste
Ins Antlitz ihr, das morgenlichtgeküßte,
Ins tiefe, dunkelglühnde Augenpaar,

In welchem ihre Seele wunderbar
Gespiegelt schwebt. Um aus des Mädchens Zügen
Ein Bild, dem keins sich messen kann, zu fügen,
Gönnt er, durch alle Farbentöne meisternd,
Sich an dem Anblick immer neu begeisternd,
Bis spät sich keine Rast; wenn überwacht
Sein Auge kurz sich schließt, um Mitternacht
Ersehnt er wieder schon die Morgenröthe,
Daß ins Gemach zu ihm die Holde trete
Und ihm durch ihrer Laute süße Töne
Den letzten Zwiespalt in der Brust versöhne.
So, wie er Tag für Tag am Werke schafft,
Scheint er verjüngt in neuer Lebenskraft
Emporzublühn, sein Auge leuchtet klarer,
Da immer herrlicher und immer wahrer
In Farb' und Formenfülle ihm das Bild
Der Lautenspielerin entgegenquillt.
Wie schön das Weib auch sein mag, das er liebt,
In höherm Glanz, als ihn die Erde giebt,
Strahlt dies ihr Bild, von seinem Geist verklärt:
Denn an der Seele Born hat ers genährt,
Es mit des eignen Lebens Hauch getränkt,
Und, mit Unsterblichkeit von ihm beschenkt,
Wird nun, von allen Erdenschlacken rein,
Aus seiner Seele neu zu höherm Sein
Geboren, dieses Weib den künft'gen Jahren
Des Meisters hohe Liebe offenbaren.

Als er den letzten Pinselstrich gethan,
Im Abenddunkel tritt Sebastian
Mit Angela zu ihm. „Nach all der Mühe
Bedürft Ihr langen Schlaf, und in der Frühe
Soll uns die Gondel nach Fusine tragen;
Von dort empfängt uns Rom nach wenig Tagen.
Lebt wohl denn, und dem Himmel seis gedankt,

Daß wieder nun, als wärt Ihr nie erkrankt,
Ein neues Roth auf Euren Wangen glüht,
Daß heiterer, als jemals, im Gemüth
Wir Euch verlassen. Meister, lebt denn wohl!
Eur Wille nur ist unsres Lebens Pol,
Und wenn dereinst aus Rom wir wiederkehren,
Dann sollt Ihr sagen unter Freudenzähren:
„Ich weiß, daß treu Ihr dem Gelübde bliebt!
Ihr wart es werth, daß ich Euch so geliebt!"

11.

Und bei des nächsten Morgenroths Erwachen
Schwebt übers Meer auf leichtbewegtem Nachen
Das junge Paar hinweg. Doch als der Strahl
Der Sonne dämmernd in den Arbeitsaal
Giorgiones dringt — o welcher Anblick drinnen!
Gebrochnen Auges, mit geschwundnen Sinnen
Liegt, rückwärts hingesunken vor dem Bild,
Der Meister in dem Sessel da. Gleich mild,
Doch heitrer scheint er, als da er gelebt;
Dies sanfte Lächeln, das den Mund umschwebt,
Auf allen Zügen dieser Engelfrieden —
O, kann es sein? Ist wirklich er geschieden? —

Er ist es; bei des Morgens erstem Roth
Gebrochen hat sein edles Haupt der Tod;
In ew'ger Jugend aber auf ihn hin
Schaut vom Gerüst die Lautenspielerin.

II.

Glycera.

Seit der Väter Zeit wohl hat den Söhnen
Von Athen der Dionysien Feier
Als der Feste herrlichstes gegolten,
Doch des Alexander mächt'gem Günstling
Harpalus zu Ehren, der in Tarsus
Königlicher Macht sich rühmt, noch schöner
Wird sie heut als je zuvor begangen.
An Altären, die auf allen Straßen
Prangen, bringen kranzgeschmückte Mädchen
Ihre Spenden dar aus Opferkörben,
Chorgesänge tönen, und am Ufer
Des Ilyssus in den Rebengärten
Lockt der Cymbel Schall zum frohen Tanze.
Auf gefüllten Schläuchen auf und nieder
Bei des Volkes jubelndem Gelächter
Hüpfen Jünglinge, vermummt als Satyrn,
Und nicht fassen in den weiten Hallen
Kann des Bacchus riesiges Theater

All die Schaaren, die sich zu der Dichter
Wettkampf drängen.

     Diesmal auch, wer könnte
Um die Stirn den Siegeskranz sich flechten,
Als der Musen Liebling, als Menander?
Voll Verlangen, der Komödie Meister
Zu gewahren, schweifen durch die Sitzreihn
Aller Blicke. „Ist es Jener" — hört man
Fragen — „mit dem feingeschnittnen Munde,
Den Gelächter fort und fort umgaukelt?
Jener mit den blitzend=schwarzen Augen,
Draus der Scherz zu sprühen scheint?"

         Vergebens.
Keiner sieht ihn. Um des jüngsten Lustspiels
Schicksal unbekümmert, fern den Festen
Läßt der Dichter einsam vom Piräus
Sich nach Salamis hinüberrudern.
Er, der hundertmal durch seine Geiz'gen,
Seine list'gen Sklaven und Verliebten
Selbst den Finstersten die Stirn entrunzelt,
Dessen Witz auf Aller Lippen gaukelt,
Düster vor sich nieder in die Wogen,
Die mit weißem Gischt das Boot umkreisen,
Starrt er nun. „Ja, treulos mich verlassen
Hat die Schnöde! — Glycera! ist's möglich,
Du, an deren Lippen mir ein neuer
Frühling aufgeblüht, von der ich dachte,
Noch das späteste Alter mir zur Jugend
Wandeln solltest du, mich so verrathen
Hast du nun? Mich, der ich meiner Dichtung
Ganzes Füllhorn über dich geschüttet,
Der ich nach des Bacchus Epheukranze
Nur gestrebt, um dich mit ihm zu schmücken,

Mich für Harpalus, den Weiberhelden
Mit den salbenduftgetränkten Locken,
Kountest du verschmähen? — Ja, ich selber
Sah sie an des Macedoniers Seite
Durch die Stadt im goldnen Wagen fahren,
Liebesblicke mit dem Gecken tauschen,
Sah sie Hand in Hand mit ihm, als wär' er
Ihr Gemahl, zur Morgenopferfeier
Ins Olympion treten. — Wohl! zerrissen
Sei das Band, das mich an sie gekettet!
Fluch der Argen, die in ihre Netze
Mich gelockt!" — Er denkt's, und wie von schwarzer
Klippe sich ein Schwarm von Meeresvögeln
Aufschwingt, bis von unzählbaren Flügeln
Allumher die Luft erdunkelt, also
Finster, immer finstrer in der Seele
Hebt sich ihm Gedanke auf Gedanke.

An der Insel Felsenküste landend,
Aufwärts klimmt er, bis in einer Bergschlucht,
Halb versteckt von düstern Terebinthen,
Ihn ein Landhaus aufnimmt. Dort wie oft nicht,
Fern der lauten Stadt, nur mit den Musen
Zwiesprach pflegend, war er ehmals glücklich!
Seine Thais, seinen Abergläub'gen,
Seine Fischer, die der laute Jubel
Griechenlands gekrönt, dort in der Stille
Hat er sie ersonnen, dort vor Kurzem
Noch mit Glycera des Lenzes wonn'gen
Mond verlebt, und wenn ein Vers von Anmuth
Ihm gelungen, sich durch ihrer Hände
Druck, durch einen Kuß von ihrem Munde
Mehr belohnt gefühlt, als hätt' im heil'gen
Hain Olympias Hellas selbst ein Denkmal
Ihm errichtet. Aber nun: „Dem Zeus selbst" —

Murrt er dumpf — „nicht seinen Eid beim Styx mehr
Glaub' ich, seit ich sie als falsch erfunden.
O, so klar, wie durch krystallne Wässer
Unten tief der Silberboden leuchtet,
Wähnt' ich durch den Spiegel ihrer Augen
Bis auf ihres Herzens Grund zu schauen! —
Und sie falsch! So ist das ganze Dasein
Nichts als Trug, durch den der Tod voll Arglist
Sich zum Leben aufschminkt, so ist Liebe
Nur ein Köder, um uns in der Sünde
Netz zu fangen!"

    Und mit einem Sklaven,
Dem des kleinen Haushalts Sorge obliegt,
Birgt sich in die Einsamkeit Menander.
Nur der altersgrauen Bäume Wipfel,
Die zu Häupten ihm im Windhauch flüstern,
Sind sein Umgang; wie die Wetterwolke,
Wenn sie ihres Regens Wucht zu tragen
Kaum vermag, ist schwer sein Herz; der Seele
Bitterkeit in Liedern auszuströmen,
Selbst bleibt ihm versagt.

    Auf Wochen
Schwinden Wochen so. Da aus Jonien
Auf beschwingtem Schiffchen bringt ein Bote
Einen Brief von Glycera; doch zürnend
Weigert sich der Dichter, ihn zu nehmen.
„Nach Milet gar ist sie ihrem Buhlen
Nun gefolgt, die Arge, und zum Hohn mir
Selber kündet sie's! Zurück den Brief ihr
Bring und dies dazu!" Auf eine Tafel
Hastig schreibt er dann: „Aus seinem Herzen,
Falsche, reißt für immerdar Menander
Dein Gedächtniß, und den Göttern wird er

Tanten, wenn in seinen nächt'gen Traum selbst
Nie dein Bild sich mehr verirrt!"

                                  Den Boten
Mit der Antwort sendet der Empörte
So hinweg, ihm aber löst die Muse
Endlich neu mit ihrem Kuß die Lippen,
Daß dem Strom gleich, wenn die Frühlingssonne
Ihn befreit hat von des Eises Banden,
Hin sein Grimm im wilden Rhythmus fluthet.
Einen Weiberfeind zu dichten hebt er
An, drin Alles, was er selbst erlebt hat,
Unter dünnem Schleier, leicht erkennbar,
Vor des Volkes Ohr und Blick zu führen
Er gedenkt. „Ja, ohne Maß betrogen,
Ohne Maß auch Rache will ich üben.
Rast nicht, bis mein Misogyn vollendet,
Gönn' ich mir; schon beim Lenäenfeste
Soll Athen mein Strafgericht erleben.
Wenn sich kaum des nächsten Mondes Sichel
Dämmernd zeigt, hinüber zum Piräus
Trage mich das Boot, daß im Theater
Selbst ich Zeuge sei, wie meine Pfeile
Dieses Weib durchbohren. Ist sie fernhin
Bis an Indiens Gränzen mit dem Buhlen
Auch entflohen, sie ereilen werden
Meiner Verse flammende Geschosse;
‚Falsch wie Glycera,' das soll ein Sprichwort
Noch den spätesten Geschlechtern werden!"

   Und der frühste Morgen, wenn die Sonne,
Her von Asien wandelnd, auf der Insel
Felsenspitzen ihren ersten Lichtstreif
Wirft, schon trifft den Meister bei der Arbeit,
Wie sein Stift auf die Papyrusblätter

Seines Herzens ganzen Ingrimm schüttet.
Allen Schmerz getäuschter Liebe strömt er
Glühend heiß, wie er aus seiner Seele
Fluthet, in sein Werk; nur wenig Tage,
Und das Lustspiel — nein, nicht also heißen
Darf es, denn getränkt mit Thränenströmen
Hat der Dichter jeden seiner Verse —
Nach Athen hinüber bringt der Sklave.

Unterdeß zum Feste der Lenäen
Rüstet sich die Stadt; von Argos nahen
Gäste, von Korinth, von Epidaurus.
Ja, Verlangen, sich an der Komödie
Von Thalias Liebling zu ergötzen,
Lockt von Rhodos, lockt von Lyciens Küsten
Fremdlinge herbei, und Vorbereitung
Zu dem Feste treffen schon die Spieler.

Eben, in der Rechten eine Rolle,
Drauf ihr Blick ruht, wandelt im Gemache
Eunoë, die Priesterin der Here,
Auf und nieder. Durch das Thor zu ihr da
Sieht sie Glycera, die Freundin, treten.
„Bist dus wieder? Tausendmal willkommen!
Dank den Göttern, daß sie aus Jonien
Heim zu uns dich führen! doch was hast du,
Theure? Todtenbleich sind deine Wangen,
Und dein Auge trägt die Spur von Thränen."

Lange schweigend in der Freundin Armen
Ruhte Glycera. Sich mählig fassend
Dann erzählt sie, wie Menander zürnend
Ungelesen ihren Brief gelassen
Und den Boten ihr mit bittern Worten
Heimgesandt. „Und welche Schuld denn trag' ich?

Dieser Harpalus, der meinem Vater,
Als verfolgt von Alexanders Schergen,
Schutz gewährt, bei dem im Schloß zu Tarsus
Ich verlebt der Kindheit frohe Jahre,
Konnt' ich fremd von ihm zurück mich halten,
Als er heischte, daß ich zu den Tempeln
Unsres herrlichen Athen, zur Werkstatt
Des Lysipp, zu Stoa und Theater
Ihn begleitete? Ihm bis Milet noch
Nachzufolgen und den Freund zu lassen,
Ich beschwör's, durch Bitten und Bestürmen
Nur mir rang er's ab. — Und nun des Treubruchs,
Des Verrathes zeiht mich mein Menander.
O, ich kenn' ihn, wie ein böser Dämon
Ihn bemeistert, wie mit selbstgeschaffnen
Irrgebilden sich sein Geist umdunkelt,
Daß in Eins ihm Schein und Wesen schwimmen!
Aber hin zu ihm! Und wenn er grausam
Mir die Thür verschließt, an seiner Schwelle
Will ich knien und flehen, bis er öffnet
Und mich hört, und ich bis in die tiefsten
Falten seiner Seele von des Argwohns
Gifte rein'ge!"

       Liebreich zieht die Freundin
Sie auf einen Sessel ihr zur Seite
Nieder. „Handle vorbedächtlich, Theure!
Nicht vermehren möcht' ich deinen Jammer,
Aber wissen mußt du, was erst eben
Klar mir in der Seele aufsteigt. Bittrer
Ist der Groll und tiefer die Verblendung
Deines Freundes, als du denkst. Im Lustspiel,
Nein, im gift'gen Spottgedicht dein Bildniß,
Wie es sich verzerrt in seiner Seele
Spiegelt, allem Volke vor die Augen

Will er führen. Zwar dich nennt er Myrtis,
Sich Leucippus; doch ein leichter Schleier
Deckt euch Beide nur, und unter jener
Buhlerin, der treulos-falschen, die er
Dem Gelächter, der Verachtung preisgiebt,
Wird man, wie entstellt auch, dich erkennen. —
Dir im Angesicht die Frage les' ich,
Wie die Kunde dessen mir gekommen,
Da uns Frauen in Athen die Bühne
Streng verschlossen ist. Erfahre! gestern
Brachte Agathon, der muntre Knabe,
Meiner Schwester Sohn, die arge Rolle
Mir, die er zu spielen ausersehn ist.
Tief entrüstet — denn der Sinn des Ganzen
War alsbald ihm klar geworden — klagt' er,
Zwingen wolle ihn der Scenenleiter,
In der Myrtis meiner besten Freundin
Zerrbild den Athenern vorzuführen. —
So vertrau denn mir, und meinem Rathschlag
Leiste Folge! Wenn du vor Menander
Selber trätest, deiner Worte keinem
Würd' ein Ohr er leihn; doch mir, so hoff' ich,
Solls gelingen, seinen Wahn zu scheuchen.
Gleich zu dem Erzürnten auf die Insel
Eil' ich, daß ich Alles ihm verkünde
Und ihm vor das Herz in warmen Worten
Deine wandellose Treue führe.
Glaube mir, nicht widerstehen wird er,
Und zurück in deine Arme bring' ich
Den Versöhnten. Lebe wohl! In Kurzem
Wieder siehst du mich."

      In ihre Arme
Schloß noch einmal Eunoë die Freundin
Und enteilte. Bangender Erwartung

voll, blieb Glycera zurück; der Myrtis
Rolle las sie, und bei jedem Worte,
Jedem Zug der Arglist, die der Dichter
Ihr geliehen, stürzten Thränen Grams ihr
Ueber solch Verkanntsein aus den Augen.

Schlaflos Nachts auf ihrem Lager bleibt sie,
Und als Eos, über den Hymettus
Steigend, nun dem Tag die Purpurthore
Oeffnet, läßt's nicht Rast der Ueberwachten:
Daß die fieberglühnde Stirn im Lufthauch
Der bethauten Frühe sie erfrische,
An den Quell Kallirrhoë hinunter
Schreitet sie. In myrtenlaubumschlungner
Grotte ragt, der Aphrodite heilig,
Ein Altar dort, mit den Opferspenden
Liebender bedeckt. Auf seine Stufen
Hin kniet Glycera, um von der Göttin
Trost sich zu erflehn; und wie sie betend
Zu dem Marmorbild der Hohen aufblickt,
Sieh! so mild, so freundlich auf sie nieder
Lächelt Jene, daß von neuem Leben
Sie das Herz durchströmt fühlt und von Hoffnung,
Die erhabne Schützerin der Liebe
Werd' in ihre mächt'ge Hut sie nehmen.
So des Wegs vorbei am Theseustempel
Unter schattenden Platanen lenkt sie
Ihre Schritte südwärts, um zu spähen,
Ob nicht Eunoë die heißersehnte
Botschaft bringe. Sieh, und plötzlich vor ihr
Steht die Freundin; doch ihr Blick scheint Böses
Zu verkünden: tiefaufathmend spricht sie,
Oft im Reden stockend: „All mein Mühen
War umsonst; gekränkt in tiefster Seele,
Sich betrogen wähnend, meiner Reden

Achtete Menander nicht, nein, schwur mir,
Nie mehr solltest du vors Aug' ihm treten,
Die so schmählich du mit seinem Herzen
Spiel getrieben; einmal nach Athen noch
Zum Lenäenfeste woll' er kommen
Und dem Haß der spätesten Geschlechter
Deinen Treubruch weihn, doch dann für immer
Von der Welt und von den Menschen scheiden;
Wenn des Spiels in seinem Weiberhasser
Agathon sich weigere, so werde
Sich ein Andrer in die Rolle fügen.
Was denn bleibt? Dein Schicksal scheint besiegelt."

Auf der Freundin Schulter ihre Stirne
Trauernd drückte Glycera und setzte
Stumm sich neben sie auf eine Ruhbank,
Ueber der im Laube Nachtigallen
Sich im Chorlied übten. Ihrem Sinnen
Endlich sich entreißend, nahm das Wort sie:
„Schlimm ist, was du bringst, und dennoch dämmert
Mir ein Hoffnungsstrahl in diesem Dunkel.
Aphrodite, die erfindungsreiche,
Zeigt mir, ob auch fern und wie durch Nebel,
Einen Plan, wie ich mit deiner Hülfe
Und mit Agathons des Wahnes Binde
Von Menanders Augen reißen könne
Und mir seine Liebe neu erobern,
Meines Lebens einz'ges Glück. O Freundin!
Düster, wie der Hades, ist die Welt mir
Ohne sie. Erst mit mir selbst berathen
Muß ich mich in Einsamkeit; doch eilends,
Wenn mir der Gedanke reif geworden,
Meiner Ennoë verkünd' ich Alles."

Also trennten sich die Zwei. Am Morgen
Drauf beginnt das Fest. Auf allen Gassen

Welch Gewühl! Den Thyrsus schwingend jubeln
Schwärme von Mänaden durch die Stadt hin,
Und um Opferherde, drauf des Weinstocks
Feind, der Bock, in Flammen seine Schuld büßt,
Tanzen muntre Chöre, Dithyramben
Zu des Sorgenscheuchers Preise singend.

Und es kommt der Tag, an dem das Lustspiel
Alle schon beim Frühroth zum Theater
Zieht, die einen Platz erkämpfen wollen.
„Ueber Glycera, die schöne, falsche" —
Flüstert es von Munde hin zu Munde —
„Soll Gericht ergehn in der Komödie,
Und als Myrtis ihr Hetärenhandwerk
Aller Welt vor Augen wird sie führen.
Auch der Dichter selbst hat als Leucippus
Sich, der Weiberfeind, darin geschildert."

Endlich vollgedrängt sind alle Plätze,
Stufe über Stufe bis nach oben;
Vorn auf Teppichsitzen die Archonten
Mit der Bundsgenossen Abgesandten.
Gleich dem Rauschen in den mächt'gen Tannen
Am Penteliton, wenn ihre Wipfel
Sich im Windhauch schwingen, geht Gemurmel
Der Erwartung durch die Menge! „Still!" dann
Tönt's dazwischen, doch das Lärmen wächst nur,
Bis der Vorhang sinkt und von den Sitzen
Jeder Blick sich nach der Scene richtet,
Wo in Masken sich die Spieler zeigen.
Bald durch ihrer Verse süßen Wohllaut,
Der Verwicklung festgeschlungne Fäden
Fesselt die Komödie Ohr und Seele,
Und in athemloser Spannung folgen
Alle Myrtis' Listen, wie sie, Liebe

Heuchelnd, durch den Zauber ihrer Stimme,
Durch des Flötenspieles Kunst Leucippus
So bethört, daß einen Eid er schwören
Möchte, ihres Herzens erste, einz'ge
Neigung sei für ihn; wie doch auch Andre
Sie zugleich mit ihres Netzes Garnen
Zu umstricken weiß, bis fern aus Osten
Vom Hydaspes her ein Fürst der Inder,
Reich an Macht und Schätzen, nach Athen kommt,
Und sie, aller frühern Schwüre spottend,
Ihm sich als Erkornem in den Arm wirft.

In der Scenen Fortgang oft zum Lobe
Agathons — er spielt der Myrtis Rolle —
Wird der Beifall laut; der Hörer Einer
Oft auch flüstert in das Ohr des Andern:
„Diese Glycera! durch ihre Künste
O wie Viele hat sie nicht betrogen!"
Endlich kommt des Lustspiels letzte Scene,
Wo Leucipp aus tiefempörter Seele
Seines lang zurückgehaltnen Zornes
Fülle auf die Buhlerin entladet
Und, der Weiber ganz Geschlecht verfluchend,
Myrtis von sich stößt, daß sie den Inder,
So wie ihn, nach Herzenslust betrüge.

Vor dem Zürnenden, von seines Grimmes
Wucht erzitternd, sprachlos da steht Myrtis;
Jeder glaubt, auf ihrem Antlitz müßt' er,
Wenn die Maske das Gesicht nicht deckte,
Leichenblässe schauen. Lang nach Worten
Ringt sie, doch verhaltne Thränen scheinen
Ihre Stimme zu ersticken. Endlich
„Mein Leucippus!" spricht sie, und beim ersten
Laute geht ein Murmeln des Erstaunens

Durch der Hörer Reihen: „Nicht die Stimme
Agathons ist das; was mag geschehn sein?
Ward er krank, so daß für ihn ein Andrer
In die Rolle eintrat?" Nach dem Sitze
Neben der Orchestra deutet Einer:
„Seht den Dichter! seht Menander! Was nur
Ist ihm plötzlich? Wie im Krampf zusammen
Fährt er; nun erhebt er sich und drängt sich
Nach der Bühne zu hin durch die Sitzreihn!"
Aber Myrtis, mehr und mehr sich fassend,
Redet weiter: „O, welch unglückfel'ges
Truggewebe, von dem eignen Argwohn
Nur gesponnen, mein Leucippus, hat dir
So den Geist verdunkelt! Diesem Inder —
Oft gehört aus meinem Mund ja hast du's —
Mehr als einem sonst auf dieser Erde
Schuld' ich Dank, denn meines Vaters Leben,
Der, verfolgt von anderm höherm Fürsten,
Schutz bei ihm gesucht, hat er gerettet
Und mich selbst, das Kind, in seinem Schlosse
Liebevoll gehegt. Auf seinen Knieen,
Da mein Mund noch kaum die ersten Worte
Stammeln konnte, hab' ich oft gesessen,
Während er, mich streichelnd, süße Märchen
Mir erzählte. Als an seinem Hofe
Meinem Vater dann das Heimweh länger
Rast nicht ließ, mit reichen Spenden hat er
Uns entlassen, und so oft seitdem mir
Meiner Kindheit Morgen vor die Seele
Wieder trat, gedacht auch hab' ich seiner
Und der Götter Segen auf sein theures
Haupt herabgefleht. Nach langen Jahren
Kam er nun in unsre Stadt; und durft' ich
Zögern, ihm den späten Dank für frühe
Nievergeßne Wohlthat darzubringen?

Freundlich und des Kindes noch gedenkend,
Mich empfing er, und auf sein Verlangen
Zu den Wundern von Athen begleiten
Mußt' ich ihn. Schon in der nächsten Frühe,
Mein Leucippus, wollt' ich das dir künden,
Aber du — wohin? nicht Einer wußt' es —
Warst verschwunden. Bald zum eignen Schrecken
Ward ich inne, wie mein einst'ger Schutzherr
Mehr begehrte, als ich bieten konnte;
In sein Goldland wollt' er heim mich führen,
Daß mit ihm ich Reich und Thron und Krone
Als Gemahlin theilte; doch ich schwur ihm,
Meinem Eide, wie des Herzens Banden,
Die an dich mich fesselten, nie würd' ich
Untreu werden; nur daß bis Miletus,
Wo die Schwestern mir, die lieben, weilen,
Ich ihm folgte, hat er mir durch Bitten
Abgerungen. Dort erst ward mir Nachricht,
Wo du weiltest, und alsbald auch gab ich
Kunde dir von meiner nahen Heimkehr,
Aber ungelesen mir das Schreiben
Sandtest du zurück. O, mein Leucippus!
Wie verkennst du mich! Und doch von Anfang
Hat mein Denken all und all mein Fühlen
Klar, so wie des Juni wolkenloser
Sternenhimmel, vor dir dagelegen;
Nur für dich hab' ich gelebt, und glücklich
Dich zu sehn war meiner Tage Sinnen,
Meiner Nächte Traum; für dich die Krone
Gab ich hin und alle Schätze Indiens,
Nichts von dir je sucht' ich und dem Deinen,
Als nur deine Liebe — und nun alles
Niedern, dran im Traum selbst meine Seele
Nie gedacht hat, mich zu zeihn vermagst du?
Hab' ich das um dich verdient?"

In Schluchzen
Brach sie aus. Der Spieler des Leucippus
Stand betroffen da, der Rede Faden
Fand er nicht; Verwirrung auf der Hörer
Sitzen mischte sich der seinen; endlich
Neu ergießt er der ergrimmten Seele
Zornfluth über Myrtis, sie des Abgrunds
Finstern Mächten weihnd, den Eumeniden,
Daß die Schlangenlockigen zum Orkus
Sie hinuntergeißeln, wo die Falschheit
Und der Schwüre Bruch in ew'ger Qual sie
Büßen soll — er selbst, den Menschen ferne,
Will in tiefster Einsamkeit bereuen,
Daß an eines Herzens Treue jemals
Er geglaubt. Da, als er sich zum Abgehn
Wendet, hält ihn Myrtis fest: „Und falsch mich
Kannst du nennen? falsch? Der ew'gen Götter
Blitzstrahl ruf' ich auf mein Haupt hernieder,
Wenn, seitdem zum ersten Mal in deinen
Armen ich geruht, ich eine Freude
Je gekannt, als die mit dir ich theilte,
Andern Willen je gehabt, als deinen.
Jeder Platz, wo du geweilt, der Hausrath,
Welchen du berührt, dein Schatten selber
War mir heilig. Alle Erdengüter,
Ja, die Wonnen des Olymp, der Götter
Seligkeit und ewig blühnde Jugend
Hätt' ich für ein Lächeln deines Mundes
Hingegeben; mehr als Mond und Sonne
Galt mir deiner Augen Licht; mein Himmel
Lag in deinem Herzen." — Und vom Antlitz
Glitt ihr, wie sie sprach, die Maske nieder —
„Glycera!" erscholl es von den Sitzreihn —
Und zum Sceneneingang, wo der Dichter
Stand, die Arme streckte sie: „Menander,

Mein Menander! Wenn nur etwas jemals
Lieb an Glycera dir war, wenn je sie
Eine frohe Stunde dir bereitet,
O, so laß den Argwohn! gieb den Glauben,
Den verlorenen, an meine Treue
Mir zurück! Dann, muß es sein, als Sklavin
Dienen werd' ich dir und will mich glücklich
Preisen, darf ich nur, am Boden knieend,
Dir Ermüdetem das Fußbad reichen
Und das Lager sorglich dir bereiten,
Daß du sanft drauf ruhest! Ja, ich seh' es,
Dir vom Herzen schmilzt das Eis, im Auge
Quillts dir feucht! O, laß die Thränen rinnen!
Lang nach diesem Thau hab' ich geschmachtet,
Der mir deiner Liebe neuen Morgen
Kündet. Komm zurück in meine Arme,
Daß in Eines unser Beider Leben
Sich wie ehmals schlinge! Wenn dir Schwermuth
Auf der Seele lastet, dich erheitern
Will ich, wenn du leidend bist, dich pflegen,
In der Einsamkeit mit holdem Plaudern
Dir die Stunden kürzen! Jeden Morgen
Soll mein Kuß zu schönem Tag dich wecken!
Erst vereinigt opfern wir den Göttern,
Dann der Muse führ' ich in den Arm dich,
Gern mit ihr dich in der Stille lassend,
Daß in goldner Frühe dir der Dichtung
Schöne Früchte reifen. Aber rufst du
Nach vollbrachter Arbeit mich, dir danken
Will ich mit des Herzens wärmstem Beifall
Für der Verse jeden und nicht ruhen,
Bis dein Werk vor aller Griechen Augen
Auf der Bühne prangt. Die Spieler lehr' ich
Deine Trimeter und Anapäste
So, wie sie mein Ohr entzücken, sprechen,

Richte Masken ihnen zu und Kleider
Und erwart' in Furcht halb, halb in Freude,
Daß des Festes großer Tag erscheine.
Wenn das Stück beginnt, mag kaum mein Auge
Aufzuschauen sich getraun, mein Herz klopft
Angstvoll, bis die Hörer Beifall klatschen,
Und erst dann, beim Dionysos! wieder
Athmend, schließ ich dich in meine Arme
Und bekränze mit dem heil'gen Epheu
Dir das Haupt."

        Sie sprach's. Halb vor mit schwanken
Schritten auf die Scene trat Menander,
Drückte seinen Kuß auf ihre Stirne,
Hing am Hals ihr, und durch ihre Thränen
Leuchteten in Freude Beider Augen.
Tiefe Stille war im ganzen Hause.

III.

Ubaldo Lapo.

1.

O schöne Zeit der Kunst! Seitdem Athen
In Staub sank bei der Völkerstürme Wüthen,
Hat eine gleiche nicht die Welt gesehn,
Wie da im freud'gen Wiederauferstehn
Sich in Florenz die Götter alter Mythen
Im Morgenlicht des neuen Tages sonnten
Und wieder sich zu freiern Horizonten
An ihrer Hand empor die Menschheit rang.
So wie der Hauch des Mai durch die erstarrten
Gefilde, ging ein frischer Lebensdrang
Dahin durch alle Seelen und umschlang
Die Zinnen und die Thürme und die Warten
Der düstern Stadt mit jungem Frühlingsgrün
Und ließ zu einem großen Zaubergarten
Von Stein des goldnen Arno Strand erblühn.
Mit Marmorbildern füllten sich die Säle,
Um der Korinther schöne Kapitäle
Wand rankend der Akanth sich himmelwärts,
Und vor Ghibertis Geiste schmolz das Erz
Im Gusse zu den Paradiesesthüren,

Die noch in St. Johanns Kapelle führen.
Verwandelt ward zur Göttin Griechenlands
Die hagere Madonna von Byzanz,
Der bleiche Christus lächelte verklärt,
Und Benvenutos Perseus mit dem Schwert,
Vertrieb der Heil'gen klägliche Gestalten,
Indeß von Donatellos ehrnen Faunen
Die Stimmen höhnend hinter ihnen hallten:
„Armsel'ge! bei des jüngsten Tags Posaunen
Dereinst mögt ihr gerecht erfunden werden,
Doch aus für immer ist eur Reich auf Erden!"

Von jenem Hang, der an des Arno Borden,
Wie nirgend sonst, sich regt' und Blüthen trieb,
War auch erfaßt Ubaldo Lapo worden.
Seit er, noch Kind, beraubt der Eltern blieb
Und ihn in Obhut Michel Angelos
Der Vater auf dem Sterbebett gestellt,
Sein Traum gewesen war's, als Bildner groß
Mit seinem Ruhm zu füllen einst die Welt;
Und da der Meister sich zuerst gesträubt,
Mit Bitten hatt' er ihm das Ohr betäubt,
Bis Jener seinem Drängen nachgegeben.

In seiner Werkstatt schafft der Jüngling so
Und thut, der neu vollbrachten Arbeit froh,
Den letzten Schlag an einen Marmor eben,
Als Michel Angelo in Reisetracht
Eintritt und ihm die Hand entgegenstreckt.
Ubaldo, überrascht und halb erschreckt,
Blickt zu ihm auf: „Wer hätte das gedacht?
Ihr, Meister, hier? Seid tausendmal willkommen!
So habt Ihr Eure Romfahrt wohl vollbracht?
Bang war mir Eurethalb das Herz beklommen,

Denn Räuber hausen, heißts, am Trasimener." —
„Nicht hatt' ich ihrer Acht", erwidert Jener,
„Noch scheu' ich so die ehrlichen Banditen,
Die offen auf dem Heerweg Trotz uns bieten,
Wie die verkappten innerhalb der Mauern,
Die hier bei uns auf Straßen und auf Plätzen
Die günst'ge Stunde zum Verrath erlauern."

Dann auf Ubaldos Ladung, sich zu setzen,
Wirft in den Armstuhl nieder sich der Meister
Und läßt die Blicke zu der Werkstatt Seiten,
Wo Bilder sich an Bilder reihen, gleiten:
„Trau' ich den Augen? Alle guten Geister!
Geduldig war der Marmor und der Thon;
Statue an Statue drängt sich ja, Modell
Dicht an Modell auf jeglichem Gestell;
Allein du selbst, kannst du — gesteh mirs, Sohn! —
Dich deiner Arbeit freun? Hier der Gesell,
Der sich so linkisch spreizt, soll Jupiter
Das sein, der Götter und der Menschen Herr?
Zehn Fuß zwar mißt er; doch nach einem Zolle,
Der gut, späh' ich vergebens an dem Bild;
Wie aufgepolstert ist der Kerl aus Wolle,
Ein Brei sein ganzer Leib; es macht mich wild,
Die Pfuscherei zu sehn. Dort Mars — die Knochen
In allen Gliedern scheinen ihm gebrochen,
In Frauenkleider sollte man ihn stecken;
Doch dazu selbst taugt nicht solch traur'ger Held.
Dort das Modell vom Faune mit dem Becken!
Ein Mädchen, das nach Vorschrift des Pariser
Tanzmeisters ihre Füße zierlich stellt,
Glaub' ich vor mir zu sehn; und nun gar dieser
Apollo, welche Mißgeburt! — Nein, Junge,
Zur Schmeichelei gab Gott mir nicht die Zunge,
Drum sag' ichs grade dir heraus: nie wird

Aus dir ein Künstler werden; kehr denn um,
So lang es Zeit noch ist."

     Die Blicke stumm
Zu Boden schlug Ubald und stand verwirrt,
Das Antlitz überflammt von hohem Roth.
Und wieder anhub Jener: „Vor dem Tod
Vertraute noch — oft hab' ichs dir gesagt —
Dein Vater seinen letzten Wunsch mir an,
Ein Krieger möchtest du, ein Reitersmann,
So wie er selber, werden. Unverzagt,
Ruhmvoll hat für die Freiheit unsrer Stadt
In zwanzig Schlachten er gekämpft, geblutet.
Wohlan denn! wenn den Meißel du entmuthet
Bei Seite legst, so winkt ein Lorbeerblatt,
Vielleicht ein voller Kranz dir auf der Bahn,
Auf welcher glorreich er und schon dein Ahn
Und Aeltervater dir vorausgeschritten.
Wenn ich dich auch zu zwingen nicht vermag —
Denn mündig bist du — ernstlich doch dich bitten,
Dir rathen will ich. Jeder Meißelschlag,
Den du noch thust, ist, glaub, in Luft gethan;
Für immer fahren laß darum den Wahn,
Erringen könntest je durch Kunst du Ehre!
Selbst lachen wirst du über dieses leere
Machwerk, wenn erst verflogen ist dein Rausch.
Jetzt eben in der Jugend voller Stärke
Blühst du, ein Zwanzigjähriger; vertausch
Die Bildnerei denn mit dem Waffenwerke!
Vielleicht bald deiner können wir bedürfen,
Denn schon hört man von feindlichen Entwürfen
Der Kaiserlichen, in die Tyrannei
Der Medicäer wieder uns zu knechten;
Da ist nicht Rettung, als wenn alle ächten
Söhne der Väter, Alle, denen frei

Und kühn das Herz schlägt, sich zum Kampf bereiten.
Vom trefflichen Ferrucci wird ein Heer
Schon Tag für Tag geübt zur Gegenwehr,
Und vor der Stadt den Festungsbau zu leiten
Ward mir vertraut. So rüste dich bei Zeiten,
Daß du gewandt, das Schwert zu führen, seist.
Wie freudig nicht wird deines Vaters Geist
Herniederschauen, wenn er als Soldaten
Den Sohn erblickt, wenn gar von deinen Thaten
In seinen Himmel ihm die Kunde schallt! —
Gehab dich wohl für heute, mein Ubald,
Und glaube mir, aus treuem Herzen kam,
Wenn auch in rauhem Wort, was ich gesprochen."

―――――――

2.

Von Unmuth halb bewältigt, halb von Scham,
Blieb regungslos der Jüngling, wie gebrochen,
Und konnte lange sich empor nicht raffen.
Was er mit voller Seelenkraft geschaffen,
Woran er sich vom ersten Strahl des Lichts
Bis in die Nacht gemüht, es sollt' ein Nichts,
Nur werth des Lachens sein? und eitel Dunst
Sein hoher Traum, als Meister in der Kunst
Einst dazustehn? „Vergebens denn geflammt
Hat mir das Feuer der Begeisterung,
Da Michel Angelo mich so verdammt?
Allein ein Greis ist er, und ich bin jung;
Und schaun auf das, was Jünglinge gestalten,
Nicht immerdar mißgünst'gen Blicks die Alten?
Verkennt er nicht auch deshalb mich vielleicht,
Weil seiner Weise meine Art nicht gleicht?"

So gingen ihm im Haupte die Gedanken;
Doch wenn sein Geist auf einen Augenblick
Sich aufgerungen, bald von Neuem sanken
Die Schwingen dem entmutheten zurück.
Schon durch den Erker in die Werkstatt hatten
Gebreitet sich die Abenddämmerschatten,
Da auf die Locken drückt' er das Barett
Und schritt hinaus, entlang dem Arnobett
Und weiter auf den Platz der Signorie.
Dort im Palast mit hangendem Balkone,
Dem Bau des Brunelleschi, wohnte sie,
Die hoch er hielt als aller Weiber Krone,
Die schöne junge Wittwe, Aloise.
Geschmückt für sie mit reichem Marmorfriese
Hatt' er den Saal, und wenn beim Werk er war,
Ließ sie ihr blaues Auge himmelklar
Hold auf ihm ruhn — so sah er bald die Kluft
Von ihm zu ihr vor seinem Blick verschwinden,
Und selbst die Hoffnung, ihr sich zu verbinden,
Schien ihm kein Traum mehr. —

        Wie in Frühlingsluft
Gefangne, athmet aus der Herzensqual
Er auf, als er eintritt in ihren Saal
Und sich zwei Arme ihm entgegenbreiten.
Der Jüngling drückt Aloise an die Brust,
Und kurz erzittert, wie geschwungne Saiten
Vom Klange der Musik, sein Herz von Lust,
Doch bald sinkt er zurück in trübes Brüten.
„Freund! was umdüstert heute deinen Sinn?" —
Fragt sie und führt ihn zu der Ruhbank hin,
Auf die ein Oleander seine Blüthen
Aus einer Jaspisvase niedersenkt —
„Trüb scheint dein Auge von verhaltnen Thränen;
Was ist geschehen? hat dich wer gekränkt?

Vertrau's mir, daß ich stille deinen Harm!"
Er muß sich hin an ihren Busen lehnen,
Sanft drückt sie ihn in ihren weißen Arm
Und spielt mit seinen duftgetränkten Locken.
Da endlich ihr erzählt er, doch mit Stocken,
Wie ihn und all sein Streben, all sein Hoffen
Des Meisters Wort mit gift'gem Pfeil getroffen,
So daß er muthlos nur an Sterben denkt.
Doch sie lacht auf: „Und um den alten Prahler
Dich kümmerst du? Er meint, als Bildner, Maler,
Baumeister herrschen müss' er unumschränkt,
Ein König von Florenz. Wenn ganz verrenkt
Des Leibes Glieder sind, nicht zu den Füßen
Die Beine passen, noch zum Kopf der Rumpf,
Das rühmt er als der ächten Kunst Triumph,
Und wer es anders macht, der muß es büßen." —
Ihr in das Antlitz blickt der Jüngling groß:
„Du schmähst Italiens größten Genius?" —
— „Nenn' ihn nicht also! Roh und anmuthlos,
Nur für Barbarenseelen ein Genuß,
Sind die Gestalten, die er schafft; doch deine,
O mein Ubald, wie hold, wie süß, wie weich!
Wie zauberst du die Formen aus dem Steine
Und überschüttest ihrer jede reich
Mit Schönheitreiz! Und wenn ich gar erwäge,
Wie du schon Alle hinter dir gelassen,
So jung du bist, dann weiß ich kaum zu fassen,
Welch höhre Werke deine Meißelschläge
Noch einst, wenn vollends deine Kunst gereift,
Ins Leben rufen werden. Keiner nennen
Wird dann mehr Den, noch seinen Namen kennen,
Der jetzt mit Schmähungen dich überhäuft."

Die süßen Schmeichellaute einzusaugen
Ward nicht der Jüngling müd: mit freierm Schlag

Hob wieder sich sein Herz, und in die Augen
Der Lieblichen, in deren Arm er lag,
Sah er zum ersten Male wieder heiter.
„Auch glaub das Eine mir," — sprach Jene weiter —
„Neid ists vor Allem, was den Alten treibt,
Auf das, was du geschaffen hast, zu schmähen!
Er weiß und fühlt es wohl, daß nichts ihm bleibt,
Als deinem Siegeszuge nachzusehen,
Wenn weiter du verfolgst des Ruhmes Pfad.
Darum bring ihm von seiner bösen Saat
Die Ernte heim und schüttle so die Last
Des Unmuths ab! Seit lange schon verhaßt
Ist mir der alte grimme Demokrat,
Weil er zum Sturz der edlen Medici,
Die tückisch er der Willkürherrschaft zieh,
Den Pöbel von Florenz gestachelt hat.
In die Verbannung mußten, gleich so Vielen,
Auf seinen Antrieb meine Brüder ziehn —
Nun, züchtʼgen werden sie mit Nächstem ihn;
Doch schon zuvor ihm einen Streich zu spielen
Ist mir ein wahres Labsal. Höre nun!
Jetzt eben jubelt mit der Masken Schwall
Hin durch Florenz der muntre Carneval,
Und der Groß=Mogul tummelt mit Neptun
Und Arlechino sich im lustʼgen Schwank.
Da soll zu Hohn und Spott des alten Narren
Ein Zug sich bilden und mit einem Karren
Von Platz zu Platze ziehn. Auf jeder Bank
Des Wagens steht in grausiger Verrenkung,
Wie er sie liebt, die Muskeln hochgespannt,
Ein tollverzerrtes Bildwerk seiner Hand;
Und vor dem Wagen, ihm zu größrer Kränkung,
Spottlieder singend, die der Hörer Ohr
Betäuben, geht ein Musikanten=Chor.
Du, mein Ubaldo, ordne solchen Zug!

Der jungen Freunde hast du ja genug;
Wenn ihr, Antlitz und Glieder marmorweiß,
In solche Statuen lustig euch vermummt,
Tragt ihr davon des ganzen Faschings Preis,
Und noch auf Monde lang, glaub mir, verstummt
Nicht das Gelächter über diese Posse.
Ich selber leihe gerne die Karosse,
Die dazu noth." — „Nein", fiel Ubaldo ein,
„Mag schwer der Meister mich beleidigt haben,
Nicht dergestalt gleich ungerathnen Knaben
Will ich an ihm mich rächen — nochmals nein!
Doch, daß ich alle Kraft zusammenraffe
Und immer Größres, immer Schönres schaffe,
Alvise, das soll meine Rache sein!" —
„So ernst doch ist der Maskenscherz, bei Gott,
Nicht, wie du glaubst! Und hat er solchen Spott
Nicht überreich verdient? Wenn dem Verdruß,
Den er dir angethan hat, Luft zu machen
Du selbst nicht Lust hast, schaffe den Genuß
Doch mir, Ubaldo! O, wie werd' ich lachen,
Der Kurzweil zuzuschauen vom Altane!
Von jeher war ich Freundin solcher Schwänke
Und sehe schon die lust'ge Karavane,
Wie ihr, verrenkt die Glieder, die Gelenke
Verdreht nach Michel Angelos Schablone,
Hin durch die Straßen fahrt; ein Cicerone
Steht neben euch und zeigt auf jedem Brette
Die Statuen, in komischem Sonette
Jedwede feiernd, und ein Weihrauchfaß
Zu Ehren des modernen Phidias
Schwingt vor dem Zug ein andrer Maskenträger,
Indessen Buben, Sänger, Lautenschläger
Jubelnd voranziehn — herrlich, köstlich das!
Nein, diese Lust mir weigern darfst du nicht!

Und wenn du mir nicht das Versprechen giebst,
So muß ich glauben, daß du mich nicht liebst."

Noch lang, bis granend schon das Morgenlicht
Durchs Fenster einfällt, reden so die Beiden,
Bis ihr zuletzt der Jüngling vor dem Scheiden
Mit halbem Wort, was sie verlangt, verspricht.

3.

Ubaldo, in die Wohnung heimgekehrt,
Sucht Schlaf, allein umsonst; zu mächtig gährt
In seiner Brust der Zwiespalt der Gefühle
Und treibt hinaus ihn wieder in die Kühle.
Unmuth, all das, woran er hochbegeistert
Geschaffen hat, als Stümperwerk gemeistert,
Verhöhnt zu sehn als kindischen Versuch;
Argwohn, daß Buonarotti solchen Spruch
Aus Neid gethan, wie Aloise glaubt;
Verlangen, sich für diese Schmach zu rächen;
Dann Ehrfurcht vor des Meisters greisem Haupt,
Und wieder das gegebene Versprechen —
Er kämpft und schwankt, wofür er sich entscheide,
Und wie der Strauch des Ginsters auf der Heide
Sich hin und her im Hauch der Stürme wirft,
Die bald aus der Schlucht, bald aus jener brechen,
So sein Gemüth. In durst'gen Zügen schlürft
Er ein den Balsamhauch der Morgenfrische,
Doch mehrt er ihm der Seele fieberische
Erregung nur.

   Hin an den Stromgeländen
Des Arno irrend, auf ein Marmorstück

Wirft er, ermüdet, sich zuletzt zurück:
„Durch solchen Bubenstreich sollt' ich mich schänden?
Hinweg, Versucherin! Mein Wort gegeben
Dir hätt' ich? Listig und nach Widerstreben
Nur halb entrangst du's mir."

       Indeß in Brüten
Er so am Ponte Vecchio sinnt und sinnt,
Schon in den Gassen von Florenz beginnt
Es sich zu regen, und wie seinen Blüthen
Voraus der Lenz bereits im lauen Hauch
Des März die ersten Schmetterlinge sendet,
So schickt der Fasching einzle Masken auch,
Eh er in reicher Fülle sie verschwendet,
Auf Pläß' und Straßen aus, und der Balken
Und jener wird mit Teppichen bedeckt.
Durch einer wohlbekannten Stimme Ton
Wird da Ubald vom Brüten aufgeschreckt,
Blickt auf und sieht den jungen Grafensohn
Ascanio Strozzi, dem sein Wappenschild
Und Ahnenglanz und Reichthum minder gilt,
Als die Palette, die er führt. „Gepriesen
Mein gutes Glück" — ruft ihm Ascanio zu —
„Daß ich dich finde, denn von Aloisen
Werd' ich zu dir gesandt." — „Bei ihr warst du?" —
„Auftrug sie mir, mit Fresken eine Wand
Für sie zu schmücken; just wollt' ich beginnen;
Da von dem Schwank, der dir bereits bekannt,
Mir sprach sie; Schöneres läßt sich nicht ersinnen!
Es wird ein Fest für Götter! Komm, bei Zeiten
Laß diesen Maskenscherz uns vorbereiten!
Zu unsern Freunden hab' ich schon gesandt,
Daß sie uns beistehn." Und ihn an der Hand
Fortziehn will er; doch: „Solchen Bubenstreich
Mir sinnst du an? Ich überlass' ihn euch,

Wofern ihr euch nicht schämt," ruft Jener aus.
Allein von andern Jünglingen inzwischen,
Die lachend sich in ihre Zwiesprach mischen,
Sind Beide schon umringt. „Bei mir zu Haus
Hab' ich ein Mahl für uns bestellt; dort laßt
Uns fröhlich sein; auch dich lad' ich zu Gast,"
Spricht Strozzi weiter, während er am Arm
Den immer zögernden Ubaldo faßt.
Und schon in Faschingslaune wälzt der Schwarm
Mit Jenem in der Mitte dem Palast
Ascanios sich zu. Eintraten Alle
In die mit frischem Grün geschmückte Halle
Und weiter in den marmorblanken Saal,
Wo sich Festons und blumige Guirlanden
Von Säule hin zu Säule duftend wanden,
Und leuchtend auf die Tafel, die zum Mahl
Geschmückt war, durch die Kuppel der Rotunde
Herniederzitterte des Himmels Blau.
Dem Wirth gehorsam setzten in die Runde
Die Gäste sich, und einen mächt'gen Pfau,
Das köstlichste Gericht für Florentiner,
Auf einer Silberplatte brachten Diener
Und Muscheln, an Gorgonas Felsgestaden
Von Tauchern abgerungen den Najaden.
Aus Bechern, dran, von Benvenutos Hand
Gebildet, Nereiden und Tritonen
Sich haschen, gießen Weine wärmrer Zonen
Das Sonnenfeuer, das auf sie gebrannt,
In alle Herzen, und des Frohsinns Töchter,
Beschwingte Scherze, gaukeln mit Gelächter
Von Mund zu Mund. Da mit dem Becher klirrt
Zum Zeichen, daß man schweigen soll, der Wirth:
„Vertheilen will ich nun der Rollen jede
Für unsern Aufzug." Aber in die Rede
Fällt ihm Ubaldo: „Immer noch der tolle

Boshafte Plan? Ich spiele keine Rolle."
Drauf Jener weiter: „Zu gerechtem Grolle
Gab Buonarotti dir doch Grund zumeist.
Daß er dich nur den Damen=Sculptor heißt,
Weiß ganz Florenz, auch daß er oft gemeint,
In Zucker müßtest, statt in Stein, du meißeln:
Und wer sich so dir zeigt als offnen Feind,
Durch Spott vor Aller Augen ihn zu geißeln,
Gewährt dir Labsal nicht?" Ubaldo schweigt,
Indeß der Wein, der Cyperns Strahlengluth
Noch birgt in seiner Wellen goldner Fluth,
Ihm sinnbewältigend zu Haupte steigt.
Und neu anhebt Ascanio: „Den Ruin
Der Künste bringt uns dieser alte Narr;
Auf die Madonnen unsres Perugin
Schmäht er, sie hätten ewig den Katarrh,
Drum das Gesicht verzögen sie zum Weinen —
Als Muster gelten sollen nur die seinen,
Zwitter von Mann und Weib, mit den verdrehten
Gliedmaßen und dem hagern Leibe, dran
Man selbst der Knochen kleinsten zählen kann!
Ans Werk nun! — Beppo, du spielst den Propheten
Jonas, der rückwärts wie ein Trunkenbold
Das Haupt wirft! Euch, Arrigo und Bartold,
Geb' ich die Sklaven, die mit einem Beine
Nach links, dem anderen nach rechtshin gehn;
Für dich, Pandolf, ist Moses ausersehn,
Das Monstrum, das im Arme Kieselsteine
Anstatt der Muskeln hat; Brunetto, du
Stellst Bacchus vor, die grause Mißgestalt
Mit aufgeschwemmtem Leibe: dir, Ubald,
Theil' ich den ungeschlachten David zu,
Die Ausgeburt von Ungeschmack und Schwulst:
Ausstopfen wollen wir dir Glied an Glied

Mit Wolle, bis zu einem großen Wulst
Du wirst, der jenem David ähnlich sieht."

Ubaldo schwankt noch, aber in ihm pulst
Die Gluth des Weines, seine Schläfe pocht
Von Unmuth über den gekränkten Stolz,
Der fort und fort in seiner Seele kocht.
So endlich springt er auf und ruft: „Ihr wollts,
Wohlan!" Und Alle treffen unter Leitung
Ascanios für den Zug die Vorbereitung.

4.

An Fenstern, auf Balkonen und Terrassen
Dicht drängt sich Haupt an Haupt, und auf den Gassen
Wie wogt und schwillt der bunte Mummenschanz!
Poeten, auf dem Haupt den Lorbeerkranz,
Doctoren mit Perrücken und mit Brillen!
Essenzen bietet, Elixire, Pillen
Mit Stentorstimme feil der Charlatan,
Indessen auf ihn nieder vom Altan
Ein weißer Hagel von Confetti stäubt.
Dazwischen hallt Geschnarr von Dudelsäcken
Und Schall von Pfeifen, der das Ohr betäubt.
Barbiere tragen auf dem Haupt ihr Becken,
Im wehnden Kleide gaukelt Columbine,
Der Capitano fuchtelt mit dem Schwert
In Lüften hoch — da auseinander fährt
Die Menge rings; es klirren Tamburine,
Dazwischen tönt Gelächter, Schall von Bechern,
Und her auf laubbekränzten Wagen zieht,
Evviva Bacco jubelnd und im Lied
Den Weingott preisend, eine Schaar von Zechern.

Von Porta Pinti so zum Römerthore,
Vom Ponte Vecchio nach Marie del Fiore
Und nach dem stolzen Platz, auf den die Braut
Des Michel Angelo herniederschaut, [1]
Wälzt das Gewühl sich hin. Mit Mast an Mast,
Dran bunte Fahnen wehn, ist der Palast
Der Signorie umringt; dort um die Bogen
Orgagnas schlägt das Fest die höchsten Wogen,
Und fort und fort, je mehr der Tag sich neigt,
Noch aus der finstern Seitengassen Enge
Strömts zu dem Platz heran und schwillt und steigt
Zu immer höhrer Fluth. Der Podesta
Schaut vom Balkon herab auf das Gedränge;
Auf einmal schallt ein Ruf: „Sieh da! sieh da!"
Und Bahn bricht sich ein Wagen durch die Menge,
Nach dem sich staunend richtet jeder Blick.
Besetzt — das ist der tollste aller Schwänke —
Sind mit lebend'gen Statuen die Bänke,
Davon der einen jedes der Gelenke
Gebrochen scheint, der andern das Genick;
Mit rechtem Arme stützt aufs linke Knie
Der dritte sich — heraus kaum wieder finden
Kann man sich aus der Glieder Irrgewinden —
Und lautes Lachen schallt umher: „Sieh! sieh!
Von Michel Angelo sind das die Bilder,
An eines jeden Fuße zeigen Schilder
Zum Ueberflusse noch den Namen an:
Adonis dort, die Mißgeburt, dort Moses,
Der seiner Muskeln Last kaum schleppen kann,
Dort David — ja, in Wahrheit, solch monstroses
Gebild ist er, solch schwamm'ges Ungethüm!"
Und wie der Wagen hinrollt, wälzt mit ihm

---

[1] Die Kirche Santa Maria Novella, für die Michel Angelo eine solche Vorliebe hatte, daß er sie seine Braut nannte.

Sich schallendes Gelächter durch die Schaaren
Gedrängten Volks, und schmetternde Fanfaren
Ertönen, und bei gellem Pfeifenklang
Reiht lärmend eine Bande Possenreißer
Mit Klappern, Knarren und mit Spottgesang
Sich vor dem Zug.

    Ubaldo, der als weißer
Marmorkoloß, die Glieder aufgebauscht,
Reglos dasteht, fühlt, wie schon nach und nach
Der wirre Geistestaumel ihm verrauscht,
Der ihn fortriß, als er zu Hohn und Schmach
Des Meisters sich den Andern zugesellt.
Ihm ist wie Dem, der arge That verbrach,
Und wie ein Chor von Höllenfurien gellt
Ihm vor dem Ohr des Volkes Hohngeschrei,
Der Spießgesellen Spottlied. Eben da
Am Signorie-Palast rollt er vorbei
Und sieht zu seinen Häupten nah, ganz nah
Den David Buonarottis sich erheben,
Wie ihn die Sonne untergehend eben
Mit vollem Purpurglorienschein umflammt:
Kaum wagt er aufzuschaun: ihm ist, als drohe
Mit der erhobnen Schleuder ihm der hohe
Göttliche Jüngling, um das Rächeramt
Des Meisters an dem Frevler zu vollziehn.
Nur weiter, weiter! Aber rings um ihn
Drängt sich so dicht das Volk, daß nicht mehr Bahn
Dem Wagen bleibt; und während ihm verwirrt
Der Blick bald hierhin und bald dorthin irrt,
Glaubt er zu schaun, wie drüben vom Altan,
Von eines jungen Mannes Armen traut
Umschlungen, Aloise niederschaut.
Und schärfer blickt er zu — ja, er erkennt:
Ascanio, kein Andrer ist der Mann;

Zu ihr zu eilen, als der Zug begann,
Hat von den Anderen er sich getrennt. —

Reglos nach ihm hinstarrt Ubald; er fühlt,
Zurück in jähem Strome schießt sein Blut.
Nun zu dem Allen, was sein Herz zerwühlt,
Das Letzte noch, betrogner Liebe Wuth!
Wie Einer, den des Himmels Blitz erschlagen,
Stürzt sinnberaubt er nieder in den Wagen.

5.

Der Jüngling ward in Hast von den Gefährten
Durch das Gewühl in sein Gemach getragen;
Sie aber, nur der Kurzweil denkend, kehrten
Zur Faschingslust zurück. Und so seit Tagen
In hoher Gluth des Fiebers liegt Ubald,
Vom Diener Carlo, der zu seinen Häupten
Am Lager dasitzt, sorglich-treu gepflegt.
Bewußtlos ist er, und wenn im betäubten
Gehirne halb sich ihm Bewußtsein regt,
So irrt bald die, bald jene Mißgestalt
An ihm vorbei; bald mit verzerrten Zügen
Starrt Aloise ihm ins Antlitz kalt
Und fragt: Was trautest du auch meinen Lügen?
Bald Michel Angelo glaubt er zu schauen,
Dem zornig unter seinen hohen Brauen
Das Auge flammt; drauf wiederum hallt wilde
Musik ins Ohr ihm, und bei dem Getön
Sieht er sich seiner eignen Kunst Gebilde,
Die Götter des Olymp, im Tanze drehn
Und hört sie lachen: Ei, wir sind doch schön!

Einst, als es morgenhell im Stübchen ward,
Zerrann die Nacht, die seinen Geist umwoben;
Zum ersten Male, matt das Haupt erhoben,
Mit klarern Augen schaut er auf. Was starrt
Und starrt er unverwandten Blickes so?
Er ists, ja, es ist Michel Angelo,
Der neben ihm am Lager sitzt. Den Blick
Des Meisters nicht ertragend, wirft der Kranke
Erschrocken auf das Kissen sich zurück —
Ihn mahnt sein erster, dämmernder Gedanke
An seine Schuld; er glaubt, das Strafgericht
An ihm vollziehen wolle Jener, deckt
Mit beiden Händen sich das Angesicht
Und liegt von Neuem reglos hingestreckt.

Ein Tag und eine Nacht fliehn abermals;
Da wiederum den Schein des Morgenstrahls
Fühlt er belebend in sein Antlitz blitzen,
Fühlt in der seinen ruhen eine Hand,
Schaut auf und sieht an seines Bettes Rand,
So wie zuvor, den Buonarotti sitzen:
„Glückauf, mein Sohn! die Krankheit ist gebrochen;
Viel Sorge trug ich deinethalb seit Wochen."
Noch starr, nachdem der Alte so gesprochen,
Liegt erst Ubald; Verzeihung flehend dann
Die beiden Arme streckt er ihm entgegen.
„Was meinst du, Sohn?" — hebt Jener wieder an —
„Von deiner Kindheit an auf allen Wegen,
Du weißt es ja, wünsch' ich dir Heil und Segen."
Und schluchzend auf des Meisters Rechte preßt
Der Jüngling seinen Mund mit heißen Küssen
Und netzt sie mit des Auges Thränengüssen.
Zuletzt allein mit seinem Diener läßt
Ihn Buonarotti: „Ruhe thut dir noth;
Du wirst mich wieder sehn beim Morgenroth."

Und in der Frühe, als sein Schlummer weicht,
Gewahrt der Jüngling, wie mit leisem Tritte
Der Meister wieder an sein Lager schleicht,
Fühlt, wie er freundlich ihm die Rechte reicht,
Und hört ihn sprechen: „Mein Ubald, ich bitte,
Sei nicht erzürnt, wenn ich dir wehe that:
Oft rauh sind meine Worte — Jeder hat
So seine Art — zu Herzen dir vielleicht
Nahmst du zu tief, was ich gesprochen habe;
Doch glaube mir, gut wars von mir gemeint!
Daß nur gering mir deine Künstlergabe
Bedäucht, mußt' ich dir sagen als dein Freund.
Allein dir hängt einmal daran der Sinn;
So seis! Gieb ganz der Bildnerei dich hin!
Vielleicht zu Höherm auch durch stetes Ringen,
Als ich gedacht, kannst du empor dich schwingen."

Leuchtenden Blicks schaut ihn der Jüngling an.
Noch ruht auf seinem Mund des Schweigens Bann;
Doch heißen Danks, da ihm versagt das Wort,
Will er zu Buonarottis Füßen sinken;
Da mahnt der Meister ihn mit ernstem Winken,
Auf seinem Pfühl zu bleiben, und fährt fort:
„Bald ganz, mein Sohn, dem Himmel seis gedankt,
Wirst du genesen sein; in Carlos Hut
Drum lassen kann ich dich. Seit du erkrankt,
Vor vieler Arbeit hab' ich kaum geruht,
Und, nun mein Werk in der Lorenz-Kapelle
Glücklich vollendet, muß ich Festungswälle
Am Pinti-Thore, Schanzen baun und Thürme,
Denn wider uns heran ziehn schwere Stürme.
Schon naht das Heer des Kaisers, das mit Tod
Die Freiheit unsrer theuern Stadt bedroht;
Allein bald wird der Eingang jedes Thors
Umstarrt von Palissaden sein und Forts,

Der Boden allumher von Minen hohl;
Dann komme nur der Feind! — Ubald, leb wohl!"

6.

In schnellerem Genesen Tag für Tag
Und frischer Kraft aufblüht der Jüngling nun;
Sein Herz thut immer höhern, höhern Schlag
Und läßt ihn kaum noch auf dem Lager ruhn.
Der vielgeliebten Kunst zurückgegeben,
Versöhnt fühlt er aufs Neue sich dem Leben.
Wohl die Erinnrung an Aloise legt
Noch über seine Stirne düstre Falten,
Doch sagt er sich: „Die Sinne, tief erregt,
Vielleicht nur täuschten mich durch Truggestalten,
Und seh' ich sie, so wird sich Alles klären,
Daß ich sie selber wegen meines leeren
Argwohnes um Verzeihung bitten muß."
So eilt er, aufgerafft von seinem Pfühl,
Hinaus zur Thür in plötzlichem Entschluß
Und weiter längs des Stroms. O, im Gefühl
Erneuter Stärke, wie so frisch, so frei
Hebt sich der Odem ihm im Hauch des Mai,
Der eben her von Bellosguardos Hügel
Lausächelnd weht! Er stürmt, als hätt' er Flügel,
Zu der Geliebten Haus und pocht ans Thor:
Da von des Pförtners Mund schallt an sein Ohr
Die Kunde: „Graf Ascanio Strozzi hat
Mit Donna Aloise sich vermählt;
Auf eine Villa nun am Meergestad,
Die sie zum Sommersitze sich gewählt,
Sind sie gereist." Wie von des Blitzes Strahl
Getroffen, starrt Ubaldo bei der Kunde;

Bewußtlos taumelnd dann von dem Portal
Stürzt er hinweg; die Häuser in der Runde
Drehn sich um ihn, den Boden fühlt er schwanken,
Und zuckend, wie in unterird'scher Höhle
Schlagende Wetter, schießen Irrgedanken
Hin durch das tiefe Dunkel seiner Seele.
Schon nachtets; selten, immer seltner hallt
Ein Fußtritt von des Platzes mächt'gen Quadern
Zurück, vom Apennin her weht es kalt;
Doch er, dem siedend heiß durch alle Adern
Das Blut dahinrollt, achtet dessen nicht
Und wirft sich nieder zu des Perseus Füßen,
An Aloisens Fenster das Gesicht
Noch fort und fort gebannt. „Sie soll mirs büßen,
Ja, Rache, Rache!" rufts in ihm, „nie solch
Gericht noch soll die Welt gesehen haben,
Wie es an der Verrätherin mein Dolch
Vollstrecken wird."

    In Schlaf und Traum begraben
Liegt schon die Stadt, als er noch Plan auf Pläne
Im Geiste wälzt; wie tief die Schlucht auch gähne,
Wie fern der Strand sei, wo sie sich geborgen,
Nacheilen will er ihr und schon vor Morgen
Aufbrechen zu der Fahrt. So, wie er sinnt
Und sinnt, zuletzt in wüsten Traum zerrinnt
Das Denken ihm. Alvise, ach Alvise!
Die Worte dumpf noch haucht er in den Wind,
Dann sinkt bewußtlos auf des Bodens Fliese
Das Haupt ihm hin.

    Vom Morgenlicht geweckt,
In dessen Strahle sich der Riesenschatte
Von Buonarottis David weithin streckt,
Erhebt Ubald sich von der kalten Platte,

Auf der er lag; noch wie im Wirbel kreist
Alles, was er erlebt, vor seinem Geist
Und dünkt ihn fast ein Bild, vom Fieberwahn
Erzeugt, ein nächt'ger Spuk. Dann nach und nach
Von Neuem wird in ihm der Racheplan
Mit der Erinnerung des Geschehnen wach —
Und doch, ein Schwanken kommt in den Entschluß,
Nicht gleich aufbrechen kann er zu der That;
Daß er zu Buonarotti eilen muß,
Der ihn vom Grabesrand gerissen hat,
Sagt ihm sein Herz. Und als er so den Pfad
Zum Pinti-Thore schreitet, nimmt er wahr,
Wie hier und dort das Volk sich gruppenweise
Zusammendrängt. Vorbei an einer Schaar,
Die sich um einen Redenden im Kreise
Gesammelt hat, kommt er und hört, wie schon
Her von Bologna durch den Apennin
Die Kaiserlichen und die Spanier ziehn
Und mit Belagerung Florenz bedrohn,
Es neu zu schmieden ins verhaßte Joch.
Das Heer Ferruccis, so vernimmt er noch,
Sei ihnen halb gewachsen kaum an Stärke;
Und weiter fragt man, ob die Festungswerke,
Die Buonarotti leitet, auch der Macht
Der Feinde trotzen können; doch sein Ohr
Nur hört, sein Geist hat kaum der Rede Acht,
Und vorwärts eilt er auf dem Weg zum Thor,
Wo er den Meister anzutreffen denkt.
Da, als er eben auf dem Gang vorbei
Am Platz von St. Lorenz die Schritte lenkt,
Zu seiner Seite reden hört er Zwei:
„Vollendet auf der Medicäer Grab
Stehn nun die Bilder Michel Angelos;
In keinem Werk noch, das der Welt er gab,
Hat er so herrlich sich gezeigt, so groß."

Nicht widerstehen kann bei diesem Worte
Ubald; und wärs für einen Augenblick,
Selbst muß er schaun des Meisters Meisterstück.
Da, als er eingetreten durch die Pforte
Von St. Lorenz und in die Grabkapelle,
O ungeahnte Herrlichkeit um ihn!
Bewältigt steht er da, und hinzuknien
Zwingts ihn, wie in des Morgens Dämmerhelle
Die Bilder Buonarottis von den Wänden
Urweltlich groß auf ihn herniederschauen.
Von Menschen nicht, nein, von Titanenhänden
Aus Felsen sind die mächtigen gehauen,
Und ein Titanengeist hat sie geboren!
Wie ruht sie dort, in dunkeln Traum verloren,
Die alte Nacht, die, kaum dem Weltabgrunde
Entstiegen, das Geheimniß aller Dinge
In starrer Brust verschließt! Es ist, als ringe
Mühsam ein Odem sich von ihrem Munde,
In dem das erste Leben kämpft mit Tod.
An ihrer Seite auf dem Sarkophag
Halb aufrecht blickt der erstgeborne Tag
Dem jungen Licht entgegen und bedroht
Die Finsterniß, die noch mit ihren Falten
Ihn zu umschlingen trachtet — in der Ferne
Beim Zitterlichte untergehnder Sterne
Schaut er, wie Länder, Meere sich dem alten
Chaos entwinden — o! noch nie ein Andrer,
Nur Dante hat, der gotterfüllte Wandrer,
Durch Höll' und Büßungswelt und Himmelreich
Im Dichtungssturm zu Werken, diesen gleich,
Sich aufgeschwungen —

      Und rings an der Wand
Die andern hehren Bilder! Hier Aurore,
Die aus den Locken über Meer und Land

Den Morgen schüttelt, während ihre Hand
Den Vorhang lüftet an des Tages Thore —
Die Abenddämmrung dort, so schwermuthvoll,
Wie wenn sie der Campagna Tempeltrümmer
Umleuchtet mit dem letzten matten Schimmer. —
Ubald weiß nicht, wohin er schauen soll,
Kaum fassen kann er all die Herrlichkeit
Der neuen großen Welt, die ihn umfängt:
An diesem Bild bald, bald an jenem hängt
Sein Auge staunend; doch, als ob entweiht
Durch seinen Blick so Göttlich-Hohes würde,
War ihm zu Sinn; es wuchtete die Bürde
Der Schuld auf seiner Brust mit Centnerlast.
Noch einmal sah er auf: dann, schnell gefaßt,
Aus der Kapelle und aus St. Lorenz
Forteilend durch die Straßen von Florenz.
In seine Werkstatt trat er festen Schritts
Und schlug mit eines wucht'gen Hammers Rücken
Die Bilder all, die er geformt, zu Stücken,
Bis, wie zerschmettert von des Himmels Blitz,
Am Boden lag, was irgend er geschaffen,
Ein Wust zerstörter Statuen und Büsten.

Drauf von der Wand nimmt er des Vaters Waffen,
Geht, sich von Haupt zu Fuß in Erz zu rüsten,
Am Ponte Vecchio noch zu einem Schmied,
Schnürt sich in Panzermaschen jedes Glied
Und eilt aus Nordthor, wo von einer Schanze
Den Bau der Festung Buonarotti leitet.

Der Meister sieht verwundert, wie mit Lanze
Und Helm zu ihm heran ein Jüngling schreitet,
Und will kaum seinen Augen traun, so fremd
Erscheint er ihm. „Ist's möglich, mein Ubald,
Als Krieger du im ehrnen Panzerhemd,

Das Schwert des Vaters um den Leib geschnallt?
Komm an mein Herz!" Und ihn mit Ungestüm
Will er umarmen; doch, ins Angesicht
Dem Greis zu schauen, wagt der Jüngling nicht;
Auf Knieen hin zu Füßen sinkt er ihm
Und küßt die Hand dem hohen Angelo
Und liegt stumm, ohne Regung lange so.
Dann stürmt er zu Ferruccis Heere fort,
Das bei Pistoja sich der Feindesmacht
Entgegenstemmt; und tapfer kämpfend dort
Gefallen ist er in der ersten Schlacht.

IV.

Heinrich Dandolo.

Durch die beschäumten Wogen streicht
Venedigs stolze Flotte leicht
Und bahnt, so wie ein Kranichzug
Gen Osten strebt in hurt'gem Flug,
Der Segel Schwingen ausgespannt,
Die Straße sich zum Morgenland.
Noch nie ein gleich Geschwader sah
Zuvor die blaue Adria:
Umwogt von buntem Flaggenspiel,
Fünfhundert Schiffe Kiel an Kiel,
Sie alle hochgemastet,
Mit Kriegsgeräth belastet,
Bewehrt mit Zinnen und mit Thürmen
Und Wurfgeschütz zum Mauerstürmen.
Wie blinkt auf jeglichem Verdeck
Kampfluft aus tausend Augen keck,
Wie wimmelt drauf das Kriegerheer
Mit Schwert und Panzer, Schild und Speer!
Venedigs junge Nobili,
Die Contarini, Foscari,

Im Kreise ihrer Bogenspanner
Erheben Jeder hoch sein Banner,
Indessen ihre Lanzenspitzen
Im Licht der Morgensonne blitzen;
Daneben Grafen und Barone
Aus Artois und vom Strand der Rhone,
Aus Flandern und aus Hennegau
Mit Fahnen roth und weiß und blau.
In allen glänzten Wappen hoch,
Doch herrlich über ihnen flog
Des heil'gen Marcus Flügellen,
Der, wie der Hund dem Herren treu,
Seit ihres Reiches Anbeginn
Geschützt die Meereskönigin.

Der Rosse Wiehern und Gestampf,
Der Waffen Klirren überscholl
Das Wogendonnern und Geroll.
Als ging' es heute schon zum Kampf,
Erhoben sich der Krieger Rufe,
Und zu dem Fall der ehrnen Hufe
Erdröhnte der Trommeten Gellen —
Naht diese Flotte deinen Wällen,
Dann, trotz der Mauern festem Kranz,
Erzittre, mächtiges Byzanz!

Die Segel schwellt ein frisches Wehn
Her von Friauls beeisten Höhn,
Und in der Ferne schwach und schwächer
Hinschwinden schon die Kuppeldächer
Und Thürme der Lagunenstadt;
Nur hier und da noch dämmert matt,
Aufragend aus dem Wogenspiele,
Ein Zinnenthor, ein Campanile,
Dann senkt auch er sich in die Fluth.

Die Abendsonne geht zur Rüste,
Und westlich an Italiens Küste
Schwimmt Luft und Meer in goldner Gluth.
Da, sieh! auf der Galeere dort
Mit purpursammt-behängtem Bord,
Ist es ein Fest, das man bereitet?
Auf Teppichen, die man gebreitet,
Reiht sich ein edler Ritterkreis,
Und unter seidnem Baldachin,
Das Kleid besetzt mit Hermelin,
Auf höherm Sessel ruht ein Greis;
Hin ob der Brust wallt silberweiß
Bis an den Gürtel ihm der Bart,
Die Augen deckt ihm eine Binde;
Er ist's, der hochberühmte Blinde,
Das Haupt der ganzen Kriegerfahrt,
Der Doge Heinrich Dandolo.

Stumm blicken noch auf ihn die Andern,
Da hebt er mit der Rechten froh
Den Goldpokal und redet so:
„Stoßt an, Herr Balduin von Flandern,
Herr Markgraf Bonifacius!
Auf gute Fahrt zum Bosporus!
Bald, wenn der Fahrwind günstig haucht,
Sehn werdet ihr, wie riesengroß
Aus der Propontis Wogenschooß
Die Kaiserstadt des Ostens taucht,
Die herrliche, mit Hippodromen
Und bleigedeckten Tempeldomen,
Mit Prachtpalästen, Erzkolossen,
Auf drei Gestade hingegossen.
Die Säulen und die Marmorbäder,
Aufleuchtend aus dem Grün der Ceder,
Dazwischen Villen, Mausoleen

Und Obelisken, Siegesbogen —
O wahrlich! wer es nicht gesehn,
Ward um das Herrlichste betrogen! —
Mir deckt das Auge ew'ge Nacht,
Nicht schaun mehr werd' ich jene Pracht,
Doch strahlend, wie ich einst sie sah,
Als hell mir noch die Sonne schien,
Steht sie vor meinem Geiste da,
Die hohe Stadt des Constantin.
Was ich als Jüngling dort erlebt,
O, denk' ich dran, noch immer bebt,
Ob auch das Alter dreifach Erz
Darum gelegt, mein altes Herz
In Weh und Wonne, Lieb' und Haß!
Und vor des Auges dunkler Höhle
Stehn mir Gestalten schreckenblaß;
So tief ist keine Nacht auf Erden,
Wo sie mir nicht erscheinen werden.

„Daß ich von jener Zeit erzähle,
Habt ihr begehrt; wohlan, es sei!
Noch einmal gleite vor der Seele
So Lust wie Leid von einst vorbei!

„Kaum dreißig zählt' ich, und mein Haar,
In Locken um das Haupt gerollt,
Trug leuchtend noch des Löwen Gold.
Nachdem ich früh in Kriegsgefahr
Zu Land und See den Candioten,
Den Dalmatinern Trotz geboten
Und doppelt mit dem Siegeskranz
Die Stirne mir geschmückt, verlieh
Mir Amt auf Amt die Signorie.
Sie sendete mich nach Byzanz,
Des Freistaats Macht, die weithin schon

Den Schatten ihrer Flügel warf,
Zu schützen vor der Feinde Drohn;
Und, wenn ichs also sagen darf,
Ein wackrer Schirmer war ich ihr.
Sah auch der Kaiser noch so scheel
Auf unsre Macht im Archipel,
Zu Recht bekennen mußt' er mir,
Daß über zwanzig Griechenstädte
Des heil'gen Marcus Banner wehte.
Für mein Venedig blieb nicht leicht,
Was ich begehrte, unerreicht;
Konnt' ichs durch Trotzen nicht erzwingen,
Als Höfling wußt' ichs zu erringen!
Denn, Freund der hohen Byzantiner
Und ihrer Fraun ergebner Diener,
Zu Hofe ging ich viel als Gast,
Auch war des Kaisers erster Sohn,
Prinz Isaak, mir im Palast
Ein Anwalt bei des Vaters Thron.

„Von Neuem wird das Herz mir jung,
Wenn rückwärts die Erinnerung
Mich zu den sel'gen Tagen trägt,
Als mich am goldnen Horn die stillen,
Von Lorbeergrün versteckten Villen
In holder Damen Kreis gehegt.
Und o! daß ich noch einmal Nächte,
Wie die am Bosporus, verbrächte,
Um in den Gärten längs des Meers
Zu wandeln am Georgenfeste.
Mich dünken wills, ein Traum nur wär's,
Gedenk' ich, wie der Schwarm der Gäste
Durch alle Laubengänge schwoll
Und hoch vom Schlosse der Blachernen,
Dem Schimmer gleich von tausend Sternen,

Der Schein der Flackerkerzen quoll.
Durch Bogenfenster, goldne Gitter
Sah man in marmorblanken Hallen
An schöner Frauen Arm die Ritter
Hinauf, hinab die Treppen wallen.
Und unten in der Purpurnacht
Wie wogte nicht in bunter Tracht
Der Schwarm der Gäste auf dem Rasen!
Am Strand dort unter prächt'gem Zelt
Mit Freunden saß ich froh gesellt,
Vor uns auf Tafeln goldne Vasen,
Krystallne Becher aufgestellt;
Und in den Vasen — o, die Pracht!
Die riesenhafte Nuß der Tropen
Bei der Banane, die Aethiopen
Vom Nilgestade hergebracht!
Wie schimmerte beim Fackelstrahle,
Der von den Silberleuchtern hell
Herniederflammte, im Pokale
Des Weines herzerfreunder Quell!

„Nach Festesschlusse war es Brauch,
In Gondeln bei dem kühlern Hauch
Zu schiffen durch die Meereswogen;
Und Loose wurden dann gezogen,
Die jedem Ritter eine Dame
Zutheilten für die Wasserfahrt.
Bei einer Loosung solcher Art
Einst zog ein Blatt ich, drauf der Name
‚Eugenia Tora‘ stand; ich ging,
Geführt von einem Kämmerling,
Des Namens Trägerin zu grüßen.
Ich stand vor ihr; o, blieb mir Kraft,
Zu stehen? sank ich hingerafft,
Anbetend nicht zu ihren Füßen?

Nicht weiß ichs mehr; doch wenn zurück
Zu jenem sel'gen Augenblick
Mich wieder leitet der Gedanke,
Ist mirs, als ob der Boden schwankte
Wie damals, als ich vor ihr stand.
Mich Graukopf würdet ihr verhöhnen,
Wollt' ich so wie ein junger Fant
Lobpreisen euch den Reiz der Schönen;
Nur Eines drum, ein wild Entzücken
Rann über mich aus ihren Blicken;
Mir schwindelte berauscht der Sinn,
Indeß ich durch den Menschenschwarm
Zum Meer sie führt' an meinem Arm.
Von einer alten Schaffnerin,
Sophia, ließ sie sich begleiten;
Und als ich nun an ihrer Seiten
Im leichten Kahn von dannen glitt,
Als süße Rede seelenvoll,
Drin Schüchternheit mit Neigung stritt,
Von ihren Rosenlippen quoll,
Da schoß mir wechselnd Blaß und Roth
Durchs Antlitz hin, wie nie zuvor,
Es brauste dumpf mir vor dem Ohr,
Mir war, als führen in dem Boot
Wir Zwei entgegen sel'gem Tod.

„Seit dieser Nacht besiegelt wars,
Daß ich nicht Rast auf Erden fände,
Bevor der Segen des Altars
Mich mit Engenien verbände.
Sie wohnte, frühe schon verwaist
Und nur in eines Vormunds Hut,
Einsam auf ihrem Ahnengut,
Dort, wo des Pontus Wogenfluth
Wild um die Klippen schäumt und kreist

Ihr Schloß, das nah den Symplegaden
Hinabsah von den Felsgestaden,
Empfing als Gast mich täglich bald
Zu wonnevollem Aufenthalt;
Denn, was wir uns gelobt im Stillen,
War ganz nach ihres Vormunds Willen,
Und mit dem Namen Braut, dem süßen,
Durft' ich vor ihm Eugenien grüßen. —

„Im Herzen tief fühl' ich nach jenen
Glückfel'gen Stunden noch ein Sehnen,
Als Haupt an Haupt gelehnt wir Zwei
Vom weithin schauenden Altan
Die weißen Segel gleiten sahn,
Um uns der Flattermöven Schrei
Und meerhauchfeuchter Myrten Duft,
Aufsteigend aus der Felsenkluft.
Da lag, so wie am Horizont
Des Meeresspiegels klares Blau,
Das Leben vor uns hellbesonnt,
Und zu dem Bild der lieben Frau
Auftlommen wir, das hoch, hoch oben
Von steilster Klippe niedersah,
Um uns vor der Panagia
Auf ewig Treue zu geloben.

„Schon war das Fest der Hochzeit nah
Und Morgens früh Eugeniens Ohm
Gegangen zum Sophiendom,
Daß er zur Feier Alles rüste;
Wie immer ritt bei sinkendem Tag
Ich von der Stadt zur Meeresküste,
Wo die geliebte Villa lag:
Da plötzlich stürzte bleich, erschrocken
Eugenia mit verwirrten Locken

Entgegen mir. ‚O gleich‘ — rief sie —
‚Noch heute komm nach St. Sophie
Und, wenn die Kirche uns vereint,
Fort! fort, noch eh der Morgen scheint!‘
Und sie erzählte, starr und kalt
Vor Schrecken noch, als nach der Villa
Sie einsam in der Mittagstille
Gewandelt im Platanenwald,
Hab' ihr des Kaisers jüngrer Sohn
Alexius den Weg vertreten
Und erst mit Schmeichelredeton
Demüthig ihre Gunst erbeten,
Doch dann in übermüth'gem Hohn
Gedroht, leicht sei es ihm, den frechen
Starrsinn durch seine Macht zu brechen.
Erst vor dem Hülfruf meiner Braut
Entflohen war der Bösewicht.

„Noch gab mit halbersticktem Laut
Sie vom Geschehnen mir Bericht,
Da kam in athemloser Hast
Ein Bote aus dem Reichspalast,
Der schleunig, noch zur selben Stunde
Mich vor den Thron des Kaisers lud.
Jäh bei der unwillkommnen Kunde
Zurück zum Herzen schoß mein Blut;
Doch, konnt' ich trotzen dem Gebot?
Ich wand mich aus der Theuern Arm:
‚Nur Muth, Eugenia, scheuch den Harm!
Heimkehr' ich noch vor Morgenroth —
Und mag die Hölle uns bekriegen,
Glaub mir, ich werde sie besiegen!‘
Noch einen Kuß auf ihre Lippen!
Und stadtwärts längs der Uferklippen

Hinsprengt' ich mit verhängtem Zügel
Zum Schloß auf dem Blecharen-Hügel.

„Ein Kämmerling sofort befahl,
Mir aufzuthun den goldnen Saal,
Und, meiner harrend, auf dem Thron
Saß dort der Imperator schon:
‚Vernehmt, weshalb wir Euch geladen!
Stets stand als edel und erlaucht
Eur Freistaat hoch bei uns in Gnaden,
Doch unsre Huld hat er mißbraucht
Und Städte, die seit langen Jahren
Den Byzantinern eigen waren,
Für sich befestigt und verschanzt,
Ja, dort sein Banner aufgepflanzt.
Versucht denn keinen Widerstand!
Ich rath' es Euch zum eignen Besten,
Die Schlüssel liefert jener Vesten,
Wie sich gebührt, in meine Hand!
Und wenn der Vollmacht Ihr entbehrt,
Ein Monat sei Euch Frist gewährt,
Daß vom Senat Ihr sie begehrt.'
Zur Antwort gab ich, schnell gefaßt:
‚Gradaus, Herr Kaiser! offen laßt
Mich zu Euch reden, fest und klar!
So viel an mir, soll nimmerdar
Auch eine jener Vesten nur,
Ja, ihrer Mauern nur ein Stein
In Eure Macht gegeben sein!
Das schwör' ich hier mit heil'gem Schwur;
Und stimmte Doge sammt Senat
Für solchen schmählichen Verrath,
So faßt' ich im Entschluß mich kurz
Und eilte wie auf Windesflügeln
Meerüber, um zu ihrem Sturz

Das Volk Venedigs aufzuwiegeln.'
Aufflammte da des Kaisers Wuth,
Und in den Augen Zornesgluth:
‚Ei, kühne Worte redest du,‘ —
Mir donnert' er mit Ingrimm zu —
‚Laß sehen doch, wie lang du so
Mir trotzen wirst mit Frevelmuth!
Und wärst du auch wie Eisen fest,
Ich habe Mittel, Dandolo,
Durch die dein Sinn sich beugen läßt!
Zu glauben kaum ist vom Gesandten
Der kleinen Stadt im fernsten Winkel
Des Mittelmeeres solcher Dünkel;
Auf, und ergreift ihn, ihr Trabanten!
In schweren Eisenketten werft
Ihn unten in den Kerkerthurm,
Und täglich sei die Haft geschärft,
Bis er erkennt, daß nur ein Wurm
Er ist, den ich zertreten kann.‘

„Er sprach's, und Söldner, Mann an Mann,
Wohl hundert drangen auf mich ein;
Vergebens ließ in ihren Reihn
Mein Schwert ich tanzen, wuthentflammt:
Nicht achtend mein geheiligt Amt,
Mich packten sie, hinab die Treppen,
Fort durch die Straßen mich zu schleppen.
Als Glück noch ward's von mir gesegnet,
Daß, nahe schon dem Zwingerthor,
Mein Freund Antonio mir begegnet;
Ihm raunt' ich hastig in das Ohr:
‚Hin zu Eugenien eil und bring,
Daß sie dir glaubt, ihr diesen Ring!
Schnell, denn Gefahr ist im Verziehn,
Zur äußersten der Symplegaden

Soll sie noch diese Nacht entfliehn.
Bei ihrer alten Amme dort
Beut sich an waldigen Gestaden
Für sie ein sichrer Zufluchtsort.'

„Die arge Söldnertruppe stieß
Mich in ein düstres Thurmverließ,
Das mich, dem Lichte fern, der Luft,
Mit kaltem Dunst und Moderduft
Umschloß wie eine Todtengruft.
Ringsum rann von der schwarzen Mauer
Ein feuchter Qualm wie Grabesschauer;
Und ich, in schweren Eisenringen,
Die Hand und Fuß und Hals umfingen,
Fest an den Stein geschmiedet, siechend,
Nichts sah ich als den matten Strahl,
Der sich durch eine Spalte stahl,
Entlang die finstern Wände kriechend;
Nichts hört' ich, als bei Nacht und Tag
Des eignen Herzens bangen Schlag,
Den Klang des Eisens, wie es klirrte,
Daß Seele sich und Sinn verwirrte.
Doch, was ich auch ertrug und litt,
Und ob der Ketten ehrne Klammer
Mir auch in alle Glieder schnitt,
Im Herzen lag der größre Jammer:
Durch tiefste Finsterniß erblickte
Ich fort und fort Eugeniens Bild;
Wenn kurz mein Haupt in Schlummer nickte,
Empor vom Traume fuhr ich wild —
Sie, die mir Leben war und Licht,
Ob sie gerettet, wußt' ich nicht
Und bat umsonst um eine Kunde
Die stummen Wände in der Runde.
Von der Geliebten Rosenmunde,

Mehr als die Hostie mir theuer,
Nun raubte Prinz Alexius
Vielleicht, der freche, einen Kuß.
Dacht' ichs, so fühlt' ichs bald wie Feuer
Durch alle meine Adern rinnen,
Ein Schwindeln bald in meinen Sinnen;
Wie Ohnmacht sank es auf mich nieder,
Und, wieder dann emporgerafft,
Die Ketten schüttelt' ich mit Kraft
Und schrie zu Gott verzweiflungsvoll —
Vergebens, nur mein Rufen scholl
Rings von den öden Wänden wieder.

„So waren Wochen, Monde schon
Mir in der Kerkerhaft entflohn;
Da, horch! — o vielwillkommner Klang —
Ein Schreiten draußen auf dem Gang,
Ein Rasseln in dem rost'gen Schloß:
Die Thür ging auf, und blendend floß
Des Lichts kaum noch gekannter Schein
In meine Unterwelt herein.
Mit Dienern im Gefolge, froh,
Trat vor mich hin Antonio;
Er wollte reden, doch erst leise
Fragt' ich ihn nach Eugenias Flucht.
Trank er: ‚In braver Leute Kreise
Gewährt der Insel wald'ge Bucht
Ihr einen sichern Aufenthalt;
Dich ihr vereinen wirst du bald,
Denn deinetwegen nach Benedig
Bin ich geeilt, dort schenkte gnädig
Der Doge mir Gehör, und leicht
Ward meines Strebens Ziel erreicht;
Sieh da, was ich in Händen habe!
Die Vollmacht ists zur Uebergabe

Der Besten an den Gränzbezirken
Und wird die Freiheit dir erwirken.
Komm denn, da schon in Gegenwart
Der Großen dein der Kaiser harrt!"

„Er sprach es; ich stand wie erstarrt,
Und eine höfisch reiche Tracht,
Von Golde strotzend und von Sammte,
Ward von den Dienern mir gebracht;
Auch sah ich draußen Hofbeamte
Und Kämmerlinge, die zu Seiten
Des Weges zum Palast sich reihten.
Ich aber sagte, schnell gefaßt:
‚Du warst mein Freund, Antonio,
Sag an denn, kanntest du mich so?
Doch wohl! ich folge zum Palast.'
Und, schnell vertauschend mein Gewand,
Das Pergament in meiner Hand,
In vollem Schmucke des Gesandten
Hintrat ich vor des Kaisers Thron.
Er grüßte mich: ‚Ich weiß es schon,
Besorgt sind deine Anverwandten
Mehr, als du selbst, für was dir frommt;
Gut, daß die Vollmacht endlich kommt.'
Doch ich fiel ein: ‚Erlauchter Kaiser!
Venedigs Doge ist ein greiser,
Im Geiste schon gebrochner Herr;
Aus Mitleid, das ich nicht begehre,
Denkt er zu opfern unsre Ehre;
Allein, gab auch die Vollmacht er,
Von mir, Venedigs ächtem Sohn,
Sei nicht gesagt zu Schimpf und Hohn,
Ich hätte schweigend zugeschaut,
Wie man, zu retten mir das Leben,
Die Festungen dahingegeben,

Die Venetianer-Hand gebaut.
Nein, Kaiser, meinem Eidschwur glaub:
So lang ich ganz nicht sank in Staub
Und noch mein Herz in Gluth entbrennt,
Wenn man Venedigs Namen nennt,
Bei Gott! so lang wird keine Scholle
Von unserm Boden losgetrennt!
Und wenn mir dieses Pergament
Die Vollmacht zum Verrath verlieh —
Zur Hölle die verruchte Rolle!
Sieh da! in Stücke reiß' ich sie!'

„Schnell wars geschehn; zerrissen stob
Das Blatt umher; ringsum erhob
Ein Murmeln sich von Zorn und Staunen,
Und drohnde Worte hört' ich raunen.
Des Kaisers Augen sprühten Blitze,
In Wuth sprang er empor vom Sitze:
Kein Wort, sein Blick nur, tief ergrimmt,
That kund, welch Schicksal mir bestimmt.
Nochmals von Schergen überwältigt,
Ward ich in Kerkerhaft gestürzt
Und sah mein Leid verhundertfältigt.
Wie lang ich dort in Ketten lag,
Wie mir der Jammer Tag für Tag
Das Leben um ein Jahr gekürzt:
Ihr Freunde, laßt davon mich schweigen!
Auf meiner Stirn die Furchen zeigen
Das Weh, das ich nicht künden mag.
Ich fühlte, Tod war mir verhängt,
Und sah, schon fast der Qual erlegen,
Mit heißer Sehnsucht ihm entgegen,
Dem Retter, der die Ketten sprengt.

„In dumpfem Starren, wie vernichtet,
Noch lag ich — da erschollen Stimmen:

Vom Lager halb emporgerichtet,
Gewahrt' ich ferneher ein Glimmen;
Und nah und immer näher tönt
Der Rede Schall, und Fackelhelle
Bestrahlt des Kerkers düstre Wälle.
Mein Geist, des Denkens fast entwöhnt,
Zu fassen nicht, noch zu verstehn
Wußt' er im Anfang, was geschehn,
Erst mählig ward mir Alles klar,
Daß Kaiser durch des Vaters Tod
Prinz Isaak geworden war,
Und daß der Freiheit sein Gebot
Mich wieder gab. Als so aufs Neu'
Das Licht ich sah, das langentbehrte,
Ihm, meinem Retter, der mir treu
Die alte Huld auch jetzt bewährte,
Wohl hätt' ich erst ihm danken müssen;
Doch nicht, wer mich der Haft entrissen,
Ich dachte der Geliebten nur;
Mein Erstes war, daß ich im Boot,
Sobald verglüht das Abendroth,
Geheim auf die Propontis fuhr.

„Wie ging mein Herz in höhern Schlägen,
Als dämmernd durch das Morgengrau
Mit seinen Küsten, schroff und rauh,
Der Inselstrand mir schien entgegen,
Der meines Lebens Kleinod wahrte;
Als, gleitend in die Uferbucht,
Ich über der Platanenschlucht
Das Häuschen auf dem Fels gewahrte,
Wohin Eugenia geflohn!
Ich klomm empor auf den Balkon,
Schlich sachte mich hinein zu ihr
Und sah sie noch entschlummert liegen

Und einen Traum — war er von mir? —
Sich auf dem holden Antlitz wiegen.
Ihr süßer Athem ging und kam,
Doch, ach! durch langen Trennungsgram
Glich sie dem welken Rosenblatt,
So schmachtend lag sie da, so matt;
Es schien, daß ihr schon übers bleiche
Gesicht des Todes Schatten schleiche.
Ich neigte mich auf ihren Mund,
Um einen Kuß darauf zu drücken,
Und sie erwachte — welch Entzücken!
Doch that kein Wort den Jubel kund,
Im Auge nur der helle Strahl,
Der Freudenthränen leuchtend Blinken,
Von Neuem stets und hundert Mal
Einander in die Arme sinken,
Das war die Rede, die wir pflogen,
Bis des Entzückens wilde Wogen
Allmählig leis und leiser wallten;
Da erst begann das Zwiesprachhalten
Und das Berathen, was zu thun.
Wohl auf den neuen Kaiser nun
Durft' ich vertraun; doch Gegner war
Ihm Prinz Alexius stets gewesen
Und mächtig durch der Großen Schaar,
Die für den Thronsitz ihn erlesen;
Von ihm bedrohte uns Gefahr,
Wenn er den Aufenthalt entdeckte,
Wo sich Eugenia versteckte.
Alsbald darum uns zu vermählen,
Beschlossen wir, und dann sofort
Am Pontusufer einen Port
Als Zufluchtsstätte zu erwählen,
Daß sicher dort die Gattin weilte,
Indeß bei jedem Mondesschluß

Ich insgeheim vom Bosporus
Auf Liebesflügeln zu ihr eilte.
Dort einfach und uns selbst genug
In Stille und in heiterm Frieden
Zu leben hofften wir, von Trug
Und Glanz und Lärm des Hofs geschieden.
Kaum blieb in unserm neuen Glück
Nur ein Gedanke an die Pein,
Die wir erduldet, noch zurück;
Die Zukunft lag im Sonnenschein
Vor mir, wie wenn in einer Helle
Verschwimmen Himmel, Luft und Welle.

„Nur Tage noch, bald nur noch Stunden,
Und, durch der Ehe Band verbunden,
Zu unserm traulichen Asyl
Forttragen sollte uns der Kiel.
Still saßen wir in Abendspäte,
Des Priesters harrend, im Gemach:
November wars, der Nordwind wehte,
Die Balken schüttelnd, um das Dach,
Und drunten an der Klippe scholl
Der Brandung donnerndes Geroll.
Eugenia lag im Arm mir hold,
Und Schlösser bauten wir von Gold
Uns für den neuen Lebenstag, —
Da an der Thüre, horch! ein Schlag
Und wieder einer; Stimmenschall
Und Waffenlärm und Roßhufsfall!
Aufsprang ich, und die Gänge all
Ums Haus sah ich von Kriegsvolk dicht
Umstellt bei rothem Fackellicht.
Die Thüre wich; mit Ungestüm
Herein drang Prinz Alexius;
Wild loderten die Augen ihm:

„Ist's hier, daß ich dich suchen muß" —
Rief er Eugenien zu — ‚Ei sieh!
Nicht ziemt das niedre Dach für Die,
Die würdig wär', im Herrscherglanz
Den Thron zu zieren von Byzanz!
Du bist so bleich? Du bebst vor Schreck,
Daß ich gewittert dein Versteck?
Ja, zittre! doch nicht für dein Leben,
Für den Verräther magst du beben,
Um den du, Thörin, mich verschmäht!
Wie trotzig dort der Freche steht!
Allein umzingelt ist er hier,
Und eher läßt das Pantherthier
Aus seinen Klaun das Reh entfliehn —
Du magst mirs glauben — als ich ihn!'

„Er winkte, und die dichten Reihn
Der Söldner drangen auf mich ein;
An meiner Brust noch, mich umklammernd,
Hing die Geliebte, angstvoll jammernd,
Doch mit Gewalt aus meinem Arm
Riß sie der wilde Söldnerschwarm,
Und überwältigt sank ich nieder;
Die Schurken banden alle Glieder
Mit Stricken mir, und mit dem Knie
Auf meine Brust sich stemmend, schrie,
Mir fest ins Antlitz schauend, der Prinz:
‚Die blauen Augen also sinds,
Die vielgepriesenen, durch die
Er, Liebchen, dich so sehr entzückt?
Nun, sorgen werd' ich, daß er nie
Mit ihnen mehr ein Weib berückt!'
Er riefs, indem er höhnend lachte,
Und auf den Wink des Wüthrichs brachte
Ein Henkersknecht zwei Eisenspitzen,

An einer Fackel rothgeglüht —
Kein Helfer rings, um mich zu schützen,
Ich konnte regen nicht ein Glied.
Eugenia, die der Schergenhand
Von Neuem sich mit Macht entwand,
Warf über mich wie sinnberaubt
Sich häuptlings hin: bald mit dem Haupt
Und bald mit beiden Händen deckte
Sie mir die Augen; wieder streckte
Dann flehend, daß er sich erbarme,
Empor zum Prinzen sie die Arme,
Doch er, sich freuend ihrer Qual,
Gebot, sie von mir fortzureißen;
Ohnmächtig mit geschwundnem Sinn —
Noch sah ich's — sank sie bei mir hin,
Indeß der Henkerknecht den heißen,
Rothglühnden, scharfgespitzten Stahl
Mir tief in beide Augen bohrte
Und ew'ges Dunkel sie umflorte.
Mir war, als würd' ich in den Schooß
Der großen Nacht hinabgerissen
Und stürzte jählings, bodenlos
Zu immer tiefern Finsternissen,
Als säh' ich mit den beiden leeren
Aughöhlen aus den Höhn und Tiefen
Schwarze und schwärzre Wellen triefen
Und immer tiefre Nacht gebären.

„Starr dann, bewußtlos lag ich lang,
Bis wieder Lärm und Stimmenklang
Mich weckte — da durchzuckt' es jäh
Von Neuem mich wie Todesweh;
Erst nun vor meine Seele trat
Die ganze grause Schreckensthat,
Durch die ich blind für immerdar,

Des Jammers Raub geworden war.
Den argen Prinzen hört' ich lachen:
„Die Venetianer sind von je
Berühmt als tapfer auf der See;
Wohl, eine Schiffahrt soll er machen,
Wie Keiner solche noch vollführt!
Packt ihn, schleppt ihn hinab zum Strand!"
Und noch mit Stricken festgeschnürt,
Ward, regungslos an Fuß und Hand,
Ich unter ruchlos wildem Spotte
Dahingetragen von der Rotte,
Bis lauter mir der Wogen Branden
Ins Ohr und immer lauter tönte
Und Prinz Alexius wieder höhnte:
„Das ist ein Meer! Wer da zu landen
Versteht, heißt wahrhaft ein Pilot!
Wohlan, mein Seeheld, in das Boot,
Als Argonaut Euch zu erproben!"
Und abermals ward ich erhoben
Und hoch hinabgestürzt; am Gischte,
Der weithin spritzend um mich zischte,
Am Schwanken und Gekrach der Bretter
Fühlt' ich, daß ich im Kahne lag
Und bald hinab und bald nach oben
Geschleudert ward vom Wellentoben,
Indeß das Meer im Sturmeswetter
Sich brandend an den Felsen brach.
Noch scholl vom Ufer her Gelächter:
„Der Spaß, in Wahrheit, ist kein schlechter,
Schon hier geht ihm das Boot in Scheiter."
Und Prinz Alexius befahl:
„Gebt einen Stoß ihm, daß es weiter
Hinausfliegt in die offne See!
So, gute Fahrt, Herr Admiral!"
Ich fühlte, wie der Nachen jäh

Mit mir hinweg vom Ufer schoß,
Wie über mir die Fluth sich schloß,
Und wie ich wieder wolkenhoch
Dann auf den Wellenschäumen flog.

„Dahin, dahin auf meinem schwanken
Fahrzeug mit halbzerschellten Planken!
Um mich des Sturms Gebraus und Heulen
Und das Gekrach der Wogensäulen,
Wie berstend sie zusammensanken!
Hinab in steile Fluthabgründe,
Wo rings die mächt'gen Wasserschlünde,
Die Höhlungen und grausen Spalten
Dem Klang des Donners widerhallten'
Und ich allein, hülflos und blind,
Auf öder Fluth vom Wirbelwind
Umhergeschlendert im schwanken Kahn!
Die Wellen all, wie, vom Orkan
Gepeitscht, sie kamen oder gingen,
Anfleht' ich, mich hinabzuschlingen;
Den Himmel mit erhobnen Armen
Bat ich, daß mich und meine Qual
Zerschmettere sein Flammenstrahl —
Umsonst, sie trugen kein Erbarmen.

„In dumpfem Starren dann verging
Mir die Besinnung, mich umfing
Ein tiefer Schlaf — wie viele Stunden
In Ohnmacht so mir hingeschwunden,
Ich weiß es nicht. Als todesmatt
Aus der Betäubung ich erwachte,
War still das Meer um mich und glatt,
Und nur ein leiser Windhauch machte
Den Nachen auf dem Wellenplan
Hingleiten seine feuchte Bahn.

Ich fühlte warm den Sonnenschein
Sich legen auf mein Angesicht,
Doch, o! es drang von seinem Licht
Kein Strahl in meine Nacht herein;
Und wie Erinnerung allmählig
Mir wiederkehrte, wie ich dachte,
Daß nun Eugenia ganz unselig
Dem Frevler preisgegeben wäre
Und ich auf unermeßnem Meere
Des Todes Raub, des grauenvollen —
Verzweifelnd schlug ich da die Stirn,
Und Fieber jagte mir im tollen
Gewirr Schreckbilder durch das Hirn:
Mit meinen Augen, die nicht sahn,
Glaubt' ich zu schaun, wie um den Kahn
Ein Heer von nebligen Gestalten
Sich drängte; kauernd an dem Rand
Hört' ich sie leise Zwiesprach halten,
Sie streckten nach mir aus die Hand,
Und „Er ist unser!" jauchzten sie
Und sprangen auf und hüpften im Tanz
Um mich, ein grauser Mummenschanz —
Entsetzen faßte mich, ich schrie
Laut auf und wollte aus dem Nachen,
Um mir des Sterbens Pein zu kürzen,
Ins nasse Grab hinab mich stürzen;
Allein die Grausen trieben mit Lachen
Ringsher zurück ins Boot mich wieder,
Und auf die Planken sank ich nieder.

„Dann wars, als trüge übers Meer
Ein lauer Wind Orangendüfte,
Südfruchtarome zu mir her,
Als ob ich zwischen Inseln schiffte,
Wo an den grünenden Gestaden

Ein Murmeln scholl von Rieselbächen
Und Zweig und Wipfel, schwer beladen,
Mich lockten, ihre Frucht zu brechen;
Ausstreckt' ich nach ihnen die Hand in Hast,
Doch hatte nichts als Luft erfaßt
Und fuhr empor, von Schreck durchbebt;
Da fühlt' ich des Hungers entsetzliches Nagen
Und sank von Neuem hin mit Zagen,
Fest an den Gaumen die Zunge geklebt.
Durch alle meine Adern kochte
Das Fieber, meine Schläfe pochte
In Todesangst; besinnungslos
Bald lag ich da, bald wieder irrten
Mir die Gedanken, die verwirrten,
Durchs Weite hin: im Meeresschooß
Zu ruhen glaubt' ich schon tief unten,
Von Muscheln rings umblitzt und bunten
Korallen, auf dem Bett von Moos.
Goldklumpen, Schätze sammt versunknen
Schiffstrümmern sah ich allumher
Und bleiche Schädel von Ertrunknen,
Die mich mit Augen hohl und leer,
Anstarrten auf dem feuchten Grund.
Das stumme Volk der Tiefe, der Hai,
Der Schwertfisch, schwammen gierig herbei;
Und die Riesenschlange im Meeresschlund,
Wo sie zum Knäul geballt gelegen,
Sah ich sich langsam, langsam regen
Und auf sich richten, mit tausend Ringen
Und Windungen mich zu umschlingen. —

„Nicht weiter, was mit mir geschah,
War mir bewußt. Zum Tode matt
Auf pfühlbedeckter Lagerstatt,
Als ich erwachte, lag ich da.

Noch dumpfen Druck auf meiner Stirn
Und Schwindeln fühlt' ich im Gehirn.
Doch, als mir die Besinnung kam,
Was glaubt ihr, daß mein Ohr vernahm?
Ich hörte Venetianerlaut
Und eine Stimme, mir vertraut:
Antonio wars, der mit mir sprach:
Aus seiner Rede nach und nach
Klar wurde mir was sich begeben:
Ich war auf einer Brigg, die eben
Vom Pontus nach Venedig fuhr.
Antonio hatte auf der Fahrt
In meinem Nachen mich gewahrt,
Und wieder, ob auch langsam nur,
Ward ich des Todes mächt'gem Arm,
Der eisig kalt mich schon umschlungen,
Durch seine Pflege abgerungen.
Durch meine Adern fühlt' ich warm
Die Fluth des Lebens wieder fließen —
Doch, ach! des Lichtes heil'ge Quelle,
Die Alle labt mit ihrer Helle,
Wer konnte sie mir neu erschließen?
Und auch den letzten Trost des Blinden,
Sich der Geliebten zu verbinden,
Den einzigen, sollt' ich entbehren;
Die ew'ge Nacht, die mich umgab,
Nur Eine konnte sie verklären,
Und diese Eine lag im Grab:
Gebrochen hatte mein Geschick
Eugenias Herz; mit stierem Blick,
Seit ich von ihr gerissen ward,
Ins Leere hatte sie gestarrt
Und Flüche auf Alexius
Gemurmelt, bis der Tod ihr mild,

Der rettende, mit kaltem Kuß
Die Erdenleiden all gestillt.

„Ich, nach Venedig heimgekehrt,
Von Doge und Senat geehrt
Und nach und nach zu alter Kraft
Vom Grabesrand emporgerafft,
Im Wirken für das Wohl des hehren
Freistaats, dem keiner sich darf messen,
Im Streben, seine Macht zu mehren,
Sucht' ich für meinen Gram Vergessen.
Ob sonst auch nichts mein Auge sah,
Das hohe Weib Venetia
Stand immer leuchtend vor mir da;
Als Zehner und im großen Rath
Wirkt' ich für sie mit Wort und That;
Und, Freunde, nun der Herzogshut
Auf meinen weißen Haaren ruht,
Kühn darf ichs sagen, höher stieg,
Durch mich geführt von Sieg zu Sieg,
Die Macht der Republik als je:
Kein Schiff durchfurcht die weite See,
Das nicht vor ihr die Flagge striche;
Kein Fürst ist, dessen Kronenglanz
Nicht vor der Freiheit schlichtem Kranz,
Der ihre Stirne schmückt, erbliche;
Und gegen wen ihr Zorn ergrimmt,
Eh sie das Schwert zur Hand noch nimmt,
Zu Füßen liegt er ihr gekrümmt.
So ist für alte Missethat
Die Sühnungsstunde denn genaht;
Der Haß, der mir im Herzen gohr
Und höher schwoll von Jahr zu Jahren,
Sei nun gelöscht, wenn auf dem Thor
Des Kaiserschlosses der Blecharen

Das Banner von San Marco weht.
Spät, aber noch nicht allzu spät,
Ereilt die Strafe den Verrath.
Ihr wißt, den edlen Bruder hat
Derselbe Prinz des Throns beraubt,
Der mir — Verderben auf sein Haupt! —
Des Leidens bittern Trank gemischt;
Noch, wenn sie seinen Namen nennen,
Fühl' ich das heiße Eisen brennen,
Das in die Augen mir gezischt!
Der Wütherich Alexius!
Wie wird sein Muth vergehn, wie muß
Er zitternd sich im Staube winden,
Wenn er den todtgeglaubten Blinden
In Siegeshoheit vor sich schaut,
Der an dem Würger seiner Braut
Für tausend Thaten, gottverflucht,
Die langverschobne Rache sucht.
Stoßt an, ihr Freunde! Gute Fahrt!
So wie, mit Blitz und Sturm befrachtet,
Gewölf, das tief die Welt umnachtet,
Auf des Sirocco Ruf sich schaart
Und in Gewitterguß und Flammen
Herniederstürzt auf Land und Meer,
Auf meine Ladung so ringsher
Zog dies Geschwader sich zusammen,
Und an des Bosporus Gestaden
Soll sich sein Kriegsorkan entladen,
Um deine Frevel voll und ganz
Zu strafen, schändliches Byzanz!"

Der Doge schwieg; von Mund zu Munde
Ging lautes Staunen in der Runde;
Mit Händedruck bei Becherschalle
Den hohen Greis lobpriesen Alle;

Rings von den Kriegern, buntgemengt,
Die lauschend sich herangedrängt,
Stieg wolkenan der Schlachtruf wild,
Und dröhnend klirrte Schild an Schild,
Indessen durch den Schaum der Wogen
Ostwärts dahin die Schiffe zogen.

V.

Der Flüchtling von Damascus.

Südlich von dem Felsenthore,
Das, in Fluth die Fluth ergießend,
Ocean und Mittelmeer
Mit der Wogen Schwall umbranden,
Windet sich ein Zug von Reitern
Zwischen grünumrankten Schluchten
Berghinan. Voran mit Fahnen,
Die im Morgenhauche wallen,
Wegeskundige Aethiopen;
Hoch auf Berberrossen dann
Eine Schaar von Reisigen,
Krieger, ataghanumgürtet,
Weißbeturbant, ihre Lanzen
In des Frühlichts Strahle blitzend.

Auf der Höhe, wo zum letzten
Mal der Blick aufs Meer hinabschweift,
Hält der Zug. Sich rückwärts wendend,
Sehn die Reiter ferne dämmernd
Hinter Tschebel Tariks Enge

Andalusiens blaue Küsten,
Und von manchen Lippen quellen
Bange Seufzer. Lange haften
An des Horizontes Saume
Ihre Blicke wehmuthsvoll;
Aber Einer, den als Häuptling,
Also scheints, die Andern ehren,
Musa, winkt gebieterisch,
Mit der Hand nach Morgen weisend,
Und auf steilem Weg landeinwärts
Geht der Zug gen Osten weiter.

Hinter ihnen bald verschwunden
Sind die grünen Userhügel,
Und in öde Felsenschluchten
Stürzt der Pfad. In sich versunken
Bleiben Alle lang, gedenkend,
Daß mit jedem Fall der Hufe
Nun das schöne Land Hispanien
Weiter in die Ferne schwinde,
Denkend, wie die Heimgebliebnen
Drüben im Olivendickicht
Nun die Mittagsgluth beim Rauschen
Des Guadalquivir verträumen.
„Theure Heimath, die so liebreich
Du am Busen uns erzogen,
Deine trauten Stätten, werden
Wir sie jemals wiederschauen?
Je durch deine Balsamhaine
Wieder streifen und zur Nachtzeit
An des Springquells Becken ruhen,
Wenn die lauen Sommerlüfte
Durch Limonenäste fächeln?
Weit, voll Mühsal und Gefahren,
Ist der Weg noch durch dies öde

Afrita, und, führt er wirklich
Durch der Wüste bleiche Schrecken
Uns zum Sonnenaufgangslande,
Wird die Rückkehr auch gelingen?"

Leis geflüstert geht die Klage
So dahin von Mund zu Munde.
Doch mit ernsten Worten mahnt
Musa die Verzagten: „Mögt ihr
Eurer kleinen Sorgen denken,
Da der Islam selbst euch ruft,
Ihm den strahlendsten Rubin
In dem Turban des Propheten
Vor der Räuber Gier zu retten?
Herrlich über alle Länder,
Die das Glaubensschwert erobert,
Ist dies Eiland Andalusien,
Wo in ewig grünen Wäldern
Ew'ger Frühling wohnt. Mit hellerm
Glanz noch, als an Jemens Himmel,
Leuchteten Arabiens Sterne
Lang dort, seit das Halbmondbanner
Tarik an sein Ufer pflanzte.
In des Nordens rauhe Berge
Flüchteten erschreckt die Gothen,
Und von Calpes Riesenfelsen
Bis zum Wall der Pyrenäen
Stiegen Heiligthümer Allahs
Ueber Kirchenschutt empor,
Und des höchsten Himmels Engel
Neigten sich herab, zu lauschen,
Wie von tausend Minareten
Des Muezzin Isan-Ruf
Zu der Gläub'gen Ohr ertönte.
Rastlos kreisend goß das Schöpfrad

Wasserfülle auf die Fluren,
Wo des sonn'gen Ostens Kinder,
Die Banane und die Dattel,
In der feuchten Luft des Westens
Zwischen saft'gem Laubgrün reiften. —
Aber, ach! dies Bild der Wonne,
Das der Väter Augen schauten,
Tief getrübt vor Derer Blicken,
Die jetzt leben, liegt es da.
Denn der alte Fluch der Wüste,
Der die Söhne Ismaels
Ruhlos kämpfend über ihres
Sandes öde Flächen hinjagt,
Traf auch Andalusiens Volk.
Hader und Parteiung rissen
Es in blut'ger Bürgerkriege
Wirbel fort, daß Stamm mit Stamm sich,
Daß der Bruder mit dem Bruder
Sich befehdet und das Würgschwert
Nimmer in der Scheide rastet.
So, von Raub verheert und Plündrung,
Liegen öd die Ackerfelder,
Müssen Saat und Frucht verdorren,
Und aus ihren Felsenhöhlen
Brechen die verhaßten Christen
Wieder keck hervor, ihr Kreuz
Auf die Tempel Allahs pflanzend.
Wenn nicht eines mächt'gen Herrschers
Faust die Hydra Zwietracht bändigt,
Wird durch seiner eignen Söhne
Wahnsinn bald mit Trümmerhaufen
Ueberdeckt ganz Spanien sein
Und der Glaube der Moslimen
Aus dem Abendlande flüchten. —
Wie, da sie der Ordnung Säulen

Einsturz drohen sahen, jüngst
In Jaen die bessern Männer
Aller Stämme sich berathen,
Um in unsres Vaterlandes
Letzter, schwerster Noth die Rettung,
Die noch möglich, zu erkunden:
Wie mein Rath in ihrem Kreise
Sieg gewonnen und als Boten
Mich die Scheichs nach Syrien senden,
Wißt ihr, meine Stammgenossen!
Fest, gleich einem Pol, im Herzen
Steht die Hoffnung mir, von dort
Werde neu ein Stern des Heiles
Ueber Spanien aufgehn — laßt uns
Denn auf Allah baun, ihr Brüder!
Mögen böse Dschinnenheere,
Mag die Würgerin Hyäne
Uns bedrohn mit grimmem Rachen:
Durch Gebirg und Wüstenei
Wird uns seine Huld geleiten!"

   Also Musa, und die Laute
Des Verzagens niederkämpfend,
Ziehen an des Häuptlings Seite
Stumm die Reis'gen vorwärts. Kreisend
Ueber ihrem Haupt erheben
Sich die Tag- und Nachtgestirne,
Aber ob die scheitelrechte
Sonne brenne, ob durchs Nachtblau
Aldebarans Sternbild funkle,
Hier und da nur kurzes Rasten
Gönnt die Karavane sich.
Hagre Felsen, nur von dürren
Sträuchen spärlich überkleidet,
Ziehn wie wandelnde Gerippe

Längs des Wegs dahin; kein Bächlein
Labt das Ohr mit seiner Wellen
Kühlem Murmeln; selten nur,
Daß ein Terebinthenwipfel
Auf den ausgedörrten Boden
Dürst'gen Schatten breitet. — Weiter
Schwindet in der stummen Wüste
Auch die letzte Spur des Lebens;
Brennend wälzt das unermeßne
Sandmeer seine gelben Wogen,
Wallt empor in Staubeswirbeln,
Die der Reiter Turbanhäupter
Dicht umhüllen. Wären reichlich
Nicht mit Naß gefüllt die Schläuche,
Wohl in dieser weiten Oede
Müßte Untergang die Kühnen
Bald ereilen.

   Schon seit Tagen,
Wie auf küstenlosem Meere
Fort und fort nach Osten steuernd,
Sind sie so dahingezogen;
Plötzlich an des Zuges Spitze
Ruft den Andern Musa Halt:
„Welch ein Klang? Wie bange Seufzer
Dorther schallts, vernehmt ihr nicht?"
Mit der Hand zur Seite weist er,
Und verwundert lauschen Alle.
Klagetöne, deutlich hörbar,
Hallen an ihr Ohr; sie sitzen
Von den Sätteln ab und schreiten,
Um zu forschen, was es sei,
In des Klanges Richtung weiter.
Ja, von einer Menschenstimme
Sind die Laute, und alsbald auch,

Wie sie spähn, gewahren sie
Einen Wandrer, auf den Boden
Hingesunken und vom Sande
Halb begraben; kaum die Glieder
Deckt ihm ein zerrißner Kastan,
Und die Binde der Beduinen
Ist vom Haupt herabgesunken.
Wie des nahen Todes harrend,
Hält der Unglückselige
Auf der Brust gekreuzt die Hände;
Seine Augen, fast gebrochen,
Starren regungslos ins Leere.
Noch auf junge Jahre würden,
Also scheints, die Züge deuten,
Wäre das geblaßte Antlitz
Nicht von Spuren langen Elends
Tief gefurcht, nicht Bart und Haupthaar
Schon mit Grau besprengt.

         Voll Mitleid
Kniet zu dem Verschmachtenden
Musa nieder und befeuchtet
Ihm aus einem Wasserschlauche,
Den die Sklaven eilends bringen,
Emsig die verdorrten Lippen;
Doch vergebens; selbst das Aechzen
Ist verstummt, die Athemzüge,
Wie sie gehn und kommen, einzig
Zeugen, daß der Tod sein Opfer
Noch nicht heimgeholt.

         Das Lager
Aufzuschlagen, giebt der Häuptling
Den Befehl, und nichts zu sparen,
Um den Sterbenden zu retten.

Ueber ihm ein schattig Zeltdach
Läßt er spannen und besorglich
Ihn auf weichem Teppich betten.
Selbst bei ihm im Zelte bleibend,
Fort und fort mit frischem Naß
Tränkt er ihn und späht und späht,
Ob nicht auf die bleichen Wangen
Neues Roth des Lebens steige.
Siehe! und der Todesmatte
Schlägt die Augen endlich auf,
Hebt das Haupt empor mit Mühe,
Reicht die Rechte wie zum Danke
Seinem Pfleger hin und sinkt
Wieder dann erschöpft zu Boden.

Stunden schwinden noch; zuletzt
Scheinen neue Lebenskräfte
Den vom Grabesrand Erstandnen
Zu durchrinnen, und in Worte
Feur'gen Danks an seine Retter
Bricht er aus.

Zu ihm spricht Musa:
„Nicht die Tracht der Bedninen
Täuscht mich; deine Rede kündet,
Daß Damascus deine Heimath.
Sag denn! kannst von Abdurrahman,
Von dem Sohne Moawias,
Du mir Nachricht geben?"

Jener,
Wie erschreckt zusammenfahrend,
Schüttelt stumm das Haupt zur Antwort;
Dann, das Angesicht dem Boden
Zugewandt, aufs Neue reglos

Liegt er da. Von seiner Seite
Weicht nicht Musa und versucht,
Den Verzagten zu ermuth'gen:
„Sei getrost! Gekräftigt wirst du
Bald erstehen und mit uns
Aus der unwirthbaren Oede
In die Welt der Menschen kehren.
Unterdeß, um der Minuten
Träges Schleichen zu beflügeln,
Laß von ihm, nach dem ich forschte,
Von dem Sohne Moawias
Dir erzählen. Meiner Kindheit
Freund war jener Abdurrahman —
O, was sag' ich: Freund? Nicht inn'ger
Können sich zwei Brüder lieben.
Sah der Eine in des Andern
Augen einen Wunsch nur keimen,
Ruhe fand er nicht, bevor er
Die Erfüllung ihm geschafft.
Jedem Wort von seinem Munde
Sann ich lange nach, als wär' es
Tiefer Weisheit voll; und hörte
Er von ungefähr ein Lied mich
Singen, bald von seinen Lippen
Scholl dieselbe Melodie.
Uns an Wuchs und Antlitz ähnlich
Waren wir wie Zwillinge:
Aber er ein Omajjade,
Hohem Herrscherstamm entsprossen,
Ich ein elternloser Knabe,
Schien ein Abgrund uns zu trennen;
Dennoch, statt in Stolz von mir sich
Abzuwenden, sann er einzig,
Meinem Blick es zu verdecken,
Welche Kluft uns Beide schied.

So beim Lernen wie beim Spiele
Nie von ihm mich trennen durft' ich;
In der Kunst des Lanzenwurfes
Wie im Tummeln wilder Rosse
War ein Wettstreit zwischen Beiden.
An den grünen Bergeshängen,
Durch die Thäler von Damascus
Schweiften wir vereint und träumten,
Große Thaten einst zu thun
Gleich den Helden, den erlauchten,
Die zuerst des Islam Banner
Siegreich von der Inder Gränzen
Bis ans Meer des Westens trugen.
O, wie oft, bis spät zur Nachtzeit
Schon mit rothem Schein Antares
Durch das Blätterzeltdach glomm,
Unter einer Palme Wipfel
Arm in Arme saßen wir,
Uns mit tausend heil'gen Schwüren
Freundschaft bis zum Tod gelobend
Und von hohen Planen redend.
Fern dem Thron als Nebensprößling
Des Chalifenhauses stand
Abdurrahman, doch wir bauten
Goldne Schlösser für die Zukunft,
Wie er einst, ein mächt'ger Herrscher,
Segnend über weite Reiche
Walten würde. Als Bezir
Mich an seiner Seite dacht' ich,
Und im Geiste sahen wir,
Wie die Erde bei des Frühlings
Regenschauern, schon die Länder
Unter unsrer Pflege blühen.
Auf des Rechtes, der Gesetze
Unerschütterliche Säulen

Fest der Bau des Reichs gegründet;
An den Gränzen, waffenstarrend,
Eines Kriegsheers Eisenmauer,
Daß, geschützt vor Feindesangriff,
Jede Friedenskunst gedeihe —
Solche Bilder uns zu malen,
Nimmer müde wurden wir.
Doch beschämt oft von des Freundes
Hohem Geiste fand ich mich.
Wenn ich in sein Auge blickte,
Wars, als säh' ich draus Entwürfe
Auf Entwürfe, groß und herrlich,
Gleich des Himmels Sternen leuchten;
Eine Glorie künft'gen Ruhmes,
Künft'ger Größe schien sein Haupt
Zu umstrahlen, und unsterblich,
Dacht' ich, müßte Abdurrahmans
Namen einst auf Erden werden. —
Trat er aus der hohen Welt
Seines Denkens dann von Neuem
In des Lebens niedre Kreise,
Heiter wie ein Kind und einfach
Schritt er durch der Menschen Reihen;
Schon ihn sehen, war ihn lieben,
Und der Schatten seiner Nähe
Machte Alles um ihn glücklich.
Aber, ach! erst seit hinweg
Ich von ihm gerissen worden,
Ist sein Sternbild mir im vollen
Glanze aufgestiegen. — Höre!
Oftmals unter meines Oheims
Dach, wo ich erzogen wurde,
Kam der Freund in meine Klause,
Daß mit mir er an des Wissens
Quellen seinen Geist erlabe.

Einst beim Morgendämmern da
Schreckte mich ein heftig Pochen
An die Thür empor vom Lager.
Ich that auf, und Abdurrahman
Stürzte athemlos herein.
‚Eile, Musa! wirf aufs Roß dich!
Schleun'ge Flucht nur kann dich retten!
Beim Chalifen sind die Männer
Deines Stamms verleumdet worden,
Daß Verrath mit Abul Abbas,
Seinem Feinde, sie gesponnen,
Und im ersten Ingrimm hat
Hischam den Befehl gegeben,
Keinen ihres Bluts, die Weiber
Selbst und Kinder nicht, zu schonen!
Eile! nah sind schon die Häscher.'
Und gewaltsam mich Erschrocknen
Aus dem Hause zog er: ‚Wenn du
Je mich liebtest, schwöre nun
Mir den Eid, mit Hast des Windes
In das Abendland zu fliehn!
Von Saidah wird ein Schiff dich
Westwärts tragen — fort nun, fort!'
Und ich that den Schwur; noch einmal
In die Arme sank er mir,
Und mich auf den Renner schwingend,
Fast besinnungslos von dannen
Sprengt' ich. — Was seitdem geschehen,
Erst nach Jahren ward mirs kund.
Noch an mir, dem fernhin Fliehnden,
Haftete sein Blick, da nahten
Sich die Häscher. ‚Sucht ihr Musa?
Wohl, hier ist er!' rief, entgegen
Ihnen tretend, Abdurrahman,
Und zum Richtplatz fortgeführt,

Festen Schrittes ans Schaffot
Trat er hin, wo schon der Henker
Mit dem Beile stand. Ein Wort
Konnt' ihn retten, doch er wußte:
Wenn er als vom Stamm Omajjas
Sich bekannte, war den Schergen
Ich verfallen; ringshin wären
Sie enteilt, mich einzuholen.
So, für mich den Tod zu leiden,
Legt' er auf den Block das Haupt:
Eben da, schon früh zum Jagdzug
Aufgebrochen, ritt am Richtplatz
Hischam, der Chalif, vorüber,
Und den Blick von Ungefähr
Auf den Hingeknieten werfend:
„Halt da, halt!" dem Henker rief er,
„Eines Omajjaden Haupt
Willst du fällen?" — „Musa sei es,
Ward ihm Antwort von den Häschern,
Aber er: „Mit euerm Haupte
Bürgt ihr mir, daß Musa nicht
Mir entrinne! Auf und sucht ihn!
Dieser hier ist Abdurrahman;
An dem Male seines Nackens
Ihn erkenn' ich.' So gerettet
Ward mein Freund, doch ewig, ewig,
Gleich als ob er ihn gestorben,
Steht sein Opfertod im Herzen
Mir geschrieben. — Ich indessen,
Wie durch Wunder nur den Häschern
In das Abendland entronnen,
Fort und fort nach einer Kunde
Von dem Vielgeliebten forscht' ich —
Ach vergebens! Jahre schwanden,
Lange Jahre, und der Boten,

Die ich sandte, kehrte keiner,
Um auch seines Lebens nur
Eine Kunde mir zu bringen."

Musa sprach es und verhüllte,
In Erinnerung versunken,
Trauernd sich das Haupt. Da plötzlich,
Von dem Lager aufgerafft,
Warf mit halberstiktem Schluchzen
Sich der Fremdling an die Brust ihm:
„Musa, Musa, bist dus wirklich?
Kennst du deinen Abdurrahman,
Deinen Jugendfreund nicht mehr?"

Und sich fest umschlungen hielten
Beide; ihre Lippen bebten
Aneinander, ihre Thränen
Mischten sich, doch nur der Herzen
Klopfen sprach; der Mund blieb stumm.

Endlich: „Ja, alsbald" — ruft Musa —
„Da ich dich erblickte, mahnte
Mich ein Zug in deinem Antlitz
An den langverlornen Freund!
Aber so verhüllt in niedre
Tracht, so ganz verwandelt, sag mir,
Theurer, konnt' ich dich erkennen?
Wie gebläßt dein Antlitz find' ich,
Wie gefurcht die Stirn! Ists möglich?
Hier in weltentlegner Wüste
Halbentseelt am Boden lagst du?"

Abdurrahman, auf die Erde
Starrend, ringt umsonst nach Fassung;
Doch zuletzt, die Lebensgeister,

Die schon halb geschwunden, mühsam
Sammelnd, spricht er: „Ausgerottet
Ist der Stamm der Omajjaden,
Im Palaste der Chalifen
Krächzt ihr heisres Lied die Eule;
Ich, allein von all den Meinen
Noch dem Untergang entronnen,
Irre hülflos und geächtet,
Bis auch mich der Abbassiden
Mordschwert trifft. Vernimm! die Rache,
Die Omajjas Söhnen lange
Für vergangne Frevelthaten
Ueberm Haupt geschwebt, ereilte
Den Chalifen. Abul Abbas
Schlug des Todfeinds Heer; ans Kreuz
Ließ er den Besiegten nageln,
Seine Schlösser niederreißen
Und aus seiner Ahnen Gräbern
In den Wind die Asche streuen.
Hin von Mark zu Mark des Reiches
Trugen Boten den Befehl,
Alle Glieder des gestürzten
Herrscherhauses zu erwürgen,
Und in Strömen floß ihr Blut.
Um der Omajjaden Leichen
Stritten sich die Schakalheerden,
Ihre Todtenbeine bleichten
An des Hauran Felsenhängen,
Und die Spinne wob ihr Netz
In den leeren Augenhöhlen.
Nur ein Rest noch, dreißig Männer —
Ich Unseliger mit ihnen, —
Irrte flüchtig, lagerlos
Durchs Gebirge. Aus Damascus
Kam uns von des neuen Herrschers

Stellvertreter, von Abdallah,
Da die Botschaft: „Der Chalife
Will Omajjas Söhnen länger
Nicht mehr grollen; den Befehl
Gab er mir, den Eid der Treue
Ihnen abzunehmen. Kommt denn
In mein Schloß! Ein prächtig Gastmahl
Soll den Frieden zwischen euch
Und den Abbassiden feiern.' —
Kaum Berathung ward gepflogen;
Aus der Wildniß, wo der Tod uns
Tag für Tag bedrohte, zogen,
Froh des neugeschenkten Lebens,
Wir zur Stadt. Durchs Thor des Schlosses
Waren, mir voran, die Andern
Schon getreten; plötzlich nahte
Mir ein Greis! „Hinweg! hinweg!
Flieh, so schnell du kannst, dies Alles
Ist Verrath von Abul Abbas!"
Schrecken faßte mich, und zweifelnd
Stand ich erst, doch bald trieb Scham,
Daß allein ich fliehen sollte,
Den Gefährten nach ins Schloß mich.
In das Thor der Halle tretend,
Schon im Kreis dort meine Freunde
Um das Mahl versammelt sah ich.
Eben ließ der Wirth Abdallah
Sammt den andern Abbassiden
Seinen Becher auf Versöhnung
Fröhlich an die ihren klingen.
Unbeachtet noch von Allen,
In die Reihn der Zecher setzen
Wollt' ich mich, doch blieb auf einmal
An dem Thor wie festgewurzelt,
Als ein Sänger grimmen Aussehns

Eintrat und die Saiten wild
Unter seinem Griffe rauschten.
In den Adern stand das Blut mir
Bei dem Liede, das er sang:
„Allahs Fluch ruht auf Omajjas
Enkeln bis zum letzten Gliede,
Und du zögerst noch, Gebieter,
In dem Blute der Verhaßten
Deinen Rachedurst zu löschen?
Auf! mit einem Streich vertilge
Wurzel, Stamm und Ast zugleich!"
Und das Lied verklang; Abdallah
Winkte, und in Blutdurst rasend
Stürzten mit geschwungnen Säbeln,
Piken, Keulen, Eisenstangen
Reihen von Gewaffneten
In die Halle. Löwen gleich,
Wenn umzingelt in der Grube,
War das Häuflein Omajjaden
In der Mordbegier'gen Mitte.
Selbst der Waffen im Vertrauen
Auf den heil'gen Schutz des Gastrechts
Sich entledigt hatten sie.
Horch! und über ihren Häuptern
Plötzlich sausten hundert Klingen;
Von den Hieben sank der Erste,
Sank der Zweite zuckend nieder,
Und mit Sterbenden im Nu
War bedeckt der ganze Boden.
Krampfhaft noch mit letzten Kräften
Schlangen wüthend sie die Arme
Um die Würger, doch, von Keulen
Hingeschmettert, nur mit Aechzen
Allahs Fluch noch auf die Frevler
Niederstehen konnten sie.

Blutende, zerstückte Glieder
Lagen rings verstreut, und gräßlich,
Jedes Haar des Haupts mir sträubend,
Wälzte sich das Mordgetümmel
Ueber sie dahin — nicht lang,
Und der Letzte meines Stammes
Stürzte mit gespaltnem Kopfe
In die rothe Lache nieder.
Ueber die erwürgten Leiber
Wurden Teppiche gezogen,
Und an solcher grausen Tafel
Feierten die Abbassiden
Ein entsetzlich Bacchanal.
Sklaven füllten goldne Becher
Neu mit Wein, und starr vor Schrecken,
Hört' ich mit der Sieger Jauchzen
Und dem Klirren der Pokale
Der Erwürgten dumpfes Röcheln
Sich vermengen, während dichter
Blutqualm, durch den Teppich dampfend,
Aufwärts bis zur Decke stieg.

„An der Thür wie festgebannt
Stand ich noch, als eine Hand mich
Mit Gewalt von dannen zog
Und des greisen Warners Stimme
Zu mir sprach: ‚Fürwahr, ein Engel
Aus dem siebenten der Himmel
Hat mit seinen Flügeln schirmend
Dich beschattet, daß nicht Einer
Dich erkannt als Omajjaden.
Doch hinweg nun! Flieh, entfliehe
Bis zum Erdenrand! So lang noch
Menschenblicke dich erreichen,

Lauert vor dir, hinter dir
Und zur Seite dir der Tod!"

„Von Entsetzen fortgetrieben,
Stürzt' ich sinnlos, athemlos
Durch das nächt'ge Dunkel weiter.
Noch der Würger Jubellieder,
Der Erschlagnen Jammerrufe
Tönten mir im Ohre fort,
Und als, aus den Wolken tretend,
Mich der Mond beschien, gewahrt' ich
Schaudernd, wie mit rothem Naß
Ganz besprengt ich war, wie Blut mir
Tropfend aus den Locken rann.

„Scheu am Tage mich verbergend,
Floh ich so von Ort zu Orte
Durch Gebirg und Wüsteneien.
Jedes Trittes ferner Schall
Ließ mich einen Mörder ahnen,
Denn, an Abul Abbas lebend
Oder todt mich auszuliefern,
War in jede Mart des Reiches
Der Befehl ergangen. Zuflucht
Boten gastliche Beduinen
Endlich mir im fernen Libyen;
Doch von Neuem tief und tiefer
Vor der Abbassiden Spähern
In die Wüsten mußt' ich fliehn.
Ach! was nahm der Tod, den halb ich
Jüngst gestorben schon, nicht ganz
Mich von hinnen? Besser wär' ich
Fern der Menschenwelt verschmachtet,
Als daß, auf Damascus' Zinnen
Aufgepflanzt, mein Haupt den Feinden

Zum Gespött dient. Ja, selbst säh' ich
Nicht auf jedem Schritt vom Mordstahl
Mich bedroht, was soll das Leben
Mir noch ferner? Ach, mein Musa,
Hin das Hoffen unsrer Jugend,
Hin der Traum von großen Thaten,
Hohem Wirken! Wie die Wüste
Um mich her, so leer und öde
Liegt die Welt vor meinen Blicken."

„Nein!" ruft Musa — „nein, Geliebter!
Nicht umsonst hat schützend Allah
Ueber deinem Haupt gewaltet.
Herrlich, wie im kühnsten Traum wir
Niemals hoffen konnten, öffnet
Nun ein glorreich Feld des Wirkens
Sich vor dir. Vernimm! der Kämpfe
Müde, die ihr Land verwüsten,
Suchten Andalusiens Scheichs
Einen Herrscher, dessen Hand
Der Parteien Zwietracht bänd'ge
Da von Ort zu Orte zog ich,
Deine Tugend, deine Milde,
Deines Geistes hohe Plane
Allen vor die Seele führend.
Siehe! und dein Bild, das leuchtend
Mir im Herzen stets gestanden,
Bald ein Hoffnungsstern dem Volke,
Wie den Führern wards. Von dir
Rettung hoffend, mich entsandten
Sie nach Syrien, dich zu suchen
Und des schönsten Landes Krone
Dir zu bieten. Auf denn! folg mir,
Daß das Reich der Omajjaden,
Das im Osten unterging,

Unter dir im Abendlande
Neu und herrlicher erstehe!"

 Und die Wand des Zeltes öffnend,
Rief den Seinen Musa zu:
„Tretet ein! Der Vielersehnte
Ist gefunden! Abdurrahman
Von der Omajjaden Stamme
Steht vor euch." In Reihen traten
Jene staunend in das Zelt,
Und zu seines Freundes Füßen
Hingekniet rief Musa: „Nimm
Als Gebieter Andalusiens
Meine Huldigung, Erhabner!"
Und im Staube rieben Alle
Ihre Stirnen, und von Aller
Lippen scholls: „Hoch Abdurrahman,
Der Chalif des Abendlandes!"

 Drauf, mit Schwertern und mit Lanzen
Sich um den Gebieter schaarend,
Führten schnellen Zugs die Krieger
Ihn zu Tariks Meeresenge
Und, die Wogen überschiffend,
An des neuen Reiches Strand.
Jubelnd ihm entgegen eilten
All die Edelsten des Landes,
Und, umringt von mächt'gem Kriegsheer,
Bald mit seiner Feinde Blut
Düngt' er Andalusiens Felder.
Dann, wie nach dem Wettersturme
Glühender die Sonne flammt,
Ließ er seines Waltens Segen
Auf sein Reich herniederströmen.
Auf den Wink des Herrschers stiegen

Blühnde Städte, Zwillingsschwestern
Von Damascus, aus dem Boden,
Schüttete aus tausend Adern
Ihren Ueberfluß die Erde.
Weiß vom Bließe woll'ger Heerden
Schimmerten die Höhn, die Thäler,
Und der Weihrauch Jemens füllte
Mit Arom die trunknen Lüfte.
Kühngewölbte Brücken führten
Der Gebirge kühles Labsal
In der Villen Zauberhaine,
Ja, zu bunten Feenschlössern
Blühte selbst der Stein empor,
Und um all das schöne Leben
Schlang Arabiens Lieblingstochter,
Dichtkunst, ihre duft'gen Kränze.

Bald im alten Cordova
Hob aus blum'ger Gärten Mitte
Ein Palast der Omajjaden
Seine ries'gen Marmorhallen,
Dort auf ragender Terrasse
Nach vollbrachtem Herrschertagwerk
Abends oft saß Abdurrahman,
Und an seiner Seite lehnte
Musa, sein Bezir und Freund.
Unter ihnen dehnten weithin,
In der Ferne Duft verdämmernd,
Sich die Fluren Andalusiens,
Wo aus Grün der Saaten zahllos
Villen, Dörfer, Städte glänzten
Und die wellenreichen Ströme
Von der Schiffe Menge stockten.
Glitt dann Abdurrahmans Blick
Auf das Häusermeer, das wogend

Sich mit bleigedeckten Kuppeln
Ueber Berg und Thal ergoß;
Sah er im Gewühl der Gassen
Lange Karavanenzüge,
Die des Ostens reichste Waaren
Gegen Spaniens Schätze tauschten:
Ruhte sinnend ihm das Auge
Auf den Hallen der Medresen,
Wo zuerst der Strahl des Wissens
Durch die Nacht, die rings die Länder
Noch bedeckte, leuchtend aufstieg
Und, von ferne hergepilgert,
Selbst des rauhen Nordens Söhne
An dem Quell der Griechen-Weisheit
Ihren Durst nach Bildung löschten,
Wohl bewegten Herzens zog er
Musa dann an seine Brust.
An der Kindheit frohe Tage
In den Thälern von Damascus,
An die wunderbar erfüllten
Jugendträume dachten Beide,
Und von ihren Wimpern nieder
Rann der Freundschaft heil'ge Zähre,
Während über ihren Häuptern
Ernst und groß die Sterne stiegen.

VI.

Rosa.

1.

Der Morgen graut; allmählig zündet
Die nahende Sonne den ersten Glanz
An Strebebogen und Mauerkranz
Von St. Sebald; die Glocke kündet
Die vierte Stunde, und früh schon wach,
Tritt, um sich der Morgenkühle zu freun,
Rosa, des Thürmers Töchterlein,
Hinaus auf des Thurmes schwebendes Dach,
Begießt die Blumen, die in Töpfchen
Vor der Jungfrau sonder Makel
Blühen im zierlichen Tabernakel,
Und biegt dann über die Brüstung ihr Köpfchen:
Noch aber gewahrt sie unten nichts
Als den Nebel, der über die Stadt hin wallt,
Und weit im Strahl des steigenden Lichts
Den Schatten des Thurms von St. Sebald.

Beim Vater in den Thurmgemächern
Wohnt hoch über den andern Dächern

Die Kleine, geschieden von Allem auf Erden:
Denn, seitdem sie die Mutter verloren
Und ihr am Todtenbett geschworen,
In Sancta Clara Nonne zu werden,
Hielt der Alte sie streng in Hut.
Gleich wie des Adlers junge Brut
Auf himmelragendem Bergesgipfel
Erwächst im schwankenden Tannenwipfel,
Und im hangenden Nest, gewiegt vom Sturm,
Mit dem Blitze spielt und dem Wirbelwind,
Wuchs des Thürmers liebliches Kind
Einsam empor auf dem steilen Thurm.
Sie kannte nichts von allen bunten
Gebilden des Lebens, als nur tief unten
Des Marktes wogendes Menschengedränge.
Vom Lärmen, das ihr zu Füßen summte,
Drang murmelnd nur, indem er verstummte,
Zu ihr empor ein gebrochener Laut;
Doch des Luftreichs wechselnde Klänge
Und Bilder waren dem Mädchen vertraut;
Sie pflog mit dem Donner Zwiegespräch,
Grüßte die Wolken auf luftigem Weg
Und rief, wie sie flohen und wie sie kamen,
Die Schwalben als ihre Gespielen beim Namen.

Während der Alte noch schlummernd liegt,
Steht Rosa, an das Geländer geschmiegt,
Und sieht, wie unten, duftumhaucht,
Giebel an Giebel dem Dunkel enttaucht.
Entfliehend vor dem werdenden Tag,
Lichtet der Nebel sich nach und nach;
Er zieht durch des Domhofs Säulen hindurch
Und kräuselt sich in leichten Wellen
Hier um die Erker der Kapellen,
Dort um die Zinnen der alten Burg,

Indeß der Brunnen schlanke Spitzen
Im ersten Sonnenstrahle blitzen
Und durch der Ahornwipfel Grün
Die goldnen Friedhofkreuze glühn.

Da, horch! — noch nie vernahm sie's zuvor —
Schallt dem Mädchen ein Hämmern an's Ohr,
Und sie gewahrt, daß über den Streben
Und Pfeilern des Dachs sich Leitern erheben.
„Was soll das?" So denkt und nach unten blickt sie
Und späht und späht — doch plötzlich erschrickt sie,
Denn auf den Sprossen der einen Leiter
Gewahrt sie einen Jüngling, der heiter
Den Meißel führt und den Hammer schwingt.
Nicht scheint er der Tiefe, die unten droht,
Zu achten, daß er so lustig singt;
Unter den Locken des flatternden Haars
Glühn von der Arbeit die Wangen ihm roth.

Der junge Steinmetz Walther war's;
Ihn hat man erlesen vor Allen der Gilde,
Um mit zierlichem Heiligenbilde
Jeden der höchsten Pfeiler zu schmücken,
Daß es, kaum sichtbar den Menschenblicken,
Hoch, wie auf einsamem Felsen die Blume,
Droben prange zu Gottes Ruhme.
Früh schon, ehe der Tag erglommen,
Hat der Jüngling die Leiter erklommen,
Ueber dem Abgrund hängt er kühn
Und läßt aus dem Stein die hüpfenden Funken
Unter dem Schlage des Hammers sprühn.

In Schauen indeß ist Rosa versunken;
Bei jeder Regung bebt sie und hält
Den Athem ein: „Gott, wenn er nun fällt!" —

Auf einmal, da sie so hinschaut, trifft
Des Jünglings Blick sie, der aufwärts sieht
Und erstaunt aus der Rechten den Eisenstift
Verliert, als er das Mädchen, so zart
Und lieblich, am Söller des Thurms gewahrt.
Erröthend senkt sie das Augenlid,
Doch wieder dann muß sie nach unten schauen,
Und halb in Freude, halb in Grauen
Starrt sie hinab zu dem Verwegnen,
Dessen Augen, die himmelblauen,
Mit den ihren sich sanft begegnen.
Da hört sie ein Rufen: „Rosa! Kind!"
Und fliegt zurück vom Gitter geschwind.
Den Frühtrunk muß sie jeden Tag
Dem Vater bringen, bevor zum Geläute
Ihn ruft der fünfte Stundenschlag.
Noch nie vergaß sie es, außer heute.

2.

Ins Thurmgemach tritt Rosa bang,
Und zürnend ruft ihr der Thürmer entgegen:
„Ei, Kind! wo bliebst du diesmal so lang?
Du weißt doch, verschieben nicht kann ich den Gang;
Nun schnell, auf den Herd die Scheite zu legen!
Bald kehr' ich zurück vom Läuten der Glocken."
Er drückt das Barett auf die greisen Locken
Und schreitet zur Thür hinaus. Erschrocken
Rafft das Mädchen sich dann zusammen,
Tritt an den Herd und schürt die Flammen,
Doch noch immer schweift ihr der Sinn
Zu dem Kletterer von vorhin.
Die Glocken beginnen im Chore zu schallen:

Sie nimmt, wie sie pflegt, den Rosenkranz,
Aber in andre Gedanken ganz
Ist sie verloren; langsam fallen
Ihr aus der Hand die Betkorallen,
Und ihre Lippen, die zitternden, lallen:
„Vater unser, Herr der Güte,
Wenn immer ich gläubig war und fromm,
So hab Erbarmen! den Jüngling behüte,
Der hoch in den Lüften so tolldreist klomm!"
Dann fährt sie auf: „Ich muß doch schnell
Nachsehen, was der verwegne Gesell
Nur treibt, und ob er nicht Schaden nahm!"

Just wollte sie auf den Söller springen,
Als ihr Vater vom Läuten wiederkam.
Sie fliegt zurück, ihm den Becher zu bringen,
Er aber spricht und schlürft den Trank:
„Kind, setze dich vor mich auf die Bank
Und lerne die Hora, die Matutinen;
Was soll die Zerstreuung in deinen Mienen?"
Rosa thut nach seinem Befehle.
Daß sie für heute hinweg sich stehle,
Hofft sie umsonst; doch ihre Seele
Ist nicht mit dem Blick ins Buch versenkt;
Wenn sie auch einmal des Lernens gedenkt,
Reißen die nächsten Gedanken sie immer
Nach außen hin zu dem kühnen Klimmer.

3.

Am andern Morgen, da Alles noch schlief,
Schlich Rosa auf den Söller hinaus.
Noch ruhten Dunkel und Schweigen tief

Auf Erden; die Spitze des riesigen Baus
Und die Lerchen allein, die wie sie so hoch
Ins Blau des sich lichtenden Himmels stiegen,
Verkündeten schon des Tages Siegen.
Achtsam späht Rosa nach unten; bald zeigt
Sich ihr der Jüngling, der aufwärts steigt.
Ihr zittert das Herz bei jedem Schritt,
Wie er von Sprosse zu Sprosse tritt —
Plötzlich an einem fliegenden Seil
Schwingt er, geschwinde wie ein Pfeil,
Zur nächsten Leiter sich hinüber.
Lautauf schreit Rosa, durch jede Fiber
Zuckt ihr der Schrecken; doch sieh! schon leicht
Hat Walther die andere Leiter erreicht.
Er faßt sie, stemmt den Fuß auf die Stufe,
Blickt empor zu dem Schreckensrufe
Und gewahrt des Mädchens Köpfchen, das holde,
Umflossen vom schimmernden Morgengolde,
Zierliche Ringe in den Läppchen,
In den Haaren das rothe Käppchen.
Lang schaut er hinauf, als wollten die Augen
Das liebliche Bild tief in sich saugen —
So blickt der Jäger am Bergesrand
Empor zu der hangenden Alpenrose,
Die über ihm von der Felsenwand
Hinunter sich beugt ins Bodenlose.
Auch Rosa vermag, wie festgebannt,
Das Auge nicht wegzuwenden; wohl sucht
Ihr Blick nach rechts und nach links die Flucht,
Doch immer und immer gleitet er wieder
Zurück auf des Jünglings zierliche Glieder,
Auf das schöne Gesicht und das Auge, so klar,
Das, Lächeln=umschwebt, mit der Gefahr,
Als wäre sie seine Gefährtin, spielt.
Hat sie, die Bewohnerin einsamer Höhn,

Doch nie einen jungen Gesellen gesehn;
Was ist der Erste auch gleich so schön? —

Plötzlich macht Jener von unten ein Zeichen,
Er preßt die Rechte auf seine Brust
Und hebt sie, als wollt' er nach oben sie reichen —
Das Mädchen gewahrt es, und unbewußt
Streckt auch sie die Hand ihm entgegen;
Aber weit noch zwischen den Beiden,
Um sie für immer und immer zu scheiden,
Ist der klaffende Abgrund gelegen,
Und von der eignen Bewegung erschreckt,
Fährt Rosa zurück; sie raunt für sich hin:
„Gott, wenn es der Vater nun entdeckt,
Warum ich so lang hier geblieben bin!"
Noch einmal beugt sie hinab das Haupt
Und sieht den Jüngling die Lippen bewegen.
Die Rede, die sie zu hören glaubt,
Treibt ihr Herz zu stärkeren Schlägen;
Doch nicht das Ohr, die Seele nur hört
Die Eide der Liebe, die Jener schwört,
Denn im Winde verweht, in der Tiefe verklingt
Die Stimme, bevor sie nach oben dringt.

4.

Von nun an wankte des Thürmers Kind
Im Strome der wachsenden Leidenschaft,
Wie die Staude des Bachs, der schwellend rinnt,
Bald niedersinkt, bald empor sich rafft.
All ihr Empfinden und Denken und Meinen
Schwand in den Gedanken an den Einen.
Wohl suchte sie, allein vermochte

Sein Bild nicht aus dem Herzen zu reißen.
„Wer kann er sein? wie mag er heißen?
Wann werd' ich ihn wiedersehn?" So pochte
Es drinnen stets: „Ach, wenn ers nur wüßte,
Daß sie zur Nonne bestimmt mich haben!
Sonst, wenn er plötzlich erfahren müßte,
Ich sei im finsteren Kloster begraben,
Erschrecken würd' es den armen Knaben!
O Gott! und ich, in den öden Mauern
Soll ich das Leben einsam vertrauern!
Nie darf an seine Brust ich sinken,
Nie den Hauch seines Mundes trinken,
Und seine Stirne, weiß wie der Schnee,
Wenn er, vom Wintersturme gesiebt,
Ueber die Dächer niederstiebt,
Soll ich nie an die meine pressen!
Das Herz wird mir brechen in einsamem Weh,
Bevor ich ihm nur zur Seite gesessen
Und von ihm vernommen, daß er mich liebt!"

Drauf wieder denkt sie: „Ich muß ihn vergessen —
Vergessen? aber wie kann ich es je?"
Sie sank vor der Jungfrau hin in Gebeten,
Gemahnte sich an den Eid und schwur,
Nie mehr hinaus aufs Dach zu treten;
Doch, wenn sies geschworen, empor dann fuhr
Sie wieder und dachte: „Noch einmal nur
Will ich ihn sehen, den Trauten, Süßen,
Ihn noch einmal zum Abschied grüßen!"

Sie trieb, verloren in solches Sinnen,
Ihr früheres Treiben, doch wußt' es kaum,
Und ließ das Außen wie einen Traum
Achtlos an sich vorüberrinnen.
Den Vater, der seit Kurzem krankte,

Pflegte sie, legte bereit ihm das Kissen,
Ohne was ihm fehlte, zu wissen,
Ohne zu hören, wenn er zankte.
Für ihre Amme, die Barbara,
Die, wie gewohnt, mit ihr plaudern wollte,
Hatte sie nichts als Nein und Ja,
Bis endlich die Alte mit ihr schmollte:
„Du bist nicht mehr dieselbe, Liebchen!
Die rosigen Wangen, auf denen bisher
Immer das Lächeln gewohnt im Grübchen,
Haben die alte Farbe nicht mehr;
Nicht mehr fleißig bist du beim Rocken;
Gestern — leugne, wenn du es kannst! —
Hab' ich gesehen, wie du spannst,
Aber das Rad begann zu stocken;
Brütend saßest du da, von der Spindel
Glitt herab kein einziger Faden.
Mir, mein Kind, die schon seit der Windel
Ich treu dich gehütet vor jeglichem Schaden,
Sage, wie hast du mir verhehlt,
Was dich im Herzen heimlich quält?"
Rosa schüttelte traurig stumm
Das Haupt bei der Alten Wie und Warum,
Und Barbara murmelte, als sie ging:
„Ei, sperre dich nur, du thöricht Ding,
Doch werd' ich dein Geheimniß entdecken."

Heimlich kam sie am nächsten Tag,
Sich in dem Stübchen zu verstecken,
Das am Gemache des Thürmers lag;
Hinter Gardinen aus einem Verschlag
Spähte sie vor mit schlauem Kniff
Und sah, wie Rosa mit schwankem Tritt
Dem Söller zu ans Pförtlein schritt,
Wie sie die Klinke hastig ergriff

Und durch die Thür ins Freie trat.
„Nun traue Jemand der listigen Jugend!
Was sie nur draußen zu schaffen hat?"
Denkt die Alte, durch's Fenster lugend.
„Schau! etwas hat sie am Boden gefunden!
Sie bückt sich — beschaut es mit Neubegier,
Ein Hammer ist es und, dran gebunden,
— Trau' ich den Augen? — ein Blatt Papier;
Sie trennt es los — ei! sieh doch nur!
Bald komm' ich dem Weiteren auf die Spur!"
Sacht, von dem Mädchen ungesehen,
Schlich Barbara wieder fort auf den Zehen.

Das Blättchen, das sie draußen fand,
Hält Rosa zagend lang in der Hand,
Als scheute sie sich vor dem süßen Gift;
Dann liest sie's, und jede Zeile der Schrift,
Die hoch ihr das Blut in die Wangen treibt,
Sagt ihr, daß Einer allein so schreibt.
Sie liest, wie Walther ihr bekennt,
Daß er in Liebe für sie brennt,
Und wie er mit Bitten in sie dringt,
Daß durch ein Briefchen, leichtbeschwingt,
Sie Stund' und Ort ihm nennen möge,
Wo er mit ihr der Rede pflöge.

Als Rosa gelesen und wieder gelesen,
Durchschleicht ein Zittern ihr ganzes Wesen;
Den sie bestürmenden Gedanken
Ist sie, wie Halme dem Wind, ein Spiel.
Doch so auf einmal alle Schranken
Soll sie durchbrechen? — Nein! zu viel! —
Das Fest der heil'gen Clara war's
Und ihrer Mutter Sterbetag;
Sie mahnte sich des vergangenen Jahrs,

Als dort in der Nische die Sterbende lag,
Der sie das theure Gelübde geschworen.
„Wohin, wohin mich hab' ich verloren?
O, blicke du, die mich geboren,
Von dort, wo die Heiligen, Reinen sind,
Nicht erzürnt auf dein sündiges Kind;
Hilf mir, den Rost der irdischen Lust
Auszutilgen in meiner Brust,
Daß ich es werth sei, himmelwärts
Zu ziehen im Schmuck der Gottesbräute!"

Vom Thurme schallte das Festgeläute,
Und wie Tropfen von flüssigem Erz
Fielen ihr brennend die Klänge aufs Herz;
Flehend, daß ihr der Heiland nicht zürne,
Barg sie im Staube des Bodens die Stirne,
Sie that mit bebendem Mund aufs Neue
Dem Himmel Gelübde der ewigen Treue
Und daß sie den Jüngling für immer miede;
Den Brief zerriß sie in Scham und Reue,
Und wieder in ihre Seele kam Friede.

5.

Inzwischen, von Rosas Kummer gerührt,
Hatte Barbara emsig gespürt.
Sie keucht von Neuem empor die Stiegen,
Setzt an Rosas Seite sich schmeichelnd
Und flüstert, leise die Wangen ihr streichelnd:
„Mein Schätzchen kennt mich als treu und verschwiegen,
Wahrlich! da ist es doch allzu arg,
Daß es mir solch ein Geheimniß barg.
Gefaßter zwar bist du heut, als neulich,

Aber noch immer traurig, Püppchen;
Vertrau' mir Alles, dann helf' ich dir treulich,
Und wir schlagen den Sorgen ein Schnippchen!"
Lächelnd sprach sie's und spähte scharf
Der Kleinen ins Antlitz, auf dessen Ernst
Die Wehmuth leichte Schatten warf.
Doch Rosa gab Antwort: „Sag, Barbara, lernst
Du heut mich erst kennen? Wozu die Frage,
Ob ich im Herzen Kummer trage?
Du weißt, daß ich mich dem Heiland vermähle;
Nach einem nur sehnt sich meine Seele,
Sich ganz dem heil'gen Geliebten zu weihn."
Doch die Amme fiel lachend ein:
„Genug, genug, mein süßes Lamm!
Einen anderen Bräutigam
Will ich dir schaffen, sein Aug' ist blauer,
Als am Mittag im schönen August
Der Himmel nach dem Gewitterschauer;
Lichtbraun quillt herab bis zur Brust
Das Haar ihm unter dem rothen Barette;
Dir gefallen wird er, ich wette —
Schon als Geselle beschämt er die Meister;
Walther, der Steinmetz, Liebchen, heißt er."

 In Rosas Angesichte lohte
Die Scham empor mit dunklem Rothe;
Sie barg es in der Amme Schooß.
Lang lag sie so besinnungslos,
Die Glieder zuckend vom Seelenkampf.
Dann sprang sie auf, ergriff wie im Krampf
Die Hand der Alten und sprach: „O Gute,
Sage dem Jüngling, wenn du mich liebst,
Dem du den Namen Walther giebst,
Daß ich dem Himmel geweiht mein Leben;
Schwören laß ihn aufs Crucifix,

Nie auch nur verstohlenen Blicks
Den Blick zu Christi Braut zu erheben."
Sie sprichts und hört aus dem Stübchen daneben
Den Vater rufen: „Rosa! Kind!"
Los reißt sie sich von der Alten geschwind:
„Geh, Mutter, und was ich gesagt, bestelle!"

Sinnend stand Barbara an der Schwelle:
„Das arme Aeffchen dauert mich doch!
Ehmals stopft' ich dem lieben Kindchen,
Wenn es weinte, mit Honig das Mündchen,
Aber jetzt helfen nicht goldene Nüsse,
Jetzt kein Marzipan und kein Zucker.
Lippen hat sie, gemacht für Küsse,
Und kein Jüngling der Stadt ist schmucker
Als Herr Walther — daß ich die Zwei
Zusammenführe, was ist denn dabei?
Wenn sie jetzt hinter Drehescheibe
Und Sprachgitter die Arme sperrten,
Würde Verzweiflung ihr Herz verhärten,
Ja, sie stürbe wohl — ei, bei Leibe!
Sehn muß ich, wie ich das hintertreibe."

6.

Rastend beim Sengen des Mittagsstrahls
Saß Walther auf der marmornen Bank
Unter dem Bogen des Kirchenportals.
Träumend empor zum Blättergerank
Sah er, wo aus marmornen Lauben
Heiligenköpfchen, flatternde Tauben,
Englein mit gebreiteten Schwingen
Ueber das Haupt ihm niederhingen.

Aber nicht fesselten all die Bilder
Ihm die Gedanken — lieblicher, milder
Als die geflügelten Seraphim
Schwebte das Mädchengesicht vor ihm,
Das, wie durch rosiger Wölkchen Saum
Der Morgenstern im Erlöschen blinkt,
Flüchtig ihm aus luftigem Raum,
Schnell verschwindend, heruntergewinkt.
Seit er den Blick auf die Schöne geheftet,
Ist ihm zur Arbeit die Hand entkräftet.
Stets hofft er, daß sie den Brief erwidert,
Den er ihr sandte, leichtbefiedert,
Aber von früh bis zur sinkenden Sonne
Späht er umsonst. So traurig sitzend,
Ruft er, das Haupt auf die Rechte stützend:
„O Mädchen, schön wie die Madonne,
Die aus duftender Weihrauchwolke
Herabschaut zu dem knieenden Volke!
Hat sich des Himmels Schooß nicht erschlossen
Und dich, wie sie, entrückt in sein Blau,
Oder bist du in Morgenthau
Nicht, wie ein Nebel der Frühe, zerflossen,
O, so zeig' dich noch einmal wieder,
Grüße noch einmal zu mir hernieder!
Glaube, mein Lieben ist rein und keusch!"

Wie er es rief, vernahm er Geräusch
An seiner Seite und spürte den Druck
Von einer Hand auf dem Schulterblatt.
„Ei, mein Geselle, so stattlich und schmuck,
Was sitzt Ihr finster und lebenssatt,
Und Euer harrt ein seltnes Glück!"
So hört er es flüstern und sieht erstaunt
Ein Weib, das die Worte ihm zugeraunt.
Er schiebt die knöcherne Hand zurück

Und denkt: „Wie schaut ihr Auge so gläsern,
Wie welk der Hexe die Glieder schlottern!"
Zu dem Weibe dann spricht er mit Stottern:
„Ich habe nichts mit Ohrenbläsern
Zu schaffen und nichts mit Kupplerinnen;
Alte, trolle dich schnell von hinnen!"
Aber lachend fuhr Barbara fort:
„Ihr Grobian, so mich anzubrummen!
Ich weiß für Euch ein süßes Wort,
Das macht Eur Schelten alsbald verstummen;
Rosa, des Thürmers einzig Kind,
Schickt mich zu ihrem Herzensdiebe;
Ihr zittert die Seele im Hauche der Liebe,
Wie das Rosenknöspchen im Wind,
Und wenn auch Ihr das Mägdlein minnt —
Bei den heil'gen Aposteln, den zwölfen,
Schwör' ich's — so will ich zu ihr Euch verhelfen!"

Was der Erde nach langem Frost
Ein Lenzhauch, war dies Wort für Walther;
An der Bringerin solcher Freudenpost
Vergaß er auf einmal Runzeln und Alter
Und rief: „O Weib, wenn ein Engel käme,
Um mir die Seligkeit zu verkünden,
Nicht solche Freude würd' ich empfinden,
Wie über was von dir ich vernehme.
Schnell, führe mich hin zu dem Täubchen, Beste!
Daß ich kose mit ihr im Neste,
Wie mit dem Turtelweibchen der Tauber!"

Drauf Jene: „Zu dem Thurme die Gänge
Bewachen die Kirchenwärter mit Strenge;
Man kommt nicht anders hinauf als durch Zauber."
„O" — ruft Walther — „ist es nichts weiter?
Seile weiß ich geschickt zu knüpfen,

Hoch in Lüften Leiter auf Leiter
Zu thürmen, um in ihr Stübchen zu schlüpfen!
Heut noch, sobald der Abend düstert —"
„Unmöglich das, mein Junge!" flüstert
Die Alte und legt auf den Mund den Finger —
„Rosa wohnt droben gleich wie im Zwinger,
Tags wie Nachts vom Vater behütet;
Doch, über ein Mittel schon hab' ich gebrütet,
Verlaß dich auf mich!" — „Wenn dem so ist" —
Sprach der Jüngling — „so kürze die Frist
Und bring ihr inzwischen dies von mir!
Walther bittet dich — mußt du sagen —
Sein Bild an deiner Brust zu tragen,
Bis er selbst an ihr ruhen kann."
Einen silbergefüllten Säckel
Und ein zierliches Kästchen dann
Reicht er der Alten, sie öffnet den Deckel
Und schaut ein Bild, in Gold gerahmt.
„Seht!" rief das Weib — „wie Ihr leibt und lebt,
Als wärt Ihr selbst auf das Holz geklebt,
Hat Euch der Pinsel nachgeahmt!
Das Bildchen versteck' ich in meine Schürze,
Und nun, o Zierde der Steinmetzzunft,
Lebt wohl! Ihr seht mich wieder in Kürze;
So lang empfehl' ich Geduld und Vernunft!"

―――

7.

Indessen Walther die Vertagung
Des Glückes beseufzt, das er nah gewähnt,
Faßt Rosa sich mehr und mehr in Entsagung.
Bisweilen wohl, daß ihr das Auge thränt,
Doch schnell dann reißt sie sich los zu den Pflichten

Des Tages, sei es, den Vater zu pflegen,
Sei's, fromme Uebungen zu verrichten,
Und selten nur sagt mit leisen Schlägen
Ihr Herz, daß es noch nach Andrem sich sehnt.

Einst sitzt sie am Herd und schürt die Flamme,
Da keucht die Treppen empor die Amme,
Setzt sich zu ihr und beginnt ein Geplauder:
„Gesteh! du denkst an das Kloster mit Schauder;
Aber fasse nur Muth, mein Englein,
Diese frischen, rosigen Wänglein,
Diese schwellende Brust, wie paßten
Die für den dumpfen, gräulichen Kasten?
Dir der zarte Nacken gegeißelt, —
Hu! mir graut! — Nun höre, Röse,
Das Mittel, durch das ich dich bald erlöse!
Der Jüngling, der außen am Thurme meißelt,
Gestand mir heut unten auf dem Platz,
Sein Herzblatt seist du, sein einziger Schatz;
Was du an Schönheit unter den Mädeln,
Ist unter den Männern er; drum, Täubchen,
Laß mich sorgen, es einzufädeln,
Daß er dich heimführt als sein Weibchen!"

Bei diesen Worten Barbaras
War Rosa vom Stuhl, auf dem sie saß,
Aufs Knie gesunken; so lag sie lange,
In die Hände gepreßt die glühende Wange;
Drauf sprang sie vom Boden empor und maß,
Hochrothen Gesichts, dann wieder bleich,
Die Amme mit zornentflammten Blicken,
„Botin der Hölle" — rief sie — „entweich!
Suche mich nicht in dein Netz zu verstricken!
Ich weiß es, in jede seiner Maschen
Ist eine tödtliche Sünde geschürzt,

Die mich ins ew'ge Verderben stürzt!
Soll ich, um flüchtiges Glück zu erhaschen,
Mir die Seele mit Frevel beladen?
Nein, so möge mich Gott begnaden,
Wie ich für dich und deine Künste
Taub bin. Weiche von hinnen, Verruchte!"

Aber die schlaue Barbara suchte
Sie zu besänft'gen. Lächelnd grinste
Sie ins Gesicht ihr: "Hirngespinnste
Sind das, mein Kindchen! nichts als Grillen:
Nach Anderer, nicht dem eignen Willen,
Hast du geschworen, du wußtest nicht, was;
Und was man lallend, noch nicht mündig,
Gelobt hat, sag mir, bindet das?
Doch hältst du das Brechen des Schwurs für sündig,
Gut, werde Nonne nach deinem Schwur!
Bis dahin, daß das geworden, nur
Hab Mitleid mit Walther! Warum ihn so tränken?
Hier bring' ich sein Bild, er will es dir schenken.
Laß, ihn zu trösten in seinem Leide,
Ihm sagen, auch im Nonnenkleide
Würdest du seiner freundlich gedenken!" —

"Fort mit dem Geschenk!" ruft Rosa aufs Neue
Und wendet, als ob sie den Anblick scheue,
Die Augen vom Bilde hinweg. Doch der Ton,
Mit dem sie es spricht, ist milder schon,
Und Barbara murmelt: "Kind, nur Ruhe!
Du wirst dich des Besseren schon besinnen!"
Sie legte das Bildchen in eine Truhe
Des Stübchens zwischen weiches Linnen.
"Nun Gott und seine Heil'gen mit dir,
Mein Schätzchen!" sprach sie und ging durch die Thür.

8.

Wieder seit dieser Zeit im Geheimen
Begann in Rosas Gemüth ein Keimen;
Walthers Botschaft, Barbaras Reden
Klingen ihr immer noch im Sinne;
Erst wohl sucht sie, daß sie den Fäden,
Die sie umgarnen wollen, entrinne,
Aber das Ringen mehrt nur das Schwanken,
Immer tauchen, wenn kurz erstickt,
In ihr empor dieselben Gedanken.
Nachts, als schlummerlos auf den Pfühl
Sie die fiebernde Wange drückt,
Liegt die Erinnrung an Walther schwül
Ihr über der Seele. Wie knospende Blüthen,
Wenn über ihnen bei Lenzgewittern
Heiße Lüfte der Mainacht brüten,
Fühlt sie ein Schauern, das mit Zittern
All ihr Wesen durchzieht und in Tropfen
Auf sie herniederrinnt; ein Klopfen
Von Pulsen, die an die ihren schlügen,
Und den Druck von Lippen glaubt sie zu spüren,
Welche die ihren sanft berühren,
Und das Wehen von tiefen Athemzügen,
Die kommen und gehn. Ihr ist, als würde
Zweifel und Gram und jede Bürde
Hinweg vom Herzen ihr gewälzt,
Und der wallende Odem über ihr schmelzt
Alle verborgenen Keime und Triebe
Ihres Herzens in einen zusammen,
Bis am Morgen die Blume der Liebe,
Voll entfaltet, den Sonnenflammen
Ihren duftenden Kelch erschließt.

Sie kann das Licht des Tages mit Mühe
Erwarten. Als der Strahl der Frühe
Empor zu ihrem Fenster schießt,
Springt sie vom Lager, um aus dem Versteck
Das Geschenk des Liebsten zu holen.
Sie nimmt das Bild aus der Lade verstohlen,
Und Walthers Gesicht, so mild, doch keck,
Ganz wie es sich ihr in die Seele geprägt,
Leuchtet sie an von dem goldenen Grund.
Lange beschaut sie's; was verschlägt
Die Erde mit Allem, was sie trägt,
Ihr neben diesem kleinen Rund?
Und wie sie hinblickt — täuscht das Licht,
Das dämmernde, des Morgens sie nicht? —
Will ihr scheinen, als ob der Mund
Des Liebsten sich zum Lächeln bewege;
Die blaue Ader, die durch die Schläfe
Sanftrieselnd schleicht, thut leise Schläge,
Wie lebenerfüllt. Ihr ist, als träfe
Aus der Augen himmlischem Blau
Von Walthers Seele sie ein Strahl;
Sie küßt das Antlitz tausend Mal
Und netzt es mit Freudenthränenthau.
Hinter ihr liegen Sorge und Zagen;
Als wäre sie himmelwärts getragen,
So frei bedünkt sie sich, so leicht;
Und, seltsam, kein Gedanke beschleicht
Sie mehr an das Kloster; versunken, geschwunden
Ist Alles für sie, was Walther nicht ist.

Da so sie steht und die Flucht der Stunden,
Der schnell enteilenden, nicht mißt,
Tritt neben ihr aus des Alten Gemach
Der Kirchenpförtner, dessen Kommen,
In Schauen vertieft, sie nicht wahrgenommen.

Sie blickt, wie er geht, ihm betroffen nach,
Versteckt an die Brust das Bild des Lieben
Und sieht durch die Thür, die offen geblieben,
Den Vater im Lehnstuhl sitzen, schon wach.
Er winkt ihr, und sie fliegt zu ihm hin.

„Kind, leihe mir achtsam Ohr und Sinn!" —
Sprach Jener, als sie vor ihn trat —
„Nicht darf ich zögern, der Pflicht zu genügen,
Die mir mit den letzten Athemzügen
Mein Weib als Vermächtniß gelassen hat;
Drum rüste dich, der Welt zu entsagen!
Im Festzug werden schon nach drei Tagen
Die Schwestern durch kranzgeschmückte Thüren
Als Christi Braut zum Altare dich führen."

Wie Einem, der beim Freudenmahl
Unversehens ein Gift verschluckt,
So plötzlich aus dem Herzen zuckt
Ein Krampf ihr empor; bleich wird und fahl
Die blühende Wange, und starrend kriecht
Ein Frost, vor dem das Leben siecht,
Ihr durch die Adern in jedes Glied.
Der Thürmer, als er so blaß sie sieht,
Fragt: „Kind, was hast du?" Und sie, sich sammelnd
So gut sies kann, erwidert stammelnd:
„Ein Fieber — ich will aufs Bett mich legen —
Bald kommt die Amme, die soll mich pflegen."

Verwirrten Sinns, sich kaum haltend, wankt
Rosa hinaus in ihr Kämmerlein;
Eben auch tritt die Amme herein
Und ruft: „Ihr Heiligen! bist du erkrankt,
Mein Herzblatt? Sage!" Doch Rosa winkt,
Sie solle schweigen; krampfhaft faßt sie

Die Hand der Alten und zieht in Hast sie
Aus Lager, indem sie niedersinkt.
Die Stirne von kaltem Thau beträuft,
Stumm liegt sie dort, ihr Auge schweift
Verwirrt umher; empor sich ringend,
Die Amme mit beiden Armen umschlingend,
Flüstert sie dann ihr gebrochne Laute
Ins Ohr: „O Barbara! Gute, Traute!
Hilf, hilf mir! Rette mich vor dem Verderben!
Verzweifelnd, lästernd Gott den Herren,
Muß ich an Leib und Seele sterben,
Wenn sie mich in das Kloster sperren!
Drei Tage noch, und es schließt die Pforte
Sich hinter mir zu!" — Nach diesem Worte
Liegt sie schluchzend an Barbaras Hals.
Die Alte, die zuerst gestaunt,
Doch Alles nun durchschaut hat, raunt:
„Ei, Röschen, eines schlimmeren Falls
War ich gewärtig, aber für diesen
Hat sich schon längst ein Mittel gewiesen.
Du, mein Kind, in dem Kleide von Haartuch!
Ei, da hüllt' ich dich eher ins Bahrtuch!
Nein, ruhig, mein Schatz, und sag mir getreulich:
Nicht wahr, der junge Bursche von neulich
Hat dir das Herz so umgewandelt?"
Rosa nickt mit dem Haupt ein Ja,
Und, sie ermunternd, ruft Barbara:
„Wohlan! so werde denn frisch gehandelt!
Aber, Röse, geh klug zu Werke,
Daß dein Vater bei Leibe nichts merke!
Erst bleib noch liegen, dann heitern Gesichts
Tritt wieder vor ihn, als fehlte dir nichts!
Alles Andre laß mich machen;
Morgen siehst du mich beim Erwachen!"

Wieder, so wie ein welkes Reis,
Wenn mild mit ihm der Ostwind kost,
Ward Rosa durch der Amme Trost
Emporgerichtet. Nach ihrem Geheiß
Bald kehrte sie zum Vater wieder
Und sprach: „Umsonst ist dein Schreck gewesen,
Väterchen! Sieh, schon bin ich genesen!"
Sie setzte sich ihm zur Seite nieder,
Wich, daß nichts ihm verdächtig erschiene,
Bis Abends nicht von des Alten Stuhle
Und barg — so ward ihr die Liebe zur Schule
Für List und Verstellung — in lächelnde Miene
Die Sorge des Herzens. Doch im Geheimen
Dachte sie stets mit bewegtem Gemüthe,
Welche Pläne wohl Barbara brüte.
Die Nacht durch liegt sie in wachen Träumen,
Erwartung bebt ihr durch jede Fiber
Und quillt ihr vom Mund in gebrochenen Tönen.
„O Walther" — murmelt sie — „Süßer! Lieber!
Komm! ruh mir im Arme!" Doch ängstliches Stöhnen
Folgt auf das Geflüster: „Weh! weh! verloren!
Der Eid, der Eid, den ich geschworen,
Ergreift mich und reißt mich zurück am Haar!"

Ums Dämmern fuhr sie empor und erblickte
Die Amme, die früh schon gekommen war.
„Nun, Kind, ihr werdet noch heut ein Paar!" —
Rief Barbara, die ihr die Rechte drückte —
„Höre den Plan, den ich ersonnen!
Wird er in Allem befolgt — bei St. Jürgen!
Für den Ausgang dann will ich bürgen!
Den Pater Barthold hab' ich gewonnen,
Euch durch den Segen der Kirche zu traun;

Doch wie ist dein Vater, der grämliche Herr,
Zur Ruhe zu bringen? Laß uns schaun!
Ich denke, daß wir ein Tränkchen brau'n,
Ihn einzuschläfern — während er
Dann schlummert, gilt es vor allen Dingen,
Walther die Treppe heraufzubringen;
Seid ihr beisammen, so hol' ich den Pater,
Und, Kinder, ihr seid im sicheren Hafen,
Denn was bleibt übrig deinem Vater?
Vielleicht, nachdem er ausgeschlafen,
Wird er schelten, es sei doch schändlich,
Ihn so zu betrügen; aber endlich,
Glaube mir, segnet er euren Bund!"

Angstvoll sog Rosa von Barbaras Mund
Jedes der Worte; zur Erde sank
Ihr dann der Blick, und von Herzensgrund
Aufseufzend, sprach sie: „Der Vater ist krank —
Nein, Amme, sinne auf andere Pläne!
Leicht brächt' ihm Schaden solch ein Trank!"
„Ei, Gänschen, ein Heiltrunk ist's" — gab Jene
Zur Antwort — „ein Lebenselixir;
Man schnarcht danach, und wie durch ein Wunder
Erhebt man sich vom Schlafe gesunder,
Als man gewesen. Eins glaube mir!
Eh wir den Alten zur Ruhe gebracht,
Der dich auf Schritt und Tritt bewacht,
Ist Alles vergebens. Drum nimm dies Döschen.
Ein Pulver ist drin; das mische, Röschen,
Heut Mittag ihm in den Wein mit Bedacht,
Und weiter nicht darfst du den Kopf dir zerbrechen!"
Noch wollte Rosa widersprechen;
Aber, bevor sie nur ein Wort
Hervorgebracht, war Barbara fort.

10.

Der Mittag kam und herzbeklommen
Saß Rosa am Herde. Himmel! was nun?
Was soll sie lassen, soll sie thun?
Zu schnell, zu plötzlich ist Alles gekommen!
Wie der Schiffer, der sturmverschlagen
Umhergeirrt auf tosender See,
Erschrocken starrt, wenn plötzlich jäh
Vor ihm die ersehnten Küsten ragen
Und das Schiff zu zerschellen drohn,
So zittert sie vor dem nahen Glück,
Sie möchte, aber kann nicht zurück.
„Zwölf schlägt die Glocke; die Zeit ist's schon,
Wo ich den Trank ihm reichen muß,
Gott! was drängt es mich so zum Entschluß!
Käme nun Walther heut Abend und fände
Den Vater noch wach, was wäre das Ende?"
Sie denkt es und hört die Stimme des Alten,
Wie zu trinken er heischt mit Ungeduld;
Die Dose öffnet sie, krampfhaft falten
Sich ihr die Hände. „Herr der Huld" —
Murmelt sie noch — „vergieb mir die Schuld!"
Dann streut sie das Pulver in den Wein
Und stürzt ins Stübchen des Vaters damit.

Der Alte, da sie vor ihn tritt,
Blickt kaum empor; die zuckende Pein
In ihren Zügen gewahrt er nicht;
Den Becher, der fast aus der Hand ihr sinkt,
Nimmt er, führt ihn zum Mund und trinkt.
Sie dann, mit Starren ins Angesicht
Ihm schauend, greift mit einem Mal,
Ihn wegzureißen, nach dem Pokal;
Doch schon hat ihn der Alte geleert,

Und Rosa, wie sie es wahrnimmt, fährt
In sich zusammen: durch alle Glieder
Geht ihr ein Zucken; mit gellendem Schrei
Fällt sie neben dem Lehnstuhl nieder.
Der Vater fragt besorgt, was ihr sei,
Doch stumm liegt sie, wie sinnberaubt,
Ein Schluchzen nur ringt sich, halb erstickt,
Aus ihrer Brust, dazwischen blickt
Sie weinend empor und schüttelt das Haupt.

Indessen beginnt der Alte die Kraft
Des Trunks zu spüren; träger schleicht
Das Blut ihm, sein Bewußtsein weicht,
Und er sinkt hin in des Schlummers Haft.

――――

11.

Barbara trat in das Stübchen bedächtig,
Wo sie den schlummernden Thürmer traf
Und vor ihm das knieende Mädchen. „Brav!
Mein Kindchen," — sprach sie — „das geht ja prächtig:
Ein Erdstoß weckt den nicht aus dem Schlaf,
Und wir sind sicher. — Nun sollst du hören,
Wie ich Alles besorgt aufs Beste.
Der Pförtner hat auf den Abend Gäste
Und wird uns in unsrem Werke nicht stören;
Erst dacht' ich Walther in Verkleidung
Heraufzuführen zum Hochzeitfeste,
Er aber schalt das Narrentheidung,
Weil er ein besseres Mittel wüßte.
Gieb Acht denn, was wir zuletzt bestimmt!
Heute, sobald es dunkelt, klimmt
Dein Liebster hinauf zu dem Brettergerüste,

Um Leitern von dort an das Thurmdach zu legen;
Sobald du dann oben ein Zeichen giebst,
Steigt er empor auf luftigen Wegen,
Und für immer ist er dein, den du liebst."

In Rosa tauchte bei diesem Worte
Das Bewußtsein von Allem empor;
Offen sah sie des Glückes Pforte,
Aber stand noch zagend davor.
Doch die Amme fährt fort: „Laß, Kind, das Gassen!
Bis Abend ist noch viel zu beschaffen,
Daß wir zur Hochzeit Alles beschicken!"
Einen Korb dann holt sie herbei,
Und Rosa starrt mit staunenden Blicken,
Als fragte sie, was darinnen sei.
Ihr vom Herzen sanken allmählig,
Wie fallender Nebel, Sorg' und Bangen,
Und Strahl auf Strahl brach wonneselig
Die Hoffnung des nahen Glücks durch den Schleier,
Der ihr trübe den Geist umfangen.

Das Geräth für die Hochzeitfeier
Beginnt die Alte hervorzukramen,
„Kind" — rief sie — „in aller Heiligen Namen,
Was soll dein Brüten und Träumen nutzen?
Hilf mir das Stübchen stattlich putzen!"
Rosa läßt sich nicht länger mahnen;
Und bald, von der Amme geschmückt und von ihr,
Prangt das Stübchen in festlicher Zier.
Ranken und Zweige von duftigem Grün,
In deren Gewinden, sanft verwoben,
Walthers und Rosas Namen blühn,
Umschlingen die Wände bis nach oben,
In der Nische des Zimmerchens aber

Steht mit zierlichem Kandelaber
Kranzumwunden ein kleiner Altar.

O, was zögerst du, traute Nacht!
Die Liebe selbst hat dem jungen Paar
Alles gerüstet in Glanz und Pracht;
Du nur fehlst mit dem schützenden Schatten.
Weihrauchduft und Kerzenschimmer
Laß wallen durch das prangende Zimmer,
Und leg an Rosas Busen den Gatten!

12.

Oft späht das Mädchen durchs Fenster verstohlen,
Ob nicht die Tagesstrahlen erblichen;
Um den Pater bei Zeiten zu holen,
Ist die Amme hinweggeschlichen,
Und sie, die allein im Stübchen bleibt,
Sieht, wie die Schatten länger werden
Und der Wind des Abends die Wolkenheerden
Nach dem Thore des Westens treibt.
Sich zu schmücken begann sie, flocht
In die Haare den Myrtenkranz
Und zündete mit dem glimmenden Docht
Auf dem Altar den Kerzenglanz.

Da schlug die Thurmuhr — Rosa zählte:
Acht Schläge that der eherne Hammer —
Die Zeit wars, wo der Herzerwählte
Zu kommen gelobt. Sie schlich an der Kammer
Leise vorbei, wo ihr Vater schlief,
Und hörte, doch wagte nicht hinzuschaun,
Des Schlummernden Athemzug. Ein Graun,

Das vom Haupte zum Fuß sie überlief,
Trieb sie fliegenden Schrittes vorüber.

  So tritt sie hinaus auf den Söller des Thurms
Unter den Abendhimmel voll trüber
Gewölke, wie eines nahen Sturms,
Und sieht, indem sie hinab sich neigt,
Daß, leicht an die Fähnlein des Thurms gelehnt,
Leiter an Leiter aufwärts steigt.
„Herr Gott, wie furchtbar die Tiefe gähnt!
Und auf den Sprossen, die drüber schweben,
Will der Verwegne" — sie wagt den Gedanken
Nicht auszudenken und wendet mit Beben
Den Blick hinweg.

     Inzwischen sanken
Die Schatten des Abends auf die Stadt;
Durch das Zwielicht schimmerte matt
Von einzelnen Lichtern schon das Gefunkel.
Fernhin ballten Gewitter sich dunkel,
Und von den Glocken der Thürme ringsum
Tönte der Schall des Angelus;
Nur die von St. Sebald blieb stumm.

  Und Rosa lauscht nach unten. Nun muß
Er kommen; ihr Ohr, so glaubt sie, vernimmt
Die Tritte von Einem, der aufwärts klimmt;
Angst durchzittert ihr tief die Seele,
Weil wider des höchsten Gottes Befehle
Sie sündigt und den Eidschwur bricht;
Zu spät jedoch, es ist zu spät!
Ihr Auge gewahrt im Dämmerlicht
Walther, wie er, des Zeichens harrend,
Auf dem Brettergerüste steht —
Sie schwingt, ihm bang entgegenstarrend,

Ein Tuch empor mit bebender Hand,
Und sieh! er hat das Zeichen erkannt,
Die Leitern aufwärts klimmt er gewandt,
Es scheint, als ob er in Lüften fliege —
Schon kann Rosa die lieben Züge
Teutlich erkennen; und wie sie den Theuern
Nun nah sieht, bricht gleich Freudenfeuern
Wieder in ihr die Liebe hervor,
Die alle Gefühle sonst verschlingt:
„Nur kurz noch haltet, ihr Staffeln, und bringt,
O bringt mir den Liebsten, den Gatten empor!"

Nun hat er die höchste Staffel erreicht
Und wirft ein Seil nach dem Söller, das leicht
Ums Gelände sich schlingt; dann, unerschreckt,
Sich schwingt er nach oben; schon blitzen kühn
Seine Augen, die von Sehnsucht glühn,
In die der Geliebten — Rosa streckt
Die Arme verlangend nach ihm: zum Kuß
Schmachten sich Beider Lippen entgegen,
Die Herzen klopfen in schnelleren Schlägen
Einander zu; mit letztem Entschluß
Will zu dem Glück, das droben winkt,
Walther sich über die Brüstung schwingen —
Auf einmal starrt er mit wildem Blick
Nach dem Bilde der Jungfrau in der Blende.
„Herr Gott! Die Heilige streckt die Hände
Mir drohend entgegen! Sie stößt mich zurück!"
So rufend, taumelt er rückwärts, sinkt
Gleitend neben dem Söller hinab
Und sucht vergebens sich aufzuringen,
Indessen unten, ein riesiges Grab,
Die Tiefe ihn zu verschlingen droht.
Noch klammert er sich in Todesnoth
Mit der Rechten an einen Gitterstab,

Die Blicke flehend nach oben gerichtet —
Umsonst — er fühlt, bald muß er sinken.

   Von Entsetzen wie zernichtet,
Beugt Rosa sich häuptlings über den Rand
Der grausen Tiefe — und mit der Linken
Ergreift der Verzweifelnde ihre Hand.
Angstschreiend hält sie den Schwebenden fest
Und sucht ihn emporzuziehn, doch fühlt,
Wie nach und nach ihn die weichende Kraft
Gegen den Abgrund sinken läßt. —
Von dem Gitter löst sich erschlafft
Des Jünglings Rechte — das hangende Seil
Im Fallen erhaschend, gleitet er steil
Zum Pfeiler hinab — dort noch einmal,
Das Kreuz umschlingend, in ringender Qual
Hält er sich fest — allein nur kurz
Bleibt noch Spannung in seinen Sehnen;
In die Tiefen, die unten gähnen,
Sinkt er hinab in jähem Sturz.

             13.

Eben kehrte die Amme zurück;
Sie glaubte, die Liebenden oben zu finden,
Und rief durch die Thüre: „Heil euch und Glück!
Gleich naht der Pater, euch zu verbinden!"
Eintretend spähte sie ringsumher,
Aber gewahrte das Stübchen leer
Und eilte hinaus auf die Galerie.
Hingestürzt, mit entstellten Zügen,
Sieht sie am Boden dort Rosa liegen
Und wirft sich jammernd über sie.

Klar wird ihr Alles, was geschehn;
Die Hände über dem Liebling ringend,
Ihre kalten Glieder umschlingend,
Ruft sie ihr ängstlich, aufzustehn.
Sie trägt ihr Herzenstöchterlein
Dann sorglich in das Stübchen hinein
Und legt es auf die Lagerstätte.
Da ruht, statt auf dem Hochzeitbette,
Nun Rosa blaß und regungslos;
Und Barbara, über ihr Schätzchen gebeugt,
Murmelte: „Kindlein, das ich gesäugt,
Das ich gehegt und geherzt auf dem Schooß,
Zog ich dich dazu mühsam groß?
Ich wollte dein Glück ja, dein Bestes nur!
O Himmel, was hab' ich angestiftet!
Denk' ich's, so ist mir das Leben vergiftet."

Auf einmal aus ihrem Brüten fuhr
Sie auf, da der Pater ins Zimmer trat.
Sie kniet vor ihn hin, ihm Alles zu künden,
Und schluchzt: „Habt Ihr auch Ablaß für Sünden,
Wie Barbara sie begangen hat?"
Dann fürchtend, daß der Alte vom Schlafe
Erwache, geschreckt von der drohenden Strafe,
Zog sie den Beichtiger mit sich fort,
Und Rosa, starr wie auf der Bahre,
Blieb allein auf dem Lager dort.
Auf ihre weißen, kalten Glieder,
Umringelt vom gelösten Haare,
Streuten die Kerzen des Festes gelben
Flimmernden Schein verlöschend nieder —
So blinkt die Lampe in Grabgewölben
Ueber den Bildern der marmornen Platten —
Durch die Thür schlich der Odem der Nacht,
Der Vorhang regte sich langsam im Winde,

Und auf und nieder glitten die Schatten,
Als hielten sie neben dem blassen Kinde,
Wie Todtenfrauen, die letzte Wacht.

———

14.

Das Dunkel schwand; mit buntem Schimmer
Brach durch die gemalten Fensterscheiben
Der Morgen in des Thürmers Zimmer.
Zitternd spielte das Sonnenlicht
Ueber des Alten Angesicht,
Und, mählig erwachend, mit Augenreiben
Rang er sich auf von der Wirkung des Trunks.
Er ruft nach Rosa, ruft nochmals laut,
Erhebt sich, geht durch die Thür und schaut
Verwundert das Stübchen voll festlichen Prunks.
Doch als er, auf das Lager gestreckt,
Im weißen Gewande, wie aufgebahrt,
Sein blasses Töchterlein gewahrt,
Das kein Rufen noch Schütteln weckt,
Da steigt er, seit lang zum ersten Mal,
Die Treppen hinab in Herzensqual,
Um Hülfe zu holen. Aus dem Munde
Des Pförtners vernimmt er bald die Kunde,
Wie Walther, der Steinmetz, Abends zuvor
Vom Thurmgerüst, an dem er geklettert,
Herunterstürzend sich zerschmettert,
Und wie man eben durch das Thor
Der Barbara Leiche hereingetragen.
„Außen an des Flusses Borden
Ist sie von Fischern — so hört man sagen —
Aus den Wellen gezogen worden."

Allmählig dämmert nun in dem Alten
Die Ahnung des Geschehenen auf;
Rückdenkend weiß er den ganzen Verlauf
Aus der Tochter seltsamem Wesen,
Aus dem heimlichen Zwiesprachhalten
Mit der Amme zusammenzulesen.
Er wankt mit lauten Klagerufen
Wieder empor zum Thurm die Stufen.
Starr gleich der Erde beim Winterfrost,
Wenn auf der Flur kein Leben sproßt,
Liegt Rosa dort; bisweilen nur geht
Ein Zucken ihr durchs Gesicht und verräth,
Daß noch Leben ringt mit dem Tod.
Wie wenn in eisiger Frühe der Ost
Mit matten Strichen von dämmerndem Roth
Das fliegende Schneegewölk bestreift,
Umfließt dann flüchtiger Schein ihr die Wange;
Langsam windet, gleich einer Schlange,
In ihr der Schmerz sich herauf — sie greift
Krampfhaft nach dem Herzen; nach und nach
Mühselig wie unter Bergesschwere
Empor sich richtend, blickt sie ins Leere
Und stößt ein langgezogenes Ach,
Ein tiefes, aus — dann sinkt sie wieder,
Zusammenbrechend, wie leblos nieder.

———

15.

Am Bett des Mädchens mit treuen Sorgen
Wachte der Vater immerdar;
Nacht folgte dem Tag, dem Dunkel der Morgen,
Doch er wich nimmer.

     Wieder war

Es Mitternacht, und angstvoll saß
Er neben der Kranken, fühlt' ihr den trägen
Puls, der mit matten schleichenden Schlägen
Die Sekunden des schwindenden Lebens maß,
Und netzte die Hand, so bleich und welk,
Mit seinen Zähren. Ringsum ist Stille,
Eintönig nur im morschen Gebälk
Des Thurmes zirpt ihr Lied die Grille.
Schwer liegt auf der Stirn des Alten die Schwüle,
Er schleicht auf das Dach in die nächtliche Kühle
Und schaut gen Himmel. Ueber ihm kreisen
In den ewig gemessenen Gleisen,
Unbekümmert um Weh und Wohl
Der Menschen, die Sterne um ihren Pol;
Aber vor ihm, trüb und bleich,
Einem ins Sterbegewand gehüllten
Herzgebrochenen Mädchen gleich,
Sinkt gegen den nebligen, dunstumhüllten
Westen der Mond hinab. Entkräftet,
Den Blick auf den dämmrigen Glanz geheftet,
Fühlt der Greis, wie der Hauch des Windes
Thau des Schlafes über ihn weht.
Noch lallen die Lippen ihm ein Gebet
Für die Genesung des lieben Kindes,
Dann, erschöpft von Wachen und Kummer,
Schwinden die Sinne ihm hin in Schlummer.

Inzwischen beginnt im Stübchen ein Regen,
Ein seltsam Raunen und Bewegen;
Der Thurmuhr lauter werdender Schlag
Dröhnt zitternd hin durch das Gemach;
Von Wand zu Wänden schleicht ein Knistern,
Als wollte die Stille selber flüstern,
Und außen an die Fenster pocht's.
Halboffen ist die Thür geblieben;

Vom Winde hin und her getrieben,
Flackert das Lämpchen verglimmenden Dochts,
Und wie auf frisch gegrabenem Grab
Irrwische über dem Todtenacker,
Hüpfen Lichter bei dem Geflacker,
Mit den Schatten sich haschend, auf und ab:
Unheimlich raunt es ums Bett der Kranken,
Und langsam an der Thüre wallt
Der Teppich zurück — herein mit schwanken
Schritten wankt eine Schattengestalt,
Drückt, zu dem Mädchen niedersinkend,
Ihr einen Kuß auf die Lippen, die kalten,
Erhebt sich dann, im Verschwinden winkend,
Und schwebt hinweg durch die Vorhangfalten. —
Rosa stöhnt im Schlafe beklommen:
„Walther! Walther! Ja, ich will kommen!"
Ihr zuckt das Augenlid, sie sucht
Sich aufzurichten unter der Wucht,
Die ihr den Busen drückt wie ein Alp,
Ringt sich empor vom Lager halb
Und verfolgt mit irrenden, matten
Blicken den verschwindenden Schatten. —
Als ob der Fliehnde mit Geisterbann
Sie nach sich zöge, erhebt sie sich dann
Und eilt mit leichtem, schwebendem Gang
Der Thüre zu die Dielen entlang.
Weit offen das Auge, und doch wie nach innen
Gerichtet, mit in sich versunkenen Sinnen,
Tritt sie aufs Dach; ein Tüchlein nimmt sie,
Schwingt es, über die Brüstung gebeugt,
Und lauscht nach unten — doch Alles schweigt. —
Behend dann auf das Gitter klimmt sie
Und schreitet längs der scharfen Ränder
Schwankenden Fußes auf dem Geländer
Dahin zur nächsten Pfeilerspitze.

Inzwischen verhüllt sich der Mond; von den Schlägen
Rollender Donner, dem fallenden Regen
Erwacht der Thürmer auf seinem Sitze
Und sieht beim Lichte züngelnder Blitze
Die weiße Gestalt auf dem Pfeiler stehn,
Der die Locken im Nachtwind wehn.
Die Tochter erkennt er: „Herr der Gnade!
Schlafwandelnd ist sie auf schwindligem Pfade
Dorthin geklettert! Ein Ton, ein Hauch
Erweckt sie, wär' es der leiseste auch!"
Der Alte denkt es, und ihm graut,
Sein eigner Herzschlag geht ihm zu laut;
Regungslos an die Wand gepreßt,
Hält er den Athem angstvoll inne
Und heftet auf die Tochter fest
Den starrenden Blick. Herab von der Zinne
Auf Steinvorsprüngen, so jäh und scharf,
Daß kaum die Schwalbe ihr hängendes Nest
Daran zu kleben wagen darf,
Wandelt sie nun entlang die Rinne
Bis vorn, wo ihr regenspeiender Mund
Hinabhängt über den schrecklichen Schlund.
Und bei der furchtbar drohnden Gefahr
Sträubt sich dem Thürmer jedes Haar,
Wie sie nach vorwärts links und rechts
Sich bengt — da plötzlich ist ihm, als riefe
Eine Stimme hervor aus der Tiefe,
Ein Wimmern vernimmt er, ein leises Geächz:
Dumpf erst „Rosa! Rosa!" stöhnt es,
Und lauter dann und lauter schallend,
An Pfeilern und Mauern widerhallend,
Von nah und ferne „Rosa!" tönt es.
Auf einmal kehrt sich das Mädchen, erwacht,
Dorthin, von wo die Rufe erklingen —
Sie breitet die Arme hinaus in die Nacht,

Als wollte sie den Geliebten umschlingen —
Doch wer mit wachenden Augen sähe,
Ohne zu stürzen, nach unten? Ihr wankt
Der Fuß — sie zittert, strauchelt, schwankt —
Halb vom Schwindel schon bezwungen,
Hält sie sich taumelnd noch auf der Höhe,
Doch wieder ertönt von Geisterzungen
Der Ruf, und sie stürzt in die Tiefe, die jähe,
Die zuvor den Geliebten verschlungen.

16.

Wollt ihr noch nach dem Thürmer fragen? —
Er sorgte, daß unter einer Platte
Man Rosa neben Walther bestatte;
Dann auf den Friedhof, wo sie lagen,
Hat man auch ihn hinausgetragen.

VII.

Stefano.

In aller Blüthenpracht des Lenz,
Die mich umfängt am Strand Sorrents,
Mit Heimweh fast gedenk' ich dein,
O Capri, schönster Edelstein
Im Inselschmuck des Oceans!
Und oft, ans Gitter des Altans
Gelehnt, mit sehnsuchtsvollem Sinn
Nach deiner Küste blick' ich hin,
Die, fernher winkend, duftumhaucht
Dem weißen Wellenschaum enttaucht.
Auf deinen hohen, felsumstarrten
Steilhalden, deinen Klippenwarten
Wann wieder werd' ich rasten dürfen,
Des Meeres freien Hauch zu schlürfen?
Noch gönnt der Wogen wilde Brandung
An deinen Ufern nicht die Landung,
Wo jedes Riff Gefahren droht;
Allein dem hurt'gen Segelboot,
Auf dem mich durch der Fluth Geroll
Der Marinaro steuern soll,

Voran schon flattert mir der Geist
Und schwebt, der Menschenwelt entflohen,
Empor zu deinen wolkenhohen
Felsspitzen, die der Aar umkreist,
Und späht hinab zur Uferbucht,
Wo der Granate Purpurfrucht
An sonnverbrannter Bergwand hangt.
Von Neuem klimm' ich durch die Schlucht,
Die reich mit Goldorangen prangt,
Empor den vielverschlungnen Pfad
Zu Anacapris Felsengrat,
Und meinem Führer Stefano
Beflügelt sich der Schritt, denn froh
Gewahrt er schon, wie laubumkränzt
Sein Häuschen uns entgegenglänzt.
Ins Gärtchen, aloëumzäunt,
Eintreten wir, und sonngebräunt
Stürzt Nicolo, der wilde Junge,
Entgegen uns in hurt'gem Sprunge;
Andrea pflückt mir von den Zweigen
Der Sykomore saft'ge Feigen
Und ruft die Mutter her vom Herd;
Holdlächelnd durch der Hütte Thor
Tritt mit dem Kindchen, das sie nährt,
Die schöne junge Frau hervor
Und heißt willkommen ihren Gast.
Auf eine Bank zur Abendrast
Setz' ich mich mit dem frohen Paar;
Der würd'ge Anwalt auch, der Greis,
Gesellt sich treulich unserm Kreis,
Und bald von Sturm und Seegefahr,
Von Thunfischfang auf hohem Meer,
Geht das Gespräch, von Räubern bald,
Wie drüben im Abruzzenwald
Sie kämpfen mit des Königs Heer.

Allmählig bleicht die Tageshelle;
Nur oben noch im Spätlicht blitzen
Auf ihren luft'gen Felsenspitzen
Die halbzerfallenen Kastelle,
Und, spät bis in die Nacht noch wach,
Vertraulich auf des Hauses Dach
Beim Mahle sitzen wir beisammen,
Indeß vom Aschenberg die Flammen
Herüber durch das Dunkel glühn.

Wie fröhlich meine Streiferein
Mit Stefano! Gleich ihm so kühn
Soll Keiner auf der Insel sein;
Den Ruderer und Bergerklimmer
Von Falkenblick und Eisenarm
Nur nennt man ihn. Beim Morgenschimmer,
Eh noch der Sonne Strahl zu warm
Am Hange des Solaro brannte,
Ruderte mich der Vielgewandte
In alle Höhlungen und Grotten
Und wußte jedes Riffs zu spotten.
Dann wieder landend, am Gestade
Hinschritten wir die Schwindelpfade,
Wo unten mit dem weißen Gischt
Der Meerschwall um die Klippen zischt.
Wir ruhten in der Pinien Schatten
Hoch oben auf den Felsenplatten
Und lauschten auf das Gehn und Kommen
Der Wogen am gezackten Strand;
Kein Berghaupt, das wir nicht erklommen:
War noch so hoch ein Klippenstrand,
Ungangbar selbst den wilden Ziegen,
Doch hatt' ihn Stefano erstiegen
Und zeigte mir empor den Weg.

Des ganzen Inselvölkchens Kunde
Entlockt' ich ihm im Zwiegespräch;
Ihm flossen vom beredten Munde
Der Märchen mancherlei von schlauen
Sirenen, Nixen, Meeresfrauen
Und von des heil'gen Elmo Feuer;
Nur seiner eignen Abenteuer,
Davon durch Andre mir die Sage
Erschollen war, gedacht' er nie.
So oft ich bat: „Erzähle sie!"
Auf Bitte blieb er stumm und Frage.
Da einst — ihm war der Gast von Norden
Zum Freund, zum Bruder fast geworden —
Erschien die Stunde des Vertrauens.
Es war beim Schlosse des Tiber,
Wo abgrundtief hinab zum Meer
Der Felsen stürzt; geheimen Grauens
Weichst du zurück, denn Schwindel reißt
Jedweden abwärts, der zu dreist
Dem Rande naht; dort zwischen Blöcken
Von Marmor, die den Boden decken,
Ausruhten wir bei den Ruinen.
Lau blies der Wind, Gesumm von Bienen
Erscholl, wo einst von Mädchenschaaren
Bei Cymbelklang und Fackelglanz
Zur Lust des alternden Cäsaren
Geschlungen sich der üpp'ge Tanz.
Da nahm mein Führer so das Wort:

„Ihr fragtet oft; dies ist der Ort,
Wo ichs erlebt. Noch jung von Jahren
War ich, doch mit des Meers Gefahren,
Mit Jagd auf unsern Inselklippen
Vertraut seit früher Kindheit schon.
Ich hatte Eltern nicht, noch Sippen,

Und nur durch schwerer Arbeit Lohn
Stillt' ich jedweden Tags Bedarf.
So war mein junges Leben trübe
Und mühsalvoll, nur daß die Liebe
Ihr Licht in dieses Dunkel warf.
Ein Mädchen, fünfzehnjährig kaum,
Erfüllte Sinne mir und Seele
Mit süßem Rausch; wenn Rafaële
Vorüberschritt, war mirs wie Traum;
Zum Himmel glaubt' ich mich entrückt,
Und schaut' ihr lange nach entzückt. —
Auch sie, wie ich, war ohne Eltern;
Als Kind schon hatt' ich sie gekannt
Und oft im Scherz sie Braut genannt.
Noch denk' ich, wie im Herbst beim Keltern
Sie mir zur Seite stand im Faß
Und lachend mit dem Fuß das Naß,
Das süße, aus den Trauben stampfte;
Wie wir noch nach dem Abendroth
Uns lustig schaukelten im Boot,
Bis vom Vesuv, der drüben dampfte,
Durchs Dunkel feur'ge Streifen glommen
Und wir ins Dorf bei ihrem Strahl
Heimwanderten. Stets dazumal
Rief sie mir freundlich ihr Willkommen,
Wenn sie mich sah; der Stunden viel
Verschwanden uns in munterm Spiel,
Und wenn ich ihr zur Seite ging,
Wohl steckt' ich scherzend einen Ring,
Aus Binsen in der Hast geflochten,
Ihr an den Finger.

     „Drauf getrennt
Ward ich von ihr, denn nach Sorrent
Rief mich ein Dienst. Fünf Jahre mochten
Verschwunden sein, da ließ mein Herz

Mir nicht mehr Rast, und heimathwärts
Trug zu dem Mädchen mich der Nachen.
Ich dachte, froh entgegen lachen
Wir werde sie beim Wiedersehn,
Die nun zur Jungfrau aufgeblüht;
Doch ganz, bald mußt' ich mirs gestehn,
Verwandelt schien sie im Gemüth:
Selbst nicht mit einem Blick belohnte
Sie meinen Gruß. Oft Stundenlang
Harrt' ich am Hause, wo sie wohnte,
Indeß ich bei Guitarren-Klang
Ti voglio bene assaje sang;
Allein vergebens, nie ein Zeichen
Von ihrer Huld konnt' ich erreichen.
Wenn plaudernd sie zur Abendstunde
Mit andern Mädchen in der Runde
Am Brunnen stand, mich ihr zu nahn
Vergebens macht' ich den Versuch;
Sobald mich ihre Augen sahn,
Von dannen sprang sie mit dem Krug.
Mit Freundinnen auch manches Mal
Wohl traf ich drunten sie im Thal,
Wie sie beim Schall der Tamburine
Sich hin und her im Kreise schwang;
Ich grüßte schüchtern sie und bang,
Allein so finster war die Miene,
Mit der sie plötzlich nach mir schaute,
Daß ich mich keines Worts getraute.
Zu Ende wars mit Tanz und Lust,
Und traurig ward ich mir bewußt:
Sie wollte nichts von Liebe wissen,
Und minder noch von Stefanos.

„Von meiner Seele Kümmernissen
Schweig' ich — sie sind der Liebe Loos;

Und glaubt, wer je solch Weh empfunden,
Er denkt der heißen Herzenswunden
Wie eines Glücks, das hingeschwunden.
Wohl lange mich in bitterm Gram
Verzehrt' ich, aber niemals kam
Mir der Gedanke, zu entsagen;
Ich fühlte, Alles müßt' ich wagen,
Um dieses Mädchen zu erringen.
Wer vor Gefahr nicht bebt und Sterben —
So sagt' ich mir — den Sieg erzwingen
Muß er am Ende durch sein Werben.

„Arm, bettelarm, zu meinem Leide
Nicht Perlen konnt' ich oder Gold
Ihr bieten, wie ich gern gewollt;
Allein von Muscheln ein Geschmeide
Für sie zu sammeln, Tag für Tag
Emsig am Strand war ich beflissen;
Wenn, von den Klippen losgerissen,
Ans Ufer hin der Wogenschlag
Des Meeres bunte Kinder trug,
Die schönsten wählt' ich für sie aus.
Auch Blüthen wand ich ihr zum Strauß,
Doch keine war mir schön genug,
Die unten wuchs; um sie zu pflücken,
Klomm ich zum steilsten Felsenrücken,
Wo herrlicher mit Farb' und Duft,
Als in der Thäler dumpfer Luft,
Der Himmel ihre Kelche füllt.

„Einst so auf meiner Streiferei
Kam Abends ich zur Uferbai.
Halb war in Dämmrung schon gehüllt
Das Meer, und mit den letzten Blitzen
Schoß drüber hin die Abendgluth;

Auf einer Klippe nah der Fluth
Da sah ich Rafaële sitzen —
Ich fühlte, wie ein süßer Schreck
Durch alle meine Glieder glitt,
Und wagte weiter keinen Schritt;
Nur hinter einem Felsversteck
Nach ihr hinspäht' ich, athmend kaum.
Die Füßchen von dem Kräuselschaum
Plätschernder Wellen leicht bespritzt
Und auf die Hand das Haupt gestützt,
Saß sie, wie mit den Wellen sprechend,
Die, sich am Klippenufer brechend,
Vor ihr bald kamen und bald gingen.
Dann wie im Traume leise, leise
Ein Liedchen hub sie an zu singen;
Fremd war, geheimnißvoll die Weise,
Beinah mir eine Zauberin
Schien sie, die durch Magie den Sinn
Mir festgebannt in ihre Kreise.
Zuletzt, Muth fassend, trat ich vor
Und bot mit Worten, bang gestammelt,
Den Schatz ihr dar, den ich gesammelt:
Doch mir verschlossen blieb ihr Ohr;
Aufspringend rief sie: „Was, du Thor,
Verfolgst du mich? Laß ab, laß ab!
Ich weiß, welch treulos falsch Geschlecht
Die Männer sind, drum wärs mir recht,
Verschlänge alle sie das Grab!
Mein Leben lang, ich wills beschwören,
Werd' ihrer keinen ich erhören."
Sie sprachs, und eh ich mich besann,
Dem Dorfe zu, den Fels hinan
War sie geflohn. Wie blitzgetroffen
Blieb ich zurück, mein ganzes Hoffen
Vernichtet mit dem einen Schlag.

„Hernieder saut, mit Stürmen schwer
Beladen, über Land und Meer
Die Herbstnacht; doch, noch als der Tag
Hellleuchtend durch die Wolken brach,
Fand er mich, wie ich hingestreckt
Verzweifelnd an der Klippe lag.
Aus meinem Brüten dann erschreckt
Fuhr ich empor, mich faßte Grauen
Vor Tageslärm und Tageslicht,
Und um der Menschen Angesicht
Und ekles Treiben nicht zu schauen,
Floh ich und barg in finstrer Höhle
Den tiefen Jammer meiner Seele.
Dort, wenn um mich von den bemoosten
Felshängen Wetterbäche tosten,
Wenn durchs Geäst der sturmbewegten
Stecheichen das Gewitter zog,
Gleich altvertrauten Stimmen sog
Ten Klang ich ein, und Stürme regten
Antwortend sich in meiner Brust.

„Fern hinter mir die Welt versunken,
Das Herz von Gram und Thränen trunken,
So lebt' ich einsam — kaum bewußt
Ist mir, ob Wochen, Monde lang.
Nicht andre Kost, um mich zu nähren,
War mein, als an der Klippen Hang
Die schimmernden Arbutusbeeren.
Aus meinem dumpfen Starren dann
Rafft' ich mich mählig auf und sann
Und sann, wie ich das Weib erränge,
An dem mein Sinn und Leben hing.
Durch meine Seele düster ging
Der Argwohn hin, ein Andrer dränge
Sich zwischen mich und sie; in Wuth

Schoß jäh zum Herzen mir das Blut,
Und nach dem Dolch im Gurte faßte
Zuckend die Hand, daß der Verhaßte
Hinsänke von dem spitzen Stahl —
Doch nein, erlöst von dem Verdachte
Ward ich, indem ich rückwärts dachte;
Im Dorf wie durch Gebirg und Thal
War Rafaëlen wie ihr Schatte
Ich nachgeschlichen, aber hatte
Niemals gewahrt, wie auch nur Einen,
So Vielen sie den Sinn berückt,
Der kleinste Gruß von ihr beglückt.
Drauf, weiter sinnend: „Kannst du meinen,“
Sagt' ich zu mir — „so ohne Habe,
Ein armer, elternloser Knabe,
Vermöchtest du sie zu erringen?
Auf deinem Haupt die rothe Mütze,
Was hast du Andres im Besitze,
Es ihr als Hochzeitsgut zu bringen?
Doch, wenn erst Schätze du gewannst,
Wenn du mit reicher Morgengabe
Um ihre Liebe werben kannst,
Dann zage nicht, vor sie zu treten!
Erhören wird sie den Verschmähten.“

„Licht wiederum, als hätt' ein Strahl
Von oben meine Nacht erhellt,
Ward es in mir mit einem Mal
Bei dem Gedanken, und die Welt
Lag neu vor mir im Sonnenglanz:
Die Wildniß, wo ich lang gehaust,
Verließ ich, umgewandelt ganz,
Und ruderte mit kräft'ger Faust
Durch Sturm wie Stille hin mein Boot.
Eifrig, wie ich noch nie gewesen,

Wenn irgend mir Gewinn sich bot,
Fuhr ich die Deutschen, die Inglesen
Hinüber nach Sorrent, ja fern
Bis nach Amalfi und Salern;
Dann bei der Rückkehr von der Fahrt
Sorgsam ward jedes Tages Sold
Von mir im Kästchen aufbewahrt,
Und o! wenn ich in blitzend Gold
Der Woche Lohn verwandeln konnte,
Wie froh ich in dem Glanz mich sonnte!
Bald, dacht' ich, ist die Stunde nah
Für meine Werbung; noch ein Mond,
Und für mein Mühen all belohnt
Mich des geliebten Mädchens Ja.

„So mit dem Wachsen meiner Schätze
Wuchs mir der Eifer; Tag für Tag,
Zufrieden nicht mit dem Ertrag
Des Boots, spannt' ich für Wachteln Netze
Und machte auf Delphine, Thune,
Schwertfische Jagd mit der Harpune;
Und Holz der Bergesfichten auch
Und Früchte vom Arbutusstrauch
Zu sammeln, die mir Lohn verhießen,
Kein Klimmen ließ ich mich verdrießen.

„Einst im Verfolgen eines Aars
Empor zu des Tiberius Schloß
War ich gelangt. Anlegt' ich, schoß
Und, sieh! — an dieser Stelle wars,
Wo jetzt wir stehn — mir überm Haupt
Sah ich den Aar im Fluge wanken:
Er war getroffen; kraftberaubt
Zu fliegen sucht' er noch, dann sanken
Die Flügel ihm; matt, immer matter

Zum Meer hinab sah ich ihn fallen;
Hier an der Bergwand mit Geflatter
Sucht' er im Sturz sich festzukrallen,
Doch sank und sank; mit letztem Schwung
Der Flügel einen Felsvorsprung
Erreicht' er dann, der Halt ihm bot,
Und klammerte, schon nah dem Tod,
An ihm sich fest. Verloren fast
Schien mir an diesem Platz die Beute;
Doch, wenn ich nicht ein Wagniß scheute,
Mein werden konnte sie; in Hast
Schlang ich um eines Baumes Ast,
Dann um den Leib mir einen Strick,
Hängt' um die Schulter das Gewehr
Und ließ — ein tolles Wagestück —
Mich in den Abgrund an dem Seil
Jählings hinunter. Tretet her
Und schaut, wie sich die Felswand steil,
Senkrecht hinunterstürzt ins Meer!
Nicht dringt empor der Möven Schrei,
Die unten kreisen, und der Weih,
Der in der halben Tiefe schwebt,
Erscheint klein wie ein Schmetterling.
Wo jetzt ein Nest von Schwalben klebt,
Am zack'gen Felsvorsprunge hing
Der Adler sterbend; ich verschloß,
Damit mich nicht der Schwindel packe,
Die Augen, während zu der Zacke
Ich an dem Seil hinunterschoß.
Dort faßt' ich Fuß; doch wüthend schlug
Der Riesenvogel mit den Schwingen,
Als ich ihm nahte; Kraft genug
Nicht blieb ihm mehr zum weitern Flug;
Und doch, den Gegner zu bezwingen,
Auf Tod und Leben einen Kampf

Noch wagt' er in des Sterbens Krampf.
Umstäubt von seiner Federn Flaum,
Der Flinte Kolben hoch geschwungen,
Schon hatt' ich lang mit ihm gerungen;
Doch Siegeshoffnung blieb mir kaum,
Das Sinken fühlt' ich meiner Kraft
Und Dunkel meinen Blick umfloren —
Zuletzt, das Unthier zu durchbohren,
Riß ich, noch einmal aufgerafft,
Aus meinem Gurt den Dolch und stieß ihn
Dem Adler in die Brust; ein breiter
Blutstrom quoll vor, die Kraft verließ ihn,
Und wieder an der luft'gen Leiter
Mit meiner Beute mich empor
Zu schwingen dacht' ich — wie erstarrt
Auf einmal blieb ich, denn ich ward
Gewahr: der Strick, den ich zuvor
Um meinen Leib geschlungen, hatte
Sich losgelöst, und wie ich stier
Aufblickte, sah ich über mir
Ihn hoch, hoch ob der schmalen Platte,
Auf der ich stand, in Lüften hangen;
Selbst eines Riesen Arme hätten
Umsonst, zu ihm hinaufzulangen,
Sich angestrengt. Wie nun mich retten?
Nichts schien zu bleiben, als mein Heil
Durch einen Sprung nach jenem Seil
Zu suchen — doch bei dem Gedanken
Fühlt' ich vom Haupt zum Fuß ein Schwanken;
Denn furchtbar mir zu Füßen lag
Der Abgrund, kaum vernehmbar scholl
Empor des Meeres Wogenschlag,
Das unten um die Klippen schwoll;
Und wenn ich nicht den Strick erfaßte,
Hinab dort stürzt' ich.

„Nirgend fand
An einem Strauche, einem Aste
Ich Halt; drum an die Bergeswand
Mich drückt' ich, daß mich nicht vom Rand
Häuptlings der Schwindel niederrisse;
Allein der Tod, der allgewisse,
Harrt' er nicht mein hier oben auch,
Und statt daß mir der Lebenshauch
Langsam versiegt' auf ödem Riff,
War besser nicht der jähe Sturz,
Bei dem die Qual des Sterbens kurz?
Wohl dacht' ich es, und doch ergriff
Ich in des Lebens blindem Trieb
Den Strohhalm Hoffnung, der mir blieb.
Ich wähnte, an den Felsenwänden
Die Stimme könnt' ich aufwärts senden,
Daß sie zu Menschenohren dränge.
Thor, der ich unten klaftertief
Am Abgrund hing! Ich rief und rief
Und lauscht' hinauf, ob irgend Klänge
Mir Antwort gäben. Nein; kein Ton
Gab kund, daß Leben irgendwo
Auf Erden sei. Verschwunden so
Schien mir die letzte Hoffnung schon;
Allein ein neuer Schimmer ging
Mir auf: ich dacht' ans Jagdgewehr,
Das noch an meiner Schulter hing,
Nahm es und schoß; weit, allumher
Antworteten im Widerhall
Die Uferklippen auf den Schall;
Aus Riß und Spalt der Felsenkegel
Aufflatterten die Meeresvögel,
Daß tausendfach ihr Flügelschlag
Mein Haupt umkreiste — nach und nach
Der Fitt'ge Klang hört' ich verrauschen;

Erst noch von ferne das Geschrille
Der Möven, dann rings Todtenstille,
Und nun nach oben konnt' ich lauschen.

„Weithin aufs Meer gebreitet hatten
Die Felsen schon den nächt'gen Schatten,
Und bange durch das große Schweigen
Sah ich das Dunkel höher steigen.
Rings lagerte sich Finsterniß
Auf Land und Fluth, kaum noch der Riß
Der Felsen tauchte durch die Nacht
Matt dämmernd auf. Plötzlich mit Macht,
Gleich wie nach einem Schlummertrank,
Dahin durch alle meine Glieder
Schlich ohnmachtgleicher Schlaf; ich sank
Hingleitend an der Felswand nieder
Und lag, geschwunden alle Sinne,
Auf dem Gestein. Dann wieder jäh
Fuhr ich empor; ein zuckend Weh
Schoß mir durchs Haupt, denn ich ward inne,
Dem finstern Schlund, den ich nicht sah,
Doch schaudernd ahnte, war ich nah;
Geklammert an die Felsenmauer,
Mahnt' ich mich, während Todesschauer
Durch meine Glieder eisig rannen,
Der Sehnen ganze Kraft zu spannen.
O diese Nacht! von ew'ger Dauer
Schien sie, und jegliche Sekunde,
Wie langsam sie vorüberschlich,
Drohte, mich zu dem grausen Schlunde
Hinabzureißen. Endlich wich
Die Finsterniß, bleich stieg der Tag
Am Himmel, aber schreckerfüllt
Die Tiefe, welche drunten lag,
Wünscht' ich nochmals in Nacht gehüllt —

Und doch, es trieb mich mit Gewalt,
Hinabzuschaun; da fühlt' ich kalt
Zwei Arme meinen Hals umschlingen;
Los wollt' ich mich von ihnen ringen,
Und wie das Haupt ich rückwärts bog,
Sah ich ein leichenblasses Weib,
Ein Grabgespenst, das meinen Leib
Umklammert hielt; es zog und zog
Mich abgrundwärts und blickte stier
Mit hohlen Augen in das meine;
Schon bröckeln fühlt' ich unter mir,
Indeß ich abwärts sank, die Steine
Und glaubte, daß kein Halt mehr sei;
Da that ich einen lauten Schrei,
In Luft war die Gestalt verstoben,
Und wieder zu der Zacke oben
Auf kroch ich, fast besinnungslos.

„Bald geißelte des Durstes Qual
Mich aus der Mattheit auf: so kahl
Der Felsen rings, kein Gras noch Moos,
Und drüber mit dem Flammenstrahl
Der Sonnenbrand, der scheitelrechte;
Umsonst lang sucht' ich, was die Gluth
Der dürren Lippen löschen möchte;
Allein des todten Adlers Blut,
Versprach es Labsal nicht? Mit Wuth
Warf ich mich auf das Thier und zechte
Wollüstig von dem rothen Naß,
Bis alle Adern leer gesogen.

„Inzwischen mit Gewölk umzogen
Erdunkelte der Himmel; blaß
Und fahl nur hüpfte über die Wogen

Noch ein verirrter Strahl des Lichts.
Wie in der Stunde des Weltgerichts
Sahn Himmel und Meer entsetzenstumm
Die Windsbraut nahn; dann hub ein Gesumm,
Ein Schwirren und Klingen und Brausen an.
In Dunkel, tiefer als Nacht, zerrann
Der letzte Strahl; aus der Finsterniß Schooß
Riß zuckend ein schwefliger Blitz sich los;
Dann, horch! ein mächtiger Donnerschlag!
Herein von Osten und Westen brach
Der Wettersturm; im Wolkengetümmel
Mit Hagel und Blitz hinjagt' er am Himmel
Und peitschte vom Meer, das drunten gohr,
Die Wasserberge zu mir empor,
Und, zitternd von dem Wogenschwall,
Erkrachten die Felsen, die Klippen all;
Dicht unter mir sah ich den spritzenden Schaum
Und bei der zackigen Blitze Glanz
Hinauf und hinab auf der Wellen Saum
Die Flocken hüpfen wie Irrwischtanz;
Ich fühlte die leckenden Wogenzungen;
Ein Fußbreit noch und hinabgeschlungen
Ward ich in die fluthenden Schlünde des Meers.
Auf einmal scholl ein Donner, als wär's
Vom letzten Tage der Erdstoßkrach,
Und es barst am Himmel des Sturmes Dach
Und sank in die Tiefe; von dannen zogen
Die Wetterwolken über die Fluth,
Und klingend und rauschend glitten die Wogen
Zurück in ihr Bett, und purpurne Gluth
Verströmte die Sonne im Untergang.

„Und wieder Nacht! Ich fühlte bang,
Die letzte würd' es für mich sein;
In Schlummer durften Alle nun,

Und ob sie noch so elend, ruhn,
Nur mir blieb es, nur mir allein
Versagt. O, einen Augenblick
Die müden Lider schließen dürfen,
Nur kurz des Schlafes Balsam schlürfen,
Auf Erden dünkte mich kein Glück
Mit dem vergleichbar! Tief erschlafft,
Kaum, mich zu halten, hatt' ich Kraft;
Doch, wollte mein Augenlid sich schließen,
Aufstachelte das Entsetzen mich schnell —
Da gähnte die Tiefe zu meinen Füßen,
Und blassen Schein goß dämmerhell
Die junge Mondessichel hernieder.
Sieh! über den Wässern welch Regen und Wallen
Von Nebeln, die sich wirbelnd ballen!
Auftauchts aus dem Dunst wie Riesenglieder,
Und unten in Klüften und Rissen und Spalten
Laut wird es; empor zu den Felsenhöhn
Klimmen gespenstische weiße Gestalten,
Die hüpfend sich im Kreise drehn;
Von Gnomen, die lachend die Seiten sich halten,
Vernehm' ich die Stimmen, sie höhnen und spotten
Und grinsen mich an und singen im Chor,
Und aus den Inselhöhlen und Grotten,
Ein toller Fasching, braust es hervor.
Geflügelte Schlangen, dicht in einander
Die Glieder verstrickt, und Salamander
Und Drachen und Molche, ein grauser Zug,
Sausen heran im wirren Flug.
Kobolde umhüpfen des Felsens Fuß
Und rütteln an ihm, bis er zittert und schwankt,
Und nicken nach mir mit höhnischem Gruß:
„Herunter! herunter!" — noch fest umrankt
Halt' ich die Zinne — aber sie wankt
Und neigt sich nach unten —

„Fieber jagte
Das Blut mir durch die Adern wild;
Endlich, als seine Gluth gestillt,
Sah ich, wie es im Osten tagte —
Ein düstres, blut'ges Morgenroth!
Ich starrte hoffnungslos ins Leere;
Und blieb mir denn in meiner Noth
Ein andrer Retter, als der Tod?
Ja, rasch den Sprung hinab zum Meere
Gewagt! was beb' ich noch zurück?
Von des Verschmachtens bittrer Qual
Und allem Leid mit einem Mal
Befreit mich das! — Ich hob den Blick,
Bevor ich stürzte, himmelan;
Da scholl von oben an mein Ohr
Der Klang von einem Hirtenrohr,
Und heißer Freudenschauer rann
Durch Mark und Bein mir bei dem Ton —
Ja, das sind Menschen! Nahe schon
Ist meine Rettung! Hören muß
Man meines Jagdgewehres Schuß.
Ich schieße und, den Odem bang
Anhaltend, lausch' ich aufwärts lang
Nach einem Tritt — nein, wiederum
Ist Alles todtenstill und stumm.
Doch neu geweckt in meiner Brust
War Lebensmuth und Lebenslust,
Und der Gedanke an Rafaële
Stieg leuchtend auf in meiner Seele —
Mir war, als ob ihre Stimme mich riefe;
Den Rücken wendend der schrecklichen Tiefe,
Fest, starr, wie nach dem Ziele der Schütze,
Blickt' ich empor zu dem schwebenden Seile,
Das über mir hing an der Bergwandsteile —
Das war mein Weg zu der Felsenspitze; —

All meine Gedanken und Sinne hoben
Sich aufwärts — nun zu mächtigem Schwung
Die Kräfte gespannt! — ich that den Sprung,
Erhaschte das Seil und klomm nach oben.

„Betäubt und schwindelnd vor Entzücken
Fand ich mich an des Felshangs Rand
Und sank zu Boden — vor meinen Blicken
Wards dunkel, mein Bewußtsein schwand.

„Als mir die Sinne wiederkehrten,
Noch wie in wildem Rausche gährten
Mir die Gedanken; lang voll Grauen,
Um in die Tiefe nicht zu schauen,
Hielt ich die Augen noch geschlossen.
Als ich empor sie endlich schlug,
Welch Licht fand ich um mich ergossen!
War ich auf Erden? wars nicht Trug?
Hernieder in die meinen schauten
Zwei Augen, die wie Himmel blauten,
Und süßer Athem weht' und quoll
Um meine Stirne warm und voll.
Sie wars, ja, Rafaële wars;
Sanft durch die Locken ihres Haars,
Das um mein Haupt herniederrollte,
Sah sie mich an. Noch keinen Gruß
Konnt' ich ihr sagen, wie ich wollte,
Ich war zu schwach; allein zum Kuß
Drückt' ich die Locken an den Mund
Und fand sie feucht von ihren Thränen.
Sie hob mich auf vom fels'gen Grund
Und ließ an ihrer Brust mich lehnen.
Auf eine Bahre legten leis
Mich Träger dann, und auf Geheiß

Des Mädchens, das zur Seite ging,
Fort trug man mich. Aufs Neu' empfing
In Anacapri mich die Kammer,
Wo ich in hoffnungslosem Jammer
Um Rafaële manche Nacht
Auf meiner Lagerstatt durchwacht;
Doch nun, indeß ich fiebernd lag,
Hing leuchtend wie ein Frühlingstag
Ihr Antlitz über mir, und lind
Umfächelte wie Maienwind
Ihr Odem mich: ‚Mein Stefano' —
Halb noch im Traume hört' ich so
Sie sprechen — ‚glaub mir, schon als Kind
Dich hatt' ich und dich einzig lieb,
Und kind'scher Trotz nur, o vergieb,
Ließ später mich den Seelentrieb
Bekämpfen; auch von Schlangenzungen
War mir das Gift ins Herz gedrungen,
So daß ich wähnte, Arglist sei
Dein Werben, eitle Liebelei —
Ich Thörichte! Verzeih, verzeih!'
Sie sprachs; von Schluchzen unterbrochen
War jedes Wort — an meines pochen
Fühlt' ich ihr Herz und heiß das Brennen
Auf meiner Stirn von ihrem Munde —
O, da ich wußte, zu ew'gem Bunde
Die meine dürf' ich nun sie nennen,
Selbst, wenn ich todeskrank gewesen,
Zum Leben mußt' ich wohl genesen.

„Durch Forschung halb, halb Ahnung war
Es Rafaëlen kund geworden,
Wie an der steilsten Klippen Borden
Und auf dem Meer ich mit Gefahr
Gestrebt, mir Reichthum zu erringen,

Um ihn dereinst ihr darzubringen.
Bei Tag und Nacht, zu allen Stunden
Umirrend, hatte sie nach Kunden
Von mir geforscht, in jeder Bucht,
Auf allen Felsen, allen Klippen
Mit Händeringen mich gesucht
Und, wen sie traf, mit zitternden Lippen
Gefragt: ‚Gewahrtest irgendwo
Du eine Spur von Stefano?'

„So, schnell geheilt von jeder Pein,
In Frühlingsglanz und Sonnenschein
Sah ich das Leben neu mir blühn
Und bald das Morgenroth erglühn,
Das mir der Tage schönsten brachte —
O welchen Tag! Wie hochbeglückt
Sank ich der Braut ans Herz! Wie lachte
Vor Lust ihr Antlitz, als geschmückt
Und mit dem Myrtenkranz im Haar
Sie mit mir hintrat zum Altar!
Doch als die Früchte meiner Mühn,
Um die auf Fels und Meer ich kühn
Geworben, ich zur Morgengabe
Ihr bieten wollte, voll Entsetzen
Fuhr sie zurück. ‚Mit deinen Schätzen
Was willst du mir? Bei Gott, ich habe
Nicht das von dir, nicht das gewollt!
Mir graust vor diesem schnöden Gold!' —

„Und emsig nun seit jeder Frühe
Sorgten wir mit vereintem Fleiß,
Daß unser junger Hausstand blühe;
Wohl war die Tagesarbeit heiß,
Doch reich der Lohn; als ihre Frucht

Das Haus, wo Ihr uns oft besucht,
Das kleine, konnten wir erwerben.
Dort leben wir beglückt im Stillen,
Und fügt es sich mit Gottes Willen,
So mög' er uns den Wunsch erfüllen,
Daß wir an einem Tage sterben."

VIII.

Der Regenbogenprinz.

Märchen.

Lang hat der Gräfin Tochter Hildegard
In dumpfer Stube beim Gesumm der Fliegen
An ihrer Mutter Krankenbett geharrt.
Die Schlummernde nun läßt sie füglich liegen
Und steigt, da milder schon die Hitze ward,
Mit leichtem Schritt hinab die Wendelstiegen,
Daß sie im Freien Ohr und Herz und Blicke
An Vogelsang und Blättergrün erquicke.

Von ihrem Tritte, da den Grabenweiher
Sie überschreitet, zittert kaum der Steg;
Und schon, so dünkt sie, geht ihr Athem freier.
Stets breiter, lichter wird um sie der Weg,
Im frischen Windeshauche wallt ihr Schleier;
Sie grüßt den Bach, der ihr, wie zum Gespräch,
Entgegenrauscht, und, weitgedehnt, azuren,
Den Himmel über den Getreidefluren.

„Ach! allzu kurz wird diese Freude währen!"
So dachte sie, indem sie vorwärts ging,
Und beugte sich und pflückte rothe Beeren
Und haschte nach dem bunten Schmetterling
Und brach am Pfad, auf den mit vollen Aehren
Die segenschwere Ernte niederhing,
Cyanen, jene Blumen, schön vor allen
Wie Tropfen Blaus, die aus dem Himmel fallen.

Ein Kornfeld liegt vor ihr, das in die Ferne,
So weit das Auge reicht, sich endlos zieht;
Und wie sie bald den Sommerfalter gerne
Erhaschen möchte, welcher gaukelnd flieht,
Bald hier und wieder dort die blauen Sterne
Inmitten goldner Halme leuchten sieht,
Hat unversehns — zum eignen Schrecken wird
Sie es gewahr — sich Hildegard verirrt.

Schwül dünkte sie die Luft wie vor Gewittern,
Sie sah nicht fern den Sonnenuntergang
Und lauschte, ob sie Stimmen nicht von Schnittern
Vernehmen könne oder Sichelklang;
Doch hörte nichts als nur das leise Zittern,
Das durch die Halme ging — und wie sie bang
Hierhin und dorthin eilt, den Weg zu finden,
Verstrickt sie mehr sich in den Irrgewinden.

Ihr Auge schweift erschrocken bald nach vorn,
Bald rechts und links hin. „Gott! wenn das Gespenst
Mir nun begegnet, dem der Blick vor Zorn
Roth wie die Ernte-Mittagssonne glänzt!
Man sagt, daß Jedem, den es trifft im Korn,
Es mit Gewalt die Stirn mit Mohn bekränzt,
Und hat ihm das gethan die Roggenmuhme,
So welkt er hin wie die gemähte Blume."

Das Mädchen denkt es; und von Aehrenspitze
Zu Aehrenspitze, will ihr scheinen, geht
Ein Leuchten hin, ein Zucken kleiner Blitze,
Die hüpfend auf und ab der Südwind weht.
Sie kommt zuletzt, erschöpft von Angst und Hitze,
An einen Platz, wo schon das Gras gemäht,
Und sinkt, als raffte sie dahin ein Schwindel,
Ohnmächtig nieder auf ein Aehrenbündel.

Inzwischen hat der Himmel sich umzogen,
Und strahlend spannt mit seinen sieben Farben
Sich durch die Wolken hin ein Regenbogen;
Ich aber lass' einstweilen auf den Garben
Das Mädchen ruhn, und wenn du mir gewogen,
Wenn meine Reime deine Gunst erwarben,
So folgst du, Leser, von dem Erntefeld
Mir in des Luftreichs wunderbare Welt.

Dort oben, magst dus glauben oder nicht,
Hat ein Geschlecht durchlauchtiger Dynasten
Jahrtausendlang geübt die Herrscherpflicht,
Eh Noah noch geflüchtet in den Kasten;
So mindestens behauptet der Bericht,
Den die Chronisten jenes Hofs verfaßten —
Wofern es mit der Bibel im Conflikt ist,
So lös' ihn, wer als Exeget geschickt ist!

Und eben jetzt verwaltet für den Sohn,
Den noch nicht mündigen von siebzehn Lenzen,
Die Fürstin Claribelle Staat und Thron.
Man rühmt bis über ihres Reiches Gränzen,
Es herrsch' an ihrem Hof der feinste Ton;
Auch wimmelt es alldort von Excellenzen,
Staatsräthen, Cavalieren, Chambellanen
Und Fräulein, stolz auf ihre hundert Ahnen.

Also zu unsrer Fürstin Claribelle,
Da sie beim Fluge über Land und Meer
Mit ihrem luft'gen Reich zu jener Stelle
Hinschwebte, sprach der Kronprinz Rosikler:
„Müd bin ich dieser immer gleichen Helle,
O Mutter, bin es müde, hin und her
Mit Licht und Winden durch die Welt zu stäuben,
Und einen Wunsch kann nichts mir übertäuben.

„Nach unten, wo es neben Lichtern Schatten
Und Körperhaftes neben Träumen giebt,
Mußt heute du mir eine Fahrt verstatten!
Der Schimmer, der von hier hinunterstiebt,
Spielt dort, so sagt man, um smaragdne Matten,
Darauf die Liebe auszuruhen liebt,
Und was zerflatternd hier als Nebel wallt,
Verdichtet sich dort unten zur Gestalt.

„Jedwede Farbe deiner sieben Streifen
Soll dort in tausend bunten Blumen blühn,
Als Frucht in grünen Blätterhimmeln reifen,
Als Stein sogar im Erdenherzen glühn;
Drum laß mich jenes Wunderland durchstreifen,
Groß ist der Lohn, wenn auch das Wagniß kühn,
Denn nichts gilt alle Pracht, die wesenlose,
Hier oben, heißt es, neben einer Rose.

„Auch von den Menschen hört' ich viel erzählen,
Fast wie ein Märchen will es mir bedäuchten;
Man sagt, daß in den Augen ihre Seelen,
So wie dein Bogen im Gewölke, leuchten
Und sie mit Tropfen, ähnlich den Juwelen,
Die aus der Frühlingswolke sprühn, befeuchten;
Roth soll das Blut durch ihre Adern rinnen;
Dies Alles laß mich schaun mit eignen Sinnen!"

Die Fürstin drauf: „Prinz! da der Fee Morgane,
Der herrlichen, du dich vermählen kannst,
Da sie zum Festempfang für dich die Fahne
Schon, weithin leuchtend, auf ihr Schloß gepflanzt,
So such kein andres Glück im eitlen Wahne!
Aus deinem Reich, das leicht in Lüften tanzt,
Der lichten Heimath, o mein Sohn, begehre
Nicht nach der Welt des Dunkels und der Schwere."

Allein der Prinz: „Mit jener Erzkokette,
Der Fee Morgane, Mutter, bleib mir fern!
Mehr paßt für sie zum Ehgemahl, ich wette,
Ein Stutzer, einer deiner Kammerherrn;
Genug, genug davon! — Der Etikette
An deinem Hofe fügt' ich nie mich gern,
Und länger nicht, vergieb mir meine Freiheit,
Ertrag' ich diese ew'ge Einerleiheit."

Noch spricht's der Prinz, da nahn sich die Minister
Und bringen Klagen vor der Fürstin Ohr:
Tagtäglich werde ihre Lage trister,
Seit nicht des Censors Amt mehr steh' im Flor;
Aus allen Taschen ziehen sie Register
Von Schriften, die den Staat gefährden, vor,
Allein, statt ihnen Ohr zu leihn, fragt Jene:
„Wie dünken euch des Prinzen Reisepläne?"

Sich räuspernd hebt der Erste an: „Noch nie
Pflog mit Bewohnern jener niedern Zone
Verkehr die Regenbogendynastie,
Und Erdenkönigskinder, zweifelsohne
Unebenbürtig sind den deinen sie.
Ist doch ein Welfe selbst nur Epigone,
Verglichen deinem Haus, das schon regierte,
Bevor die Erde auch nur existirte."

Der Zweite drauf: „In Blüthe, ewig frisch,
Soll, wie von je, die Narrheit drunten stehen;
O diese Menschen, Hoheit! Welch Gemisch
In ihrem Kopf von thörichten Ideen!
Nichts wissen sie, und doch wie prahlerisch
Sie sich mit ihrer eitlen Weisheit blähen!
Wie sie, den Pfauen gleich mit bunten Rädern,
Sich spreizen auf den Kanzeln und Kathedern!

Seitdem die Thoren ihren Thurm von Babel
Emporgethürmt in unser Luftgebiet,
Vor Göttern und vor Götzen, miserabel
So wie sie selber, haben sie gekniet.
So toll ist keine noch so tolle Fabel,
Wie, was bei ihnen Tag für Tag geschieht;
Kurz, denk' ich, wie es drunten zugehn muß,
Im Haupte wirds mir schwindlig und confus."

„Von ihrem Neide, ihrer Schadenfrohheit"
Fiel dann der Dritte ein — „auch hört' ich sprechen,
Und wie sie sich aus Habsucht oder Rohheit
In Kriegen gegenseits die Hälse brechen.
Besorgt drum bin ich für des Prinzen Hoheit,
Die Reise möchte schwer an ihm sich rächen;
Zum Mond, zur Sonne steht ihm frei die Straße,
Doch meiden mög' er diese schlimme Race!"

Sie sprechens; doch der Prinz ruft aus: „Nicht ändern
Läßt mein Entschluß sich; gleich vollführ' ich ihn;
Zu lang schon sah ich Länder neben Ländern
Wie Wolkenstreifen nur vorüberfliehn
Und ihre Ströme nur gleich schmalen Bändern.
Jetzt will ich diese Fabelwelt durchziehn;
Der Menschen Städte, ihre Prachtgebäude
Von Nahem zu beschaun, o welche Freude!"

„So flieg hinab, wenn nicht dein Wunsch zu zähmen" —
Mahnt ihn die Fürstin noch — „allein vor Nacht
(Denn für die Zeit des Dunkels und der Schemen
Ist nicht der zarte Sohn des Lichts gemacht)
Mußt du den Flug empor ins Luftreich nehmen;
Nach Tage, Prinz, — o, nimm es wohl in Acht! —
Versuche nicht, noch unten auszuharren,
Denn ohne Sonne müßtest du erstarren!"

Drauf Rositler: „Gleich sollst du mich erproben!
Noch eine Stunde drunten währt der Tag."
Die Aetherschwingen hat er schnell erhoben
Und schwebt hinab mit leichtem Flügelschlag.
Dem Fliehnden schaut die Fürstin bang von oben
Beim Achselzucken der Minister nach;
Ihn aber trägt durch Zufall das Gefieder
Aufs Feld, wo Hildegard wir ließen, nieder.

Da er zum ersten Mal ein Erdengast,
Wie macht ihn Alles, was er sieht, erstaunen!
Von einer Aehre, drauf er Fuß gefaßt,
Starrt er zum Halm hinab, dem gelblich-braunen,
Der sanft nur zittert unter seiner Last,
Und hört erschreckt ein Rauschen und ein Raunen
Im Korngefild, wie wenn beim Frühlingsregnen
Zwei Wolkengeister-Heere sich begegnen.

Indessen Rositler noch schwankt und bebt,
Hat Hildegard sich wieder aufgerafft.
„Wer," denkt sie, während sie sich halb erhebt,
„Wer ist das Wesen, fremd und märchenhaft,
Das auf der Spitze jener Aehre schwebt?
Die Bienen selbst sind schwerer, die den Saft
Aus honigvollen Blumenknospen saugen."
Sie denkts und reibt sich zweifelnd noch die Augen.

Mattheller Glanz, wie er durchs Laubgrün quillt,
In dessen Schooß ein Glühwurm schlummernd liegt,
Bricht durch das Duftkleid, das ihn leicht umhüllt;
Ein Diadem, um seine Stirn geschmiegt,
Wirst auf das Haupthaar, das darunter schwillt,
Buntfarb'ge Lichter zitternd hin und wiegt,
So wie ein Regenbogen auf den Flocken
Des Wasserfalles, sich auf seinen Locken.

Nicht müd, wie er so hold dasteht, so schmuck,
Wird Hildegard, auf ihn den Blick zu richten;
Von Elfen wohl, von Ariel und Puck,
Von Wurzelmännlein und von Heinzelwichten,
Von Gnomen und von anderm Geisterspuk
Las sie in alten Fabeln und Gedichten,
Auch wohl von Feen und von weißen Damen;
Doch Dieser hier, was sind für ihn die Namen?

Prinz Rosikler erblickt das Mädchen auch,
Und alles Andre gilt ihm fürder nichts;
Er sieht die Brust vom leisen Athemhauch
Gehoben, und gleich einem Strahl des Lichts,
Der zitternd durch den blassen Höhenrauch
Des Morgens glimmt, durch ihres Angesichts
Schneereines Weiß mit Steigen und mit Fallen
Das Roth des Staunens und der Freude wallen.

Und weiter sieht er, und steht festgebannt,
Wie kleine Himmel unter ihren Brauen,
Klar, Sphäre hinter Sphäre ausgespannt,
Die unergründlich tiefen Augen blauen,
Daraus Gefühle, die er nie gekannt
Noch je geahnt, in feuchten Schauern thauen; —
Lang also standen jene Zwei wie trunken,
Der Eine in des Andern Bild versunken.

Inzwischen goß die Sonne röthre Flammen
Aufs Erntefeld, daß weithin die Gebreite
In Wogen purpurfarb'gen Lichtes schwammen;
Doch dann — so bricht auf Herden, wenn die Scheite
Verglimmen, nach und nach die Gluth zusammen —
Erlischt der Glanz; die eine Himmelsseite
Wird dunkler schon, und durch die Aehrenbüschel
Beginnt der Wind des Abends sein Gezischel.

Erschrocken bebt der Prinz: zum ersten Mal
Durchrieselt schaurig ihn die Dämmerung;
Er denkt an was die Fürstin ihm befahl,
Rafft sich empor mit hurt'gem Flügelschwung
Und fliegt, da eben noch der letzte Strahl
Von Halm zu Halme hüpft, in leichtem Sprung
Nach oben, um im Lichte sich zu sonnen —
Dem Mädchen ist, er sei in Luft zerronnen.

Als so allein sie auf dem Kornfeld blieb
Und bald nach dem Verschwundenen noch spähte,
Bald wie nach Träumen sich die Augen rieb,
Befiel sie Bangigkeit, und Stoßgebete
Stieß die Verlaßne aus; doch endlich trieb
Der Wind von Schnittern, die in Abendspäte
Heimzogen und ein Lied im muntern Chor
Noch sangen, ihr die Stimmen an das Ohr.

Dem Schalle nach, der ferner bald, bald näher
Sich auf den schwanken Aehrenspitzen wiegt,
Geht Hildegard und folgt der Spur der Mäher,
Bis sie das Schloß erblickt, das vor ihr liegt.
Beklommnen Herzens, weil sie nicht schon eher
Zurückgekehrt, den steilen Felspfad fliegt
Sie schnell empor und stiehlt sich auf den Zehen
In ihr Gemach, als wäre nichts geschehen.

Sie wagt nicht mehr, zur Gräfin hinzutreten;
Vom Fenster — denn sie findet keinen Schlaf —
Blickt sie zum Himmel auf, dem sternbesäten,
Und denkt an Jenen, den sie draußen traf;
Ach, Alle, die um ihre Hand gebeten,
Der Herzog von Burgund, vom Rhein der Graf,
Was sind sie neben diesem Einen, Lieben,
Dem sie ihr Herz für immerdar verschrieben?

Zu ihr eintritt die Mutter in der Frühe,
Die tief entschlummert seit dem Nachmittag
Gelegen hat und schon mit leichter Mühe
Nach solcher Stärkung aufzustehn vermag.
Zwar sieht, wie roth der Tochter Antlitz glühe,
Die Gräfin wohl, doch forscht dem Grund nicht nach
Und ahnt, was ihr bis in die tiefsten Schichten
Die Seele umgewandelt hat, mit nichten.

Doch als nun Hildegarde von dem Gange,
Der Tag für Tag ihr in den Abendstunden
Verstattet war, mit immer bleichrer Wange
Heimkam, weil sie den Fremdling nicht gefunden,
Den lieblichen, da ward der Alten bange,
Sie suchte das Geheimniß zu erkunden,
Das Jene barg; allein die Tochter schwieg
Und sank aufs Lager fiebernd, welk und siech.

Zuletzt, bestürmt von vielen Fragen, spricht
Das Mädchen so zur Gräfin, die indessen
Vollends genesen: „Mutter, schilt mich nicht!
Durchs Kornfeld hab' ich, des Befehls vergessen,
Den du gegeben, jüngst beim Abendlicht
Noch einen Gang zu machen mich vermessen;
Doch nicht die Roggenmuhme — auf mein Wort! —
Nein, einen schönen Jüngling traf ich dort.

„So zart, so lieblich wie die Blüthendolde,
Wenn Frühlingswind den ersten Duft ihr raubt,
Und fast durchsicht'gen Leibes war der Holde,
Man muß es sehen, daß man daran glaubt;
Hell schimmerte die Flur im Abendgolde,
Doch heller noch auf seinem Lockenhaupt
Das Diadem — ein Wesen hohen Standes
Schien er zu sein, ein Prinz des Feenlandes.

„O Trauter," schluchzt sie weiter, „einzig Lieber!
Was flohst du denn und ließest mich zurück?
Nimm mich mit dir zu deinem Reich hinüber!
Auf Erden ist mir ohne dich kein Glück."
Die Gräfin glaubt, sie rede nur im Fieber,
Und ruft den Arzt, der schon sein Meisterstück
An ihr gemacht, die Tochter herzustellen;
Doch nichts will den getrübten Geist erhellen.

Aufs Schloß dann rief, der Tochter Gram zu bannen,
Das Landvolk sie zum lust'gen Mummenschanz;
Der Jäger kam mit grünem Reis der Tannen,
Der Schnitter mit dem blauen Erntekranz,
Und Winzer schwangen, mostgefüllte Kannen
In Händen, mit den Dirnen sich im Tanz;
Wie Gnomen huschten zwischen all den Scherzen
Bergknappen mit den lohen Grubenkerzen.

Umsonst; der Winter naht mit Schnee und Eis,
Und nun verheißt, da alle Mittel scheitern,
Die Gräfin Dem der Tochter Hand als Preis,
Der es vermag, den Sinn ihr zu erheitern.
Mit Fahnen wird die Burg geschmückt, als seis
Für ein Turnier, und bald hat von den Reitern
Und Reis'gen, die ihr Glück versuchen wollen,
Die Brücke nicht mehr Rast in ihren Rollen.

Es naht sich von dem sonn'gen Küstenstreifen,
Wo Lieder in der schönen Sprache d'Oc
Inmitten goldner Pomeranzen reifen,
Der Troubadour mit schwarzem Haargelock;
Ihm tragen Cither, Pickelflöt' und Pfeifen
Jongleure nach. Wie aus dem Bienenstock
Durch sonnenhelle Luft die Bienen schwärmen,
Summt durch die Säle hin das lust'ge Lärmen.

Vom Rhein, vom Neckar kommen Ritter viel
Und Pagen hinterdrein mit goldnen Ringen,
In denen Falken sich beim Glockenspiel,
Das jene schlagen, auf= und niederschwingen.
Der Gaukler wirft die Kugel nach dem Ziel
Und läßt zum Schellenklang die Affen springen;
Allein kein Schwank, kein Schall der Tamburine
Lockt nur ein Lächeln in des Mädchens Miene.

So lassen wir sie denn in ihrer Trauer
Und schaun nach Dem, der ihren Gram erregt,
Wie ihn der Lichtstrahl, auf dem Regenschauer
Den Bogen wölbend, durch den Himmel trägt.
Zum Bild der Trübsal hat seit Mondendauer
Ihn ungestillte Sehnsucht umgeprägt,
Nachdem er oft mit stets getäuschtem Hoffen
Den Platz gesucht, wo er die Maid getroffen.

Wo jene Grafschaft, die das Mädchen barg,
Gelegen sei, er wußt' es nicht von ferne,
Denn daß in der Statistik Deutschlands karg
Des Prinzen Wissen war, gesteh' ich gerne;
Nur tadl' ihn, Leser, deshalb nicht zu arg!
Die Hand aufs Herz! verhängten mir die Sterne,
Nach Laubach oder Reifferscheid zu reisen,
Vermöchtst du, mir den Weg dahin zu weisen?

Die Fürstin fragt umsonst: „Was hast du, Kind?"
Doch nur der stumme Gram in seinen Zügen
Giebt Antwort ihr, und was sie auch ersinnt,
Den Prinzen zu zerstreuen, zu vergnügen,
Sein Ohr bleibt Allem taub, sein Auge blind.
Sie eilt von Ort zu Ort in schnellern Flügen
Und mahnt, um seinen Kummer so zum Schweigen
Zu bringen, ihn nun selbst, hinabzusteigen.

Hinunterdeutend von den luft'gen Zinnen,
Spricht sie: „Da liegt der goldne Orient,
Wo noch das Licht so wie beim Weltbeginnen
In ungetrübter Flammenglorie brennt
Und Feen jene duft'gen Netze spinnen,
Die man auf Erden Morgenträume nennt;
Flieg, Sohn, hinab, um eine ihrer Maschen,
Die dir zum Spiele diene, zu erhaschen!

„Auch lausche dort am Rande der Cisternen,
Ob nicht dein Ohr verschollne Lieder höre!
Geheimnisse aus fernsten Zeitenfernen
Bewahren drunten noch die Nixenchöre;
Vielleicht wirst du den Zauberspruch dort lernen,
Wie man die goldne Zeit zurückbeschwöre,
Da noch der rauhe Zwiespalt nicht den Frieden
Der Menschen- und der Geisterwelt geschieden."

Die Fürstin so; doch trüb bei ihren Reden,
In Sehnsucht nur versunken, saß ihr Sohn,
Indessen unter ihm wie Sommerfäden
Die Vergeszüge und die Ströme flohn.
„Dort," spricht die Mutter, „liegt der Garten Eden!
Hörst du den murmelnden, den leisen Ton,
Mit dem die Paradiesesquellen rauschen?"
Er aber will nicht sehen und nicht lauschen.

Vorüber dann an Magog und an Gog,
An Chivas Wüste, wo das Leben dorrt,
Am Arimaspen-Land, wo Greife noch
Des frühsten Märchenalters Zauberhort
Behüten; an dem ehrnen Bergesjoch,
Durch das nach West und Ost und Süd und Nord
Die Völkerströme sich ergossen haben,
Führt Claribelle den betrübten Knaben.

Sie zeigt ihm — aber nichts schafft ihm Behagen —
Jenseits des fabelhaften Garamant
Die Atlas-Säulen, die den Himmel tragen,
Und jenes nie entdeckte Wunderland,
Wo eisbekrönt die Mondgebirge ragen,
Von denen, wenn im scheitelrechten Brand
Der Tropensonne ihre Gletscher schmelzen,
Des Nilstroms Wogen sich herniederwälzen.

Als aber Alles das ihm nicht den todten,
In sich versunknen Geist erwachen läßt,
Entsendet Claribelle ihre Boten
Und ruft die luft'gen Geister sich zum Fest;
Sie läßt von Osten her die morgenrothen,
Läßt sich die duft'gen Wolken, die der West
Mit Golde stickt, und von den beiden Polen
Die sterndurchflimmerten Gewölke holen.

Und siehe, hier gewirbelt vom Orkane,
Wie welke Blätter auf dem Kataratt,
Dort sanft vom Wind geschaukelt, gleich dem Kahne,
Der auf dem Strom sich wiegt beim Liedertakt,
Ziehn sie heran; ein Genius schwingt die Fahne
In jedem Wolkenschiffe, buntbeflaggt,
Und huldigend mit ehrfurchtsvollem Grüßen
Senkt sie ein jeder zu des Prinzen Füßen.

Und viele sonst noch nahen, luft'ge Schemen,
Mit Weihespenden ihm und Opferschalen:
Es naht die Mitternacht mit Diademen
Von Eiskrystall, durchflammt von Nordlichtstrahlen;
Der Morgen bringt ihm Myrrhen dar aus Jemen,
Der Abend Früchte aus Hesperiens Thalen,
Und ihm der Mittag randgefüllte Vasen
Voll Schattenduft der grünendsten Oasen.

Doch ob der Regenbogen auch in schwanker
Bewegung beben mag bei dem Gewühl,
Stumm an der Fürstin Seite liegt ihr kranker
Betrübter Sohn auf seinem Nebelpfühl.
Wohl gleich der Bucht, wo Schiff an Schiff die Anker
Geworfen, glänzt die Luft vom Wimpelspiel,
Es jauchzt der Donner wohl in lust'gen Schlägen,
Allein zum Lächeln kann ihn nichts bewegen.

Die Fürstin denkt zuletzt: „In solcher Weise
Währt nun sein Kummer schon der Monde drei;
Kein Mittel bleibt, als eine Erdenreise,
Vielleicht macht die ihn von dem Kummer frei."
Die Blicke wirft sie prüfend rings im Kreise,
Wer für ihn tauglich zum Begleiter sei;
Da fällt auf Troll von ungefähr ihr Auge,
Sie glaubt, daß der zu solchem Posten tauge.

Weltmann, dem keiner gleichkommt an Vollendung,
Hofmarschall, wie er sein soll, Excellenz
Ist dieser Troll; ihm haben mit Verschwendung
Die Fürsten all des luft'gen Elements
Die Brust besternt bei mancher wicht'gen Sendung.
Er hört der Herrin Wort mit Reverenz
Und spricht, sich tief verneigend: „Meine Wenigkeit
Erstirbt wie stets in tiefster Unterthänigkeit.

„Doch unmaßgeblich zu erwägen bitt' ich,
Ob Ihr uns besser nicht die Reise spart;
Zum Hof des Nordlichtkönigs mag der Fittig
Uns lieber tragen; das verlohnt die Fahrt,
Denn höflich sind die Damen dort und sittig,
Die Cavaliere sein von Lebensart;
Ja, hätte selber ein Entdeckungszug
Nach Wolkenkuksheim nicht Reiz genug?

„Weh aber Dem, der drunten auf der plumpen,
Der garst'gen Erde, ein Verbannter, irrt!
Vielleicht, daß aus dem ungeschlachten Klumpen,
Drauf Wasser, Land sich durcheinander wirrt,
Durch Roden, Bergabtragen, Moorauspumpen
Nach tausend Jahren was Gescheidtes wird,
Doch jetzt — kein Stern, ob wandernd oder fix,
Lohnt minder sich, als sie, nur eines Blicks."

Die Fürstin spricht: „Hofmarschall! sorgt mir nur,
Daß er die Menschen flieht, die so berüchtigt!
Doch, was die Kunst erschaffen, die Natur,
Erheitern wird es ihn, wenn er's besichtigt;
Im Osten leuchtet hell der Luftazur,
Und jeden Nebel hat der Wind verflüchtigt;
Dort steigt hinab! doch Eins schärf' ich euch ein,
Vor Nacht stets müßt ihr wieder oben sein!"

Hinunter also fliegt der Prinz; bedächtlich
Und zögernd folgt der Mentor wider Willen;
Die Aussicht nur, zu Hof und Haus allnächtlich
Zurückzukehren, tröstet ihn im Stillen.
Daß Alles auf der Erde ganz verächtlich,
Ist einmal eine seiner alten Grillen,
Allein aus Amtspflicht trotz des unverhohlnen
Mißmuthes folgt er seinem Pflegbesohlnen.

Von Berg zu Thal, Gefilde zu Gefilde
Ziehn, flügelschnell getragen, Beide hin;
Doch für des Südens Schmelz, des Nordens wilde
Felsschlünde achtlos bleibt des Prinzen Sinn,
Er späht nur nach dem theuren Menschenbilde,
Nach seines Herzens holder Eignerin —
In seinem Busen lebt sie unvernichtbar,
Warum dem Blick nur ist sie nirgend sichtbar?

Seit früh, sobald die Sterne nur erblaßt,
Irrt er umher, die Theure zu entdecken,
Und wenn er ferneher nur einen Mast
Auftauchen sieht auf ödem Meeresbecken,
Hinab läßt er sich auf den Bord in Hast
Und denkt: „Vielleicht hier mag sie sich verstecken."
Da auf dem Land er nirgendwo sie trifft,
Kann es nicht sein, daß sie das Meer durchschifft?

„Durchlaucht!" — seufzt Troll — „warum all diese
                              Schooner,
All diese Kutter nur durchforscht Ihr so?
Nach oben kommt! Der seine Luftbewohner
Wird doch hier unten nie des Daseins froh.
Dies Meeresblau, was wäre monotoner?
Wie plump sind diese Felsen nicht, wie roh!
Für alle wäre nöthig erst ein Hobel;
Nichts find' ich hier, was elegant und nobel."

Doch Rositler floh sonder Rast von hinnen,
Die Länder all durchforschend und die Städte:
Hoch auf die Thürme schwang er sich, die Zinnen,
Und wenn die Glocken riefen zum Gebete
Und mit dem Rosenkranz die Städterinnen
Zum Dome wallten, stand er da und spähte,
Bis durch das Thor die letzte eingegangen;
Dann mehr vor Gram noch bleichten seine Wangen.

Bald an des blauen Mittelmeers Gestaden,
Wo hoch zum Klippenstrand die Woge schäumt
Und unter Zweigen, goldfrucht-überladen,
Amalfis Hirt die Mittagszeit verträumt,
Bald in dem Wunderthal von Berchtesgaden,
Wo Almengrün den Königsee umsäumt
Und Heerdenläuten tönt in allen Winden,
Glaubt er die theure Hildegard zu finden.

Im schönen Spanien, wenn Klang von Cithern
Und Mandolinentöne und Gesang
Aus immergrüner Myrtenlauben Gittern
Aus Ohr ihm hallten, leicht hernieder schwang
Er sich und forschte durch der Blätter Zittern
Nach der geliebten Maid erwartungsbang;
Doch Augen, ihren gleich an Himmelsbläue,
Er fand sie nirgend und entfloh aufs Neue.

Troll sprach: „Da habt Ihrs! Unter diesen Wimpern
Ist nichts zu sehen, als ein häßlich Braun!
Und das Guitarrenspiel, welch kläglich Stümpern!
Man muß ein Mensch sein, um es zu verdaun.
Hört man dies Singen, dieses Saitenklimpern,
Fürwahr, man sollte glauben, daß nicht Fraun,
Nein, daß in Spaniens vielgepriesnen Gärten
Sich Katzen producirten in Concerten."

Von Ost nach West, von Süden bis nach Norden
So haben jene Zwei durchschweift die Welt.
Einst Abends da, nicht fern des Rheines Borden,
Die noch der letzte Sonnenschein erhellt,
Sieht Rosikler (neu ist es Herbst geworden)
Zu Füßen sich ein reifes Erntefeld —
Das ist der Platz, der langgesuchte Platz;
Ihn finden wird er hier, den Herzensschatz.

„Prinz, Prinz, was sucht Ihr dort? Kommt doch
nach oben!
Spät wirds; gefährlich drunten ist die Nacht!"
Rief Troll, der sich behende schon erhoben;
Doch Rosikler, nicht hatt' er dessen Acht.
Ob Dämmrung auch die Erde schon umwoben,
Hernieder ließ er sich mit Unbedacht,
Und bald auch sah er vor sich die Ersehnte,
Wie sie das Haupt an eine Garbe lehnte.

O herrlich Ziel der langen Erdenfahrt!
Reich nun belohnt ist ihm jedwede Mühe.
Auch Hildegarden, da sie ihn gewahrt,
Ists, als ob neu die Welt um sie erblühe.
Doch, wär' er nicht ein Traumbild, er, so zart,
So duftig wie der Nebel in der Frühe,
Wenn auf Gebirgeshöhn, in Thalgefilden
Der Sonne erste Strahlen ihn vergülden?

Die Beiden stehen, Blick in Blick verloren,
Und stammelnd spricht der Prinz: „Geliebte Braut!"
Doch dringt kein Klang zu Hildegardens Ohren,
Unhörbar bleibt für sie der Geisterlaut.
Da, während sich die Lüfte trüb umfloren
Und nächt'ger Schatten schon auf Erden graut,
Bebt plötzlich Rosikler, so wie zu rauher
Herbstzeit die Blüthen in des Nordwinds Schauer.

Zu spät! zu spät! Dahin die Sonnenhelle,
Und leben kann er nur in ihrem Licht;
Allein wie festgebannt an jene Stelle,
Blickt er der Theuern in das Angesicht.
Bis an das Herz strömt ihm die eis'ge Welle,
Er neigt das bleiche Haupt, sein Auge bricht;
Das Mädchen wirft sich über ihn und jammert,
Doch nur ein Schattenbild hält sie umklammert.

„O du", ruft sie, „kaum faßbar unsern Sinnen —
Was flohst du, da ich eben dich erblickt?
Nun fühl' ich Todesschauer mich durchrinnen,
Doch klag' ich nicht; wer ward wie ich beglückt?
Dies Leben, das mit dir du nimmst von hinnen,
Ein Strahl aus deinem Reich hat es durchzückt,
Und wenn auch kurz nur, hab' ich hochbegnadet
In seinem reinen Lichtglanz mich gebadet."

* * *

Die Gräfin hatte, weil Gewitter drohte,
Angstvoll der Tochter Rückkehr längst erharrt:
Da ward nach Mitternacht von ihr ein Bote
Entsandt, zu suchen ihre Hildegard.
Er kam aufs Erntefeld und sah die Todte,
Die Stirn am Boden liegend, bleich, erstarrt,
Verschlungen ihre Arme, und ihr Haupt
Mit einem Kranz von welkem Mohn umlaubt.

An ihrer Seite, also geht die Märe,
Stand, über sie die Arme hingestreckt,
Ein grauf'ges Weib; weit starrte in das Leere
Ihr Auge, halb in schwarze Brau'n versteckt.
Als ob ihm Belzebub erschienen wäre,
Kehrt heim vom Feld der Bote, tieferschreckt,
Und sagt, indem er sich bekreuzt und segnet,
Die Roggenmuhme sei ihm dort begegnet.

Lais.

Ringsher aus den Städten der Hellenen,
Von des blauen Mittelmeeres Inseln
Wogt das Volk zum weitberühmten Isthmus,
Wo der Aphrodite heil'ger Tempel
Schimmerndweiß aus Lorbeergrün hervorblickt.
Alle Dämmerpfade durch den Laubhain
Sind erfüllt von frohen Menschenschaaren.
Cymbelschall und weicher Klang der Flöten
Und der Hörner und Tympanen Gellen
Fluthet durch die Lüfte; Weihrauch mengt sich
Mit dem Duft von tausend Blumenkelchen,
Und in blühnder Rosenlauben Schatten
Feiern mit Cytherens Priesterinnen
Jünglinge den heitern Dienst der Göttin.

Aber einsam, fern der frohen Menge,
Steht, an einem Säulensturze lehnend,
Lais, die gepriesne, vielbesungne.
Auf die Meerfluth, drauf der Abendsonne
Purpurstrahlen wogen, läßt den Blick sie
Trauernd von des Hügels Hange gleiten.

Nicht für sie des Festes Lust wie ehmals,
Da sie mit den Andern leichten Sinnes
In den Schwarm der Fröhlichen sich mengte!
Früh hinweg von Eltern und Geschwistern,
Von Siciliens mütterlicher Erde
Nach Korinth entführt, im ganzen Hellas
Hat sie des Verlangens Gluth entzündet
Und des priesterlichen Amts der Göttin
Allumworben, allgeliebt gewaltet,
Doch ihr Herz blieb leer. Wohl in der Jugend
Erster Blüthe ist vom Freudenrausche
Ihr der Geist, der Sinn umstrickt gewesen;
Aber nach und nach in mancher Stunde
Hat sie schmerzvoll sich gesagt, wie einsam
Ihr das Leben schwinde, wie auf Erden
Keine Seele liebend an ihr hange,
Sie an keiner. Ob auch Freudenklänge
Um sie hallten, ob mit süßem Kosen
Jünglingslippen sich an ihre neigten,
Ihres Herzens laute Stimme konnte
Nichts betäuben; — und dahingeschwunden
Ist nun Jahr auf Jahr, und da des Festes
Jubel ihr zum Ohre schallt und vor ihr
In der untergehnden Sonne Strahlen
Schon die Pinien längre Schatten werfen,
An das nahe Welken ihrer Jugend
Und die öden, vor ihr liegenden Jahre
Denkt sie, wie die weltverlaßne Waise
Kein beglückend Band ans Leben knüpfe.

Sinnend also von des Hügels Rande
Wandelt Lais bis zur kühlen Grotte,
Wo der Quell Pirene seines Wassers
Heil'gen Schwall ins Marmorbecken sprudelt.
Bald gefüllt ist dort ihr Krug; hinab dann

Geht ihr Weg zum nahen Meergestade,
Daß sie drunten in der Felsennische
Vor der Aphrodite Bild die Blumen,
Ihre Lieblinge, tränke. Plätschernd gleiten
An das Ufer halbentschlafne Wellen,
Abendgoldbesäumt, und Nebel klimmen
Von Cypresse zu Cypresse langsam
An den Schluchten aufwärts; der Cikaden
Schmettern in den Wipfeln schweigt. Da, siehe!
Wie die Priesterin entlang dem Strande
Schreitet, vor ihr an des Pfades Biegung
Ruht ein Jüngling auf der Felsenklippe,
Halbentschlummert; seiner Hand entglitten
Ist der Stab: die staub'gen Fußsandalen
Geben Zeugniß, daß er lang gewandert;
In des Spätroths letztem, glühendstem Scheine
Strahlt, von schwarzer Locken Nacht umfluthet,
Sein zurückgelehntes Haupt.

      Als Lais
Sich der Klippe nähert, hastig plötzlich
Fährt der Fremdling auf, mit starrem Blicke
Ihr entgegenschaund: „Bei allen Göttern
Dich beschwör' ich, laß aus deinem Kruge
Einen Trunk mich thun!" Er rufts, und langen,
Durst'gen Zuges schlürft sein Mund das Labsal,
Das ihm Lais bietet. „Alles Heil dir!" —
Spricht er neugekräftigt dann — „Schon dacht' ich
Zu verschmachten auf der weiten Wandrung,
Da mein Auge keines Quells gewahr ward
Und die Sonne glühnde Pfeile sandte."

 „Und wohin des Wegs, o Jüngling, ziehst du?"

 „Nach Larissa am Peneusstrande
Führt mein Pfad; ein Bild der Aphrodite,

Das aus Marmor meine Hand gebildet,
Ward als Weihgeschenk von Argos' Bürgern
Mir voraus dorthin gesendet; selbst nun
Folg' ich nach, es in Thessaliens Hauptstadt
Auf Cytherens Altar aufzustellen
Und der hohen Göttin — also wurde
Mir geboten — im Epheben-Chore
Hymnensingend Huldigung zu bringen."

„Weit noch ist dein Gang, und dunkelnd breitet
Schon die Nacht den Schleier auf die Erde;
Drum hier nah beim Heiligthum der Cypris
Gönne Rast dir in dem Einkehrhause!"

„Schon zu lange ruht' ich," sprach der Jüngling
Sich erhebend; „gießt aus ihrem Horne
Doch Selene milden Dämmerglanz mir
Auf den Pfad; und in des Abends Kühle
Viel der Schritte denk' ich noch zu machen.
Komm' ich früher an das Ziel, so eher
Wird die Heimkehr zu den lieben Meinen
Mir beschert. Ach, seit drei langen Tagen
Bin ich ferne schon vom alten Argos,
Fern dem frohen Kreise der Geschwister.
Fast vergehen will mein Herz vor Sehnsucht,
Wenn ich denke, wie sie nun am Herde
Um die Flammen sitzen und Adrastus
In der Schwestern Mitte des Rhapsoden
Lied zur Leier singt, doch oft verstummend
Auf des Bruders leeren Sessel hinblickt,
Und wie Alle dann, zum Hausaltare
Tretend, Zeus, den Rückkehrspender, anflehn,
Daß er bald in ihre Arme wieder
Heim mich führe. Dank dir, schöne Jungfrau,

Milo's Sohn Pausanias sagt dir nochmals
Seinen Dank für die gewährte Labung."

 Und zum Wanderstabe wieder greifend,
Schritt der Jüngling längs des Meers von dannen.
Durch die Abenddämmrung schaute Lais
Lang ihm nach und lauschte seinen Tritten,
Bis sie fern und fernerhin verhallten.
Fort und fort noch tönt ihr seine Stimme
In den Ohren; seiner Worte jedes
Wiederholt ihr Herz; sie meint, der Männer
Keiner sei ihm gleich. Erst als im Westen
Schon der Mond gesunken und am dunklen
Nachtgewölbe die Plejaden steigen,
Kehrt sie wankenden Schritts zu ihrer Wohnung.

 Angstvoll mit der Lampe kommt Otrere
Ihr, die alte Schaffnerin, entgegen,
Mit beredten Lippen ihre Sorge
Um die langgesuchte Herrin kündend.
Doch, zu schweigen, sie allein zu lassen,
Winkt die Priesterin ihr zu. — Verklungen
Ist der Festlärm; armen Müttern selber,
Die bis spät noch bei der Arbeit saßen,
Um für ihre Kleinen Brod zu schaffen,
Hat das müde Auge sich geschlossen;
Aber wach liegt Lais auf dem Lager,
Vor den Blicken schwebt ihr, vor der Seele
Stets des Jünglings Bild: in banger Sorge
Schlägt das Herz ihr, da sie denkt, wie einsam
Er des Wegs in finstrer Nacht dahinzieht
Und gefahrumdroht. Wird in der Bergschlucht
Ihn der Räuber fliegender Dolch nicht treffen?
Nicht im Wald ein Unthier ihn zerreißen?
Und erschrocken sich empor vom Lager

Raffend, tritt sie an die Fensternische,
In der Nachtluft für die glühnde Stirne
Kühlung suchend. An den Sternen droben
Hängt ihr Blick: „Ihr ewig kreisenden Lichter,
Die durch öde Meerfluth ihr den Schiffer
In den Hafen leitet, du Bootes,
Erdumwandler Perseus du, o schützt mir,
Führt ans Ziel mir diesen lieben Wandrer,
Daß er fröhlich heim zum theuren Argos,
Heim zum Kreise der Geschwister kehre!"
Dann am Meerstrand seine niedre Hütte
Malt sie sich, die Werkstatt, wo sein Meißel
Götterbilder aus dem Stein hervorlockt,
Und den trauten Herd, an dem er Abends
Nach des Tages wohlverbrachter Arbeit
Heiter scherzend ruht; o, dort an seiner
Seite liebend und geliebt zu walten,
Was ist aller Ruhm, den sie genossen,
Aller Glanz und alle Lust der Erde
Gegen solches Glück?

    Schon vom Portal her
Tönt der Schwalbe morgendliches Zwitschern;
Röthlich schimmert der Cypressen Wipfel,
Und noch hat auf Lais' Augenlider
Sich kein Schlaf gesenkt. Besorgt zur Herrin
Tritt Otrere, und die glühnden Wangen,
Ihres Augs bethränte Wimpern schauend,
Hebt sie also an: „Warum auf einmal,
Die als Kind du schon an meinem Busen
Deinen Schmerz ausweintest, sag, warum nun
Mir verhehlst du deine Kümmernisse?
Wenn, der wahren Mutter früh beraubt schon,
Du die Pflegrin mit dem süßen Namen

Immerdar genannt hast, o so birg ihr,
Was im Herzen dich betrübt, nicht länger!"

Unter Schluchzen an die Brust der Alten
Wirft sich Lais, sie versucht zu reden,
Aber stammelt nur verwirrte Worte,
Und sich aus Otreres Armen windend:
„Laß mich, Gute!" spricht sie dann, „hinunter
An das Ufer in der Morgenkühle
Laß mich wandern! Von dem wilden Festlärm
Und des Herbstes ungewohnter Schwüle
Ward zu Fieber mir das Blut entzündet;
Doch getrost! der frische Meerhauch wird mir
Und die Einsamkeit Genesung bringen."

Ans Gestade, wo dem Jüngling gestern
Sie begegnet, richtet sie die Schritte,
Spähend, ob im Sand sie seines Fußes
Spuren noch gewahre. Auf den Felsen,
Drauf er ruhte, brünstig ihre Lippen
Drückt sie; kein Altar der Göttin däucht ihr
Heilig so wie er; und wie sie knieend
Auf den kalten Stein das glühende Antlitz
Preßt, hört ihr entzücktes Herz von Neuem
Des Geliebten Stimme. Dann erschrocken
Wieder fährt sie auf und blickt nach Norden,
Wo er flüchtig ihrem Blick entschwunden,
Starrt und starrt, bis sich der Seele Traumbild
Sichtbar vor den Augen ihr gestaltet
Und Pausanias' Antlitz mit den milden
Frommen Zügen ihr entgegenlächelt.

Sengend fallen schon der Mittagssonne
Pfeile auf die kahlen Uferlippen,
Als Otrere, nach der Herrin suchend,

Sie am Felsen hingesunken findet
Und mit Schmeicheln halb und halb gewaltsam
In ihr rebumflochtnes Häuschen heimführt.
Auf die Lagerstatt die Tieferschöpfte
Sorglich bettend, ihr zur Seite sitzend,
Bald gewahrt sie, daß sich ihre Augen
Mählig schließen. Lang liegt Lais reglos,
Wie in tiefem Schlummer. Dann, als purpurn
Durch das Rebengitter sich des Abends
Letzte Gluth ergießt, emporgerichtet
Zu der Alten spricht sie: „Geh nun, Liebe!
Neugestärkt schon bin ich, und genesen
Wird der nächt'ge Schlaf mich völlig lassen."

Und allein im dunkelnden Gemache
Sich erhebt sie: „Ja, es muß geschehen;
Rast nicht find' ich hier — nur ein Gedanke,
Ein Verlangen lebt in meiner Seele,
Wieder ihn zu sehn, den holden Liebling
Meines Herzens! Auf dem Weg ihm folg' ich,
Den er zog ins ferne Land Thessalien;
Ja! und wär' er bis zum Saum der Erde
In der Skythenwüste nie betretne
Einsamkeit entflohn, ihm nachzueilen
Säumt' ich nicht. Du, hehre Aphrodite,
Deren Strahl, wie lang ich dir gedient auch,
Heut zum ersten Mal mit reiner Flamme
Gleich dem Blitz, die Schlacken all verzehrend,
Mich durchzuckt, sei, hocherhabne Göttin,
Du mir Führerin auf diesem Pfade!"

Leise, daß Otrere nichts vernehme,
Rüstet sich die Priestrin für den Aufbruch,
Ihrer Locken wirre Fülle ordnend.
Und als jeder Laut umher verhallt ist,

Uebers Haupt den weißen Schleier werfend,
Leise durch die Thür den Gang hin schleicht sie,
Bis wo frei die nächt'ge Luft sie anhaucht
Und der Wogen Brandung aus der Tiefe
Ihr zum Ohre schallt. Hinabgesunken
Ist des Adlers Sternbild schon; im Aufgang
Hebt Orion strahlend durch den Nebel
Seine Keule. Von der Felsenhöhe,
Drauf der Göttin heitrer Tempel aufragt,
Schreitet Lais auf den Marmorstufen
Ans Gestad hinab und zieht gefaßten
Muthes längs des hochaufrauschenden Meeres
Gegen Norden. Dämmernd aus den Wellen
Steigt die Frühe, an der Berge Gipfeln
Ros'gen Schein entzündend; und in frischer
Morgenkühle wie in Gluth des Mittags
Fort und fort dem Leitstern ihrer Sehnsucht
Folgt die Priestrin, selten Rast sich gönnend,
Wo im Schatten säuselnder Platanen
Eine Steinbank sie zum Ausruhn ladet
Und Cikaden, sich der Sonne freuend,
Auf den Wipfeln schwirren. Nahrung bieten
Ihr die Sykomore, der Granatbaum,
Die, belastet mit des Herbstes Früchten,
Längs des Wegs die schweren Zweige senken;
Doch vergebens laden sie die Winzer
In die traubenreichen Rebengärten,
Wo bei Cymbelschall das Fest des Weingotts
Sie versammelt; ruhelos von dannen
Wird sie von des Herzens Drang getrieben.
Wenn ihr Auge spähend nur von ferne
Eines Wandrers auf dem Pfad gewahr wird,
Süß erschrickt sie: ist es nicht Pausanias,
Auf dem Heimkehrwege schon begriffen?
Nein, o nein! wie anders ganz die Züge!

Gleicht, so viel der Männer sind auf Erden,
Ihm doch keiner! —

     Tage so nach Tagen
Schwinden auf der Wandrung ihr; schon leuchtend
Ueber glühnde Aun, die des Peneus
Silberstrom durchschlängelt, glänzt das Schneehaupt
Des Olymp weißschimmernd ihr entgegen,
Und wie wird ihr, als vor ihr die Thürme
Von Larissa hoch und immer höher
Aus dem wogenden Laubgrün sich erheben!
O, nur jetzt, ihr müden Glieder, thut noch
Ihr den Dienst, daß sie die Stadt erreiche,
Drin er weilen muß, der Langgesuchte!

  Durch das Thor, die lärmerfüllten Gassen
Eilt die Priesterin mit schwanken Schritten
Bis zur heil'gen Höhe, wo Cytherens
Tempel mit dem Marmorgiebel leuchtet.
Dort ihn im Epheben-Chor zu finden
Denkt sie, steigt in Hast die Tempelstufen
Aufwärts, tritt ins Heiligthum, doch findet
Rings die Halle leer; der Aphrodite
Bildniß nur, von seiner Hand gemeißelt,
Blickt auf sie hernieder vom Altare.
Wieder durch das Säulenthor des Tempels
Schreitet Lais; emsig'en Auges forschend,
Auf der Agora, entlang den Hallen
Der Verkäufer und der Käufer späht sie,
Ob sie ihn entdecke; doch vergebens.
Oft will der Vorüberwandelnden Einem
Ihre Lippe seinen Namen nennen,
Aber ungesprochen auf der Zunge
Stirbt, von Bangigkeit erstickt, die Frage.

Endlich, als die hohen Häuserzinnen
Röthlich schon im Abendlichte schimmern,
Schnellgefaßten Muths zu einem Greise
Tritt sie hin: „Sprich, würd'ger Alter, kannst du
Von Pausanias, Milo's Sohn aus Argos,
Mir berichten, wo der Jüngling weile?"
Ihr erwidert Jener: „Wer vermöcht' es,
Wenn nicht ich? Lysander, mein Gebieter,
Hat als Gastfreund ihn in seinem Hause
Aufgenommen; seine Tochter Zoe,
Der seit lang die Eltern ihn verlobten,
Wird der Jüngling in der nächsten Frühe
Heim nach Argos führen; heute Nacht noch
Soll die Hochzeitfeier sein; nach Hause
Eil' ich drum; gehab dich wohl, o Jungfrau!
Schon, im Tempel das gewohnte Opfer
Darzubringen, naht sich dort das Brautpaar."

Horch! — und Flötenton und Harfenklänge!
Weit erschließen sich des nahen Hauses
Thore, und aus kranzumwundnem Vorhof
Tritt ein Zug von Knaben und von Mädchen,
Die in Händen grüne Zweige tragen.
Starr, als ob ein Blitzstrahl, von des Donners
Hand geschleudert, vor ihr niederfahre,
Halbentseelt steht Lais; wie durch trübe
Schleier nur die Flötenspielerinnen
Sieht sie, die bekränzten Opferknaben
Ihr vorüberschreiten und — ihr Götter!
Kann es sein? — Pausanias selbst im Festschmuck,
Rosen durch das Lockenhaar geflochten!
Auf die schlanke, tiefverschleierte Jungfrau
Neben ihm, die bald durch Hymens Bande
Ihm Vereinte, fest das Auge heftend,

Keinen Blick dem bleichen Weibe gönnt er,
Das mit brechendem Herzen nach ihm hinstarrt.

 Und empor zu Aphroditens Tempel
Geht der Zug; mit wankenden Schritten folgt ihm
Lais, bis er durch das Thor verschwunden
Und der Ton der Flöten fern und ferner
Widerhallt; da mit erloschnen Sinnen
An den Marmorstufen sinkt sie nieder,
Und die Nacht, die nach und nach herabwallt,
Breitet über sie den dunkeln Schleier.

 Früh am andern Tage, als des Morgens
Erstes Grauen dämmernd in die Gassen
Von Larissa fällt, die Augen wieder
Schlägt sie auf, und wie sich aus der Ohnmacht
Zur Besinnung neu ihr Geist empor ringt,
Wen an ihrer Seite sieht sie stehen?
Träumt sie nicht? Das sind Otrerens Züge!
Ja, sie ists; die hingesunkne Herrin
Richtet sie vom Boden auf und sucht sie
Mit sich fortzuziehn: „Gebietrin, theure!
Flüchte dich! Den Göttern allen dank' ichs,
Daß ich noch bei Zeiten, dich zu warnen,
Hergelangt. Die Priesterinnen sandten
Häscher aus Korinth, um dich zu fangen,
Denn als flücht'ge Dienerin der Göttin
Hast nach alter Satzung Leib und Leben
Du verwirkt. Doch schon voraus den Häschern
Ging die Kunde deiner Flucht durch Hellas,
Und geführt von eifersücht'gen Weibern,
Die dir deiner Schönheit Weltruhm neiden,
Stürmen wilde Rotten durch die Stadt hin,
Dich zu suchen. Schnell, geliebte Herrin!
Steinigung von ihren Händen droht dir,

Finden sie dich hier; nur in des Tempels
Heiligthum bist du der Zuflucht sicher."

 Aufwärts zu der Halle zieht Otrere
Die noch halb bewußtlos schwankende Lais.
„Nun hier drinnen weile du! Sie wagen
Nicht, der Göttin Schutzrecht anzutasten:
Mich indeß laß gehen und die Stunde,
Die durch Flucht dich retten kann, erspähen!
Insgeheim zur Nachtzeit kehr' ich wieder."

 Und allein im weiten Tempelraume,
Wo des Frühlichts erste Strahlen mühsam
Mit dem Dunkel kämpften, fand sich Lais.
Mählig in der tiefumnachteten Seele
Wieder dessen, was geschehen, wird sie
Sich bewußt, und vom Erinnrungsschmerze
Fast bewältigt, sinkt an einer Säule
Fuß aufs Neue die Erschöpfte nieder.

 Horch! von außen Lärmen der Verfolger,
Die in Haufen vor dem Thore wogen,
Und Geschrei und Toben: „Nicht entgehen
Soll uns die Verächterin der Götter!
Laßt den Tempeleingang uns vermauern!"

 Lais hörts mit Grausen, und verzagend
Liegt sie lang; des nahen Todes Schauer
Schon durch ihre Glieder fühlt sie rinnen.
Plötzlich auf der Aphrodite Büste,
Die, gemeißelt von Pausanias' Händen,
Auf dem Altar dasteht, fällt ihr Auge.
Sieh! von goldnem Sonnenglanz umleuchtet,
Schaut die Hehre lächelnd auf sie nieder;
Und ihr Haupt erhebt vom Boden Lais,

Und zur Milde löst in ihren Zügen
Sich der starre Schmerz. Mit stummer Andacht
Lange blickt sie aufwärts, und der Göttin
Hoch olympisch Antlitz strahlt ihr sanften
Frieden in das Herz. Emporgerichtet,
Zum Altare wankt sie hin und wirft sich
Vor dem Bild Cytherens auf die Kniee,
Ein Gebet mit stammelnder Zunge lallend:
„Laß, o Göttliche, erhabne Mutter
Alles Seins und Lebens, auf Pausanias
Und auf seiner Gattin laß die Fülle
Deines Segens ruhn, daß er sie glücklich
An den Herd im alten Argos führe!
Und in meinem Auge sieh des Dankes
Thräne zittern, daß du mich, die niedre
Sterbliche, der Seligkeit gewürdigt,
Ob auch kurz nur, deines Geistes reinen
Welterlösenden Odem zu empfinden! —
Ja, ich fühl's in diesem brechenden Herzen,
Fühl's, wie du beglücken kannst, o Liebe,
Wie aus Endlichkeit und Staubesnacht du
Und aus Sterbensqual die Seele rettest.
Dank und nochmals Dank dir, du der Genien
Mächtigste, die aus der Nacht des Chaos
Du zuerst die Elemente schiedest,
Daß nach deinem Willen sie in schöner
Harmonie sich suchten oder flohen!
Nimm, Befreierin von Tod und Sünde,
Nimm zu dir hinauf mein fliehend Leben!"

Her vom Thore hallen Hammerschläge
Unterdeß. Begonnen hat die Rotte
Schon, den Tempeleingang zu vermauern.
Doch um Mitternacht, als die Verfolger
Von dem Werke ruhen, schleicht Otrere,

Nach der Herrin suchend, in den Tempel.
Bei des Mondes Lichte, der von Säule
Hin zu Säule gleitet, was gewahrt sie?
Vor dem Altar liegt, zurückgesunken,
Lais leblos und gebrochnen Blickes,
Noch empor zum Bild der Aphrodite
Mit dem todesbleichen Antlitz schauend.

Fiordispina.

1.

Ist neu des Kampfes Meute losgelassen,
Die oft durch diese düstern Erkergassen
Dahingeschnaubt, wenn Welf und Ghibellin
Vom Fuß der Alpen bis zum Apennin
Mit Bürgerblut Italiens Auen netzten
Und keiner der von blinder Wuth Gehetzten,
Warum das Schwert er zückte, sagen konnte?
Wie oft: „Uberto hie! Hie Buondelmonte!
Sperrt ab die Straßen! Keinen laßt entrinnen!"
Erscholl der Ruf von der Paläste Zinnen,
Und Weiber, Kinder bargen sich erschrocken
In ihre Kammern; aller Thürme Glocken
Rasten im Sturmgeläute, Schwerter blitzten,
Und durch die Straßen hin, die blutbespritzten,
Satt schwelgte sich in Mord der Feinde Haß,
Der Söhne einer Mutter.

      Nein, nicht das
Ist heut dein Loos, altherrliches Florenz!

Wo sonst vom Lenz zum Herbst, vom Herbst zum Lenz
Der Kampf getost, wogt fröhlich nun der Strom
Des Volks vom Ponte Vecchio bis zum Dom.
Kaum noch befahl der Podestà, die Brücken,
Paläste, Kirchen, Häuser reich zu schmücken:
Und schnell, als sei der Frühling durch das Thor
Hereingezogen, der im Blüthenflor
Die Gartenhügel außen grünen läßt,
In Prachtgewande für das Siegesfest
Gekleidet hatte sich die Arnostadt.
Von bunten Wimpeln schimmert farbensatt
Ringshin die Luft; auf Zinnen und auf Warten
Und Dächern wehen flatternde Standarten,
Die Fenster sind mit Purpurtuch behängt,
Und längs der Straßen, wo das Volk sich drängt,
Wie wallt der edle Bannerschmuck der Gilden,
Wie leuchten mit bekränzten Wappenschilden
Die Adelsburgen, draus von den Altanen
Antlitz an Antlitz zwischen wehnden Fahnen
Herniederschaut!

   Und nun Trommetenklang!
Nach Süden kehrt, die Häuserreihn entlang,
Sich jeder Blick; schon sieht man Fahnenspitzen,
Helme und Harnische im Frühlicht blitzen,
Und seitwärts auseinander weicht die Menge,
Wie von der Brücke her durch das Gedränge
Der Zug der Sieger naht. Auf feur'gen Rossen
Voran die beiden jungen Schwertgenossen,
Ippolito von der Uberti Stamme
Und Cosmo Buondelmonte — nie aufflamme
Von Neuem nun der Zwiespalt der Geschlechter!
Als Freunde werden diese Zwei die Wächter
Des Friedens sein, und an des Arnothals
Abhang kann ungestört wie ehemals

Der Schnitter mähn, der Winzer Trauben lesen.
Ja! seit zum Kampfe wider die Sanesen
Sich die Partein vereint, die gegenseits
Sich lang befehdet in der Wuth des Streits,
Ist jenes blut'gen Haders Schluß verbürgt,
Der deine Söhne lang, Florenz, gewürgt.

Hin geht der Zug an Häusern und Arkaden,
Indeß es von Terrassen, von Estraden
„Heil! Heil!" erschallt und durch die Blumenspenden,
Herabgestreut von holder Frauen Händen,
Der Boden schimmert, wie im schönen Mai
Die Wiesen Vallombrosas. Unsern Zwei,
Als sie mit Purpurschärpe, Schwert und Schild
Im Stahlgewand vorüberziehn, nur gilt
Der Blick von Allen. Unter Siegesbogen
Bahn brechen sie sich durch die Menschenwogen
Bis hin zum Dome. Dort vor dem Portal,
Wo hoch empor den kühlen Wasserstrahl
Springbrunnen aus dem Marmorbecken senden,
Sind die Anziani hingereiht. Nicht enden
Will das Gejauchze, als zu Dankgebeten
Die Sieger in die Kirchenhalle treten.
O, drinnen das Gewühl, wer mag es schildern?
An Nischen hängen und an Heil'genbildern
Noch Menschen festgeklammert; Kirchendiener
Streun Weihrauch, und manch Bild der Byzantiner
In Goldglanz schaut herab zum knieenden Volke,
Indessen schimmernd auf der Weihrauchwolke
Der Schein sich wiegt, den her vom Hochaltar
Die Kerzen werfen. Knaben, Paar an Paar,
Holdselig gleich des Cimabue Engeln,
Im weißen Meßkleid und mit Blumenstengeln
Stehn an den beiden Seiten der Empore,

Und übers Haupt der Beter hin im Chore
Rauscht Orgelklang.

    Als die Musik verhallt
Und nun durchs Thor hinaus der Festzug wallt,
Begrüßt der Greis Uberto seinen Sohn
Ippolito: „O, wenn man einen Thron
Mir böte, ihn für dieser Stunde Glück
Würd' ich verschmähn! Blickt mein Geist zurück
Auf alle frühern meiner siebzig Jahre,
Ihr find' ich keine gleich; den Schnee der Haare
Mit Jugend-Braun neu könnte sie mir färben,
Und williger leg' ich mich nun zum Sterben,
Nachdem ich sie erlebt. Hab' Dank, hab' Dank!" —
Und freudig an die Brust des Vaters sank
Der Sohn; dann weiter sprach der Alte so:
„Und nun erfahre, mein Ippolito,
Was dieses großen Tages Freude krönt!
Damit von Ahn zu Enkel jetzt versöhnt
Der Haß der Stämme sei, das wüste Hadern,
Das lang mit Blut aus seiner Bürger Adern
Die Straßen von Florenz getränkt, geeint
Jüngst hab' ich mich mit meinem alten Feind,
Dem Buondelmonte, daß mit seinem Kinde
Ginevra sich mein einz'ger Sohn verbinde.
Segnen den Tag, wenn du die Hand ihr reichst,
Wird unsre theure Stadt. Wie? du erbleichst?
Nun ja; denn große Freuden, sagt man, lassen
In sel'gem Schrecken das Gesicht erblassen,
Und nicht geahnt hast du, welch Glück dir blühte.
An Adel mißt sich, Schönheit, Herzensgüte
Ginevren Keine. Zum Verlobungsfeste
Auf morgen sind geladen schon die Gäste."

Eintrat in der Uberti Haus der Alte.
Das Wort, das er gesprochen, aber hallte
Dem Sohn verwirrend noch durch Ohr und Sinn
Und trieb ihn ruhlos durch die Straßen hin.
Wie in den Phantasien des Fieberkranken
Irrwanderten im Geist ihm die Gedanken,
Betäubt von jener Kunde Donnerschlag.
Ihm auf der Stirne, auf der Seele lag
Bleischwerer Druck, und in das Leere bohrte
Sein Auge sich, das irre, nachtumflorte.
Bisweilen sprach er vor sich hin: „Nein, nimmer!"
Und wie am Abgrund sich ein Bergerklimmer
Bang an der überhangenden Zacke hält,
Damit er nicht, am Felsgestein zerschellt,
In bodenlose Tiefe stürze, so
Zu klammern suchte sich Ippolito
An den Gedanken: „Nimmer! Für den Haß
Der Buondelmonti und Uberti, was
Denkt man als Sühnungsopfer mich zu weihn?
Erloschen ist der Zwiespalt der Partein,
Und glimmt verborgen noch ein Funke, dämpfen
Wird ihn die Zeit, daß nie in blut'gen Kämpfen
Der Bürger mehr sich dieser Stadt zerfleischt.
Bei Gott! ich weigre, was der Vater heischt,
Und sag' ihm keck ins Angesicht: ‚Du sinnst,
Das Glück des Sohnes für ein Hirngespinnst
Dahinzugeben; aber hör' mich schwören:
Nie einer Andern wird dies Herz gehören,
Noch diese Hand, als meiner Fiordispine.'"

Indeß er weiter irrt, steigt aus dem Grüne
Am Wege, der nach San Miniato leitet,
Vor ihm ein Gartenschloß empor. Er schreitet

Hin zu dem Thore, pocht, pocht wiederum,
Ruft: „Oeffnet mir!" doch lang bleibt Alles stumm.
Dann von der Treppe obenher ein leiser
Fußtritt, die Stufen kommts herab, und heiser
Fragt eine Stimme: „Wer da?" — Nun Gebell
Masettos auch, und: „Oeffnet, öffnet schnell!"
Begehrt Ippolito; der Riegel klirrt;
Das Hündchen, das gewahr des Gastes wird,
Springt freundlich auf ihn zu, und Ottima,
Die Alte, schlägt die Hände: „Ei, sieh da!
Ihr, junger Herr? Wer hätte das gedacht?
Gott habe Dank, daß glücklich aus der Schlacht
Ihr heimgekehrt! Doch hier im Haus ist Trauer,
Und meine Herrin sah seit Wochendauer
Kein Menschenantlitz. Ihren guten Ohm
Bestatteten wir in der Gruft beim Dom,
Und Fiordispina steht allein, verwaist.
Doch kommt! Wenn alle Andern auch, Euch weist
Sie nicht zurück." —

     Der Jüngling stürmt voll Hast
Aufwärts bis in den innersten Palast,
Und — seinen Schritt von fern hat sie erkannt —
Entgegen tritt im schwarzen Florgewand
Ihm Fiordispina: „Tausendmal willkommen,
Mein Freund! Wie lang um Euch von Angst beklommen
War mir das Herz! Vor mir stand Euer Bild
Bei Tag und Nacht, wie auf dem Schlachtgefild
Der Tod zu allen Seiten um Euch starrte.
Bald Eure Glieder von der Hellebarte
Sah ich durchbohrt, bald, wie durchs Mordgetümmel
Ihr braustet auf dem blutbespritzten Schimmel
Und jäh, vom Schwert gefällt, zu Boden sankt.
Marien und allen Heil'gen seis gedankt,
Schreckbilder nur, die ich mir selbst geschaffen,

Gewesen sinds! Doch immer noch in Waffen?
Legt ab!" Und bei der Stimme süßem Klang
Dem Jüngling wirds wie Einem, welcher lang
Nur Winterschnee gesehn und im April,
Durch frühlingsgrüne Wiese schreitend, still
Auf einmal steht, weil aus dem nahen Wald
Das Lied der Nachtigall ans Ohr ihm schallt.
Aufathmet froh, befreit von schwerer Fessel,
Die Brust Ippolitos, und auf den Sessel
Läßt er sich bei der Theuern niedergleiten;
Ihr in das Auge schauend, in den weiten
Tiefklaren Himmel glaubt er aufzublicken,
Und sie, indeß in schweigendem Entzücken
Er ihr zur Seite sitzt, löst mit der Hand
Von Brustharnisch und Panzer ihm das Band
Und legt die Rüstung, drin geschnürt er war,
Zu Boden hin, so daß sein Lockenhaar
Geringelt um die weißen Schultern fluthet.
Dann neu nimmt sie das Wort: „Daß hochgemuthet
Und kühn Ihr seid, ich hab' es stets gewußt;
Schon, als wir Kinder waren, schufs mir Lust,
Euch bei dem Spiele ‚Ghibellin und Welf‘
Den Andern stets voraus zu sehn. Kaum elf
Der Jahre zähltet Ihr, ich noch nicht sieben,
Daß schon von uns ‚wie sich die Beiden lieben‘
Das Sprichwort ging. Als Held nun, siegekrönt,
Deß Name von den Lippen Aller tönt,
Steht Ihr vor mir, und bei dem Ruhmesglanz,
Der Euch umleuchtet, wurde dennoch ganz
Die Jugendfreundin nicht von Euch vergessen.
Habt Dank! und glaubt, nichts acht' ich alles Dessen,
Was Gott an Glück mir auf der Erde gab,
So hoch wie Eure Liebe; bis ans Grab
Wird die Erinnrung dran mir alle Tage
Beseligen; doch, mit der Todtenklage

Um meinen theuern Ohm noch auf dem Munde,
Geziemt mir, ernst in dieser ernsten Stunde
Zu Euch zu reden. Ruhig, Freund! Ihr wißt,
Um der Geschlechter Haß und blut'gen Zwist
Für immer zu besiegeln, ward am Tag
Der Himmelfahrt im Dome der Vertrag
Von beiden Häuptern der Partein geschlossen,
Daß Buondelmontes und Ubertos Sprossen,
Du und Ginevra, sich die Hände reichen." —

Auffährt Ippolito, und ihm erbleichen
Die Wangen! „Und davon nur magst du reden?
Zerrissen sind seit heut des Netzes Fäden,
Mit dem man mich umgarnen will. Nur du,
Du, Fiordispina, bist, ich schwör's dir zu" —
„Euch Freundin bin ich, ja!" — so fällt sie ein —
„Doch, mein Ippolito, der Sterne Schein
Ist trüb ob unserm Haupt, und dem Beschluß
Der weisen Himmelsmächte fügen muß
Der Mensch sich, auch wenn er ihn nimmer faßt.
Die sich von grauen Zeiten her gehaßt,
Die beiden Stämme, zu versöhnen hängt
An Euch, Euch einzig; wenn den Bund Ihr sprengt,
Den sie geschlossen, wenn Ginevras Hand
Von Euch verschmäht wird, furchtbar schlägt der Brand
Von Neuem dann empor in helle Flamme:
Rache! Tod Jedem vom Uberti-Stamme!
Wird neu der Buondelmonti Kriegsruf schallen
Und Euer Haupt als erstes Opfer fallen.
Habt mit Euch selber, habt mit mir Erbarmen!
Ja, ja, Ippolito, von hundert Armen
Seh' ich den Dolch auf Eure Brust gezückt;
Nirgend Entrinnen! Rings seid Ihr umstrickt,
Wie Löwen von dem Netz; hoch spritzt Eur Blut
Aus Todeswunden, und in blinder Wuth

Hin über Euch seh' ich die grimme Meute
Des Kampfes brausen; wo im Jubel heute
Das Volk sich drängte, wird der Rache Stahl
Aus hundert Scheiden blitzen, bis der Strahl
Der Sonne in dem Qualm des Bluts erlischt.
Schon Schwerterklang, mit Siegsgeschrei vermischt,
Vernehm' ich und der Kinder Jammerrufe,
Die sich, zertreten durch der Rosse Hufe,
Am Boden winden, und der Flammen Zischen
Von Dach zu Dach und Mordgeheul dazwischen.
Durch Stadt und Land hin wird im Würgerzug
Parteiwuth rasen und umsonst der Pflug
Die Felder ackern; Roßgestampf zermalmt
Die Saat noch, eh sie aus den Furchen halmt,
Und wüthen wird die Pest, die Hungersnoth
In diesen Mauern. Ja, und hat der Tod
Der Bürger Tausende dahingeschlachtet,
Liegt blutend endlich, hülflos und mißachtet,
Im Staub des Bodens diese theure Stadt;
Doch wird nach neuen Opfern nimmersatt
Die Rache lechzen und Freiheit und Recht
Bis auf das ungeborene Geschlecht
Dem Fremdling, der sein Schwert ihr leiht, verkaufen,
Bis über Leichen und Ruinenhaufen
Die Zwingburg ein Tyrann sich baut."

        „Halt ein!
In Träumen läßt sich Vieles prophezein —"
Fällt ihr Ippolito ins Wort — „doch gilt
Mir Alles nur als eitles Luftgebild.
Und du — nein, nein! unmöglich ists — du sinnst,
Mich hinzuopfern solchem Hirngespinnst?"

  „O Freund" — rief Jene aus — „wars nicht genug
Mit dem, was ich gesagt? Des Himmels Fluch

Würd' ich mir auf das Haupt herabbeschwören,
Wollt' ich dein Ohr mit falschem Rath bethören.
Anklagen mich als deine Mörderin
Müßt' ich zuerst; und raste neu dahin
Durch unsre Stadt der Kampf nun, trüg' ich nicht
Die Schuld des Unheils? Vor dem Angesicht
Des großen Richters wie zu Boden schlagen
Müßt' ich die Augen, wenn, mich zu verklagen,
All Jene, welche sich gewürgt im Haß,
Vor seinem Throne blutend, leichenblaß,
Mit Fingern nach mir wiesen: „Diese war's,
Die, als wir schon am Fuße des Altars
Den Frieden schlossen, in den Sturm der Schlacht
Zurück uns trieb und neu den Krieg entfacht,
Und über dies Florenz, das sie geboren,
Schmach, Elend, Untergang heraufbeschworen."
Nein, nein, Ippolito, nicht auf mein Haupt
Lad' ich so grause Schuld, und Ihr, o raubt
Mir nicht den Trost, den einz'gen! Uns vermählen,
Wie dürften, könnten wir's? Den Machtbefehlen
Des Himmels widersetzt Euch nicht in Blindheit!
Ginevren reicht die Hand! Schon seit der Kindheit,
Zum Trotz den Vätern, Freundin nannt' ich sie;
Und wie zwei Klänge e i n e r Melodie
Einander fliehn, um neu sich zu verbinden,
Nach kind'schem Zwist uns inniger zu finden
Stets sicher waren wir. Dein ist sie werth,
Ippolito, und ruht des Kampfes Schwert
Nun in der Scheide, seh' ich zu den Stufen
Des Altars bei des Volkes Segensrufen
Dich mit der holden Braut am Arme treten,
Für Euer Heil dann will ich brünstig beten."

Gesprungen war Ippolito vom Sitze;
Aus seinen Augen sprühten irre Blitze.

„Wozu" — rief er — „noch ferner Zwiegespräch?
Du hast mich nie geliebt. Hinweg! hinweg!"

3.

Der Jüngling stürmte fort. Verwundert maßen
Ihn Aller Blicke, wie er durch die Straßen
Gleich Sinnverwirrten taumelte. Ihn litts
Nicht länger in Florenz, und schwanken Schritts
Nahm er den Weg zum Gallo=Thor hinaus.
Statt Menschenlaute will er das Gebraus
Der wilden Apenninenströme hören
Und in den Wipfeln blitzgespaltner Föhren
Des Sturmwinds Tosen. Hinter ihm verhallt
Der Lärm der Stadt schon, und der düstre Wald
Von Pracchia nimmt in seiner Cedern, Eiben
Tiefernste Nacht ihn auf. Dem Menschentreiben
Entfernt durchstreift er dort Gebirg und Thäler,
Die Hütten meidend selbst der armen Köhler,
Die einsam hier und da am Felsen kleben.
Vergällt ist ihm die Welt durch was er eben
Aus Fiordispinas Mund gehört. So reißt
Sie selbst — noch kann es fassen nicht sein Geist —
Aus eignem Trieb sie selbst sich von ihm los,
Zu der die Liebe, wie die Sonne groß,
In seinem Herzen strahlt? — In Gram versenkt,
Oft ruht er stundenlang, indem er's denkt,
Am Abgrund, wo der Strom durch ausgehöhltes
Gestein sich wälzt und wie ein schmerzgequältes
Gemüth in dunkle Tiefen sinkt. Von dannen
Trauf wieder tiefer in die Schlucht der Tannen
Stürzt er, die Augen starr, die wirren Locken
Im Winde flatternd; ihn gewahrt erschrocken,

Wie er gespenstergleich vorüberflieht,
Der Wandrer, der des Weges einsam zieht.

Schwer unterdeß, seit sie allein geblieben,
War Fiordispinas Herz. „Den Einzig-Lieben
Hab' ich gekränkt, er muß darob mir grollen:
Ich hätt' ihm Alles milder sagen sollen —
Wer weiß, wohin er in Verzweiflung stürmt?"
Und wie sie's denkt, gleich Wetterwolken thürmt
Sich's finster vor dem Geist ihr. Hin und her
Schweift brütend ihr Gedanke, sorgenschwer;
Schon nächtlich dunkelt's; Stunde hallt auf Stunde
Schläfrig herüber von der Glocken Munde,
Doch auf ihr überwachtes Auge sinkt
Kein Schlummer nieder. Kaum durch's Fenster blinkt
Der Morgenschein, so ruft sie in's Gemach
Der Dienerin hinüber: „Bist du wach?
Auf, Ottima, und wo er immer weile,
Ruf mir Ippolito zurück! doch eile!"

Die Alte geht hinweg, und sie, allein,
Sinkt auf den Sessel hin in Seelenpein.
Noch fort und fort den Worten denkt sie nach,
Den bitteren, die er im Scheiden sprach:
„Du hast mich nie geliebt." — „Ich ihn nicht lieben?
Elend will ich auf Erden sein und drüben
Ewig verdammt, wenn nicht bei Nacht wie Tag
Für ihn mein Herz geklopft mit jedem Schlag.
War's nicht vielleicht in Fieberphantasien,
Daß Unheil mir so nah, so drohend schien,
Wenn ich mich nicht von dem Geliebten schiede?
Tönt's doch von allen Lippen: Friede! Friede!
Schon durch Florenz hin, und warum sofort
Verhallte das gebenedeite Wort
Im Kriegsgeschrei, wenn ich die Hand ihm reiche?

Ja, darf den Bund ich brechen, weil mir bleiche
Gespenster, die mein eignes Hirn gebar,
Verderben prophezeiten? Die Gefahr,
Wenn eine ist, wird sich beschwören lassen —
Doch nein! Herr Gott, wenn nun das alte Hassen
Aufs Neu' in lohen Flammen sich erhebt
Und ihn und diese Stadt in Schutt begräbt;
Weh! weh!" So, wie sie sinnt und wieder sinnt,
Tiefer und tiefer in das Labyrinth
Verstrickt sie sich. Träg hingeschlichen ist,
Indeß ihr Pulsschlag die Sekunden mißt,
Schon Stund' auf Stunde; oft, vom Sitze bang
Auffahrend, lauscht sie nach dem Bogengang
Und stürzt, wenn sie den Tritt Ippolitos
Zu hören glaubt, zur Thür hin athemlos;
Umsonst; bald wieder ist der Ton verstummt,
Mittag vorüber längst, vom Thurme summt
Der Schall der Vesperglocke — endlich da
Heimkehrt vom langen Gange Ottima,
Und eh sie noch die Treppen, hochgestuft,
Emporgeklommen, nach der Herrin ruft
Sie aufwärts: „Ihn die ganze Stadt hindurch
Hab' ich gesucht, in der Uberti=Burg
Und sonst bei seinen Sippen nachgefragt,
Doch: von Ippolito, ward mir gesagt,
Weiß Keiner. Früh schon zum Verlobungsfeste
Versammelt haben heute sich die Gäste
Vom Buondelmonti= und Uberti=Stamm,
Gefehlt hat nur Ginevras Bräutigam,
Und wuthempört sind alle ihre Sippen.
Schon Drohungen mit ingrimmbleichen Lippen
Ausstießen sie, zu rächen solche Schmach,
Und sandten Boten dem Entflohnen nach.
Ob in der Apenninen tiefster Schlucht
Er sich auch birgt, umsonst ist seine Flucht."

Als hörte sie des Dolches Schneide wetzen,
Die ihn durchbohren soll, rafft voll Entsetzen
Sich Fiordispina auf; ums Antlitz schnell
Den Schleier werfend, eilt sie zum Castell
Der Buondelmonti. In Ginevras Brust,
Die um ihr Glück wie Leid von je gewußt,
Die Sorgen alle denkt sie auszuschütten,
Die bis zum Irrsinn ihr Gemüth zerrütten.

Sie schreitet — und die Dienerin ihr nach —
Durchs hohe Burgthor und in das Gemach
Der Freundin, aber trifft es leer. Rings späht
Ihr Blick vergebens; seitwärts offen steht
Zu des Palastes großem Saal das Thor,
Und wirrer Stimmenschall schlägt an ihr Ohr.
Sie naht dem Eingang; sieh! und in der Halle
Versammelt sind die Buondelmonti alle,
Die Einen rückgelehnt auf ihre Sitze,
Gesenkt die düstern Augen, draus, wie Blitze
Durch Wetterwolken, Zornesflammen lohn,
Die Andern aufgesprungen und mit Drohn
Die Hände an der Schwerter Griff gelegt.
Wie, wenn von fern der Sturm die Schwingen regt,
Ans Meergestad die ersten Wellen branden,
Dringt nur Gemurmel, dumpf und unverstanden,
Zu Fiordispinen, doch sie bebt vor Grauen,
Den stummen Grimm, der auf den finstern Brauen
Gelagert ist, zu sehn. In wilder Fluth
Schoß plötzlich bis zum Herzen ihr das Blut,
Als laut, wie zitternd von gehäuftem Groll,
Vor allen andern eine Stimme scholl:
„Sterben muß er!" und weiter wie Geroll
Des Donners, der von einer Wolke fort
Zur andern springt, das grause Drohungswort
Von Mund zu Munde flog. Da durch die Schaar

Der Grimm'gen drängte mit gelöstem Haar
Ginevra sich. „Vergebt ihm!" — rief sie aus —
„Nicht meinethalb macht der Uberti Haus
Zum Haus des Jammers! Was hat er verbrochen?
Sagt an! Hat er mir seine Hand versprochen?
Nie, nie! Und wenn er dem Gebot der Väter
Nicht gleich sich fügt, dafür als Missethäter
Wollt ihr ihn strafen?" — Um des Vaters Knie,
Des greisen Bannerherrn, sich klammert sie,
Unwillig aber stößt sie fort der Greis:
„Für ihn noch bittest du? Hinweg! ich weiß
Von Mitleid nichts, nur Blut rächt solche Schmach,
Wie er uns angethan." Indeß ers sprach,
Fuhr Kling' an Klinge blitzend aus der Scheide,
Und: „Wo er immer sei, bei unserm Eide!" —
Erscholls von hundert Lippen — „unser Stahl
Wird ihn ereilen!" Flehend noch einmal
Zum Vater, zu den Brüdern Händ' und Stimme
Erhob das Mädchen, doch in höherm Grimme
Aufflammten Jene, und zu ihren Häupten
Die wilden Racheschreie übertäubten
Der Armen Ruf, daß sie ihr Flehn nicht hörten.

Ernst da trat in den Kreis der Wuthempörten
Ginevras Bruder Cosmo: „Ruhen laßt
Noch eure Schwerter! Nicht mit wilder Hast
Stürzt euch zu dieser That, der schicksalsvollen!
Denn, fällt Ippolito, von Neuem rollen
Die Würfel zu jahrhundertlanger Fehde!
Vertraut mir! Laßt mich erst in ernster Rede
An seine Pflicht den Ehrvergeßnen mahnen!
Mit ihm, als wir vereint die theuren Fahnen
Zum Sieg geführt, schloß ich den Freundschaftsbund,
Und wie dem Mahnungswort aus meinem Mund
Sollt' er nicht folgen? In Ginevras Hand

Wird er die seine legen, daß ein Band
Des Friedens von Geschlechte zu Geschlecht
Die beiden Häuser eine; doch erfrecht
Er sich zum Widerstand — hört meinen Schwur —
Wohin er fliehn mag, seiner Tritte Spur
Auswittern werd' ich, auf daß meine Klinge
Todbringend in das falsche Herz ihm dringe
Und durch sein Blut von unserm Wappenschild
Der Flecken abgewaschen sei." — Doch wild
Von Rufen unterbrochen ward der Sprecher:
„Wozu noch Frist gegeben dem Verbrecher?
Ist Schmach für uns nicht jeder Athemzug,
Den er noch thut? Jedweden treffe Fluch,
Der vor dem Todesstoße durch sein Schwert
Ihm auch nur zum Gebete Frist gewährt!"
Und wieder von gezückten Klingen blinkt
Die weite Halle. Aber Ruhe winkt
Der greise Bannerherr, der an dem Sims
Des Saales düster und verhaltnen Grimms
Gelehnt; dem Fels gleich, den der Blitz gespalten,
Ist ihm die hohe Stirn gefurcht von Falten,
Und seinem Wort schweigt Jeder ehrfurchtsvoll,
Da er anhebt: „Der Frist genießen soll
Ippolito, die ihm mein Sohn verheißt;
Doch, folgt er nicht der Mahnung, so zerreißt
Er selbst das Band, das ihn ans Leben bindet,
Und bis er sterbend sich am Boden windet,
Wird Allen, die sich Buondelmonte nennen,
Das Mal der Schande auf der Stirne brennen.
Schwört mir den Eid denn auf das Crucifix:
Wenn er die Ehre, die er hinterrücks
Uns schwärzen wollte, sonnenhell und klar
Nicht strahlen läßt und an den Traualtar
Ginevra führt, alsdann — den Eidschwur nehme
Ich hier euch ab — vollstreckt an ihm die Behme!

Verflucht der Boden, der ihn trägt, verdammt
Die Luft, die er einsaugt! Beim Rächeramt
Gönnt nicht den Augen Schlaf, den Lippen Trank,
Bis er, durchbohrt von euern Schwertern, sank!
Doch nicht genug durch seinen Tod geahndet
Noch wird der Frevel; wie auf Mörder fahndet
Auf Alle, die Uberti heißen! Macht
Auf sie, wie auf ein Rudel Wölfe, Jagd!
Durch Dampf hervor aus ihren Höhlen treibt
Die arge Brut, daß, was drin lebt und leibt
Von euren Speeren falle, und die Raben
Sich an den Leichen der Berruchten laben!
Die Wälle ihrer Burgen wälzt zur Erde,
Auf daß ein Hochgericht erhoben werde,
Wo sie gestanden haben. Schwört ihr das?"
Also der Greis mit Lippen, ingrimmblaß,
Und wie er winkte, zum Altare traten
Die Stammgenossen allgesammt und thaten,
Die Hand aufs Crucifix gelegt, den Schwur.

Ohnmächtig fast und sich mit Mühe nur
An Ottima, um nicht zu sinken, haltend,
Gelauscht hat Fiordispina; herzzerspaltend
Drang jedes Wort ihr bis ins tiefste Mark.
„O Herrin!" — raunt ihr Jene zu — „sei stark!
Halt aufrecht dich!" — und mit verstörtem Sinn
Heim wankt sie an dem Arm der Dienerin.

———

4.

Umstürmt von der Empfindungen Gewühl,
In ihrer Kammer auf den Lagerpfühl
Sinkt die Unsel'ge hin; betäubt, verwirrt

Durch das, was eben sie vernommen, irrt
Am Abgrund der Verzweiflung ihr Gedanke.
Wie ein Nachtwandler, wenn der Fuß, der schwanke,
An schwindelsteilem Rand hoch auf dem Dach
Dahin ihn trägt, und dann auf einmal wach
Er in den jähen Schlund hinunterblickt,
Der ihm zu Füßen gähnt, so plötzlich schrickt
Sie auf und mißt die grausenvolle Tiefe
Des Wehs, an deren Rand sie steht — o, schliefe
Sie schon den Schlaf, aus dem man nie erwacht!
Umhüllte Wahnsinn ihren Geist mit Nacht,
Daß er ihr eignes Dasein ihr verbärge!
Wohin sie blickt, nur Leichen sieht sie, Särge,
Nur Schwerter, auf des Theuren Brust gezückt.
Die Stirne auf des Lagers Pfühl gedrückt,
Aufseufzt sie dumpf, ihr Antlitz fiebert heiß;
Empor dann wieder fährt sie lauten Schreis:
„Hinweg, hinweg! Ich trage Schuld am ganzen
Unheil! In meinen Busen senkt die Lanzen,
Die Schwerter! Hört! was wollt ihr ihm? — Nein, wehe!
Sie morden mir Ippolito, ich sehe
Die scharfen Speere, wie in seine Glieder
Sich ihre Spitzen bohren; er sinkt nieder,
Aus offnen Wunden strömt sein Blut" —

         So bleibt
Sie lang bewußtlos fast; der Irrsinn treibt
Ihr durchs Gemüth hin Bilder über Bilder,
Eines das andre tilgend, wie in wilder
Gewitternacht der Sturm die Wolken jagt;
Und wenn ein Lichtblick ihrem Geiste tagt,
Das Auge wendet sie hinweg voll Grauen,
Die fürchterliche Wahrheit nicht zu schauen.
Aus der Verzweiflung Brüten sich zuletzt
Aufraffend und dem Schicksalsloos entsetzt,

Doch fest ins Antlitz schauend: „Deine Treue" —
Spricht sie zu Ottima — „zeig mir aufs Neue!
Du und die Diener alle dieses Hauses,
Sucht mir Ippolito! Es gilt, ein grauses
Geschick von ihm zu wenden; führt ihn her!
Sein Leben hängt daran und meins!"

         Nicht mehr,
Sie hastig nach der Thüre drängend, spricht sie,
Und als die Dienerin gegangen, bricht sie
In Schluchzen aus; vom tiefsten Herzen quillt
Und strömts ihr heiß empor und überschwillt
Die starre Rinde, die wie eine Klammer
Sich drum gezogen; ihrer Seele Jammer
Löst sich und schmilzt dahin in Zährenfluthen;
Ihr ist, sie müßte an dem Schmerz verbluten.

 Indeß sie also auf des Sessels Lehne
Die Stirne drückt und Thräne über Thräne
Ihr aus den Augen rollt, tritt ins Gemach
Zu ihr Ginevra leise. Nach und nach
Vermag sich Fiordispina erst zu sammeln,
Als sie emporblickt. An die Brust mit Stammeln
Wirft sich die Freundin ihr: „O Theure, Beste!
Ausströmen muß ich dieses schmerzgepreßte
Gemüth in deins; allein das Weh, den Gram,
Der unversehns mein Leben überkam —
Wag' ich so tiefes Elend auszusprechen,
Und wird mein Herz nicht beim Erzählen brechen?
Mein Hoffen ist, mein liebstes, bis zum Grab
Vernichtet worden; ach, der Vater gab
Dem Glück des Kindes selbst den Todesstoß.
Dem, der mein Alles ist, der wandellos
Ein hoher Stern an meinem Himmel stand,
Zwingt er mich zu entsagen, um die Hand

Ubertos Sohn zu reichen. Auf den Knien
Mit todtenbleichen Lippen bat ich ihn:
‚O Vater! deines einz'gen Kindes schone!
Nichts gilt das Leben mir, wenn mir Guidone
Entrissen wird.' Doch rauh und hart: ‚Es muß
So sein,' gab er zur Antwort, ‚den Beschluß
Vermöchte Gott selbst nicht zu ändern. Schweigen
Geziemt für dich und mir Gehorsam zeigen.'
Kein Flehen half; die Brüder unter Zähren
Auch rief ich an, mir Fürsprach' zu gewähren,
Allein mit Mienen, die wie Dolche drohten:
‚Guidone' — sprachen sie — ‚zählt zu den Todten,
Wenn er Die nur noch anzublicken wagt,
Die dem Ippolito wir zugesagt.'
Wo find' ich Trost? wo Rettung? Freundin, ach,
Zur Todtengruft wird mir das Brautgemach,
Der Hochzeitschleier mir zum Leichentuch
Verwandelt werden. Hier des Vaters Fluch,
Der Brüder Drohn — dort Trennung von dem Einen,
Dem Einz'gen, den ich liebe." — und mit Weinen
Umschlingt sie Fiordispina: „Rath' mir du!"
Doch keine Tröstung spricht ihr diese zu;
Die eignen Thränen mischt sie mit den ihren,
Und in den Abgrund ihres Wehs verlieren
Sich die Gedanken ihr. „O Liebe, Gute!" —
Spricht sie zuletzt — „mit meinem Herzensblute
Würd' ich dich retten, hätt' ich Macht dazu;
Allein dein Loos ist meines; ich und du,
Ginevra, müssen dem Verhängniß fallen,
Das mit gewalt'gem Tritte, schreckbar Allen,
Durch dies Jahrhundert schreitet. Im Gesang
Der Troubadours nur lebt sie noch, die lang
Geschwundne Zeit, als frei nach eigner Wahl
Sich Herz zum Herzen fand, und den Pokal
Der Minne, draus sie süßen Zauber schlürften,

Isold und Tristan leerten — o, wie dürften
Wir Gleiches hoffen, die von Haß umstarrt
Wir sind, von Mord und Rache? Rauh und hart
Herrscht über uns ein eisernes Gesetz;
Und mühn wir uns, zu fliehen aus dem Netz,
In welchem uns gefangen das Geschick,
So fester schlingt es uns in sein Gestrick.
Geschaffen sind die Herzen, um zu brechen;
Nicht andern Trost hab' ich dir zuzusprechen."

Sie schwieg, und lang in ihrem Seelenleiden
Stumm bei einander saßen noch die Beiden.

5.

Allein, nachdem Ginevra fortgegangen,
Harrt Fiordispina, athemlos vor Bangen,
Auf den Geliebten. Nach und nach erblassen
Die Tagesstrahlen, still wirds auf den Gassen,
Und immer kommt er nicht. Die Stunden schwinden,
Vom Thurm her hallen in den Abendwinden
Zehn Glockenklänge, die zum Schlummer mahnen;
Doch, mögen Alle ruhn, ein stilles Ahnen
Verkündet ihr des Vielgeliebten Nähe.
Ihr ist, ein frischer Hauch vom Himmel wehe
Die Sorgen fort, die ihre Brust beklommen;
Und wie es tiefer dunkelt, blüht dem Kommen
Ippolitos des Mädchens Herz entgegen,
Gleich wie die Rose nach Gewitterregen
Den Sommerlüften, die ihr kosend nahn.
So gartenwärts tritt sie auf den Altan
Und sieht die großen Nachtgestirne steigen;
Da, horch! was regt sich unten in den Zweigen?

Die Gartenthür geht auf, ein Fußtritt hallt,
Und durchs Gesträuch, das auseinander wallt,
Tritt Einer vor; das bleiche Mondenlicht
Läßt kaum erkennen, ob er's ist, ob nicht;
Ja, ja, er muß es sein: den Lorbeergang,
Den nächtlich dunkelnden, eilt sie entlang,
Und sieh! ein Mondstrahl, der durch Wolken blinkt,
Fällt vor ihr auf Ippolito; sie sinkt
An seine Brust, umfängt ihn mit dem weichen
Schneeweißen Arm und führt den Sterbensbleichen
Mit sich zur Laube hin, wo Blüthenranken
Wollüst'gen Duftes über ihnen schwanken.
Kein Laut, als nur ein Ach der Liebe, ringt
Sich ihr vom Mund, indeß sie ihn umschlingt:
Ippolito, der erst noch zweifelnd steht,
Fühlt sich von ihrem Athemhauch umweht,
Und ihres Herzens Klopfen, wie es warm
An seines schlägt; da mählig, wie ein Schwarm
Nächtlicher Geister, weicht von ihm das Heer
Finstrer Gedanken; mehr und immer mehr
Beginnt in seiner Brust das Eis zu thauen,
Und in das Auge wieder voll Vertrauen
Blickt er dem Mädchen, wie sie spricht: „O Lieber!
O Einzig-Theurer! noch bebt jede Fiber
In mir und wird mein Auge thränennaß,
Wenn ich des bittern Wortes denke, das
Du scheidend zu mir sprachst. Ich dich nicht lieben?
Mög' ich unselig werden hier und drüben,
Wenn nicht von früh bis spät, bei Nacht und Tag
Für dich nur, dich allein, mit jedem Schlag
Mein Herz geklopft hat, wenn nicht du von je
Mein Alles warst! Des Lebens Wohl und Weh
Kommt mir von dir, nur du kannst mich beglücken,
Betrüben du allein! Vor meinen Blicken
Ist Nacht, wo du nicht bist! Nicht meinen Willen,

Nur deinen Wunsch, du Einziger, zu stillen,
Hab' ich, seit ich zuerst dich sah, gestrebt
Und dich, so wahr ein Gott dort oben lebt,
Dich selbst allein gesucht, nicht Gut noch Habe,
Nicht Lust noch Glanz; mit dir im dunkeln Grabe
Zu ruhen, in Atome zu vergehen,
Bis sich mein Staub dem deinen mischt, verschmähen
Würd' ich den Thron, den mir ein Andrer böte,
Für solches Glück!" — Sie schweigt, und das Geflöte
Der Nachtigall im Wipfel der Cypresse
Erfüllt die Pause. Schon verschwand die Blässe
Des Grams im Angesicht Ippolitos;
An ihre Seite auf die Bank von Moos
Zieht Fiordispinas Hand den Jüngling nieder
Und schmiegt sich sanft an seine starken Glieder
Und nimmt und giebt der Liebe süße Gluth.
Er fühlt, indeß er ihr am Busen ruht,
Hinauf, hinab mit Steigen und mit Fallen
Die warmen Ströme ihres Lebens wallen.
In Ringeln fällt ihr schwarzes Lockenhaar
Auf ihn herab, indessen Auge klar
In Auge blickend bis zum tiefsten Grund
Der Seele niederschaut. Mund glüht an Mund
In vollem heißem Kusse, und zusammen
Lodern zu einem großen Brand die Flammen,
Die aus dem tiefsten Wesen Beider brechen;
Die Lippen schweigen, nur die Blicke sprechen,
Nur Seele jubelt stumm der Seele zu,
Bis in der großen Stille Ich und Du
Vereinigt untergehn im sel'gen Tod
Und einer Flamme gleich, die aufwärts loht,
Empor sich schwingen über Welt und Zeit.

So haben sie in langer Seligkeit
Geschwelgt, da schaut ihm Fiordispina groß

Ins Auge, ringt aus seinem Arm sich los
Und spricht zu ihm: „Nun, Freund, hast du erkannt,
Wie ich dich liebe? Wohl, so gieb ein Pfand
Auch du der Liebe mir, bevor wir scheiden!
Mit heil'gem Schwure mußt du mir beeiden,
Daß deine Hand Ginevren am Altar
Du reichen willst und mich für immerdar
Vergessen! Danken laß uns dem Geschick,
Daß es der Liebe überschwänglich Glück
Gegönnt uns hat in dieser einen Nacht!
Und wenn zu ew'ger Trennung nun die Macht,
Die finstere, uns auseinander treibt,
Die ob der Menschen Häuptern herrscht, was bleibt
Uns übrig, als uns willig ihr zu fügen?
Die Stunde Seligkeit muß uns genügen,
Sonst rufen wir des Himmels Wetterstrahl
Auf unser Haupt herab, und Weh und Qual
Auf diese theure Stadt, die nimmer enden;
Selbst Gott vermag dies Schicksal nicht zu wenden.
So leiste denn den Schwur, den ich verlangt!
Der Lebenden und Künft'gen Schicksal hangt
An diesem Eid."

    Der Jüngling fährt verstört
Empor, als er die ernsten Worte hört;
Doch in der Seele Taumel faßt er sie
Nur halb und ruft: „O Einzig-Theure! wie
Dem, was du forderst, böt' ich Widerstand?
Ich schwöre" — „Schwöre mit erhobner Hand" —
Fällt Jene ein — „beim höchsten Gott dort oben,
Beim Heil der Seele!" — und die Hand erhoben,
Schwur ihr des Eides Worte, die sie sprach,
Ippolito mit zitternder Stimme nach.
Dann fuhr er auf: „Laß diese Trübsal schwinden!
Des Schwures wirst du mich noch selbst entbinden.

Warum auch, daß wir uns entsagen müßten?
Aus dieser Stadt des Haders zu den Küsten
Der Adria entfliehen wir und weiter
Zur fröhlichen Venezia, wo heiter
Der Himmel über unsrer Liebe blaut." —

In ernster Wehmuth ihm ins Auge schaut
Hauptschüttelnd Fiordispina: „Nimmer, nimmer!
Selbst wenn dem Dolche du entgingst, in Trümmer
Verwandelte der Buondelmonti Rache
Um unserthalb die Stadt; das hundertfache
Elend von Bandenwuth und Bürgerkampf,
Die lauten Flüche, in des Sterbens Krampf
Uns zugeheult von der Erschlagnen Munde,
Die stummen, uns aus blut'ger Todeswunde
Anstarrend — denk, mein Freund, an alles das,
Denk an der Mitwelt, an der Nachwelt Haß,
Der unser Haupt belasten würde — nein,
Wenn alle Heil'gen auch im Glorienschein
Hin vor den Thron des höchsten Gottes träten
Und ihn um Lösung deines Schwures bäten,
Nicht würd' er dich entbinden von dem Eide."

Tief athmete Ippolito, und Beide,
Den Blick zu Boden schlagend, blieben stumm.
Dann hub der Jüngling wieder an: „Warum
Uns diese sel'ge Stunde so durch Weh
Verbittern? Nichts, Geliebte, bringt uns je
Zurück die heut verlorene Minute!"
Und neu, auf daß sie an der Brust ihm ruhte,
Zog er die Theure, ihr ins Auge schauend,
In seine Arme. Mählig wieder thauend
Vom Herzen strömte das erstarrte Blut
Durch beider Adern in lebend'ger Fluth,
Und während Sommernachtluft wollustweich

Um ihre Stirnen strich durch das Gezweig,
Und heißer Duft den Blüthen der Limonen
Entquoll und um des Lorbeers Wipfelkronen
Leuchtkäfer schwebten, hoch und höher schlug
Die Leidenschaft mit jedem Athemzug
In ihnen auf, von ihren Wimpern tropfte
Die Thräne des Entzückens, Ader klopfte
An Ader warm; sich fester zu umschlingen,
Rang Arm mit Arm, und an einander hingen
Die Lippen in der Liebe Vollgenuß,
Als wollten sie die Ewigkeit im Kuß
Ausschöpfen. — Durch des Oelbaums Wipfel brach
Das Frühlicht schon, und von des Hauses Dach
Erscholl der Schwalbe morgendlicher Sang.
Da aus den Armen des Geliebten rang
Sich Fiordispina los — zum Hausportal
Führt sie ihn schwanken Schrittes; noch einmal
Sinkt er ihr an die Brust im Trennungsweh;
Allein: „Gedenke deines Schwures! geh!"
Spricht sie und drängt ihn durch das Thor hinaus.

6.

Ippolito, in seines Vaters Haus
Zurückgekehrt, fühlt noch in allen Sinnen
Ein Schwindeln; was nun lassen? was beginnen?
Vom Lager, drauf erschöpft er hingeglitten,
Auf einmal fährt er auf beim Schall von Tritten
Und sieht zu seinen Häupten Cosmo stehn,
Ginevras Bruder. Kalt befremdet sehn
Sich Beide an, die jüngst als Schwertgenossen
Im Siegerkampf den Freundesbund geschlossen,
Und Cosmo als der Buondelmonti Sprecher

Nimmt kurz das Wort: „Willst du, ein Friedensbrecher,
Zum Kampf aufstacheln die versöhnten Stämme,
Daß wieder Blut die Straßen überschwemme?
Besinne dich! Ein Frevel, so verrucht,
Von späten Enkeln würd' er noch verflucht!
Bis morgen noch hab' ich dir Frist erbeten;
Wenn, mit Ginevren zum Altar zu treten,
Du dann noch zögerst, so ist dir, ist Allen
Von der Uberti Stamm das Haupt verfallen;
Wir warten dein beim zehnten Glockenschlag."

Er geht. Ippolito, verstört, vermag
Sich nicht zu sammeln; hierhin, dorthin schwanken
Im wilden Widerstreit ihm die Gedanken;
Er weiß nicht, was er fliehe, was er wähle.
Zuletzt flammt in der tiefzerrißnen Seele
Noch einmal mächtig auf die Leidenschaft,
Und, aus dem Brüten plötzlich aufgerafft,
Des Weges zur Geliebten stürmt er fort:
„Zu ihr! und von dem Schwur, dem Frevelwort,
Im Sinnentaumel unbedacht gesprochen,
Löst sie mich selbst. Warum gleich muthgebrochen
Beugt' ich das Haupt? Noch vor dem Abendroth
Fliehn wir vereinigt, daß ein rettend Boot
Uns nach Venedig trage."

Schon hinaus
Zur Stadt ist er gelangt, er klopft ans Haus,
Das all sein Glück umschließt, wird eingelassen
Und eilt den Dienern, die mit schreckenblassen
Gesichtern auf den Gängen stehn, vorüber.
Auch Ottima schaut bleich ihn an. Voll trüber
Ahnungen schreitet er den Corridor
Entlang, die Treppen zum Gemach empor,
Wo ihm das Süßeste des Lebens ward.

Er tritt hinein; was steht er da und starrt,
Sein Fuß wie festgewurzelt an der Thür?
Ihm stockt der Athemzug, er heftet stier
Die beiden Augen auf die Lagerstatt.
Vor ihm reglos, bleich wie ein Lilienblatt,
Das Haupt zurückgesunken auf den Pfühl,
Liegt Fiordispina da — im leichten Spiel
Der Winde, die durchs Fenster wehen, wallt
Ihr schwarzes Lockenhaar herab, und kalt,
Wie um ein Schneegefild das Dämmerlicht
Des Wintermorgens, spielt um ihr Gesicht
Ein eis'ger Schimmer — nein, das ist nicht Schlaf;
Ein Dolch hat, der den Sitz des Lebens traf,
Für immer ihr gestillt des Herzens Klopfen.
Blut quillt aus ihrer Brust in großen Tropfen;
Den Griff des schneid'gen Dolchs, der sie durchbohrt,
Hält ihre Rechte noch.

     Von Nacht umflort
Ist Aug' und Sinn Ippolitos; es schwankt
Der Boden unter seinem Fuß; er wankt
Zum Lager hin, auf dem die Todte liegt,
Und lauscht, das Haupt an ihre Stirn geschmiegt,
Ob sich in ihr ein Athemzug noch rege.
Nein, nicht ein leiser Hauch; die matten Schläge
Nur seiner Adern fühlt er; starr wie Eis
Sind ihre — in die Augen ihr, die, Kreis
In Kreis verwebt, ihn wie der Himmelsbogen
In ihre blauen Tiefen oft gezogen,
Späht er hinab nach einem Lebensschimmer,
Doch nur ein mattes, frostiges Geflimmer
Quillt aus den glas'gen Blicken fahlen Lichts,
Ein Schein wie aus dem bodenlosen Nichts,
Und um das Antlitz, jüngst so göttlich schön,
Schon einen Duft des Grabes fühlt er wehn.

Er muß sich stützen, um nicht hinzusinken;
Da erst gewahrt er, wie sie mit der Linken
Ihm eine Schrift entgegenhält. Er nimmt
Das Blatt, doch vor den Augen lang verschwimmt
Ihm jedes Zeichen; endlich liest er so:
„Ich fühlte mich zu schwach, Ippolito,
Lebend dich festzuhalten bei dem Eid;
Nun, da ich todt, löst keine Ewigkeit
Dich von dem Schwure; geh, ihn zu erfüllen!"

Er liest es — Fiordispinas letzten Willen
Erkennt er wohl, doch wie im Schwindel kreist
Die ganze Welt um ihn; noch kann sein Geist
Nicht Alles fassen. Nieder wirft es ihn,
Und an der Theuren Lager auf den Knien
Lang liegt er da in stummer Todtenfeier.
Schon, niederwallend, breitet ihren Schleier
Die Nacht um ihn; aus seiner Brust tief innen
Quillt es und bricht hervor, und Thränen rinnen,
Als wollten sie hinweg von ihm die Wucht
Des Jammers wälzen. Aufzuringen sucht
Aus der Verzweiflung Abgrund sich sein Herz,
Und von der Leiche betend himmelwärts
Hebt er das Auge durch die nächt'ge Stille —
Da, siehe! über der entseelten Hülle
Verklärt steht Fiordispinas Lichtgestalt
Und schaut aus Himmelsglanz, der sie umwallt,
Gebieterisch zu ihm herab, doch mild;
Die Arme nach des todten Mädchens Bild
Ausstreckt er; sie indeß, die Hand erhoben,
Hochernsten Angesichtes schwebt nach oben,
Und in dem Dunkel, bei der Leiche betend,
Bleibt er zurück. Dann, als die Halle röthend,
Der Morgen durch die Bogenfenster flammt,
Still, wie ein Priester an sein hohes Amt,

Zum Schloß der Buondelmonti schreitet er,
Wo schon um sich der stolze Bannerherr
Die Sippen all versammelt hat im Kreis.
Ernst zu Ippolito hintritt der Greis
Und führt die Tochter ihm heran, die bleiche,
Daß er ihr am Altar die Rechte reiche;
Und Alle, ihres alten Haders Ende
Besiegelnd, bieten ihm zum Gruß die Hände.

Inhalt.

		Seite
I.	Giorgione	5
II.	Glycera	31
III.	Ubaldo Lapo	48
IV.	Heinrich Dandolo	73
V.	Der Flüchtling von Damascus	101
VI.	Rosa	124
VII.	Stefano	162
VIII.	Der Regenbogenprinz	185
IX.	Lais	205
X.	Fiordispina	220

Ebenbürtig.

Roman in Versen.

Zweite Auflage.

Erstes Buch.

Heil dir, durch die zum komischen Theater
Voll Faschinglust verwandelt wird die Welt!
Dir, Muse, dank' ich und dem Göttervater,
Der auf dem Erdenpfad dich mir gesellt,
Daß ich, wo Mancher sonst als Desperater
Die Waffen streckt, dahinschritt als ein Held
Und mich im engen Lebenshorizonte
Das Kleine, Niedrige nicht quälen konnte.

Du gabst mir, herrlichste der Himmelstöchter,
Für Hochmuth, der ein Nichts zum Etwas färbt,
Für Dünkel, den im Wechsel der Geschlechter
Der Ahn dem eitlen Enkelsohn vererbt,
Die beste Waffe, schallendes Gelächter
Und Spott, der seichter Thoren Rücken gerbt:
Du lehrtest mich Durchlauchten, Excellenzen
Als Opfer am Altar des Momus kränzen.

So lach' ich auch, wenn abgeschmackte Mode
Auf hohle Schädel Ruhmeskränze drückt,
Wenn in Moschee, in Kirche und Pagode
Unsinn die Stimme der Vernunft erstickt,
Wenn Philosophen=Narrheit mit Methode
Die Köpfe aller Lebenden verrückt;
Laß sie die Welt gehörig nur verdummen,
Denk' ich, zuletzt wird doch der Lärm verstummen.

Nach diesem Anruf gleich denn zum Lokale,
Auf welchem sich zuerst der Faden spinnt,
Der mir wie dem Erzählungspersonale
In der Begebenheiten Labyrinth
Als Führer dienen soll! In einem Thale,
An dem der Rhein nicht fern vorüberrinnt,
Uns finden wir; umsäumt von hohen Tannen,
Im Breisgau liegts, dem Land der Allemannen.

Bei Schopfheim, das durch Hebels Katties, Elsen,
Friedlis berühmt ist und sein Kirchweihfest,
Hängt uns zu Häupten dort an steilem Felsen
Schloß Wolkenstein gleich einem Adlernest;
In seiner Rinnen schmucken Schlangenhälsen,
Den Erkern, Zinnen manchen schönen Rest
Aus alter Zeit bewahrt es noch; die Stylart
Von Renaissance und Gothik eine Spielart.

Schon senkt sich Abenddämmrung auf die Thäler;
Matt glühen bei der Sonne Scheidegruß
Die Halden, die längs zweier paralleler
Bergreihn sich ziehn bis an der Alpen Fuß;
Du aber, Leser, folge dem Erzähler,
Der aufwärts zu der Burg dich führen muß!
Dort oben in den Sälen, in den Zimmern
Beginnen einzle Lichter schon zu schimmern.

Fürst Friedrich, den noch jüngst die Winterzeit
Auf seinen Gütern in der Mark, in Pommern,
Bei Prenzlau und bei Stolpe eingeschneit,
Bewohnt dies Schloß, um drin zu übersommern.
Zum Ballfest heut, obgleich es weit und breit
Kaum einen Orthodoxern giebt und Frommern,
Lud er sich Gäste, und höchst unascetisch
Soll der Champagner fließen am Soupertisch.

Denn zum Besuch schon ein'ge Zeit hindurch
Verweilt die reiche Herzogin Lenore
Mit der Prinzessin Tochter auf der Burg;
Und dieser Tochter, einem Meteore —
Denn reich begütert ist sie an der Murg
Und prangt in jugendlicher Schönheit Flore —
Will seinen ältsten Sohn der Fürst vermählen;
Gleichgültig sind dabei der Beiden Seelen.

Nächst ihres Wappenschilds dreifachen Lilien
Schätzt unser Fürst, wie fromm er immer sei,
Die opulente Mitgift an Cäcilien —
Dies der Prinzessin Name. Nebenbei
Bemerk' ich hier, daß unsre zwei Familien
Mediatisirt sind seit dem Jahre Drei,
Das Deutschland bei des Volkes Freudenthränen
Erlöst von ein'gen hundert Souverainen.

Nach jenem hocherfreulichen Processe,
In dem sie ihre Herrschermacht verhaucht,
Wie neuerdings der Welfe und der Hesse,
Kaum fernern Hofstaat hätten sie gebraucht;
Doch zugesichert war auf dem Congresse
Für ew'ge Zeiten ihnen die Durchlaucht,
Und somit ebenbürtig selbst dem Kaiser
Blieb jedes Glied der beiden Fürstenhäuser.

Nothwendig war drum Hof und Etikette
Für die Altessen; einen Hofmarschall
Mit Uniform und goldner Epaulette
Noch hielten sie nebst Junkern für den Stall,
Geheime Secretairs im Cabinette
Und Kämmrer mit devotem Redeschwall;
Zerrüttet aber wurden durch die Schranzen
Dem Fürsten Friedrich leider die Finanzen.

Heut eben im Gemach mit Sammt=Tapeten
So redet er zum Prinzen=Gouverneur:
„Wie oft schon hab' ich ihn gemahnt, gebeten!
Doch ehr, als daß man der Vernunft Gehör
Verschafft bei Philosophen und Poeten,
Treibt man Kameele durch ein Nadelöhr.
Fürwahr, Graf Lorm, bereits zu den Verlornen
Zu zählen hab' ich meinen Erstgebornen.

„Die Bücher alle soll man ihm verbrennen,
Die ihm den Kopf verdrehen, Byrons, Humes!
Für unser Haus, wo wir den Herrn bekennen,
Hofft' ich von ihm Vermehrung noch des Ruhms
Und ließ ihn Nikolas beim Taufen nennen,
Nach jenem Hort des Gottesgnadenthums,
Dem großen Volksbesieger Nikolaos;
Doch jetzt — mir ist, als bräch' herein das Chaos!"

„Durchlaucht, ich hoffe, würdigen den Eifer,
Mit dem ich ihn erzog." versetzt Graf Lorm.
„Als ich herkam, hieß Jeder ihm ein steifer
Hofmann, der so excentrisch und abnorm
Wie er nicht war; doch nun, an Jahren reifer,
Mehr zeigt er sich den Sitten schon conform,
Und bald wird unter der Prinzessin Händen
Sich das Erziehungswerk an ihm vollenden."

Der Fürst stampft mit dem Fuß: „Mit keinem Auge
Sah die Prinzeß er gestern an beim Thee;
Daß er zu irgend was auf Erden tauge,
Bezweifl' ich fast; schuf er mir Freude je,
Wie meines hohen Hauses Stolz, Aslauge?"
(In Klammern hier bemerk' ich: nach Fouqué,
Der dazumal ein Liebling war der Damen,
Empfing des Fürsten Tochter diesen Namen).

„Sie würde ehr, als Einem sich vermählen,
Der einen Tropfen nur Plebejerbluts
In seinen Adern hat, das Grab erwählen;
Um Otto, Karl und Max getrosten Muths
Auch kann ich sein und völlig auf sie zählen:
Tagtäglich ja — o meinem Herzen thuts
So wohl! — hersagen sie seit der Germanen
Urzeiten mir die Reihe meiner Ahnen.

„Doch Nikolas! Fast ist mir, als entwiche
Mit ihm mein Genius. Im Stand wär' er,
Ich sage nicht, sich eine Bürgerliche
Zu wählen — das verhüte Gott der Herr!
Besser ja wär's, daß er zuvor erbliche —
Doch schon enterben ihn formaliter
Würd' ich, wenn er mit einer Baronesse
Von niederm Adel Mesalliance schlösse!"

In seinem Eifer, man bemerkts, verwirrte
Der gute Fürst sich in der Construction;
Dann fuhr er fort: „Ich muß, so ziemts dem Wirthe,
In den Salon; die Lüstres brennen schon.
Doch draußen, wo er auf den Felsen irrte,
Noch eben sah ich meinen Unglückssohn;
Ich bitte, gehn Sie, Graf, ihn heimzuholen;
Sonst wird er krank vom Duft der Nachtviolen!"

Ein Zeichen sagt, daß die Audienz zu Ende:
Der Gouverneur verneigt sich tiefdevot,
Und nun zu Nikolas, mein Leser, wende
Dich theilnahmvoll. Der hatte bittre Noth,
Wenn Gottesdienst nach Pommerscher Agende
Im Schloß gehalten ward beim Morgenroth;
Das Frommsein glückt' ihm nicht trotz aller Mühe,
Im Freien weilt er drum schon seit der Frühe.

Da draußen erst, wie nie bei einem Chor
Von Palästrina oder Pergolese,
Erhebt sein Geist sich; Jeder dünkt ihn Thor,
Der Predigt hören mag und Exegese.
Zum Himmel blickt er andachtvoll empor,
Als ob er Offenbarung in ihm lese,
Und schlürft, frei von der Menschen Wahn und Lügen,
Den Strom des Göttlichen in vollen Zügen.

Wenn blitzend hell der Thau auf ihn hernieder
Im Frühwind stäubt aus zitterndem Geäst,
Wenn neben ihm mit leuchtendem Gefieder
Der Edelfalk aufsteigt aus schwankem Nest,
Geblendet schließt er beide Augenlider;
Ihm ists, als schenk' ihm für sein Wiegenfest,
So reich, wie es nur je geträumt dem Knaben,
Die große Mutter ihre schönsten Gaben.

O Wonne, aus dem Zauberkelch zu zechen,
Den randgefüllt ihm die Natur kredenzt!
Wie anders doch, als auf den traur'gen Flächen
Der Heimath Alles um ihn blüht und lenzt!
Wie quillt und schäumt in tausend Sprudelbächen,
Die in die Tiefe, epheulaubumkränzt,
Hinunterstürzen, übervoll das Leben
Und sprüht von Neuem auf im Grün der Reben!

Erdbeeren in der schattendunkeln Schlucht,
Und hoch auf Gipfeln, wo im Sonnenstrahle
Sie vollgereift, der Kirsche süße Frucht —
Glücklicher ist er viel bei solchem Mahle,
Als wenn im Schlosse Dünkel, Größensucht
Und Ahnenstolz sich spreizen und der schale
Wortschwall, wie an der Oder und der Havel,
Auch hier am Rhein sich fortspinnt über Tafel.

Dann wieder, in dem Schatten einer Fichte
Hinlehnend, sich vertieft er in ein Buch
Und blickt nicht aufwärts bis zum Abendlichte.
Das sind sie, die des Fürsten Urtheilspruch
So schwer verpönt, des Brittenlords Gedichte;
Doch, drohte selbst dem Sohn des Vaters Fluch,
Ja jede Strafe aus der Carolina,
Nicht ließ' er ab vom Giaur, von Parisina.

Als Kind schon Buch auf Bücher ohne Sichtung
Hat er gelesen; ob auch streng sein Amt
Der Gouverneur geführt und zur Vernichtung
Die Schriften, die er bei ihm fand, verdammt,
Stets höher für Philosophie, für Dichtung
War unsres Prinzen Liebe aufgeflammt;
Zum Trotze dem Erzieher, den Verwandten,
Verschafft' er neue sich statt der verbrannten.

Und zwar Ausgaben nahm er in Sedez,
Daß er sie leichter vor Entdeckung hüte;
Er trug ein Bändchen in der Tasche stets,
Und oft geschickt, wenn er im Betsaal kniete,
Las er, statt im Gebetbuch, im Lukrez
Die Stelle von der Macht der Aphrodite
Und murmelte: „Mutter der Aeneaden!"
Indeß die Andern riefen: „Herr der Gnaden!"

Allein weitläuftig werd' ich hier, ich spüre;
Sonst außer Dichtern auch noch Philosophen
Nennt' ich, für deren eifrige Lectüre
Der Prinz im heißesten der Höllenofen
Einst brennen wird. Am besten ists, ich führe
Die gut'gen Leser in den nächsten Strophen
Zum Platz, wo er heut Abend einsam sinnt,
Indeß im Schloß bereits das Fest beginnt.

Doch nein, er ist nicht einsam; eben jetzt
Am Wasserfalle unter dunkeln Eiben
Hat Maler Erich sich zu ihm gesetzt
Und spricht: „Nicht länger kanns verschwiegen bleiben,
Obgleich ich es verborgen bis zuletzt!
Fatal ist mir im Schloß das ganze Treiben,
Und gern vor der Beschränktheit hier, dem Dünkel
Entflöh' ich bis zum fernsten Erdenwinkel.

„Dir dankt' ichs anfangs, daß zum Fresko-Malen
Dein Vater mir des Festsaals Räume bot;
Allein auf meinen Styl, den idealen,
Wagt der Herr Fürst zu schmähen als Zelot,
Ja, mäkelt mir an den Gesichts-Ovalen
Und sagt, blaß, abgemagert bis zum Tod
Müss' ich sie malen, so wie Cimabue;
Gott soll mich strafen, wenn ichs jemals thue.

„Zuerst nach des Ovid Metamorphosen
Hatt' ich ein Bild entworfen und schon Akt
Dazu gezeichnet; doch als Sittenlosen
Verschrie der Fürst mich; hätt' ich irgend Takt,
Meint' er, so würd' ich den Apoll mit Hosen
Darstellen, statt so unmoralisch nackt.
Nun, der Herr Fürst versteht sich wohl auf Mystik,
Doch keine Ahnung hat er von Stylistik.

„So mal' ich denn, anstatt den Fernhintresser,
Adam und Eva; aber wieder schilt
Fürst Friedrich drob; von einem Giotto-Aesser
Bestell' er sich ein nazarenisch Bild!
Doch ich verwünsche dorthin, wo der Pfeffer
Gedeiht, den Styl, der ihm als trefflich gilt.
Nicht Künstler wär' ich, ließ' ich in sothaner
Manier mich noch behandeln als Quintaner.

„Dann dieser Hochmuth! Nichts ist indigester,
Als wenn solch „hoher Adel" für die Crème
Der Welt sich ansieht. Zweifle nicht, mein Bester,
Dein Vater meint, er sei aus anderm Lehme,
Als wir, geknetet, und auch deine Schwester
Aslauga hat die Künstlerschaft in Behme
Und Acht gethan; glaubst du, sie gönne je
Ein Wort mir, seit ich male ihr Porträt?

„Und dennoch stolz empfind' ich mich als Jünger
Der heil'gen Kunst. Ist nicht von Gian Bellin,
Ist von Giorgione nicht der kleine Finger
Von höherm Werth, als ganze Dynastien
Hohlköpf'ger Fürsten? Zwar nur ein Geringer
Bin ich und nicht zur Meisterschaft gediehn,
Doch hoch empor ragt in so ridicüler
Gesellschaft des Cornelius letzter Schüler."

Prinz Nikolas bot ihm die Hand: „Mein Erich,
Ich habe dich vorher gewarnt, du weißt!
Allein was konnt' ich thun? Nun zwanzigjährig,
Für Alles, was mein Vater liebt und preist,
Doch blieb ich wie ein Kind, so ungelehrig,
Und Fremdling ist noch immerdar mein Geist
Im Haus der Meinen. Sehnst du dich von hinnen,
So steht nach gleichem Ziel mein ganzes Sinnen.

„Mein Tiefgeheimstes will ich dir vertrauen,
O Freund, den meine Seele liebgewann,
Da wir zuerst am See, dem dunkelblauen,
Als Knaben noch uns trafen in Lausanne.
Noch denk' ich gerne, wie ein süßes Thauen
Bei deinem Nahn in meinem Geist begann,
Der sich, von Allen um ihn unverstanden,
Bisher umstarrt gefühlt von Eisesbanden.

„Was damals, als wir Beide Knaben waren,
Mir dämmernd vor der Seele schon geschwebt,
Nun klarer, immer klarer mit den Jahren
Ward das Gebilde, athmet, redet, lebt.
Doch wie, mein Erich, soll ich offenbaren,
Wovon mein Sein in allen Tiefen bebt?
Auch du, obgleich der Herzen wen'ge wärmer
Als deines schlagen, schiltst vielleicht mich Schwärmer.

„Ein Weib, so schön wie ich der Frauen keine
Auf Erden fand, erscheint mir oft im Traum;
Umwallt ist sie von duft'gem Silberscheine,
Und all die Glanzesfülle fass' ich kaum,
Wenn grüßend sich zu mir die Einzig-Eine
Herabneigt von der Wolke lichtem Saum,
Auf der sie ruht; nach flüchtigen Sekunden
Vorüberschwebend ist sie dann verschwunden.

„Am Morgen oft, wenn ich vom Schlaf erwache,
Noch ihren Odem fühl' ich um mich wehen;
Zu Häupten mir dasteht sie im Gemache,
Ich will sie halten, doch umsonst mein Flehen;
Sanft rauscht es in der Linden Blätterdache
Und über Blüthenschnee der weißen Schlehen,
Ihr Schleier flatternd in den Morgenwinden,
Seh' ich sie in den Duft der Ferne schwinden.

„Ich eil' ihr nach auf steilem Bergespfade
Hin über Wiesen, morgendlich bethaut,
Und aus dem Wellenschlag am Rheingestade
Schallt mir ein Ruf von meiner Herzensbraut:
Im Windeshauch, im Rauschen der Cascade
Vernehm' ich ihrer Stimme süßen Laut,
Und lispelnd, wenn sich leis die Blätter regen,
Schickt ihre Grüße mir der Wald entgegen.

„Ich weiß, ein Gleichniß ist sie nur, ein Schatten
Der Einen, Einz'gen, die ich suchen muß,
Und wandern, wandern, ohne zu ermatten,
Bis ich das Urbild fand, wird dieser Fuß;
Nicht in die Erde soll man mich bestatten,
Bevor auf ihrem lang in heißem Kuß
Mein Mund geruht — sonst hätte mir vergebens
Gestrahlt die Sonne dieses Erdenlebens.

„Allein in unserm eisumstarrten Norden
Nicht weilt sie, die den Himmel mir erschließt;
Fort zu des Mittelmeeres schönen Borden,
Wo reineres Licht vom Himmel niederfließt,
Zum Orient, wo mit heiligen Akkorden
Der Eos Sohn die hohe Mutter grüßt,
Will ich aufbrechen. In entfernten Zonen,
Ich weiß, muß meines Herzens Göttin wohnen!"

Der Prinz hält ein. Drauf Erich: „Freund, mit nichten
Befürchte so wie Andrer, meinen Spott!
Doch sänftigen mit dem Verstand, dem schlichten,
Gern möcht' ich deinem Pegasus den Trott,
Denn allzu sehr lebst du in Traumgesichten;
Am Platze war zur Zeit des Lanzelot
Ein Plan wie deiner; aber fast als mythisch
Erscheint er unserer, die allzu kritisch.

„Wohl fand vordem der Troubadour Rudel
Sein Herzenstraumbild, seine Melisende;
Doch wenn du nun zu Schiffe, zu Kameel
Die Welt durchzögst und sich das Weib nicht fände,
Von dem du träumst — nicht hab' ich dessen hehl,
Mein Nikolas, du nähmst ein schlimmes Ende!
Drum schenk Gehör mir! Wenn du reiflich sinnst,
Ablassen wirst du von dem Hirngespinnst.

„Mit Fresken werd' ich und Portrait in weitern
Drei Wochen fertig, und so ist mein Rath,
Daß dann, dich zu zerstreuen, zu erheitern,
Mit mir du eilst ins schöne Land der Waadt,
Zu dem die Engel Nachts auf Himmelsleitern
Herniedersteigen! — Wie ich's früher that,
Will ich von dir, dem vielgeübten Seemann,
Mich steuern lassen durch den blauen Leman.

„Hinweg dann Gêne und Ceremonie!
Am Alpenstock und in der schlichten Joppe
Nach Zermatt machen wir die Fußpartie
Und schwärmen mit Corinna bald in Coppet,
Mit Rousseaus Julia bald in Meillerie;
Dann wieder gehts im lustigen Galoppe
Am Strand durch Rebenhügel hin und Saatland —
Ein wahres Eldorado dieses Waadtland!

„Inzwischen aber cultivire Jeder
Von uns die Kunst, die er am liebsten pflegt,
Du deine Poesie! Papier und Feder
Schon hat die Muse dir bereit gelegt,
Daß bald im Band von elegantem Leder,
Der auf dem Rücken deinen Namen trägt,
Dein Dichtwerk prange in den Bücherschränken
Und Mütter es den holden Töchtern schenken!

„O! wenn von Lorbeern uns die Schläfe triefen,
Wie Platen das so angenehm empfand,
Was giebt es Süßres? Dein, ich wills verbriefen,
Harrt hoher Ruhm; leg nur ans Werk die Hand,
Mach einen Flugritt auf dem Hippogryphen
In der Romantik wunderbares Land,
Nein, besser noch nach Japan, China, Birma,
So reißt um dein Gedicht sich jede Firma!"

Als redend so die Zwei beisammen saßen,
Erscholl die Stimme Lorms, des Gouverneurs:
„Sie hier noch, Prinz? Ists möglich? Sie vergaßen,
Daß Sie beim Fest heut Abend die Honneurs
Zu machen haben? Zürnen über Maßen
Wird Ihr durchlaucht'ger Vater; doch, ich schwör's,
Wenn aus der Art Sie so vollständig schlugen,
Nicht schuld bin ich; die Welt ging aus den Fugen.

„Versammelt längst im Schlosse sind die Gäste;
Nun schnell nur! kleiden Sie sich elegant,
Natürlich weiß das Halstuch und die Weste,
Und — nein, Sie haben noch kein Ordensband!
Auch Sie, Herr Maler, lad' ich zu dem Feste,
Denn der durchlaucht'ge Fürst weilt auf dem Land
Hier ohne Etikette mit den Seinen;
Sogar die Gouvernante darf erscheinen."

Drauf Erich: „Ganz behindert, mein verehrter
Herr Graf, bin ich!" Sodann mit leisem Spotte
Dem Prinzen raunt er zu: „Beklagenswerther!
In Nankingpantalons, beim ew'gen Gotte,
Erscheinen mußt du heute à la Werther!
Princeß Cäcilie wird dich, deine Lotte,
Zum Selbstmord treiben. Nun, komm zu mir morgen!
Ich will dir gerne die Pistole borgen."

Er blieb. Zum Prinzen, der mit ihm direkt
Aufs Schloß ging, sprach der Graf: „Von liberaler
Gesinnung, fürcht' ich, sind Sie angesteckt,
Daß durch Intimität mit einem Maler,
Mit einem hergelaufenen Subjekt,
Sie sich erniedern. Seine tausend Thaler
Ihm zahle man für seine Pinseleien,
Doch dann mög' er dies Schloß nicht mehr entweihen!

„Geschwind nun, werfen Sie sich in den Frack!"
Mißmuthig trat der Prinz ins Schloß. — Indessen,
Gekleidet nach dem neusten Ungeschmack,
Versammelt sind im Saal schon die Altessen,
Und auf des Bodens spiegelblankem Lack
Hinwandeln die Lakain mit Gallatressen; —
Doch hier, trotz des unwilligen Gemurrs
Der Leser, sei vergönnt mir ein Excurs.

Wenn ich, ihr Fürsten, Grafen und Barone,
Auf euren Adelssitzen zum Besuch
Geweilt und wohl am Thor die Wappenkrone
Gewahrte, aber nirgendwo ein Buch,
Des Schlosses dacht' ich dann am Strand der Rhone,
Das hingestürzt ward durch des Sängers Fluch,
Und sah im Geist auch eurer Schlösser Hallen
Verödet, Stein auf Stein in Schutt zerfallen.

Die heut'ge Welt, ich sage das euch nüchtern,
Geht über euch und eure Junkerei
Zur Tagesordnung über; Pferdezüchtern
Und Sportsmen legt sie noch das Recht nicht bei,
Das Haupt so stolz zu heben, nein fragt schüchtern,
Wo denn eur Titel zu dem Anspruch sei,
Und weist euch auf den Adel alter Tage;
Hört ihr davon, es dünkt euch eine Sage.

Ihr redet viel vom schönen Mittelalter;
Nun denn! In Schwaben, Thüringen, am Rhein
Durchs Thor der Burgen, wo als Wappenhalter
Zwei Löwen stehen, tretet mit mir ein!
Da, seht! kredenzt dem liedberühmten Walther
Die Edelfrau den Goldpokal mit Wein;
Da an erhöhtem Ehrenplatz des Saales
Singt Wolfram von der Massenie des Grales.

Soll ich der Zeit der Troubadours euch mahnen,
Der edeln, voll von Minne und Gesang,
Als um das Wappenschild erlauchter Ahnen
Der Ritter stolz den Kranz der Dichtung schlang
Und unter Schwertgeklirr und wehnden Fahnen
Bernarts von Bentadour Tenzone klang? —
Und von Italiens Adel, sagt mir, wäre
Zu euerm Ohr erschollen nie die Märe?

Wie stieg mit Sansovinos Prachtfaçaden,
Dem Marcusdom und Hallenbau davor,
Auf Wink der Nobili an den Gestaden
Der Adria die Wunderstadt empor!
In ihren Sälen, unter den Arkaden
Und Logen der Paläste, welchen Flor
Der Kunst, dem wir noch heut Bewundrung weihen,
Durch Palma, Tizian ließen sie gedeihen!

Der Götter Bilder, nach zweitausend Jahren
Noch so voll Reiz und himmlischer Magie,
Wie da in Staub gestürzt sie die Barbaren,
In ihre Marmorhallen führten sie —
Doch ganz vergessen hab' ich, wo wir waren;
Rückkehren von Italiens Nobili
Muß ich, von Troubadours und Götterbildern,
Um die Soiree auf Wolkenstein zu schildern.

Wohlan denn! in der Kürze, aphoristisch
Hier geb' ich die Beschreibung dieses Rout.
Fürst Friederich am eleganten Whisttisch
Spielt mit der Mutter der gehofften Braut,
Indem auf Gott ein Jeder pietistisch
Die Hoffnung des Partie-Gewinnens baut.
Auf Sofas und auf Stühlen reihn in Gruppen
Sich die Prinzessinnen und sonst'ge Puppen.

Noch andre Damen sitzen auf Canseusen
Im traulichen Gespräch mit jungen Fanten —
Stoff bietet morgen das zu scandalösen
Geklätschen für die Basen und die Tanten —
Doch wenden wir uns von den luxuriösen
Toiletten, von dem Glanz der Diamanten
Zum Kreis von Herrn, der an dem großen Lüstre
Versammelt steht! Lebhaft ist ihr Geflüster.

Vorstell' ich in dem Einen dir, mein Leser,
Den Herrn von Luchs, der bei der Herzogin
Als Kammerherr fungirt und Hausverweser.
Pausbackig, kugelrund, mit Hängekinn,
Fast sieht er aus wie ein Posaunenbläser.
Am Wort ist eben er und spricht: „Ich bin
Gewiß, ihr Herrn, auf Erden giebt es rings
Kein zweites Beispiel solches Sonderlings.

„Wenn über die verdammten Kammerschreier
In Baden wir bei Tafel uns erbozen,
Die Welcker, Itzstein — hole sie der Geier! —
So scheint er, der doch Nikolaus den Großen
Zum Pathen hat, geneigt, zu ihrer Feier
Mit andern Liberalen anzustoßen;
Ja jüngst — vor Schrecken aus der Linken fiel
Die Gabel mir — sagt' er, ich sei servil.

„Servil? Nun ja, muß man nicht vor den Kronen
In Devotion vergehn, den legitimen?
Stolz rühm' ich mich, daß ich, wie es Baronen
Ansteht, conservativ bin von Maximen.
Doch unser Prinz! Die nobeln Passionen,
Wie sie den Sprossen alten Adels ziemen,
Sind ganz ihm fremd; er liebt nicht Jagd noch Hunde,
Noch Pferdezucht, nicht einmal Wappenkunde.

„Jüngst auf den Anstand war er mitgegangen,
Allein, statt aufzupassen, ruhig las
Er fort in seinem Byron; Hirsche sprangen
Ihm nah vorüber durch das Kolbengras
Und spießten ihn beinah mit ihren Stangen;
Umsonst rings scholls: „Habt Acht, Prinz Nikolas!‘
Die Hirsche flohen beim Gebell der Doggen
Zum Wald hinaus und weiter durch den Roggen."

Noch perorirte so der Corpulente,
Da trat der Prinz ein, zwar im Frack, doch o!
Als ob er keine Anstandsregel kennte,
Saß die Cravatte ihm nicht comme il faut.
Auch waren linkisch seine Complimente;
Nicht fern der Thüre stehen blieb er so,
Statt, wie erwartet ward, vor allen Dingen
Prinzeß Cäcilien Huldigung zu bringen.

Wie anders das Gefühl der Dignität
Bei Karl und Max und Otto sich, den jüngern
Sprößlingen unsres Fürsten, doch verräth!
In Pferdeställen und in Hundezwingern
Zwar mehr, als auf der Universität,
Fand ihre Bildung statt, doch als Geringern
Ansehn sie Jeden, welcher nicht hochadlig,
Drum rühmt der Fürst ihr Wesen als untadlig.

Aslauga auch, die Schwester, die mit ihnen
Die Runde macht in der Geladnen Kreis,
Zeigt deutlich in den Gesten, in den Mienen,
Wie sehr sie sich als Fürstentochter weiß,
Der Gräfinnen sogar als Folie dienen;
Hold lächelt sie, allein es ist, als seis,
Wenn sie an Den sich und an Jenen wendet,
Ein hoher Akt der Gnade, den sie spendet.

Doch in der Ecke nah dem Vestibüle,
Wohin der Lichter Strahl nur dämmernd fällt,
Wer steht so einsam, ferne dem Gewühle
Der adelstolzen Herrn- und Damenwelt?
Weit von ihr abgerückt sind alle Stühle,
Weil Jeder sich für sie zu vornehm hält —
Emma heißt die Unselige, Verbannte,
Der jüngern Fürstentöchter Gouvernante.

Verlegen bittet unterdeß der alte
Fürst Friedrich die Prinzessin um die Gunst,
Daß sie am Piano ihr Genie entfalte:
„O" — spricht er schwärmrisch — „göttlich ist die Kunst;
Sie glättet selbst die schlimmste Sorgenfalte
Und hebt empor uns aus dem Erdendunst!
Vermehren drum Durchlaucht das Glück, den Frohsinn
In unserm Kreis! Ich weiß, Sie sind Virtuosin."

Die Holde scheint verlegen, fast erschrocken,
Als von Erwartung Aller Augen blitzen.
Zu Boden blickend schüttelt sie die Locken,
Doch dann, aufstehnd, vorüber an den Sitzen,
Auf denen mit Chignons und Shawls und Tocken
Die Damen prangen und mit Brüssler Spitzen,
Ans Piano schreitet sie, nicht länger pride,
Und sagt halblaut: „von Liszt ist die Etüde".

Sie spielt das Prachtstück einzig mit der Linken —
Das eben ist ja das Columbus-Ei
Der wahren Kunst — fast auf die Kniee sinken
Die Hörer, rings hallt ein Bewundrungsschrei;
Den Prinzen Nikolas jedoch will dünken,
Das Ganze sei nur Taschenspielerei;
Er sehnt zurück sich zu der Kunst der Väter,
Doch auf der Höhe unsrer Zeit nicht steht er.

Dann ein Bravourstück aus Robert le Diable
Trägt die Prinzessin vor; es ist pompöse,
Schon die Introduction ein Töne-Babel,
Ein wahrer Höllenbreughel von Getöse;
Dann das Allegro! wirklich formidabel,
Wie das Geknatter einer Mitrailleuse;
Dem Stärksten selbst durchbebt es jede Nerve:
Im Vortrag welche Meisterschaft und Verve!

Als von den Trillern, Läufen und Cadenzen
Und dem Gehämmer endlich ruhn die Tasten,
(Ein Wunder, daß durch diese Ingredienzen
Moderner Kunst nicht alle Piano-Kasten
In Trümmer gehn!) hallt Beifall ohne Grenzen.
Der Prinz nur ist nicht bei den Enthusiasten,
Und zu ihm tritt Graf Lorm: „Welch ein Benehmen!
Ich, Ihr Erzieher, muß mich Ihrer schämen.

„Schnell! gehen Sie zu der Prinzessin hin,
Statt hier zu stehn, wie Götzen der Pagode!
Sie müssen sagen: ‚Gnädigste, ich bin
Entzückt. Das nenn' ich Vortrag! das Methode!‘"
So trat der Prinz denn zu der Spielerin
Und sprach zu ihr: „Sie sind gewiß marode!
Müd machen diese Phantasien, Capricen,
Wie Seiltanzkünste oder Kobold-Schießen.

„Bestrafen sollte man als Menschenquäler
Die Componisten, wenn mans recht ermißt;
Doch Ihr Verdienst, Prinzeß, ist drum nicht schmäler,
Und sagen muß ich, wie es Wahrheit ist:
Concerten hab' ich beigewohnt von Döhler,
Von Thalberg, Prüdent, Rubinstein und Liszt:
Sie Alle waren tüchtig echauffirt,
Doch, so wie Sie, hat Keiner transpirirt!"

Die Holde kehrt entrüstet ihm den Rücken,
Von dunklem Roth das Antlitz überhaucht,
Doch unter Händeküssen, Händedrücken
Giebt ihr des Schloßherrn fürstliche Durchlaucht
So freudig kund sein innerstes Entzücken,
Daß ihres Unmuths erste Gluth verraucht;
Da öffnen sich zum Speisesaal die Thüren,
Und jeder Herr muß eine Dame führen.

Der Fürst, als ging' er selbst noch auf die Freite,
Reicht der Frau Herzogin den Arm, doch sacht
Zuvor dem Sohne raunt er zu: „Geleite
Prinzeß Cäcilie! Träumer, hab' doch Acht!"
So schreitet der denn an der Schönen Seite,
Die gute Miene zu dem Spiele macht,
Und an die Tafel setzen bei einander
Die Zwei sich unter blühnden Oleander.

Denn duft'ge Stauden schmücken, Treibhauspflanzen
Den Saal bis an die Decke; auf Consolen
Dazwischen stehen Statuen in Distanzen,
Und hundert Kerzen sprühen Girandolen
Von Licht und Glanz. Reich quillt von Pomeranzen
Und Ananas der Duft aus Silber-Bowlen;
Auf Tellern prangen Indiens Vogelnester,
Und hinterm Laubgrün jubelt das Orchester.

Und sieh! Champagner sprudelt, gleich Cascaden,
Wenn vom Gewitterguß geschwellt im Mai;
Nein, noch ein kühnres Bild kann hier nicht schaden,
Mit Hafis sag' ich drum, gekeltert sei
Er aus der Himmelstraube der Plejaden.
Habt Dank, Franzosen, wir gestehn es frei:
Für euch ist unsre Achtung unbegrenzt,
Wenn ihr uns euern Götterwein kredenzt.

Kommt her, laßt Brüderschaft in ihm uns trinken,
Nachdem zu lang einander wir gegrollt!
Anstatt auf Leichen sterbend hinzusinken,
Indeß der Mordgeschütze Donner rollt,
Ists besser, hier versöhnt, so will mich dünken,
Zu schlürfen von der Trauben flüss'gem Gold!
Laßt uns den blut'gen Kranz des Heldenthumes
Vertauschen mit dem Lorbeer schönern Ruhmes.

Besiegt in Schlachten, wie kein Alexander
Sie je geschlagen hat, kein Hannibal —
Ihr wolltets so — ein wirres Durcheinander
Am Boden liegt eur Frankreich, und sein Fall,
Nicht wie der Sturz der Feste am Skamander
Weckt er der Dichterklage Widerhall,
Nein Spott nur, wie von euch ihn Deutschland litt,
Als ihr die Pfalz verheertet; wir sind quitt.

Vergeßt ihr die gehofften Siegsstandarten
Und den geträumten Einzug in Berlin!
Vergeßt, daß wir kassirt die Länderkarten,
Darauf man euch den Elsaß ließ in Wien,
Auch wir, was von den beiden Bonaparten
An Schmach wir duldeten und an Ruin,
Für immer wollen wir das Angedenken
Daran in des Vergessens Nacht versenken!

Im Wettstreit laßt uns Thaten nun vollbringen,
Doch beßre als mit Feuerrohr und Schwert!
Laßt sehn, wer auf der Kunst, der Dichtung Schwingen
Sich höher hebt, wer mehr das Wissen ehrt,
Wems von uns beiden eher mag gelingen,
Daß er der Menschheit hohe Güter mehrt!
Bei uns dem Recht, der Freiheit eine Stätte
Zu gründen laßt uns ringen um die Wette!

Stoßt an, hoch soll eur Viktor Hugo leben!
Je bittrer er uns Deutsche schmäht und haßt,
So inniger ihn lieben wir und geben
Ihm bei dem Fest den Ehrenplatz als Gast,
Auch Renan lebe hoch! wenn er auch eben
Nicht in den Kreis der Orthodoxen paßt,
Wir reichen ihm bei unserm Friedensmahle
Des besten Weines eine volle Schale.

Doch wohin hat der Moët, der La Rose,
Der in den Gläsern glänzt, mich fortgerissen?
Der Leser wünscht, des künft'gen Brautpaars Loos,
Und wie's bei Tisch sich unterhält, zu wissen.
Wohlan denn! Die Prinzessin war furios,
Und keiner schmeckte ihr der Leckerbissen;
Allein sie nahm, wenn auch in ärgerlicher
Stimmung, das Wort: „Ein Kunstfreund sind Sie sicher.

„Das bringt mich auf Jerusalems Zerstörung.
In allen Zeitungen les' ich gedruckt,
Sie sei so schön wie Raphaels Verklärung;
Sie sahn doch Kaulbachs herrliches Produkt?"
Der Prinz fährt auf: „O ja! und mit Empörung;
Nicht der bin ich, der so etwas verschluckt.
Gemalt wohl sind, daß sie als Aushängschilder
Bei Meßspettakeln dienen, solche Bilder.

„Hätten doch mit der Stadt des Titus Truppen
Gleich das Gemälde auch verbrannt! Wie roh
Zeichnung und Farben! Die Figuren Puppen
Von schlechter Pappe, ausgestopft mit Stroh
Und hingeschneit bald hier, bald dort in Gruppen;
Das ganze Bild ein Opern=Schlußtableau
Mit Paukenwirbel und Bengal'schen Flammen;
Mein Urtheil faßt' ich schließlich so zusammen."

Kaum ihren Zorn kann die Prinzeß bezwingen.
„Die Geisterschlacht bewundern Sie mir doch?"
Darauf Prinz Nikolas: „Vor allen Dingen
Sprech' ich es aus: sie ist ein großes Loch;
Am besten ists, durch den Carton zu springen —
So sprang Cornelius oder Joseph Koch,
Ich weiß nicht wer, einst durch ein Bild von Platner,
Doch das von Kaulbach ist noch viel mißrathner."

Erst Pause. Darauf sie: „Von X. doch lasen
Sie den Roman, der solch Talent verräth?"
Und Nikolas; „Bei Gott! man möchte rasen,
Ein Publikum zu sehn, das so verdreht;
Sind alle Deutschen jetzt denn alte Basen?
Das Volk, das Platens lautres Gold verschmäht —
Ich rede nicht von Goethe, Schiller, Lessing,
Das ward trivial — begnügt sich jetzt mit Messing?

„Hätt' ich die Macht nur, ein'ge Schock Romane
Verbrennen lassen würd' ich jedes Jahr,
Einsperren dutzendfach die Charlatane,
Die sie verfassen; wieder würde klar
Die Luft dann und der Dichtung heil'ge Fahne
Wehte von Neuem, wo vor dem Altar
Der Mode jetzt man tanzt ums goldne Kalb;
Doch Sie sind andrer Meinung — meinethalb!"

Nun schweigen unsre Zwei; doch in Raketen
Hin sprüht der Andern Rede durch den Saal,
Da schmettern im Orchester die Trompeten,
Der Fürst giebt, sich erhebend, das Signal,
Und alle Herrn mit ihren Damen treten
Den Rückweg an. Dann in dem großen Saal
Läßt die Prinzessin ihres Führers Arm,
Und er verliert sich in der Gäste Schwarm.

Da steht er, neu in Träumerei versenkt,
Indem er bald der glücklichen Lausanner
Schulzeit, bald an sein Herzens-Traumbild denkt,
Und wird gewahr nicht, wie bereits ihr Banner
Terpsichore, zum Tanze mahnend, schwenkt,
Und wie zur Walzer-Melodie von Lanner
Ein jeder Tänzer auf beschwingten Sohlen
Hineilt, um die Gefährtin sich zu holen.

Indeß noch auf den Prinzen Alle harrten,
Trat erst Graf Lorm und dann der Hofmarschall
Zu ihm: „Schnell doch! Sie lassen Alle warten!
Mit der Prinzeß eröffnen Sie den Ball!"
Da aus den Träumen fuhr er auf; wild starrten
Die Augen ihm; nach kurzem Intervall
Sah man, wie er zu einer Dame rannte;
Unglaublich! Emma wars, die Gouvernante.

Ein Augenblick, und schon mit ihr im Tanz
Hinfliegt er durch den Saal; die Gäste raunen:
„Ists möglich? Hier hört auf die Toleranz!"
Und größer, immer größer wird das Staunen.
Entsetzen übermannt den Fürsten ganz,
Als hört' er schon des jüngsten Tags Posaunen;
In Ohnmacht, während Weheruf im Chore
Um sie erschallt, liegt Herzogin Lenore.

Voll Zorngluth — unglückseligster der Bälle!
Ist die Prinzeß zum Saal hinausgerannt;
Und jammernd ringen Kämmrer, Hofmarschälle
Die Hände: „Unerhört! den hohen Stand
So zu entweihn! Mit einer Demoiselle
Zu tanzen und vor Allen eclatant
Den Bruch zu machen, während fast geschlossen
Der Bund schon war der beiden Fürstensprossen."

Baron von Luchs in Trübsal ohne Grenzen
Wischt von der Stirne sich die Tropfen ab
Und haranguirt die andern Excellenzen:
„Bei Gott! fort werf' ich meinen Marschallstab,
Da das geschehn!" Dann wieder mit Essenzen
Netzt er der Herzogin, die nah dem Grab,
Die Schläfe und ruft aus: „Unsel'ge Hoheit!
Aus ist's für sie mit Glück und Lebensfroheit!"

Da auseinander längst der Tanz gestoben
Und Lanners Walzermelodien verstummt,
Schon holen Viele aus den Garderoben
Die Mäntel sich und schleichen fort vermummt;
Der Prinz jedoch eilt in sein Zimmer oben;
Der Frevel wegen, die er aufgesummt,
Um mit dem größesten sie jetzt zu krönen,
O! kann er seinen Vater je versöhnen?

Zur Herzogin im Tanzsaal unterdessen,
Die wiederum die Augen aufgeschlagen,
Flüstert der Fürst: „Mein Leid ist unermessen,
Und unerhört war meines Sohns Betragen;
Doch daß er künftig ähnlichen Excessen
Fern bleibt, das zu verbürgen darf ich wagen;
Verzeihn denn Hoheit diesmal seiner Jugend!
Ist Großmuth doch erhabner Seelen Tugend!"

Der Herzogin trüb vor den Augen flirrte
Noch Alles; doch, als sie sich dann ermannte,
Kein Wort mehr gönnte sie dem hohen Wirthe:
Ihr Auge einzig sprach durch fulminante
Zornblitze aus: wer sich so weit verirrte,
Daß er zum Tanz mit einer Gouvernante
Vor meinen hohen Augen sich erfrechte,
Hat nicht mehr Fürstenrang noch Fürstenrechte.

Noch einmal will Fürst Friedrich sie begütigen;
„Nur diesmal, Gnädigste, verzeihen Sie
Huldvoll den Streich des jungen Uebermüthigen!
Hinwerfen soll er sich vor Sie aufs Knie!"
Allein die Tiefempörte spricht mit wüthigen
Accenten: „Den Affront vergeb' ich nie!
Noch heut zu reisen hab' ich mich entschlossen;
Sie, Herr von Luchs, bestellen die Karossen!"

Zweites Buch.

Vorwärts, mein Pegasus! Nun an der Krippe
Im Stalle hast du Rast genug gehabt,
Indessen, vom Gesange ruhnd, die Lippe
Ich an Castalias klarem Quell gelabt.
Vielleicht durch Wildniß, über Steingeklippe,
Auf Pfaden, wo du nie zuvor getrabt,
Mein Musenroß, mußt du mich nächstens tragen,
Drum ließ ich deine Hufe wohl beschlagen.

Natürlich ist dies nichts als eine Phrase.
Seitdem man hinrollt auf Velocipeden,
Zum Himmel aufsteigt mittels leichter Gase
Und Eisenbahnen nach dem Garten Eden
Anlegt, wie nach der Jupiter-Oase,
Entbehrlich wird das Musenroß für Jeden;
Zufrieden seis, wenn für der Tage Rest
Man ihm sein Futter nur im Stalle läßt!

Ich weiß, niemals gewinnt ein Buch Verbreitung,
Nie Honorar kann ein Verleger zahlen,
Das zu des Holzes, des Logis Bestreitung
Dem Autor ausreicht, wenn er den banalen
Heerweg nicht geht. Das Feuilleton der Zeitung
Erst muß die Kunst des Flachen und Trivialen
Ihn lehren und in ausgetretnen Gleisen
Den Weg zur Gunst des Publikums ihm weisen.

Drum bitt' ich, Leser, seht ihr je pindarisch
Das Auge mir in schönem Wahnsinn rollen,
So fordert zur Vernunft mich auf summarisch!
Ich denke, nicht mein Unglück könnt ihr wollen,
Und ruinirt ja wär' ich literarisch,
Wenn mir als Krebs in Ballen, hochgeschwollen,
Zur Strafe meines Umgangs mit Apollo
Dies Buch heimkäme, Collo neben Collo.

Hier unter blühndem Flieder und Liguster,
Streng von den Musen und von ihm getrennt,
Im Garten laßt mich lieber nach dem Muster
Der großen Mühlbach bilden mein Talent,
Und gebt mir für die Zukunft, wie bewußter
Autorin, aufs Romanfach ein Patent;
Ach! jüngst — wen wird die Kunde nicht erschüttern? —
Versammelt wurde sie zu ihren Müttern!

Nur ein Verdienst möcht' ich mir vindiciren,
Das meinem Vorbild fehlt; gewissenhaft
Aus Akten und Familienpapieren
Hab' ich mein Material herbeigeschafft
Und keine Mühn gescheut im Dechiffriren.
Drum, weich' ich Jener auch an Schöpferkraft,
So werd' ich ihr doch von Genealogen
Vielleicht und Adelsforschern vorgezogen.

Zunächst nach diplomatischen Depeschen
Allhier denn biet' ich meines Forschens Frucht:
In Herzogin Lenorens Starrsinn Breschen
Zu schießen, hat der Fürst umsonst versucht;
Zur Nachtzeit noch in Kutschen und Kaleschen
Nahm sie mit ihrem ganzen Hof die Flucht,
Und Morgens so im schlimmsten der Humore
Hinwandelt er durch Säl' und Corridore.

Trepp' auf und nieder stürzt das Schloßgesinde,
Weil er den Prinzen Nikolas begehrt;
Schon mit der Antwort, daß man ihn nicht finde,
Sind zwei der Abgesandten heimgekehrt. —
Doch da er stets fortstürmt beim Morgenwinde,
Und da es manchmal Tage lang gewährt,
Daß einsam er geschweift auf öden Wegen,
Wie kann sein Fernsein Staunen heut erregen?

Den Gouverneur, der kaum sich fassen konnte,
Läßt sich Fürst Friedrich rufen: „Mein Ruin
Ist das! die Hoffnungen, drin ich mich sonnte,
Sind hin sammt allen schönen Phantasien,
Die mich umschwebt. Hat doch mit dem Affronte
Mein Sohn verscherzt die beste der Partien!
Wohl! weil durch ihn gescheitert diese Werbung,
Treff' als gerechter Lohn ihn die Enterbung.

„An Karl nun falle und die andern Jüngern
Sein Erbtheil! Zwar sie sind von mindern Gaben,
Doch ehr, als daß von Töchtern aus geringern
Familien, die nicht hundert Ahnen haben,
Sie je den Trauring trügen an den Fingern,
Ließen, ich weiß, sie lebend sich begraben;
Nur dieser Nikolas! schon in der zarten
Kindheit begann er also zu entarten.

„Als wär' er Mitglied einer Räuberbande,
Hin durchs Gebirge schweift er. Welche Schmach!
Ja, einer Liebschaft unter seinem Stande,
So ahnt mir, insgeheim dort geht er nach;
Doch wahrlich! eh' ich dulde solche Schande — — —
Des Fürsten Stimme, wie er also sprach,
Versagte; aus den Augen eine Thräne
Sich wischend, sank er in die Armstuhl-Lehne.

„Mein Gnädigster," nahm Lorm das Wort, „ich bitte
Zu glauben, daß sich hier noch helfen läßt.
Streng sei der Prinz bewacht auf jedem Schritte,
Ja Monatlang erhalt' er Hausarrest,
So wieder fügen wird er sich der Sitte;
Von seinen Flegeljahren noch ein Rest
Blieb ihm bis jetzt; doch seiner hohen Ahnen,
Wenn er zu Jahren kommt, wird er sich mahnen.

„Ich hoffe, wenn auch noch die Wunde eitert,
Die dieser Vorfall Ihnen hinterließ,
Bald in das Leben werden Sie erheitert
Hinausschaun, ja wie in ein Paradies.
Wohl mit dem ältern ist Ihr Plan gescheitert,
Doch Höhres kann, ein wahres goldnes Vließ,
Ihr zweiter Sohn, Prinz Karl, für sich erringen
Und sich zu kaiserlicher Höhe schwingen.

„Zeigt Nikolas sich unwerth seines Pathen,
So schwärmt Ihr Karl als für sein Herz=Idol
Für Rußlands Stolz, den mächt'gen Autokraten;
Das weist für seine Brautfahrt ihm den Pol.
Wahr ist es, unter allen Potentaten
Frei steht die Wahl dem Kaiser; dennoch wohl
Mit einem Eidam, der durch die Gepiden
Von Odin abstammt, giebt er sich zufrieden.

„Warum denn, daß die Werbung nicht gelänge?
An Töchtern hat der Kaiserstamm nicht Mangel;
So bessern Sie den einen Sohn durch Strenge,
Ich werfe für den andern aus die Angel.
Vom schwarzen Meer zur Beringstraßen=Enge
Ist mir, von Astrachan bis nach Archangel
Rußland bekannt; mich lassen Sie den zweiten
Der Prinzen bei der Brautfahrt drum begleiten!

„Im Kaiserschloß ist meine Nichte Zose
(Dort müssen selbst die Zofen adlig sein)
Und, da sie großen Einfluß hat bei Hofe,
Muß sie uns ihren mächt'gen Beistand leihn.
Sie leitet vor der Werbungs=Apostrophe
Aufs Beste für den Prinzen Alles ein,
Und so im Geiste schon nach wenig Wochen
Mit der Czarewna seh' ich ihn versprochen.

„Dies denn, mein Gnäd'ger, wäre mein Programm,"
Er schwieg; wie Nachts sich zwischen Felsenschroffen
In Bayerns Hochgebirg die Wimbachklamm
Plötzlich erhellt, weil wetterblitzgetroffen
Am steilen Hang aufflammt ein Fichtenstamm
(Mit diesem Gleichniß, ich gesteh' es offen,
Straffällig mach' ich wieder mich als Dichter)
Wards in des Fürsten Brust von Neuem lichter.

Nachdem er achtsam dem Projekt gelauscht,
Ist er bei der Idee der kaiserlichen
Verwandtschaft ganz von Hochgefühl berauscht
Und stolz wie — (nein, dies Bild sei ausgestrichen
Und für ein familiäreres vertauscht!)
Ich sage: stolz gleich jungen Fähnderichen,
Die hoffen, avancirt zum Lieutnants-Grade,
Sich bald zu zeigen auf der Wachtparade.

„Ja, Graf," spricht er, „Sie sind ein Rettungsbringer!
Mein Haus, das wegen seines Alters schon
Beneidet ward zur Zeit der Merowinger,
Soll sich verschwägern mit dem Kaiserthron.
Indeß ich hier mit Strenge, wie im Zwinger,
Bewache den verlornen ältsten Sohn,
Geleiten Sie zu meines Hauses Wohlfahrt
Den Jüngeren auf seiner Braut- und Polfahrt!"

Den zweiten Sohn besiehlt der Fürst zu holen
Und spricht zu ihm: „Mein Karl, schon fühl' ich minder
Den Seelenschmerz. Sei Gottes Hut befohlen,
Daß er den Czaren dir, den Ueberwinder
Der Rebellion und der verruchten Polen,
Gewogen macht! Ja, liebstes meiner Kinder,
Wirb in dem Land der Newa und der Wolga
Um eine Katharina oder Olga!"

Der Prinz drauf freudig: „O zu tausendmalen
Das Eine, Höchste hab' ich ja erfleht,
Daß ich mich sonnen dürfte in den Strahlen
Von Rußlands Kaiserkrone! Der Magnet
Ist sie für alle Edeln und Loyalen,
Die Schirmerin der Legitimität
Und in Revolutionen und Revolten
Der Hort, an den sich Alle klammern sollten.

„O Vater, kaum war ich entwöhnt der Amme,
So hast du ja für absolutes Recht
In meiner Brust geschürt die heil'ge Flamme,
Das aber herrscht allein in Rußland ächt;
Drum daß mit Ruriks altem Kaiserstamme
Durch mich verbunden werde dein Geschlecht,
Das ist die höchste meiner Ambitionen;
Mag Glück mein feur'ges Streben denn belohnen!"

Dem Fürsten war, als ob in neuem Flor
Schon seines Stammbaums welke Reiser sproßten
(So glaubt ein Wandrer, der ein Meteor
Erblickt, die Sonne hebe sich im Osten);
Und mit dem Grafen bald fuhr durch das Thor
Prinz Karl von dannen; noch mit Extraposten
Kutschirte man in jenen vierz'ger Jahren,
Im Dampf-Courierzug wär' er heut gefahren.

Wie schön das Reisen damals, als der Wagen
Vorbei an burggekrönten Felsengipfeln,
Durch Felder, die im Sonnenglanze lagen,
Uns trug! Im Dorfe unter breiten Wipfeln,
Wo wir dem Blitz gleich jetzt vorüberjagen,
Wie traulich lud uns zu Kaffee und Kipfeln
Das Wirthshaus ein! War schlecht auch die Cichorie,
Jetzt strahlt uns Alles wie in einer Glorie.

Und dann die Nachtfahrt über Felsenplatte
Und Waldgebirg und durch der Thäler Tiefen,
Wenn auf dem Hügel, auf der grünen Matte
Im Dämmerlicht die Mondesstrahlen schliefen,
Indeß das Posthorn hin von Blatt zu Blatte
Der Buchen scholl, als ob sich Geister riefen,
Und aus den Schluchten, aus den Bergesspalten
Im Windeswehn zurück die Töne hallten.

Wohl mochte jüngst noch Fernan Caballero,
Die an der Ostsee unter Lindenbäumen
Die Kinderzeit verlebt, allein nunmehro
Versetzt ist zu Hispaniens Ufersäumen,
Sie mochte jüngst beim Schalle des Bolero
Noch von den deutschen Posthornklängen träumen:
Doch jetzt nur Lärm des Dampfs hört man am Bätis,
So wie am Rhein, ja selbst im Schooß der Thetis.

So reisen Jene zu den Newa-Borden;
Mag dort Prinz Karl sich eine hohe Braut
Erobern und Graf Lorm den Annen-Orden!
Ob unsern Häuptern aber, hoff' ich, blaut
Des Südens Himmel bald, und in den Norden,
Wo sie an Föhrenwäldern, Heidekraut
Sich laben können und am Sturmgeheule,
Allein befördern mögen sie die Gäule!

Der Fürst, den Gouverneur auf seiner Reise
Mit heißem Wunsch begleitend, glaubt noch lang,
Den Wald durchstreife nach gewohnter Weise
Sein ältster Sohn; doch endlich wird ihm bang
Und Boten sendet er nach ihm im Kreise;
Doch fruchtlos kehren Alle heim vom Gang.
Wißt! Nikolas ist, folgend seinem Sterne,
Geheim entflohn, und weit schon in der Ferne.

Nicht in der Seinen Mitte litts ihn länger;
Wars doch, als könn' er nur durch Unterschleif
Sein beßres Selbst hier retten! Täglich enger
Schien ihm dies Leben, unerträglich steif;
Von Erich auch, den seinen Doppelgänger
Er oft genannt, dem Maler, war wie Reif
So kalt der Spott ihm auf das Herz gesunken
„Nein! von Empfindung hat er keinen Funken!

„Fahr' er denn hin! Zu meinen Freunden zähle
Ich den nicht, der mich nicht begreift noch faßt.
Was ich gleich einem strahlenden Juwele,
Vor dem die ganze Welt umher erblaßt,
Verbarg im Tiefgeheimsten meiner Seele,
Was in mein Herz, ein hoher Himmelsgast,
Herniederstieg, das Schönste alles Schönen,
Vermaß sich dieser Spötter zu verhöhnen.

„Mein Feind ist, wer mich hemmt in den Entschlüssen,
Zu denen hastig die Minute drängt.
Fern, fern im Süden, wo mit Flammenküssen
Der Himmel seine Erdenbraut umfängt,
Wo die Gewohnheit nicht, nicht traur'ges Müssen
Die heilige Natur in Fesseln zwängt,
Wo frei das Herz sich hin dem Herzen giebt,
Dort lebt das Weib, das meine Seele liebt."

Noch in der Festnacht mit der Reisejacke
Vertauscht' er eilends dann das Ball-Costüm,
Barg, was ihm noth, in einem Mantelsacke
Und rief dem Diener zu mit Ungestüm,
Daß auch für sich er schnell das Nöth'ge packe;
Vertrauen, wie sich selber, konnt' er ihm,
Der schon im Norden auf dem Schloß der Väter
Als Kind ihn treu gepflegt, dem guten Peter.

Erst stand der Alte wie gelähmt vom Schrecke;
Ein Stück in seine Rechte, in die Linke
Das andre nehmend, dann mit dem Gepäcke
Schritt er voran nach des Gebieters Winke
Und öffnete zuletzt, nach jeder Ecke
Voll von Besorgniß spähnd, des Schloßthors Klinke,
So flohn die Zwei, die nächt'ge Zeit zu Nutze
Sich machend, vorwärts in des Dunkels Schutze.

Im nahen Dorfe bei den Eisenhämmern
Fand sich ein Gaul und Karren für die Zwei,
Und vorwärts ging es durch das Morgendämmern,
An Wiesen, blumenübersät vom Mai,
An Hürdenständen, draus von jungen Lämmern
Das Blöken scholl, in hurt'ger Fahrt vorbei;
Dann wurden, als sie die Station erreichten,
Zwei Rosse vorgespannt dem Cab, dem leichten.

Der Postillon bläst lustig mit dem Horne,
Ein reiches Trinkgeld ihm verheißt der Prinz,
Damit er mehr noch seinen Eifer sporne.
Die Gäule stürzen — gute Renner sinds —
Im sausenden Galoppe sich nach vorne,
Und bald — denn Deutschlands äußerste Provinz
Ist Alemannien — an den Schweizer Gränzen
Sieht Nikolas der Alpen Schneehaupt glänzen.

Schon weichen die Kastanien den Maronen,
Genzianen schmücken blau den Bergesrand,
Und weiter von Cantonen zu Cantonen
Gehts ohne Rast beim glühnden Sonnenbrand;
Bald, denkt der Prinz, im Lande der Citronen
Nun werd' er sein, und kaum ist umgespannt,
So ruft er ungeduldig: „Vorwärts, Schwager!"
Sogar zur Nachtzeit gönnt er sich kein Lager.

Der alte Peter auf dem Kutschenbock
Denkt für sich hin: „Ich folge wie ein Pudel
Dem lieben Herren über Stein und Stock;
Doch wenn schon manchesmal ein wirrer Strudel,
Als er noch Fallhut trug und Kinderrock,
In seinem Kopf getobt, hat das Gesudel
Der Dichter, die er liest bei Tag und Nacht,
Ihn vollends nun um den Verstand gebracht."

Dann spricht er laut: „Oft reist' ich als Staffette,
Seit ich zum Fürsten kam als Leib=Heiduck,
Doch solches kaum erlebt' ich! Nie zu Bette
Und diese ew'gen Stöße, Ruck auf Ruck!
Abmagern werden Sie noch zum Skelette,
Wenn nicht ein Imbiß Sie, ein tücht'ger Schluck
Bisweilen stärkt! Dort, Prinz, im goldnen Bären —
Sehn Sie das Schild nicht? — rath' ich einzukehren.

„Gebraten wird für Sie dann ein Kalkutter
(Auch Truthahn, Wälscher oder Indian);
Mehr als die Martinsgans des Doctor Luther
Ist das Gericht werth, ja als ein Fasan.
Stets zum Geburtstag Ihrer gnäd'gen Mutter —
Gott hab' sie selig — kam ein solcher Hahn
Auf ihre Tafel." — „Wirst du schweigen schließlich,
Verwünschter Schwätzer?" ruft der Prinz verdrießlich.

Schon liegt der See vor ihm, in dessen Welle
Die heil'gen Stätten all der Tell=Legende
Sich spiegeln, Rütli, Küßnacht und Kapelle —
Gelesen hat man früher zwanzig Bände
Von jenem Helden und von jeder Stelle,
Wo er gelebt, gewirkt; doch nun am Ende
Noch zwanzig andre, dickre muß man lesen,
Damit man weiß, er sei nie dagewesen.

Wahr ist's, es giebt verschiedne Geßler=Hüte
Und Schweden auch hat seinen Apfelschuß,
Doch, wenn wir die Geschichte so zur Mythe
Verwandelt sehen, glauben wir zum Schluß
Beinahe selbst auf mythischem Gebiete
Zu stehn und mustern uns von Kopf zu Fuß,
Ob wir nicht Fabeln sind; nach hundert Jahren
Beweist man sicher, daß wir niemals waren.

Eins aber stell' ich fest und außer Frage:
Mein Held ist da und lebt, Prinz Nikolas;
Selbst, daß ich jeden Zweifel niederschlage,
Bewahr' ich seinen Taufschein, seinen Paß;
Und, findet sich in der Wilkina-Sage,
In einem Manuscript des Ulfilas,
Daß schon bei Skandinaven oder Gothen
Ein gleicher war — was kümmern mich die Todten?

Wohl! sehn wir, wie der Prinz auf dem Luzerner
Tiefblauen See nach Süden weiter reist!
Trüb sitzt er da; für Arnold Melchthals, Werner
Stauffachers Heimath achtlos bleibt sein Geist
Und für die Wunder, Firnen, Felsenhörner,
Die ihm des Sees krystallner Spiegel weist:
Nicht Rütlis will er sehn, noch Rigi-Kulme,
Nein Höhn, wo Reben ranken um die Ulme.

Voll ist, wie stets, der Dampfer von Touristen,
Fast sandte jedes Land sein Exemplar;
In reichen Kleidern, seiden und batisten,
Prangt die Pariserin vom Boulevard;
Ladies mit ihrem Zubehör von Kisten
Und Koffern giebt es eine ganze Schaar,
Und Moskowitinnen mit Schuhn von Juchten
Rüsten zur Fahrt sich durch Gebirg und Schluchten.

Oft weilt der Blick der schönen Pilgerinnen
Auf unserm Jüngling, der zu Boden sieht;
Sie sehen ihn versenkt in tiefes Sinnen
Und wie sein Auge vor dem ihren flieht;
Im Wunsch, die Unterhaltung zu beginnen,
Spricht eine Dame: „very fine indeed!
Hier wohl studirt im Schwyzer oder Urner
Canton hat seine Lichteffekte Turner."

Doch er bleibt stumm; er weiß, daß der Blondinen
Des kalten Nordens keine für ihn taugt;
Sei'n sie von Teint so weiß auch wie Undinen,
Von feinem Gliederbau und blaugeaugt,
Nur dort, wo, immer sonnenglanzbeschienen,
Des Lichtes ew'gen Quell die Erde saugt,
Blühn mit den Lorbeerrosen, den Agrumen
In Gluth und Pracht die ächten Frauenblumen.

Und jetzt empor auf steilen Schwindelpfaden
An Schlünden hin, wo gelber Nebel braut!
Hoch oben haben sich die Boreaden
Aus Eis und Schnee den Winterthron gebaut;
Zur Seite schäumt und wirbelt in Cascaden
Die wilde Reuß; auch wo man sie nicht schaut,
Hört man die Fluth, wie sie in den gezackten
Felswänden tobt in ew'gen Katarakten.

Die Brücke, nicht gebaut von Menschenhänden,
Bebt bei dem Sturz der Wogen wie ein Rohr;
Durch Nebel, flatternd an den Felsenwänden,
Und durch das schwarze, nie erhellte Thor
Schwingt sich der Weg, als wollt' er nimmer enden,
In hundert Windungen empor, empor;
Dann endlich — denkt euch Nikolas' Entzücken! —
Nach Süden senkt sich des Gebirges Rücken.

Bald stäubt der Nebel hin in leichten Flocken,
Herauf vom Thale wehn die Lüfte lauer,
Und unsres Prinzen Herz bebt süß erschrocken,
Wie blau der Himmel wird und immer blauer,
Wie längs des Stromes, der mit Silberlocken
Nach unten springt, an grüner Rebenmauer
Die erste Myrte sich, noch halb verzagt
Und schüchtern, an die freien Lüfte wagt.

Und nun, Italien, Heimath dieser Stanze!
So wie du bist, ein ewiges Gedicht,
Mit deiner Tage goldnem Sonnenglanze,
Mit deiner Nächte Sternensilberlicht
Entfalte meinem Helden deine ganze
Prachtfülle! Was bisher im Traumgesicht
Er nur geschaut, in Farben und Gestalten,
Laß es lebendig sich vor ihm entfalten.

Wo ist ein Land, auf das mit reichern Gaben
Mutter Natur ihr großes Füllhorn leert,
Als über dich? Früh hast du mich, den Knaben,
An deinem treuen Busen schon genährt;
Was zart und stark, was lieblich und erhaben,
Wer anders hätt' es mich, als du, gelehrt,
Wer auf die Lippen mir gleich süßem Seime
Zuerst gelegt die holde Kunst der Reime?

Erschließ denn mir zugleich dein Thor aufs Neue,
Du, dessen immerdar mein Herz gedenkt!
Wohl häng' ich an dem Vaterland in Treue,
Wie oft es mich mit Galle auch getränkt;
Allein, seit einmal deines Himmels Bläue
In meiner Seele Spiegel sich gesenkt,
Stets wieder wie mit unsichtbaren Fäden
Zurückgezogen werd' ich in dein Eden.

Mag nie ein Herbst das Laub der deutschen Buche
Zur Erde streun, daß ich, dem Kranich gleich,
Nicht deine sonnenwarmen Lüfte suche!
Wenn kalt und starr, ein großes Todtenreich,
Deutschland daliegt, vom weiten Leichentuche
Des Schnees bedeckt, will ich, durch Duftgesträuch
Hinschreitend und umspielt von Frühlingshauchen,
Den Fuß in blumenvolle Auen tauchen.

O du, am Arnostrom smaragdne Wiese,
Wo im Januar schon die Narcissen blühn,
Vorbild von Alighieris Paradiese!
Ihr Thäler all am dunkeln Apennin,
In die vom Felshang mit gebrochnem Friese
Gestürzte Tempel, glorreich im Ruin,
Hernieder schaun, in eure Einsamkeiten
Soll Jahr für Jahr mein Genius mich leiten.

Die Tannen, wie sie langsam aufwärts klimmen,
Als wälzten sie der Riesenblöcke Wucht
Den Berg hinan; die feierlichen Stimmen
Der Wasserfälle; drüberhin die Flucht
Der Wolken, die im Purpurlichte glimmen,
Erfüllt hat all das in Valdarnos Schlucht
Schon Dantes Seele, bis, zum Rande voll,
Sie im Gesang begeistert überquoll.

Und führen soll der göttliche Verbannte
Mich zu den Plätzen, die sein Geist geweiht;
Nur Eintagskinder sind wir, doch, wo Dante
Gestanden hat, verschwinden Raum und Zeit,
Und, der ich früh zu ihm in Lieb' entbrannte,
Theilhaftig fühl' ich mich der Ewigkeit,
In der er wandelt, wenn ich auf den Stäten,
Den heil'gen, weile, die sein Fuß betreten.

Vielleicht daß dort noch — lacht nicht, ihr Profanen! —
Ein Hauch von seinem Geiste mich beseelt,
In dem der alte Genius der Germanen
Und der Lateiner herrlich sich vermählt.
Dann wandeln wird mein Lied auf höhern Bahnen,
Erhabneren, als ich sie hier gewählt,
Und, statt zu tändeln in Ariostos Weise,
Durch Höll' und Himmel mach' auch ich die Reise.

Doch weit vom Wege bin ich abgeschweift;
Kaum hat in Deutschland noch der Weizen Aehren,
Die ersten Kirschen sind noch nicht gereist,
Und meine Zeit, nach Wälschland heimzukehren,
Kommt erst wenn der November-Nordwind pfeist;
Bis dahin mög' es Tröstung mir gewähren,
Daß südwärts auf der Alpen andre Seite
Ich meinen Nikolas im Geist begleite.

Im Dorf Bellaggio, noch bedeckt mit Staube,
Ihn finden wir auf des Hôtels Balkone
Im grünen Labyrinth. Mit dunklem Laube
Schwankt über ihm des Lorbeers Wipfelkrone,
Durch die des Flieders duft'ge Blüthentraube
Hervorquillt und die leuchtende Citrone,
Indeß vor ihm durch Stäbe, rebumgittert,
Der blaue See in leichter Wallung zittert.

Empor vom Uferrand, wo in den Blenden
Die Lampen glühn am Bild der lieben Frau,
Schweift ihm das Auge zu den Felsenwänden;
Und zwischen der Olivenhaine Grau
Sieht er zu Myrtenschlucht und Fruchtgeländen
Die Wasserfälle ihren Silberthau
Herniederschütten, bis das Naß sich vorn
Verirrt in Indiens blätterdichtem Korn.

Auf einmal bei der Sonne Scheidestrahle
Aufflammt der See in tiefer Purpurgluth
Und leuchtet wie krystallene Pokale,
Wenn sie des Weines dunkelrothe Fluth
Zum Rand erfüllt; dann bleicht das Licht im Thale,
Und aus der Dämmerung, die unten ruht,
Nur leuchten, halb versteckt in Lorbeergrün,
Noch einzle Villen auf beim Abendglühn.

Und während unserm Prinzen so die Sinne
In all den Wundern schwelgen, an die Eine
Denkt er, die seit der Jugend Anbeginne
Vor ihm in heil'ger, ewig junger Reine
Gestrahlt, das Traumbild seiner hohen Minne;
Hier, wo in wunderbarem Zauberscheine
Ihn die Natur umblüht, muß er sie finden;
Doch wird er nicht vor ihrem Glanz erblinden?

Noch träumend sitzt er so. In den Gebüschen
Des Gartens unter ihm da hört er reden;
Ein Weiberstimmchen im Berlinerischen
Accent wird laut: „Nein, warnen muß man Jeden
Vor solchem Lande! Welche Kluft ist zwischen
Italien und Berlin! Anstatt der Läden
Am Schloßplatz, statt der Cafés an den Linden
Sind einzig Räuberhöhlen hier zu finden."

Darauf ein Baß: „Wie hier die Mücken stechen!
Wund bin ich schon an Hand und Stirn und Kinn;
Und welch ein Kauderwälsch die Menschen sprechen!
Nicht Sinn und nicht Verstand find' ich darin,
Mag ich mir noch so viel den Kopf zerbrechen;
Ich glaube, es ist bloßer Eigensinn,
Daß sie sich deutsch zu reden nicht bequemen,
Die Schufte, die sich unsrer Sprache schämen!"

Der Prinz erkennt: sein Peter ist der Sprecher,
Und die Berlinerin, die vor ihm steht,
Ein Kammermädchen, das mit Shawl und Fächer
Die Herrin spielt. Doch er, da es schon spät,
Wünscht einsam einen Zug noch aus dem Becher
Der herrlichen Natur zu thun und geht,
Indeß die Zwei fortschwatzen, zwischen Vignen
Zum See hinab durch die Allee der Pinien.

Da spielten, wie sie gingen, wie sie kamen,
Ihm kleine Wogen plätschernd um die Füße,
Und leuchtend sah ihn aus der Berge Rahmen
Die hehre Landschaft an; gewiegt in süße
Hoffnung, der künftigen Geliebten Namen
Hört er im Klang der Wellen; ihre Grüße
Wehn ihm die nächt'gen Lüfte sanft entgegen,
Die seine Locken leisen Hauchs bewegen.

Denkt euch das Mondlicht, zitternd auf den Wellen
Und lorbeerwald-umkränzten Sommersitzen;
Die weißen Häuschen oben, die Kapellen,
Die wie die Sterne über ihnen blitzen —
Man glaubt, sie müßten mit den Wasserfällen
Herniedergleiten von so steilen Spitzen —
Und rings die Myrten=, die Olivenhaine,
Wie aufgelöst im weichen Mondenscheine!

Allein genug nun! Solche Mondscheinscenen
In Fülle findet ihr bei Matthisson
Mit ihrem ganzen Zubehör von Thränen,
Mich, bitte, dispensirt in Huld davon!
Nachgrade muß mein Held ein Bett ersehnen,
Denn kühl und feucht — sogar Endymion
Bei seinem Nachtschlaf würde sich erkälten —
Weht an Italiens Seen die Luft nicht selten.

Kurz schlief der Prinz. Bevor hinaus zum Grasen
Die Ziegen und die Lämmer treibt der Hirte
Und frisch beim Morgenroth die Lüfte blasen,
Ihn finden wir im Schatten einer Myrte
Am Seegestad, gestreckt auf weichen Rasen;
Petrarca schlägt er auf; doch der verirrte
Gedanke schweift vom Buch hinweg dem Thoren:
Er bleibt den ganzen Tag in Traum verloren.

Wenn lang und länger dann die Schatten werden,
Dahin sich rudern läßt er durch den See,
Und solche Fahrt dünkt einzig ihm auf Erden,
Wie bald das Boot an Klippen, steil und jäh,
Hinschießt und von den Höhn herab der Heerden
Geläut ertönt, bald dicht die Aloë
Am Ufer prangt und in den Blüthenbüscheln
Des breiten Schilfs die Abendlüfte zischeln.

Einst, als die Sonne schon die letzten trägen
Lichtstrahlen warf und, wie auf einem Claude,
Auf See und Uferhöhn ein goldner Regen
Herabfloß, plötzlich glitt an seinem Boot
Ein Kahn vorbei mit leichten Ruderschlägen,
In dem, umflossen von des Abends Roth,
Ein Weib von wunderbarer Schönheit ruhte —
Seltsam und märchenhaft ward ihm zu Muthe.

An das Unmögliche, das Niegesehne,
Dem durch die Lieder der Romanzatoren
Unsterblich Leben ward, mahnt ihn die Scene;
Durch eines Zaubrers Stab heraufbeschworen
Scheint sie zu sein. An eines Sessels Lehne
Gewahrt er in dem Nachen einen Mohren
In Saracenentracht, von Zügen edel;
In Händen hält er einen Pfauenwedel.

Und vor dem Mohren sieh! im Sammttalar
Auf weichem Polster liegt, von ihm gefächelt,
Ein Weib, von Aussehn fremd und wunderbar.
Herab vom Munde, der holdselig lächelt,
Nein höher, von des Scheitels schwarzem Haar
Bis unten zu den Füßen, feingeknöchelt,
Gleicht sie der Göttin, welche alte Mythen
Als Schönheits-Urbild schufen, Aphroditen.

Ein junger Page, wunderholde Damen
Umstehen die Gebieterin im Kreis,
Mit Staunen sieht der Prinz der wundersamen
Erscheinung zu, er glaubt ein Traumbild seis
Und selbst die Fassungskraft fühlt er erlahmen —
So schwebt das Boot dahin auf feuchtem Gleis.
Verschwunden plötzlich in des Spätroths Glanze
Ist hinter einer Klippe da das Ganze.

Lang noch bleibt unser Nikolas wie trunken
Und achtet nicht, an Geist und Sinn berauscht,
Wie schon verglüht der letzte Sonnenfunken
Und hoch der Wind des Kahnes Segel bauscht,
Der ihn ans Ufer trägt. In sich versunken,
Indem er mit sich selber Worte tauscht,
Aussteigt er an des Gasthofs Lorbeerbäumen
Und liegt die Nacht hindurch in wachen Träumen.

Schon früh erhebt er sich beim Morgengolde
Und schwört: nicht rasten will ich und nicht ruhn,
Bis mir mein Seelen-Traumbild, jene Holde,
Im Arme liegt. — Und du, o Schicksal, nun
Sei huldreich ihm! Wie Tristan und Isolde,
Schirin und Chosru, Leila und Medschnun,
Die Maid Sigune und Tschionatulander,
So führ' auch unsre Beiden zu einander!

Kaum daß noch auf die fünfte Thurmuhr-Ziffer
Der Zeiger deutete, da vom Balkon
Hinunter nach dem Seegestade pfiff er —
In Como als Signal gilt dieser Ton,
Daß man ein Boot verlangt. Renzo, der Schiffer
Von gestern, harrte seiner drunten schon
Und bald hinruderte der Junge, Starke
Den Sehnsuchtsvoll-Verliebten auf der Barke.

Wovon der Prinz auf dieser Fahrt träumt, brauchen
Wir nicht zu sagen; aus den Wellen sieht
Er jenes Wunderbild der Schönheit tauchen;
In jedem Nachen, der die Fluth durchzieht,
Glaubt ers zu schaun, und in den Windeshauchen
Zu ihm herüber wallt es wie ein Lied
Heiliger Liebe, dem sein Herz vibrirend
Nachzittert, sich in Sehnsuchtsweh verlierend.

Hierhin und dorthin auf dem Wasserbecken
In jede Myrten= und Orangenbucht
Läßt er sich rudern; hinter Felsverstecken
Und moos'gen Klippen späht er ohne Frucht;
Die Fee von gestern läßt sich nicht entdecken;
Nahm sie als Sylphe himmelwärts die Flucht
Und schwebt nun oben auf dem Regenbogen?
Zerfloß sie als Undine in die Wogen?

Schon sinken läßt sein Geist die Hoffnungsschwingen;
Da über leisbewegten Wellenplan
Her von Varenna schallt zu ihm ein Klingen,
Und aus der Bucht sieht er ein Fahrzeug nahn.
Von Stimmen, die ein Lied im Chore singen,
Bebt die verliebte Luft. Das ist der Kahn
Von gestern; Wahrheit wars, kein bloßer Traum,
Denkt Nikolas und wagt zu athmen kaum.

Ja mir auch, fürcht' ich, geht der Athem aus,
Wenn ich beschreiben soll der Reize Fülle,
Die in dem Boot, ein reicher Blumenstrauß,
Duftet und blüht. Im Kleid von feinem Tülle,
Das die Contouren ihres Gliederbaus
Erkennen läßt durch transparente Hülle,
Ruht in dem Kahn, von ihrer Damen Flor
Umringt, das Wunderbild vom Tag zuvor.

Denkt euch, gezeichnet von dem Bleistift Guidos
Und, wenn die Zwei auch ein Jahrhundert trennt,
Von Tizians Pinsel colorirt, Cupidos
Himmlische Mutter, aber mehr decent,
Als da am Strand von Cypern oder Knidos
Sie aufstieg aus dem feuchten Element —
Dann von der Schönheit, die in jenem Nachen
Gebettet lag, könnt ihr ein Bild euch machen.

O göttlich Weib! Mit weißen, wehnden Schleiern
Umringen die Begleiterinnen sie;
Zum Saitenklingen ihrer goldnen Leiern
Hallt lieblich ihrer Lieder Melodie,
Und emsig schwingt — hat Victor Hugo, Byron
Geliefert ihn für diese Scenerie? —
Ein Mohr im orientalischen Ornat
Den Pfauenwedel, wie er gestern that.

Durch einen Baldachin von Silberstoffen
Wird noch des Bildes Märchenreiz vermehrt,
Und drüber strahlt, bis in die Tiefe offen,
Das Himmelsblau, visionenhaft verklärt.
Da wirft — der Prinz starrt, wie vom Blitz getroffen
Die Schöne, während sie vorüberfährt,
Ein Blatt ihm zu; ihm schwindeln alle Sinne;
Es ist, als ob die Welt um ihn zerrinne.

Als in die Ferne dann das Boot geschwunden,
Kam ihm Bewußtsein wieder nach und nach;
Doch, daß ihm nicht ein Wahn den Geist gebunden,
Sagt' ihm das Blatt, das ihm zu Füßen lag.
Er las: „So hab' ich endlich dich gefunden!
Umsonst nicht hast du vor mir Nacht und Tag
Geschwebt, du hohes Traumbild meiner Seele,
Das ich zu meines Lebens Leitstern wähle!

„Komm, Freund! zum hohen Freudenfeste lade
Ich dich auf heut in meine Villa ein;
Beim Ave weisen wird dahin die Pfade
Mein Page dir; und dann, auf ewig mein,
Sollst du bei Como an des Sees Gestade
Des schönen Schlosses Mitbewohner sein;
Denn daß ich je von dir, Geliebter, schiede,
O! den Gedanken trag' ich nicht! — Armide."

Denk, günst'ger Leser, dir, mit zwanzig Jahren
Erhalten hättest du solch Billetdoux,
Und meines Prinzen Nikolas Gebahren
Gewiß nicht allzu strenge richtest du.
Elektrisch zuckt bis zu den Scheitelhaaren
Ihm der Gedanke an das Rendezvous
Durch jedes Glied;' flieht schnell, ihr Stunden, schnell!
Denkt er und lenkt zurück in das Hotel.

Heiß glüht schon vom Zenith herab die Sonne,
Darum im Schatten auf Lianenranken
Streckt er sich hin am Bilde der Madonne,
Und ruhelos ihm schweifen die Gedanken
Entgegen der ersehnten Abendwonne,
Indeß zu Häupten ihm die Zweige schwanken
Und im Kastanienwipfel die Cikaden
Mit ihrem Lied zu süßen Träumen laden.

Nicht achtet er, wie durch die Myrtenhecken,
Mit weißem, rothem Kopfputz angethan,
Den Krug zu füllen an dem Brunnenbecken,
Des Dorfes jugendliche Mädchen nahn —
Und Jeden sonst durchzuckt doch süßer Schrecken,
Wenn tiefen Blaus bald wie der Berg-Enzian,
Und bald nachtdunkel unter hohen Brauen
Der Contadinen Augen nach ihm schauen.

Zu spähn tritt dann der Prinz auf den Altan,
Und sieht, die Feder wehnd auf dem Barette,
Schon ferne her im Boot den Pagen nahn.
Er fliegt geschwind, als ob er Flügel hätte,
Zum See hinunter, daß ihn gleich der Kahn
Empfange; mit dem Herren in die Wette
Stürzt Peter vom Hotel herab die Treppen;
Die Koffer läßt er von dem Hausknecht schleppen.

Bald denn, geleitet von dem Liebesboten,
Glitt durch die blaue Fluth mein Nikolas,
Und um ihn schwebten Eros und Eroten,
Indeß sein Herzschlag die Sekunden maß,
Die allzu langsam flohn. — Sein Schicksalsknoten
Soll nun sich lösen und in Julias
Umarmung Romeo sich selig wiegen;
Weht, Winde! laßt die Barke schneller fliegen!

Dem armen Peter nur war nicht geheuer;
Jammernd den Prinzen umzukehren bat er.
„Laßt, gnäd'ger Herr, von diesem Abenteuer!
Was sagten die Durchlaucht, Eur gnäd'ger Vater,
Wenn Sie den Pagen sähen dort am Steuer?
In solcher Tracht sah ich auf dem Theater
Sich mal die Spieler sämmtlich massakriren —
Denkt! nur ein Leben habt Ihr zu verlieren."

Schon wallt die Nacht herab auf weichem Flügel,
Indeß das Boot hinhüpft in leichtem Tanz —
Sieh! vor ihm ragt von busch'gem Uferhügel,
Festlich geschmückt mit bunter Lampen Kranz
Die Villa auf — hellglitzernd auf dem Spiegel
Der Wellen schaukelt sich der Lichterglanz;
Das Ufer ist erreicht, still hält die Barke,
Und Nikolas steigt aus im Lorbeer-Parke.

Nun in die Villa! Märchenhafter Schimmer
Quillt ihm entgegen aus dem Vestibüle,
Und vor den Augen fühlt er ein Geflimmer,
Als von der Gäste wogendem Gewühle
Er alle Säle voll sieht, alle Zimmer —
Ihm ist zu Muth, wie wenn die Somnambüle
Visionen, werth der Wohner von Bicêtre,
Gewahrt durch ihren Seelen=Nervenäther.

Von Columbinen, wie im Carneval,
Von Bolognesen und von Bergamasken
Hinauf, hinunter wogt der bunte Schwall;
Nicht Griechen=Fes, nicht rother Gurt der Basken,
Noch Türken=Turban fehlt dem Fasching=Ball;
Wer all die Zanni, die Brighella=Masken
Gewahrt, muß glauben, die Prinzeß Brambilla
Von Hoffmann halte Hof auf dieser Villa.

Des Prinzen — zwischen all den bunten Trachten
Steht er in seinem Reiserock verlegen —
Scheint keiner der Geladenen zu achten,
Auch sie nicht, sie, die Einz'ge, der entgegen
Mit heißem Drang ihm Sinn und Seele schmachten —
Hoch klopft sein Puls in fieberhaften Schlägen
So oft ihn ein Gewand streift; birgt perfide
Die Maske nicht die göttliche Armide?

Sieh! da schwebt leichten Tritts, wie eine Fee,
Ein Weib heran; er weicht zur Seite zag,
Allein die Rechte reicht sie ihm, und jäh,
Wie der elektrischen Maschine Schlag,
Zuckt durch des Handschuhs schimmerndes Glacé
Ihr Druck ihm bis zum Herzen; er vermag
Zu athmen kaum, als die Gebenedeite
Ihn ins Boudoir führt an des Saales Seite.

Und o! den ganzen Himmel um sich blauen
Sieht er in nie zuvor geschautem Licht,
Als ihre Maske hebt die Frau der Frauen
Und, Versen gleich in des Ariost Gedicht,
Von ihrem Rosenmund die Worte thauen:
„So bist du mein, Freund, der als Traumgesicht
Vor meiner Seele du im Glorienscheine
Seit lang gestrahlt, auf ewig nun der meine!"

Sie gönnt ihm, an den Busen ihr zu sinken
Und einen Kuß auf ihren Mund zu drücken
Und ihres Athems süßen Duft zu trinken.
Lang bleibt er so, berauscht von seinem Glücke.
Da greift sie, leise klagend, mit der Linken
Sich nach der Stirn: „Des argen Schicksals Tücke
Verfolgt mich, die abscheuliche Migräne!"
Seufzt sie und sinkt an eines Sessels Lehne.

„Den Schmerz mir mit Essenzen zu vertreiben
Geh' ich, allein mich wieder siehst du bald:
Für immer nun laß uns vereinigt bleiben,
Dies Lustschloß unser sel'ger Aufenthalt!
Die Tannen deines Vaterlands, die Eiben
Vergessen mußt du hier im Lorbeerwald,
Im Myrtendickicht; nur auf kurz gestatte,
Daß ich dich lasse, o mein Freund, mein Gatte."

Mit beiden Armen noch einmal umwunden
Ihn hält sie, reißt sich los von seiner Brust
Und wankt hinweg. Ihr nach, als sie verschwunden,
Starrt Nikolas, kaum seiner selbst bewußt;
Erst Himmelswonne weniger Sekunden
Und jäh nach dem Gewinn dann der Verlust —
Doch nein! verhieß, sobald ihr Kopfweh weiche,
Nicht ihre Wiederkunft die Göttergleiche?

Mag ihrer bis dahin der Himmel walten!
Den Saal vermeidend, wo wie fiebertoll
Die Masken bei Musik ihr Tanzfest halten,
Bleibt er in dem Boudoir; und sehnsuchtsvoll,
So oft er Rauschen hört von Kleidesfalten,
Der Thür, durch welche sie erscheinen soll,
Zuwendet sich sein Blick; wenn an sein Ohr
Ein Tritt schallt, süßerschreckt fährt er empor.

Lang, von der Ampel mattem Licht beschienen,
So harrt und lauscht er einsam im Gemach;
Her aus dem Saal vermengt der Violinen,
Der Flöten, Cellos Klang sich seinem Ach,
Von Arlechinen und von Columbinen
Wogt draußen fort der Tanz; doch nach und nach
Erschöpft die Festlust sich — herein ins Zimmer
Bricht schon des Morgens erster Dämmerschimmer.

Nun noch ein Tusch von schmetternden Trompeten,
Dann Alles stumm; aus scheint der Ball zu sein.
Unruhig an das Fenster hingetreten,
Sieht unser Prinz im blassen Dämmerschein
Die Musici mit Geigen und mit Flöten
Den Heimweg nehmen, und in langen Reihn
Ans Seegestad', wo Barken ihrer warten,
Die Gäste wandeln durch den Villen Garten.

Er denkt: Von dem Tumult hier, dem Allarme
Ward sicher die Migräne noch vermehrt,
Und über Maßen leidet sie, die Arme,
Lang sonst ja wäre sie zurückgekehrt.
Dann in den Saal hinaus, der sich vom Schwarme
Der Gäste unterdessen ganz geleert,
Ruft er: „Schnell! Cameriere, Maggiordomo!
Ein Arzt ist nöthig; schickt sogleich nach Como."

Da trat zu ihm ein Alter, höchst devot:
„Ei, Herr Marchese, durch das Trennungsleiden,
Ich sass' es wohl, sind Sie betrübt zum Tod:
Gleich nach dem Wiedersehen dieses Scheiden!
Doch schleunig zu befolgen das Gebot
Der Tochterpflicht, wie liess es sich vermeiden?
Mir däucht, dass ich noch nie so tiefes Weh sah,
Wie bei dem Abschied das der Frau Marchesa."

Nicht mehr versteht der Prinz den Italiener,
Als wenn Chinesisch er gesprochen hätte.
Sprachlosen Staunens steht er, während Jener
Fortfährt: „Bald endet Alles gut, ich wette,
Und ist das Wiedersehn dann desto schöner.
Vielleicht ersteht von ihrem Krankenbette
Die Mutter Ihrer Frau Gemahlin morgen,
Und sie kehrt heim, befreit von allen Sorgen.

„Der Brief, der sie von dannen rief, fiel freilich
In dieses Fest gleich einem Wetterstrahl,
Und die Bestürzung find' ich ganz verzeihlich;
Doch trösten Excellenz sich in der Qual
Der bittern Trennung, die ja nur einstweilig,
Hier mit der Aussicht aus dem Gartensaal!
Schaun Sie! vor Ihnen breitet sich der ganze
Herrliche Comer-See im Morgenglanze.

„Und nun verzeihn Sie, gnäd'ger Herr, in Huld,
Doch meine Kasse ist total geleert,
Weil Ihrer Frau Gemahlin voll Geduld
Seit einem Monat ich Credit gewährt;
Verwiesen für Bezahlung dieser Schuld
Ward ich von ihr an Sie; was sie verzehrt
Sammt dem Logis macht vierzehntausend Franken,
Hier sehen Sie! quittirend werd' ich danken."

Der Alte sprichts und ganze Foliobogen
Mit Rechnungen hält er auf einmal hin.
„Wer," ruft der Prinz, „hat Euch denn vorgelogen,
Daß ich der Mann der fremden Dame bin?"
Ach! unser armer Freund ward arg betrogen
Von dieser list'gen Abenteurerin!
Wenn der Armida Rechnung ihr Rinaldo
Bezahlte, stünd' es schlimm mit seinem Saldo.

Der ganze Vorgang sammt der Katastrophe
Wird dem Gefoppten nun allmählig klar;
Er weiß nicht was zu thun; da in dem Hofe
Erschallt Geschrei, und eine wilde Schaar
Dringt in den Saal; zuvorderst eine Zofe
Mit glühnden Wangen und gelöstem Haar,
Dann Stubenmädchen und Facchini stürzen
Herein und Köche mit den weißen Schürzen.

Und durcheinander, auf den Prinzen stiere
Augäpfel richtend, rufen sie: „Gebieter,
Wir fordern Lohn noch für der Wochen viere."
Ein Andrer schreit: „Wein hab' ich, zwanzig Liter,
Geliefert; gebt mir meine hundert Lire!"
Die Monatszahlung heischt der Bootsvermiether,
Ein Dritter Miethzins für das Fortepiano,
Und ringsum schallts im Chor: „la buona mano!"

In Wuth ruft Nikolas: „Fort mit dem Packe!"
Da drängt der Mohr sich durch der Gäste Kreis,
Doch, statt im Kaftan, in zerlumpter Jacke;
Die Hälfte des Gesichtes ist ihm weiß,
Und schwarz wie sonst nur noch die e i n e Backe.
Er jammert: „Hab' ich dazu mich mit Fleiß
Vom Kopf zum Fuß gefärbt an jedem Tage,
Daß ich jetzt hier am Hungertuche nage?

„Bezahlen Sie mich, Herr! Zu Ihrer Bläme
Sonst zeig' ich Allen mich so weiß und schwarz
Und künde laut: nicht Hassan ist mein Name,
Nein, Jakob Schulz! Mir das Gesicht mit Harz
Und Pech zu überziehn, von jener Dame,
Die nie mir Lohn gab, mir befohlen wards.
Wißt! in Tombuktu nicht im Land der Mohren,
Zu Straubing bin, in Bayern ich geboren!"

In dem Tumult verhallt sein weitres Sprechen:
Der Prinz glaubt sich in einer Mördergrube,
Er will sich Bahn durch das Getümmel brechen:
„Birbanti!" donnert er; „hinweg, du Bube!"
Da ihm als Beistand wider jene Frechen
Naht Peter, der in der Bedientenstube
Den Lärm gehört; hoch als Besänst'gungsmittel
Ital'scher Habgier schwingt er einen Knittel.

Verblüfft stehn Alle; in so günst'ger Krise
Aufs nächste Kanapee springt Nikolaus:
„Ihr Räuber," ruft er, „eh' ich solche Prise
Euch lasse, Allen mach' ich den Garaus!
Nicht Gatte der vermeintlichen Marquise,
Ich bin ein Prinz aus deutschem Fürstenhaus.
Macht frei den Weg! dies Land des Rinaldini
Verlass' ich flugs und seh' es wieder nie — nie!"

Er rufts, und Peter, der den Stock in Rechter,
In Linker einen Stuhl erhoben hat,
Steht da wie mit erhobnem Beil ein Schlächter;
Umsonst noch einmal mit der Rechnung naht
Der Wirth; kühn durch der Feinde Wuthgelächter
Zur Saalthür bahnen sich die Zwei den Pfad;
Zum See hinab führt sie ein naher, schroffer
Fußpfad; Facchini folgen mit dem Koffer.

Noch, um ihn dem Gesindel abzuringen,
Erfolgt ein Streit, doch Peter kämpft als Held:
Siegreich hinab in eine Barke schwingen
Die Beiden sich; das Segel, windgeschwellt,
Trägt sie vom Ufer fort; ins Wasser springen
Noch viele Kerle, und: "la mancia!" gellt,
Indeß sie gierig hinterm Nachen schwimmen,
Noch lang das Rufen ihrer schrillen Stimmen.

"Nach Colico!" gebeut den Barcajuolen
Der Prinz und sinkt ermattet in das Boot;
Nicht bloß erschöpft — er kann kaum Athem holen —
Nein, schlimmer viel, betrübt ist er zum Tod.
Von seinen Idealen und Idolen
Was blieb ihm nun? Das Schicksal, der Despot,
Hat jäh hinab zu Abgrundfinsternissen
Aus allen seinen Himmeln ihn gerissen.

So kaum auf Peter hört er, wie er klagt:
"Ach, gnäd'ger Herr, stets für Eur Wohl beflissen
Bin ich gewesen, und wer Andres sagt,
Der lügt verdammt; doch von Gewissensbissen
Ist mir die arme Seele jetzt zernagt,
Denn daß ich wider Willen, wider Wissen
Dies Unheil schuf, sagt mir mein Herz beklommen;
Klar wird mir nun, wie Alles so gekommen.

"Daß ich gern mehr, als nöthig ist, erzähle
Und oft im Schwatzen unvorsichtig bin,
Ist eine Schwachheit, die ich nicht verhehle:
So im Hotel jüngst der Berlinerin
Erzählt' ich von dem Traumbild Eurer Seele,
Das über Land und Meer Euch treibt dahin —
In den Gedichten, die an dieses Wesen
Ihr täglich schreibt, ja hab' ich das gelesen.

„Ach! hätt' ich das Geheimniß doch verschwiegen!
Durch ihre Bose wards dem argen Weib
Bald kund gegeben, und Euch zu betrügen
War eine Kurzweil ihr, ein Zeitvertreib.
Verdammt dies Räuberland! Wär't überm Splügen
Ihr nur erst drüben und mit heilem Leib!"
Er schwieg; um all sein Heiligstes betrogen
Starrt Nikolas verzweifelnd in die Wogen.

Drittes Buch.

Brich an! wir harren dein zu allen Stunden,
O Weltvernichtungstag! Seitdem das All
Dem sel'gen Nichtsein sich zuerst entwunden,
Schaun Himmel, Erd' und jeder Sternenball
Schmachtend nach dir und zählen die Sekunden,
Bis sie aus dieses Daseins Wogenschwall
Rücksinken in den Schooß des Unbewußten,
Dem wider Willen sie entsteigen mußten.

Kaum ferner läßt mich die Erwartung schlafen,
Die süßen Trost in meine Seele träuft,
Daß bald wir eingehn in den Ruhehafen,
Des Jammers bar, der hier sich stündlich häuft.
O Glück, wenn an dem Draht der Telegraphen
Von Pol zu Pole hin die Ladung läuft:
„Schwört, Menschen, euch nicht ferner zu vermehren!
Nicht länger darf die arge Wirthschaft währen."

Doch nein! groß wäre dies Projekt, erhaben,
Allein es ist nicht praktisch; noth thut Eile.
Statt bis zum Tode hier Geduld zu haben
Und langsam zu vergehn vor Langerweile
Wär's besser nicht, die Länder abzugraben
Und drauf die Meere zu der Menschheit Heile
Herabzuleiten durch erschloßne Schleusen,
Daß wir ertrinken müßten gleich den Mäusen?

So komm! Laß lang nicht mehr dies Elend dauern!
Komm, großer Tag, wie du uns prophezeit
Von unsern Hartmanns bist und Schopenhauern!
Mit Stolz aussprech' ichs, bald sind wir so weit!
Fruchtlos erfand nicht ihre schwefelsauern
Substanzen die Chemie der neusten Zeit;
Zugleich eröffnet uns das jüngst entdeckte
Erstickungsgas erfreuliche Prospekte.

Und mehr und mehr bricht in voluminösen
Schriftwerken sich die große Lehre Bahn,
Frei würden wir erst dann vom Fluch des Bösen,
Wenn wir den Lebenswillen abgethan.
Warum denn durch die Kunst der Petrolensen
Nicht wandeln wir zum flammenden Vulkan
Das Weltall um, uns so von dem absurden
Dasein zu retten, dessen Raub wir wurden?

Zwar dann selbst würde nicht das Ziel erreicht;
Dem Willen läßt, dem unverbesserlichen,
Sich auch das Schlimmste zutrann, und vielleicht,
Wenn alles Leben aus der Welt entwichen,
Wenn dieser Erdball einer Schlacke gleicht,
Ertappen läßt er sich auf neuen Schlichen,
Ja sinnt, uncorrigirt von unsern Lehren,
Noch eine andre Schöpfung zu gebären.

In ihr dann wieder lechzt man nach der Stille
Des sel'gen Nichts, wie man allhier schon lechzte,
Ja leidet unter größrer Jammerfülle,
Als unter der man auf der Erde ächzte —
Nicht doch! Belehrt uns nicht die „Welt als Wille,"
Von allen möglichen sei dies die schlechtste?
Laßt uns zunächst denn, denkend nicht an morgen,
Den Untergang der jetzigen besorgen!

Aus Nikolas' Gemüth ist das gesprochen,
Der, schwer getroffen von dem Schicksalsschlag,
Zu neuem Lebensmuthe, herzgebrochen,
Sich aufzuraffen lange nicht vermag.
Seit jener Nacht bei Como schwanden Wochen,
Und mehr enthüllt hat sich ihm Tag für Tag
Vom großen Nichts der Schöpfung das Verständniß,
Das zeigt sein pessimistisches Bekenntniß.

In weltentlegnen Schluchten von Graubünden,
Wo, nah des Rheinwalds wildem Alpenpaß,
Ins Höllenthal die Gletscherbäche münden,
Geflohn ist er mit seinem Menschenhaß.
Die Einsamkeit in jenen Felsenschlünden,
Auf jenen Gipfeln, nur von Boreas
Bewohnt und seinen ungestümen Kindern,
So hofft er, soll den Seelengram ihm lindern.

Gescheitert alle seine hohen Pläne!
Und wieder in die Welt der Intriguanten,
Wo jedes Weib nur eine Courtisane,
Sollt' er heimkehren, dem Gespött von Fanten
Sich preiszugeben, jeglicher Chicane,
Und durch den Grafen Lorm als Abgesandten
Vielleicht um eine Fürstin gar von Schleiz
Zu werben? Besser bleibt er in der Schweiz.

Schon steigt der Winter von dem eis'gen Piz
(So heißt der Pik in Sprache der Romanen)
Herab und nimmt die Thäler in Besitz.
Zum warmen Stall kehrt von den Felsenlahnen
Die Ziege blökend mit der jungen Kitz;
Und immer noch läßt sich der Prinz nicht mahnen
Zu fliehn aus diesen kalten Bergrevieren,
Ob auch die Wasserfälle fast gefrieren.

Trotz Schnees und Frostes lang hat sich vergnüglich
Am Weine von Veltlin gelabt sein Peter,
(Vor allem eine Sorte ist vorzüglich,
Und ich empfehle sie; sie heißt „Completer;"
Doch schließlich sagt er sich, sie zögen füglich
Wo andershin — hoch thürmt sich, viele Meter,
Der Schnee; kaum sieht man drauf des Fußes Stapfen,
Denn er ist hart, so wie am Dach die Zapfen.

So seinem Herren von Katarrh, Bronchitis
(Vom Arzte hat er aufgeschnappt das Wort)
Und daß er sicher hier noch die Arthritis
Sich holen wird, spricht Peter fort und fort.
Der Prinz will erst nicht hören, aber sieht dies
Doch schließlich ein; nur welchen andern Ort
Er wählen solle, bleibt noch unentschieden;
Die Menschen hätt' er gerne ganz gemieden.

Zuletzt, als Réaumür auf zwanzig Grade
Der Kälte weist, nimmt er den Weg nach Chur
Und weiter an des Bodensees Gestade,
Doch hier verschwindet plötzlich seine Spur;
Sein Aufenthalt und was zunächst für Pfade
Er einschlug, kaum scheint eine Conjectur
Darüber statthaft seinem Biographen,
Sonst könnt' ihn spätre Forschung Lügen strafen.

Das Einz'ge, was ermitteln wir gekonnt,
Ist Folgendes: nach ein'ger Monde Dauer,
Als auf den Fluren, wärmer schon besonnt,
Der Schnee zerrinnt bei mildem Regenschauer,
Taucht Nikolas aufs neu' am Horizont
Der Weltgeschichte auf; die düstre Trauer,
Die ihn so lang in ihre Nacht begraben,
Scheint mählig etwas sich geklärt zu haben.

Erwählt hat er um Anbeginn des Lenzes
Das bayrische Athen zum Reiseziel
(Genannt von Andern wird auch Deutsch-Florenz es,
Füg' ich hinzu noch im Walhalla-Styl.)
Dort weilt er staunend vor den Bauten Klenzes,
Der neu — das ist des Lobes nicht zu viel —
Zu Höhn, wie in Jonien einst und Doris
Sie eingenommen hat, die Kunst emporriß.

Vorbei an sich in ganzen Aufgeboten
Sieht aller Zeiten Style ziehn der Prinz,
Kirchen der Byzantiner und der Gothen
Nächst Tempeln mit der Säulenpracht Korinths.
Die buntbemalten Mauern dort, die rothen,
Saalwände, scheint es, aus Pompeji sinds;
Fürwahr, was Bauen, Malen, Meißeln, Tünchen
Vermögen, haben sie gezeigt in München.

Ein Wechsel ists wie in Kaleidoskopen;
Portale voll von Heil'genbilderschmuck;
Antike Götterbilder in Metopen;
Façaden, schön gefärbt mit Fernambuck;
Siegsthore, die für Bauten der Cyklopen
Man hielte, wären nicht die Quadern Stuck.
Orgagna-Logen und Paläste Pitti,
Wo trifft man sonst, wie hier, auf Schritt und Tritt die?

Von all der Pracht ist Nikolas wie trunken;
Wenn seiner Seele Feuer, wie sein Stern,
Erloschen schien, nun neu in hellen Funken
Sprüht es empor. Auf einmal da, nicht fern —
Und fast vor Schrecken wär' er umgesunken —
Den Herrn von Luchs, den dicken Kammerherrn
Der Herzogin, sieht er des Weges kommen,
Und wieder wird das Herz ihm bang beklommen.

Das Elend an dem kleinen Hof beim Vater
Tritt bei dem Anblick vor ihn hin aufs neu',
Das ekle Schranzenthum mit obligater
Langweile; seitwärts weichen will er scheu —
Vergebens; an der Ecke beim Theater
Zum Stehn bringt ihn der Dicke: „Meiner Treu,
Sie kennen mich nicht mehr, mein Prinz! Ich segne
Die Stunde, wo ich Ihnen hier begegne!

„Vor allen Dingen seien Sie gebeten:
Schaun Sie mir mit Vertraun ins Angesicht.
Ich weiß, excentrisch ist, wie der Kometen,
Der Jugend Bahn; zum epischen Gedicht
Gern machtet euer Leben ihr Poeten.
Verständniß dessen hat Fürst Friedrich nicht,
Der Alles zwingen will in die Schablone,
Darum verarg' ich nicht die Flucht dem Sohne."

So Herr von Luchs. Den Prinzen oft geschmäht
Hat er vordem, doch nun nach Höflingsart
Beschönigt er die Excentricität.
Auch staunt nicht, wie er weiter sich gebahrt
Und dem Phantasten, welcher vor ihm steht,
Gleich Alles, was sein Herz drückt, offenbart;
Unmöglich einmal ists dem dicken Alten —
Ersticken müßt' er sonst — den Mund zu halten.

So fährt er fort: „Ein Stündchen noch zum Plaudern
Hab' ich; doch dann mich mit dem feinsten Frack
Zu costümiren darf ich nicht mehr zaudern.
Ach! sonst sind zwar Soireen mein Geschmack,
Allein an diese denk' ich nur mit Schaudern.
In voller Gala, unterm Arm den Claque,
Vor einer Tänzerin sich präsentiren,
Das muß ein Mann, wie ich, perhorresciren.

„Und doch! die Pflicht gebietets! es muß sein." —
„Wie das? Von welcher Tänzerin Sie reden,
Nicht faß' ichs" — fällt der Prinz verwundert ein. —
Drauf Jener: „Sind Sie bei den Samojeden
Gewesen — beste Durchlaucht, Sie verzeihn! —
Daß Sie nicht wissen was der Geister jeden
Allhier erfüllt? Seit ich in München bin
Nichts hör' ich, als nur von der Spanierin.

„Man sagt, auf dem Theater schwebe Eros
Um sie mit allen seinen Amoretten,
Wenn sie bei den Fandangos, den Boleros,
Sich wiegt zum Schmetterklang der Castagnetten,
Was Wunder, daß der Gott, der manchen Heros
Des Alterthums schon zwang in seine Ketten,
Bei uns auch, und in allerhöchsten Kreisen
Bemüht war, seine Allmacht zu beweisen!

„Kaum denn hier angelangt, schuf diese Lola
Verwirrung, wie, so weit man rückwärts denkt,
Sie nie geherrscht. Die Jünger des Loyola,
Die lang das Ruder dieses Staats gelenkt,
Ja selbst der Erzbischof in seiner Stola
Stehn rathlos da, bestürzt und hauptgesenkt;
Durch Spaniens Tochter, die in diesen Landen
Allmächtig herrscht, wird all ihr Werk zu Schanden.

„Durch sie gehn — o es ist ein wahres Babel —
Gesetz und Ordnung außer Rand und Band,
Entsetzt des Amts hat sie den mächt'gen Abel
Und selbst ein Ministerium sich ernannt;
Hofordnung, Etikette ward zur Fabel,
Denn diese Donna ohne Rang und Stand
Hält Cercle, giebt Soireen und — Keiner faßt es —
Blickt stolz herab auf Damen des Palastes.

„In feinster Hoftracht und geschmückt mit Orden
Dort soll man huld'gen ihr in Devotion.
Auch mich, mein Prinz, den zu der Isar Borden
Fürst X. gesandt in heimlicher Mission,
(Ich bin bei ihm Geheimerath geworden)
Mehrmals zu ihrem Kreis mich lud sie schon,
Doch der zweideutigen Aventuriere,
Der tugendlosen, dankt' ich für die Ehre.

„Allein — o die entsetzlichen Soireen!
Erfahren Sie, was heut mir arrivirt!
Zu dem Minister wollt' ich eben gehen,
Da schreibt er mir, er sei sehr occupirt,
Doch hoffe, bei der Gräfin mich zu sehen
(Zur Gräfin also ward sie jetzt creirt.)
Zugleich auch — die Bestürzung war enorm —
Traf ihre Ladung ein in bester Form.

„Was bleibt? Mir würde die Mission mißlingen,
Wenn ich nicht des Ministers Willen thäte;
So muß ich zu dem schweren Gang mich zwingen.
Adieu nun, Prinz! Ich darf mir wohl discrete
Aufnahme des Gesagten ausbedingen.
Noch im Hotel, wenn ich mich nicht verspäte,
Aufsuchen werd' ich Sie nach der Soiree;
Ich weiß, Nachtschwärmer waren Sie von je."

So Herr von Luchs; was half's, daß er sich sperrte?
Er ging. Der Prinz, ihm dankbar für sein Scheiden
Und tief erschreckt durch die Besuchs=Offerte,
Beschloß, das Wiedersehen zu vermeiden
Und eilte ins Odeon zum Concerte.
An Mozart hofft' er dort, an Bach und Haydn
Sich zu erbaun, ein Todfeind der monstrosen
Seiltänzerkunst moderner Virtuosen.

Mehr noch, als er gedacht, ward ihm geboten:
Kaum sich in seinen Lehnstuhl nieder läßt er
Und Haydns Scherzo an den ersten Noten
Erkennt er, wie sich über dem Orchester
Die Töne gaukelnd wiegen gleich Eroten;
Der D=Dur dann folgt ihre holde Schwester,
Die G=Dur=Symphonie; o welcher Brio,
Zumal in der Menuett mit ihrem Trio!

Dann Bach, der, Kind und doch Gigant zugleich,
Felsblöcke spielend thürmt in seinen Fugen,
Mozart, den aus des ew'gen Wohllauts Reich
Herab auf unsre Erde Genien trugen,
Schubert, Schumann, die Zwei, die lerchengleich
An unserm deutschen Liederhimmel schlugen —
Sie spenden, lieblich bald und bald erhaben,
An diesem Abend ihre Wundergaben.

Ja, das ist andres, als die Modewaare
Italiens! Der Prinz bleibt bis zum Schluß,
Dann in die Nacht hinaus, die sternenklare,
Tritt er, noch ganz berauscht von dem Genuß;
Und, da der Geist im zwanzigsten der Jahre
Elastisch ist, faßt zu dem Genius
Der seine neu Vertraun, daß durch die weite,
Verworrne Welt er noch zum Ziel ihn leite.

Er wandelt durch die Stadt in wachem Traume,
Indem er auf zum klaren Himmel schaut,
Der tief, besprengt nur mit dem Silberschaume
Der Nebelflecken, ihm zu Häupten blaut
Und sel'ges Licht, du glaubst jenseits vom Raume,
Aus unermeßnen Fernen niederthaut;
Zuerst, seit er von Comos See geschieden,
Senkt wiederum in sein Gemüth sich Frieden.

Wie thöricht ist, ihr Menschen, eur Beginnen!
Zum Südpol oder an die Wendekreise,
Nach Rom, Venedig und zu Stambuls Zinnen
Und zum Niagara macht ihr die Reise,
Bestaunt am Nordcap und im Land der Finnen
Den langen Tag, der über ew'gem Eise
Nicht untergeht, doch seht, ihr Sinnbetäubten,
Der Nächte Wunder nicht zu euern Häupten.

Zu reisen braucht ihr nicht; selbst in Krähwinkel
Könnt ihr ihn schaun, den funkelnden Azur,
Vor dem — erkennts in euerm Eigendünkel! —
Jedwede Pracht der irdischen Natur
Und der Bramante Kunst, der Klenze, Schinkel,
In nichts versinkt. Wenn Sirius, Arktur
Am Himmel strahlt, Atair und Aldebaran,
O welcher andre Anblick reichte daran?

Indeß vom Thurm die zwölfte Stunde hallt,
Kehrt Nikolas durch menschenleere Gassen
In sein Hotel. Er fühlt die Nachtluft kalt
Und hat die Gasthofthür just aufthun lassen;
Was ists, daß er zurück da plötzlich prallt?
Hastig herein zum Haus, sich! leichenblassen,
Entstellten Angesichts, mit starren Blicken,
Stürzt Herr von Luchs; es scheint, er wird ersticken.

„Ich sterbe! geht, mir einen Doctor holen!"
So ächzt er jammernd wie in Sterbensqual.
Der Prinz, nachdem er Petern anbefohlen,
Zum Arzt zu eilen, führt ihn in den Saal,
Und Luchs, aufs Sofa sinkend, stöhnt in hohlen,
Angstvollen Lauten ein- ums andremal:
„Ich bin vergiftet! schuldlos, ich betheure,
Leid' ich den Tod! Arsenik wars, Blausäure!"

Der Prinz, besorgt den Armen zu erretten,
Netzt ihm die Stirn, damit der Krampf ihm schwinde,
Und läßt ihn sanft aufs Kanapee sich betten.
Er löst von seinem Hals die enge Binde
Und ruft: „Wenn wir doch nur den Doctor hätten!
Schickt nochmals hin! weckt alles Hausgesinde!"
Inzwischen fort und fort mit dumpfen Tönen:
„Gift! Gift!" hört er den Unglücksel'gen stöhnen.

Allmählig, oft dazwischen Ach und Weh
Noch seufzend, kündet ihm der Kranke dann:
„O die verwünschte, schreckliche Soirée!
Erst freundlich, daß sie ganz mein Herz gewann,
Selbst reichte diese Lola mir den Thee
Und blickte mich dabei holdselig an —
Doch, o die Schlange, die verrätherische!
Plötzlich erhob sie zornig sich vom Tische;

„Furchtbar, indeß ich dastand angstbeklommen,
Sah sie mich an mit Blicken, ingrimmsprühend,
Und sprach: ,Ich habe, Herr von Luchs, vernommen,
Daß Sie auf mich zu schmähen sich erkühnt;
Doch soll der Frevel Ihnen schlecht bekommen!
In dieser Nacht noch wird die Schuld gesühnt;
Sie haben Gift; von spanischem Geschlechte
Nicht wär' ich, wenn ich mich nicht also rächte.'"

Er schwieg. Bald nur noch ängstliches Gewimmer
Vernahm der Prinz. „Der schändliche Verrath!
Ich sehe, schlimmer wirds mit ihm und schlimmer;
Wo bleibt der Arzt so lang? Sein Ende naht" —
Dacht' er, als eben endlich in das Zimmer
Der lang umsonst gesuchte Doctor trat.
„Schnell!" stöhnte Luchs, und Gegengift auch gab
Sofort der Schüler ihm des Aesculap.

Aufrichten läßt vom Lager er den Schwachen;
Bald seine Wirkung zeigt das Antidot,
Und: „Sorgen brauchten Sie sich nicht zu machen;
Nichts hat Sie irgend mit Gefahr bedroht,"
Erklärt der Arzt mit unterdrücktem Lachen.
„Mit diesem Gifte hat es keine Noth! —
Rein war der Thee, bei meinem Ehrenworte,
Den Sie getrunken, und von bester Sorte.

„Zur Stärkung jetzt nach diesem argen Schrecken,
Möcht' ich ein Beefsteak rathen; es ist spät;
Ich selber werde gehn, den Koch zu wecken,
Daß er sogleich ein saft'ges für Sie brät;
Dazu wird guter Punsch, ich denke, schmecken;
Das ist die vorgeschriebene Diät."
Also der Arzt; erstaunt sehn ihn die Beiden
Den Hut ergreifen und mit Lächeln scheiden.

Allmählig, freier athmend, wieder faßt
Der Todgeweihte sich; ihm ist, gewichen
Von ihm sei eines nächt'gen Alpes Last;
Und er, den Grabesfrost schon überschlichen,
Bald ladet er nun Nikolas zu Gast;
So bringt der Prinz am Schluß der lächerlichen
Comödie denn in einem Glase Punsch
Dem Dicken seinen Neugeburtstagswunsch.

Noch lange saßen Beide bei der Bowle
Und, als sich Luchs erhob, nach Haus zu gehn,
Sprach Nikolas: „Auf Cavalier-Parole,
Verschweigen werd' ich Allen was geschehn:
Mög' immer die Walkyre oder Wole
So günstig Ihren Schicksalsfaden drehn!"
Versteht sich, daß er vor Ermüdung tief,
Als Jener fort, die ganze Nacht durch schlief.

Am nächsten Tag, der Scene gleich von gestern,
Von der ihm Wüstheit noch im Kopf geblieben,
Gedenkt der Prinz, und wie die Schicksalsschwestern
Durch jenes Weib ihr Spiel mit Luchs getrieben.
„Wie viel sie diese Spanierin auch lästern,
Beim Himmel! ich vergäb' ihr selbst die sieben
Todsünden, denn erfindungsreich, genial
Macht sie die Welt zu einem Lustspielsaal."

Und immer mehr kommt ihm von ihr zu Ohren,
Wie sie in Cultus eingreift und Finanzen,
Wie sie Minister absetzt, Professoren,
Wofern sie nicht nach ihrer Pfeife tanzen,
Wie Granden, die ihr gestern Haß geschworen,
Zum Handkuß heute gleich gebornen Schranzen
Sich bei ihr melden, und Hubertusrittern
Vor einem Blick von ihr die Kniee zittern.

In Wahrheit, meint er, in so monotoner
Periode, die der Kurzweil ganz entbehrt,
Dank schuldig sind ihr alle Erdbewohner,
Daß ihnen solches Schauspiel sie gewährt.
Neu zu des Mittelalters lang entflohner
Glücksel'ger Zeit glaubt man zurückgekehrt
Zu sein; reicht es mit seinen Narrenfesten
Doch kaum an das, was sie uns giebt zum Besten.

Von Angesichte sie zu Angesicht
Zu sehn, bemüht er sich vergebens lange.
Da einst zur Abendzeit wird ihm Bericht,
In einer Loge, die im ersten Range
Des Hoftheaters reich mit Kerzenlicht
Und goldgeschmücktem Baldachine prange,
Sogleich könn' er sie sehn; es werde eben
Für sie ein Stück von Calderon gegeben.

Sofort, um Andalusiens holde Tochter
Zu schaun, vor deren Schönheitszaubermacht
Selbst ein Monarch sich bengt als Unterjochter,
Warf sich mein Prinz in elegante Tracht.
Schon in das Haus zu dringen kaum vermocht' er,
Denn an der Kasse gab es eine Schlacht,
Bis er am Ende nach erkämpftem Sieg
Mit dem Billet die Treppen aufwärts stieg.

Im Gehen hört er um sich flüstern: „Oben
In ihrer Loge ist die Lola schon!"
„Nein diese Gräfin! welche prächt'gen Roben!
Ihr Halsband kostet eine Million."
„Auf ihr Gebot — sie war schon bei den Proben —
Wird heut dies Stück gespielt von Calderon."
Am Ziele angelangt, zuletzt vom Schließer
Die Thür der Loge für sich aufthun ließ er.

Der Vorhang war noch nicht emporgezogen,
Und nach der lichterhellen Loge sah
Ein Jeder, über die in breiten Bogen
Ein Baldachin sich spannte — wer saß da?
Sie wars, die unsern Prinzen so betrogen;
Des Comer Sees Armida war es, ja! —
Durchbohrend fällt sein Blick auf sie; voll Schrecken
Sucht sie sich hinterm Fächer zu verstecken.

Zugleich entsteht ein Lärmen unten. „Wer
Spricht da so laut?" fragt man mit Ungeduld,
Doch ärger wird der Wirrwarr im Parterre,
Und eine Stimme hallt durch den Tumult:
„Seht da das Weib, von dem mein armer Herr
So frech betrogen ward! Noch in der Schuld
Des Wirths mit vierzehntausend Franken steht sie,
Und wie sie jetzt hier groß thut! seht sie, seht sie!"

Dem alten Diener wirft der Prinz, dem groben,
Drohende Blicke zu: Narr! schweigst du bald?
Doch Peter achtets nicht; die Faust erhoben,
Die wild er gegen Lolas Loge ballt,
Dasteht er immer schreiend, während Toben
Und Rufen durch das ganze Haus hinhallt;
Noch ärger lärmt es auf den Gallerien,
Und räthlich scheints der Gräfin zu entfliehen.

Bald in den tollen Stimmenwirrwarr mischen
Sich einzle Rufe: „Haltet ein Gericht
Mit diesem Weibsbild! Laßt sie nicht entwischen!
Werft in die Isar sie! nicht wasserdicht
Sind ihre Kleider!" Wieder dann dazwischen:
„Still! Ruhe ist die erste Bürgerpflicht!"
Ertönts, doch fort und fort wächst der Allarm;
Nach außen wälzt das Volk sich Schwarm an Schwarm.

Und tragisch nun zu werden droht die Posse:
Nach Haus mit den gepuderten Lakain
Rollt schon die Spanierin in der Karosse,
Und wüth'ge Schaaren folgen ihr und schrein:
„Steckt an ihr Haus, wo wie in einem Schlosse
Sie sich gerirt! werft ihr die Fenster ein!"
Mein Peter thut — es scheint vom Teufel sei er
Besessen — sich zumal hervor als Schreier.

Schon vor der Gräfin Wohnung tobt in Massen
Das Volk, zerschlagen sind bereits die Scheiben,
Und Peter — ganz von Gott ist er verlassen —
Brüllt: „Auf! kein Stein soll auf dem andern bleiben!"
Und immerdar heran noch durch die Gassen
Wälzt neues Volk sich; währt noch lang dies Treiben,
Ach! dann, als wär's genug nicht des Affrontes,
Zu Leibe gehts der armen Lola Montes!

Von Nu zu Nu wird ihre Lage schlechter,
Schon an die Fenster legen Ein'ge Leitern;
Als Ruhestifter nahn der Ordnung Wächter,
Die Polizisten, aber kläglich scheitern
Muß ihr Versuch; Steinwürfe, Hohngelächter
Empfangen sie; doch eine Schaar von Reitern
Sprengt da heran; die tapfern Kürassiere
Sind das, geführt von einem Officiere.

Den Platz zu räumen, lauten Rufes heischt
Der Hauptmann; abzustehn von Heldenthaten,
Wobei vielleicht ein Säbel sie zerfleischt,
Erscheint den Unruhstiftern nun gerathen;
Die Meisten weichen schon; doch Peter kreischt:
„Ihr Feigen! eine Handvoll von Soldaten
Nur ist es! Auf, und laßt den Satelliten
Des frechen Weibes uns die Stirne bieten!"

Und einen Stein erhebend, sich wie toll
Geberdet' er; allein ihn übermannten
Zwei Polizisten leicht. „Nun, büßen soll
Er uns für alle diese Tumultuanten!"
Hört' er sie drohn, und seine Galle schwoll,
Da man hinweg ihn schleppt' als Tumultuanten,
Allein was halfs? So stets auf Erden flechten
Die Bösen Dornenkränze den Gerechten.

Inzwischen im Theater, wie vom Blitze
Getroffen, ist der Prinz zurückgeblieben;
Durch jeden Grad von Fieberfrost und Hitze
Wird wechselnd sein Gemüth hindurchgetrieben.
Er sieht nicht, wie sich leeren alle Sitze;
Daß man, des Stücks Vorstellung zu verschieben,
Genöthigt werde, sagt der Regisseur,
Doch dringt es nicht zu Nikolas' Gehör.

Wohl daß er lang noch dagesessen hätte;
Allein mit neuen Gliedern für und für
Umschlingt ihn seiner Abenteuer Kette,
Und plötzlich zu ihm durch die Logenthür
Tritt in der Amtstracht und mit Epaulette
Ein Polizist, der, höflich nach Gebühr,
Von ihm, daß er die Stadt verlasse, fordert.
„Sie zu begleiten bin ich streng beordert."

„Und was denn sind die Gründe so flagranter
Unbill? Ich bin von ehmals souverainer
Familie, vieler Fürsten Anverwandter."
Also der Prinz. Höflich erwidert Jener:
„Nichts hier vermöchte selber Ihr Gesandter;
Von allen andern ein heterogener
Ist dieser Fall; nicht ziemts so klugem Herren,
Sich wider Unvermeidliches zu sperren.

„In Bayern wohlgeregelt sind die Posten,
Und daß ich Sie zur Grenze escortire, —
Versteht sich wohl von selbst, auf Ihre Kosten —
Ward mir Befehl. Richtungen giebt es viere,
Nach Norden, Süden, Westen oder Osten,
Wohin Sie reisen können. Ganz der Ihre
Bis morgen denn! Um vier Uhr in der Frühe
Bereit sein können Sie mit leichter Mühe."

Von Wuth schäumt Nikolas; doch was beginnen?
Artig begleitet ihn der Polizist
In das Hotel; unmöglich das Entrinnen;
Bis vier Uhr kurz gemessen ist die Frist;
Selbst packen muß er Kleider, Bücher, Linnen,
Da Peter nirgend aufzufinden ist.
Nun dies und das noch; da — es ist zum Rasen —
Den Postillon schon hört er draußen blasen.

Vor Hast, nicht denkend, daß schon warm der Tag,
Anzieht er einen dicken Winterrock,
Der Polizeimann öffnet ihm den Schlag
Und setzt sich selbst bescheiden auf den Bock;
Und da, wie nebenbei bemerkt sein mag,
Der Kunststadt Pflaster schlecht ist, über Stock
Und Stein mit Stolpern rollt dahin der Wagen,
Zunächst nach Salzburg unsern Freund zu tragen.

Nicht denkt er in dem Wirrwarr seiner Seele,
Nach welcher Windesrichtung hin er reist;
Verstopft in ihm sind sämmtliche Canäle,
Durch die Gedanken sonst bezog sein Geist,
Und ach! wie ganz verklungen die Choräle,
Mit denen er, auf Erden so verwaist,
Die Einzige, das Urbild seines Traumes,
Gefeiert? Lebt sie nur jenseit des Raumes?

So kommt er zu des stolzen Oestreich Grenzen
Und in die Bischofstadt bei Abendroth.
Wohl thuts ihm, daß ihn mit Impertinenzen
Der Lola Polizei nicht mehr bedroht,
Allein, mag herrlich rings die Landschaft glänzen,
Mag, wie auf einem Berghem oder Both,
Gebirg und Thal sich in der Salzach spiegeln,
Er eilt, sich in dem Gasthof zu verriegeln.

Das Erste ist, daß er nach München schreibt,
Damit ihm Herr von Luchs den Diener sende;
Dann während er allein im Zimmer bleibt,
In dumpfem Brüten starrt er an die Wände,
Ach! bittre Lehren Tag für Tag ihm reibt
Das Leben ein; an seiner Hoffnung Ende
Glaubt er zu stehn und wäre glücklich, würd' er
Nie eines Menschen Antlitz sehen fürder.

Doch als er in freiwill'ger Weltverbannung
Lang so gelebt hat als Anachoret,
Allmählig löst sich seine Seelenspannung,
Und wiederum vor seinem Geist ersteht
Sein altes Traumgebild, ihn zur Ermannung
Aus seinem Brüten mahnend. Noch zu spät
Nicht ist es. Wie bis an des Lebens Ende
Verzweifelt' er, daß er die Eine fände!

„Mir ahnts, in weiten Fernen muß sie wohnen,
Die Göttliche, die mich im Traum umschwebt;
Nicht in Europas düstern Regionen, —
Thor, der ich es geglaubt! — ists, daß sie lebt,
Nein, ferne in des Orients goldnen Zonen,
Wo strahlend sich der Sonnenball erhebt
Und Luft und Erde tränkt mit Flammenbächen:
Wie mag ich säumen, dahin aufzubrechen?"

Nach München heischt er nochmals durch Depesche,
Nachfolgen solle Peter ihm in Eile;
Dann in den Koffer Kleider, Bücher, Wäsche
Selbst packt er ein. Gespannt sind schnell die Gäule,
Platz nimmt er in behaglicher Kalesche,
Wegsäule fliegt an ihm vorbei auf Säule,
Und bald vor ihm — schon Abend wirds und finster —
Aufsteigt der Thurm von Stephans Riesenmünster.

Ostwärts hinab den breiten Donaustrom
Denkt er zu schiffen auf dem Boot des Lloyd;
Allein, ob mächtig auch ihn sein Phantom
Von dannen zieht, wie hätt' ers nicht bereut,
Eilends an Hofburg, Prater, Stephansdom
Und Allem was die Kaiserstadt noch beut,
Vorbeizureisen? So im pracht'gen Wien
Beschließt er ein'ge Tage zu verziehn.

In nächster Frühe, als er von der Mitte
Des Grabens aufwärts nach dem Kohlmarkt geht
(Wichtig ist mir bei jedem seiner Schritte,
Daß topographisch die Localität
Feststehe, was ich zu beachten bitte)
Hört er sich rufen: „Nikolas!" Er steht
Verwundert still, hört nochmals seinen Namen
Und schaut dorthin, von wo die Klänge kamen.

Von oben hoch, von einem Hausbalkone
Im dritten Stockwerk, traf der Ruf sein Ohr;
Er späht, nachsinnend, wer in Wien denn wohne,
Der ihm bekannt, mit seinem Glas empor;
Neu tönt der Ruf und mit vertrautem Tone,
Zum Fenster schaut ein Frauenkopf hervor;
Und ja! täuscht ihn das Ohr nicht und das Auge,
Sie ist es, seine Schwester ists, Aslauge!

Er eilt zu jenem Hause — Nummer neun,
Wenn richtige Berichte vor mir liegen —
Und steigt, die Zweifel mindstens zu zerstreun,
Zur dritten der Etagen auf die Stiegen;
Da — denkt, wie muß das Wiedersehn ihn freun! —
Ihm in den Arm sieht er die Schwester fliegen;
Mit ihr die unerwartete Vereinung,
Bedünkt ihn fast wie eine Traumerscheinung.

Hinauf führt sie ihn dann in ihr Gemach.
Die stolze Fürstentochter, ist es möglich?
Bewohnt ein enges Stübchen nah dem Dach,
Die Möbel und Tapeten wahrhaft kläglich!
Sie, die Bedürfnisse sonst tausendfach
Gehabt, die von Livreelakaien täglich
Bedient ward und von emsi'gen Kammerfrauen,
So dürftig nun? Darf man den Augen trauen?

Nachdem der Bruder in Erwartung lange
Sie angesehen hat, spricht sie zuletzt:
„Entsprechen will ich deinem Neugierdrange:
Prinzessin nicht, Frau Erich bin ich jetzt.
Gewiß, daß ich entsagt dem Fürstenrange,
Nicht tadelst dus, der nie ihn hoch geschätzt —"
„Du Erichs Gattin? Eher könnt' ich denken,
Daß Erd' und Himmel gleich in Trümmer sänken.

„Hat er nicht oft geklagt, mit stolzen Mienen
Als Vagabunden oder Roturier,
Der werth nicht sei, dich knieend zu bedienen,
Behandelt, Schwester, hättst du ihn von je."
„Ach, unsres Vaters thörichte Doctrinen!" —
Erwidert ihm Aslauga — „mir wird weh,
Zu denken, daß sie trotz der unerhörten
Bornirtheit mir so lang den Geist bethörten.

„Doch Amor, Bruder, ist der Gott der Götter!
Gedoppelt, dreifach durch der Liebe Macht
Fest jocht er an sein Siegsgespann die Spötter!
Er nahm vom Auge mir des Wahnes Nacht;
Gepriesen sei er mir als Seelenretter,
Der eine Gluth in meiner Brust entfacht,
In welcher, wie im Krater von Vulkanen,
Auflodert der Stammbaum unsrer Ahnen.

„Erfahre nun, wie ich die Schuld bezahlte,
Die ich Verwegne gegen ihn gehäuft!
Zuerst lang, als mein Bildniß Erich malte,
Hatt' ich mich vornehm auf den Rang gesteist,
Allein ein wunderbares Etwas strahlte,
Das man nur ahnen kann, doch nicht begreift,
Aus seinen Augen, seinen tiefen, blauen,
Und ließ den Frost in meinem Herzen thauen.

„Wie unterm Eis am sonnenglanzerhellten
Lenztage Well' an Welle murmelnd quillt,
Bis sich die Decke löst, so Anfangs selten
Entquollen Worte mir, doch sanft und mild.
Den Hochmuth ließ mich Erich erst entgelten
Und malte schweigend fort an meinem Bild,
Allein — klar wurde das aus manchen Zeichen —
In ihm begann die Starrheit auch zu weichen.

„Und als ich stammelnd dann von ihm begehrte,
Daß er die Zeichenkunst, die Malerei,
Der er sich selber widmete, mich lehrte,
Als offen ich ihm kündete und frei,
Wie ich die Kunst und ihre Meister ehrte,
Da war der Spannung letzter Rest vorbei;
Wenn er mit Bleistift zeichnen und mit Kreide
Mich lehrte, welche Wonne für uns Beide!

„Bald mit dem Pinsel auch und der Palette
Mich zu versuchen, gab er mir den Muth
Und sprach dabei: daß ich doch Flügel hätte,
Mit dir zu fliegen an die Wogenfluth
Der Adria, die Palma, Tintorette
Zu zeigen dir in ihrer Farbengluth
Und mit Rialto, Marcusplatz, Giudecca
Die hehre Dogenstadt, der Maler Mekka!

„Mit jedem Striche, jedem der Conture
Schlug höher auf der Herzen Gluth. „Ich bin —
Betheuert' ich — ‚fortan nicht die obscure
Prinzessin mehr, nein freie Künstlerin.‘
Und er gelobte mir mit heil'gem Schwure:
‚Auf ewig bin ich dein! Da nimm mich hin!‘
Nur Eines noch stand unserm Bund entgegen.
Nie hoffen durften wir des Vaters Segen.

„Eh' würden ganze Heerden von Kameelen,
Ich glaube, durch ein Nadelöhr getrieben,
Als daß er faßte, wie ein Gott zwei Seelen
Durch seine Allmacht zwingt, daß sie sich lieben."
Sie spricht's, und Nikolas: „Geheim vermählen
Euch mußtet ihr, kein Ausweg ist geblieben."
„Ich that den Schritt, nachdem ich lang gekämpft,"
Erwidert sie, die Stimme schmerzgedämpft.

„Sei ruhig! träte wider dich ein Kläger
Je auf, dich spräche das Gewissen quitt!"
Spricht Nikolas und eilt zur Thür in reger
Erwartung; auf der Treppe hallt ein Schritt,
Und in den Armen liegen sich die Schwäger,
Da Erich eilends in das Zimmer tritt;
„O Freund, du liebster, den mein Herz gefunden"
Ruft Jeder aus — „nun doppelt mir verbunden!"

Nachdem das erste stürmische Entzücken
Von den Umarmungen der edlen Zwei
Herabgesunken ist zu Händedrücken,
Zu fragen giebt es o so mancherlei!
Der Prinz erzählt, wie von des Schicksals Tücken
Auf seiner Fahrt verfolgt er worden sei,
Und wieder Jene künden ihm des Nähern,
Wie ihre Flucht geglückt, zum Trotz den Spähern.

Wohl insgeheim den Schwager als Phantasten
Belächelt Erich, doch verlauten läßt
Er nichts davon. „Mit uns hier mußt du rasten!
Genießen wir dies Wiedersehensfest!
Wir Zwei, die in Lausanne als Gymnasiasten
Schon Pylades wir hießen und Orest,
Und deine Schwester neben uns als Dritte,
Welch ein Trifolium! Also bleib, ich bitte.

„Kein Aufenthalt auf Erden, deß sei sicher,
Ist schön, wie der in Wien! Auf allen Wegen
Schallt Jubel und Gelächter und Gekicher
Aus lust'gem Volksgetümmel dir entgegen.
Wie prangt in kaiserlich- und königlicher
Vollherrlichkeit die Stadt! Wie schön gelegen
Nicht ist sie an der blauen Donau Strande!
Trübsinn und Grillen sind hier Contrebande."

Den Tag des Wiedersehns und seiner Freude
Als Festtag zu begehn, schlägt Erich vor;
Und nach Schönbrunn, entlang der Prunkgebäude,
Bald wandern unsre Freunde durch das Thor.
O wer den Park voll tropischer Gestäude
Erblickt, voll Palmen und voll Zuckerrohr,
In Asien glaubt er sich, in Polynesien
Und dankt ihr, die ihn schuf, Marie Theresien.

Der lieblichen Maria Antoinette
Auch denkt man hier; ihr Zauberparadies
Mit Laubengängen, Park und Gloriette,
Noch ihrer letzten Jahre Traum war dies.
Daß sie es nimmermehr verlassen hätte!
Wie mochte sie nach ihm sich in Paris,
Wenn vor der Kerkerthür sie die Hyänen
Der Guillotine heulen hörte, sehnen!

Bald durch den Park und bald auf der Terrasse
Hinschreiten unsre drei der Stadt Entflohnen
Und mustern unter sich die Häusermasse
Des mächt'gen Wien; im Gasthof dann belohnen
Sie für ihr Wandern sich durch eine Tasse
Des Göttertranks, gebraut aus Moccas Bohnen:
Allein Aslangas Seele scheint nicht heiter,
Und, was ihr fehle, fragen die Begleiter.

„Noch wegen meiner Flucht fühl' ich's im Stillen
In meiner Brust wie einen Vorwurf pochen."
Der Bruder drauf: „Und eines Vaters Grillen
Uns fügen sollten wir, an Geist gebrochen?
Gegeben sollt' ihm sein, durch seinen Willen
Das beßre Selbst in uns zu unterjochen,
Daß wir anbeten seine goldnen Kälber?
Nein, schuldlos bist du, Schwester, wie ich selber."

„Mag sich der Fürst" — fällt Erich ein — „nur trösten!
Noch außer euch ja sind fünf Kinder sein,
Und schon seit frühe ihren Seelen flößten
Den eignen Dünkel seine Reden ein.
Es müsse, lehrt' er sie, durch sie zum größten
Geschlechte Deutschlands einst sein Stamm gedeihn,
Und guten Boden fand er für den Samen;
Für ihren Hochmuth giebt es keinen Namen.

„Otto zumal ist solch ein Ausbund schroffen
Vorurtheils, daß man's nur mit Mühe glaubt;
Geformt sei er aus ganz besondern Stoffen,
Hat er aus Adelsbüchern ausgeklaubt,
Und, als ich ihn zuletzt im Park getroffen,
Hob er in Stolz und Hoffart so das Haupt,
Daß ich, obgleich er sonst ein guter Junge,
Den Dünkel ihm verwies mit scharfer Zunge.

„Dann Karl! bald Anspruch wird er unverhohlen
Erheben, daß wir ihm nur knieend nahn.
Gereist ist er, vom Kaiser der Mongolen —
Ich weiß nicht, oder ists der Tartarchan —
Als Gattin eine Tochter sich zu holen.
Wohlan! Gelingen wünsch' ich seinem Plan
Und hoffe, seine Braut wird eine Riesin
An Geist und Schönheit sein, wenn auch Kirgisin.

„Mag er denn, mögen eure jüngern Schwestern,
Mag Max, eur Bruder, für den Stammbaum sorgen
Und euch Abtrünnige wie mich verlästern!
Wir wollen keinen Glanz von Ahnen borgen!
Vertrauend, hinter uns das dunkle Gestern,
Ausschauen laßt uns nach dem goldnen Morgen,
Wenn man nicht mehr in falschen Prunk sich kleidet
Und nur des Menschen Werth den Rang entscheidet!"

Am nächsten Tage dann im Belvedere
Bewundernd schauten sie der Bilder Krone,
Die Jungfrau Tizians, wie die rothe Beere
Sie aus der Rechten nimmt dem Gottessohne:
Sie sahn Morettos Wunderbild, das hehre,
Die weisen Morgenländer des Giorgione,
Und allumher, buntschillernd wie die Iris,
Die Rubens, Rembrandt, Gerhard Dow und Mieris.

Zu der Akademie Antikensälen
Trauf führte Erich sie und sprach: „Du weißt,
Aslauga, deinen Bilderstudien fehlen
Die festen Zeichnungslinien noch zumeist;
Du mußt die Kraft an der Antike stählen,
Daß du den Gliedern sichern Umriß leihst;
Bestimmter wünsch' ich, fester ihn und schärfer,
Drum rath' ich, zeichne hier den Discuswerfer.

„Auch ich" — so fiel ihm Nikolas ins Wort —
„Hab' ehedem Lection bei dir genommen
Und bilde gern noch in der Kunst mich fort,
Drum laß uns morgen mit den Mappen kommen!
Das Studium nach dem Niobiden dort
Wird mir, wenn du mich unterweisest, frommen,
Denn, mag auch kurz nur hier mein Bleiben währen,
In wenig Zeit kann viel ein Meister lehren."

So kamen sie mit Tusche, Stift und Kreide,
Und Jeder saß vor einem Marmorbild,
Jedoch der Prinz rief bald: „Zu meinem Leide
Seh' ich: da, wo es festen Umriß gilt,
Weitaus mir überlegen seid ihr Beide.
Allein zu lernen bin ich fest gewillt;
Ich bitte, corrigire streng mich, Erich,
Und denk, Quartaner auf der Schulbank wär' ich."

Doch Erich sprach: „Mein Wort will ich verpfänden,
Ich leite bald dich auf die rechte Spur;
Aslauga mag die Zeichnung hier vollenden,
Wir aber wollen uns an die Natur
Als an den Urquell aller Schönheit wenden;
Nichts, wie ich selbst als Schüler das erfuhr,
Kommt wahrlich gleich den sogenannten Akten —
Du weißt, so heißt das Studium nach dem Nackten.

„Ich höre, daß allhier in einem Saale
Akademie ein Italiener hält
Und als Modelle wahre Ideale
Von Gliederebenmaß und Schönheit stellt.
Man sagt, sehr dränge um die Piedestale,
Darauf sie stehen, sich die Schülerwelt,
Drum laß — sonst könnte Mangel sein an Plätzen —
Uns unsere bei Zeiten schon besetzen."

Versprechend, bald sie wieder abzuholen,
Rückließen sie in der Akademie
Die junge Frau bei ihrem Diskobolen
Und eilten nach dem Saale am Glacis.
An breiten Tischen dort von Eichenbohlen
Schon ganze Schaaren Schüler finden sie,
Die in Erwartung ihre Stifte spitzen;
Sie selber nehmen Platz auf ihren Sitzen.

Und, schön wie der Apoll vom Vatikane,
Tritt in den Saal ein Jüngling als Modell —
Werth ihn zu malen sind die Tiziane,
Die Palma nur. Zum Stift greift Jeder schnell —
In Götter=Nacktheit, so daß der Profane
Die Blicke senkt, steht er auf dem Gestell,
Allein was ist dem Prinzen? Er erblaßt,
Indem er näher ihn ins Auge faßt.

„Otto!" — ruft er — „doch nein! bin ich denn toll?"
Und plötzlich sieh! die Positur der Glieder,
In der er stand als delphischer Apoll,
Läßt das Modell; der Dirigent rückt wieder
Ihn in die Stellung, die er haben soll —
Doch vom Gestelle springt der Jüngling nieder
Und wirft sich hastig an des Prinzen Brust:
„Du hier, mein Bruder, hätt' ich das gewußt!"

Gelächter, das von Sitz zu Sitzen gellt,
Und Lärm des Staunens füllt den weiten Raum,
Indeß um Nikolas die ganze Welt
Sich wie im Kreise dreht; ist es ein Traum,
Daß er den Bruder so in Armen hält?
Allein noch haben sich die Beiden kaum
Gegrüßt, so tritt heran der Dirigent:
„Mein Herr, Ihr Platz ist auf dem Postament!"

Schon will sich Otto dem Befehle fügen,
Doch Nikolas spricht zu dem strengen Herrn:
„Wie viel kann Ihnen als Ersatz genügen?
Die Stücke Goldes hier und mehr, wofern
Sie mehr verlangen, zahl' ich mit Vergnügen.
Des Wiedersehens Stunde möcht' ich gern
Mit meinem Bruder feiern." — „Nun", sprach Jener,
„So stehe mir Modell ein Italiener!"

Da Otto also freigelassen war,
Einander lange in den Armen lag
Nochmals das brüderliche Prinzenpaar;
Allein nicht Einer von den Beiden sprach,
Die Lage war zu fremd, zu sonderbar,
Fast märchenhaft. Zuerst das Schweigen brach
Prinz Nikolas: „Nein, theurer Bruder, sage,
Dich find' ich hier! und wie — in solcher Lage?"

Doch Jener steht verlegen da vor ihm,
Indem er stumm die Augenlider senkt —
Die ganze Scene wahrlich ist sublim,
Da keiner von den edlen Brüdern denkt,
Daß Otto dasteht im Naturcostüm,
Wie Phöbus, der die Sonnenrosse lenkt.
Lang hätte das noch so gewährt, ich wette,
Wenn Erich nicht das Wort genommen hätte:

„Prinz, nun genugsam hat man Sie bewundert;
Daß solche Tracht nicht Mode mehr, ist schade,
Doch denken Sie! im neunzehnten Jahrhundert
Stehn wir, nicht in der gleichen Olympiade!
Wenn man bis in die Nacht hinein burgundert,
Vielleicht verzeiht man solche Maskerade,
Doch so früh Morgens! — — Wollen auf den Gassen
Sie so sich als Apollo sehen lassen?

Fort schritt des Fürsten Friedrich, wie kein Zweiter
Von seinen Höhen jäh gestürzter Sohn;
In kurzer Jacke drauf, wie ein Bereiter,
Mit hohen Stiefeln, engem Pantalon
Kehrt er zurück, verlegen aber heiter.
Noch wagt der Bruder — denn, wie vorher schon,
Sieht er ihn scheu die Augen niederschlagen —
Nicht nach dem Grund von allem dem zu fragen.

Er sagte, während er den Arm ihm reichte:
„Nun komm, daß wir dich zu Aslanga bringen,
Wie wird sie staunen! Aber dann uns Beichte,
Du Wildfang, schuldest du vor allen Dingen."
Auf Ottos Antlitz zeigte sich bald leichte
Eröthung und bald Blässe, als sie gingen
Und, vom Olympier degradirt zum Groom,
Er eintrat in das Götterheiligthum.

Erstaunt den Bleistift fallen läßt die Schwester,
Den Bruder kaum vermag sie zu erkennen;
„Bist du es wirklich, Otto, liebster, bester?
Doch wie soll ich den tollen Einfall nennen?
Mit Reitknechtmütze und in goldbetreßter
Sammtjacke du, so wie bei Pferderennen
Sich Jockeys kleiden? Wahrhaft unerklärlich
Scheint das; was ist geschehn? gesteh' es ehrlich!"

Doch Otto bittet: „Gebt mir damit Frist!'
Sie gehn, in ihre Wohnung ihn zu führen.
Dort denn, da Erich fortgegangen ist,
Und er im Zimmer mit verschlossnen Thüren
Bei den Geschwistern weilt, beginnt er: „Wißt —
So heb' ich an mit meinen Aventüren —
Ich war seit Kurzem in der Stadt der Spree
Secondlieutenant der preußischen Armee.

„Stolz fühlt' ich mich in meinem neuen Grade
Und pflog des Dienstes mit der resoluten
Absicht, der beste Lieutenant der Brigade
Zu heißen; nie beim Drillen der Rekruten
Lässig war ich noch bei der Wachtparade;
Daß ich Spieltische Abends dann, Redouten,
Cafés besuchte oder bei den Zelten
Lustwandelte, wer will mich deshalb schelten?

„Vor allem aber, was die Residenz
Des Schönen beut, war mir, dem Pferdekenner,
Das Lockendste, ihr denkts, der Circus Renz.
Nicht die Bajazzi, nicht die Kautschukmänner —
Solch Späßemachen, nur der Pöbel nennts
Ergötzlich — doch die edeln Vollblutrenner
Entzückten mich; hat bei Olympias Feier
Je schönere verherrlicht Pindars Leier?

„Doch bald auch ihrer hatt' ich Acht nicht länger,
Da eine Reiterin im Circus war,
Wie nie ein schöneres Weib ein Minnesänger
Für ihrer Augen Blau, ihr blondes Haar
Gepriesen hat — ums Herz mir ward es enger,
Wenn ich bei ihren Sprüngen in Gefahr
Sie sah; denn, ob an Zartheit auch Sylphide,
Tollkühn vor allen andern war Elfride."

Der Bruder droht ihm scherzend mit dem Finger
Und die Erzählung also unterbricht er:
„Sylphiden, Pindars Leier, Minnesinger —
Du wirst ja unversehens ganz zum Dichter
Bei deiner Schilderung dieser Reifdurchspringer;
So viel vermögen Mädchenangesichter!
Ja, Otto, Amor ist der Götter Gott!"
So er, doch Otto hört nicht auf den Spott.

„Die Pulse schlugen mir in schnellern Takten" —
Fährt dieser fort — „wenn sie aufs Roß sich schwang,
Und fieberten, wenn durch die scharfgezackten
Stahlringe lachend die Verwegne sprang.
Mich ihr zu nähern in den Zwischenakten
Sucht' ich; doch bis es glückte, währt' es lang;
Noch hatte Keiner ihr durch Huldigungen,
Hört' ich, ein freundlich Wörtchen abgerungen.

„Einst aber mich, als nach vollbrachtem Ritte
Sie mir vorbeischritt, sah sie lächelnd an,
Hochathmend wagt' ich gegen sie die Bitte,
Nicht allzu viel zu wagen; ich gewann
Ein zweites Lächeln so und bald das dritte,
Und im Gespräche, das sich nun entspann,
Nicht achtend, daß ich sprach aus vollem Herzen,
Ein Füllhorn goß sie über mich von Scherzen.

„Ein Plätzchen außen wußt' ich zu erkunden,
Wo vor dem Ritte und wenn er vorbei
An jedem Abend flüchtige Sekunden
Ich mit ihr sprechen konnte, zeugenfrei;
Doch wenn ich sprach in Worten, tiefempfunden,
War ihre Antwort nichts als Neckerei:
Erst sechzehnjährig, toll und ausgelassen
Schien sie den Sinn der Worte nicht zu fassen.

„Einst setzte lachend meine Pickelhaube
Sie sich aufs Haupt und sprach: ‚Ei, laß doch sehn,
Wie die mich kleidet; prächtig! nun erlaube
Die Uniform auch! gut wird sie mir stehn.
Nun Säbel noch und Portepee! Ich glaube,
Als Lieutenant wird das Heer mich nicht verschmähn.'
Und wirklich als vollkommner Officier —
Ihr paßte Alles — stand sie da vor mir.

„Wir scherzten so noch, als mit einemmal,
Zum Ritt sie rufend, die Trompete scholl;
Da sprang sie lachend fort bei dem Signal;
Ich rief ihr: ,bleib, so bleib doch, bist du toll?'
Doch fort war sie, o über den Scandal!
Und in den Circus, welcher übervoll,
Stürzt' ich ihr in der Geistverwirrung, ach!
So wie ich war, in Hemdesärmeln, nach.

„Stellt euch die Scene vor, die hochbarocke,
Und welcher Spott sich über mich ergoß!
Mit meinem Portepee und Waffenrocke
Lautlachend sprengte sie dahin zu Roß,
Indeß ihr Haupthaar, Locke über Locke,
Auf Preußens Uniform herniederfloß —
Und ich, um den Hohnrufe rings erschallten,
Ihr Roß vergebens sucht' ich festzuhalten.

„Was mehr? Die militärische Carriere
Hatt' ich für ew'ge Zeit mir ruinirt,
Und das Patent, das mich in Preußens Heere
Zum Lieutnant schuf, ward nächsten Tags kassirt;
Selbst, glaub' ich, hätt' ich mit dem Schießgewehre
Aus dieser Welt hinweg mich expedirt;
Nur brachten an Elfride die Gedanken
Bei dem Entschluß mich wiederum ins Schwanken.

„Eh ich für immer schiede aus dem Reich
Des Lichts, wollt' ich ihr sagen ohne Schonung,
Wie arg sie mich gekränkt durch diesen Streich;
War das für so viel Liebe die Belohnung?
Ich wäre hingestürzt zu ihr sogleich,
Doch Tags nicht lassen mocht' ich meine Wohnung;
Ich zitterte, mit Schande so beladen,
Vor der Begegnung eines Kameraden.

„Spät Abends harrt' ich denn an ihrer Thüre,
Bis aus dem Circus sie nach Hause kam;
Noch war sie in der vollen Tanz=Parüre,
Doch auf dem Antlitz lag ihr tiefer Gram,
Und sie betheuerte durch tausend Schwüre
Mit Schluchzen, das aus tiefstem Herzen kam,
Ein halber Wahnsinn habe wider Wissen
Und Wollen zu dem Schritt sie fortgerissen.

„Und aus den Worten, die sie weiter sprach,
Indeß ihr Thränen aus den Augen flossen,
Mit Staunen und mit Rührung nach und nach
Entnahm ich, wie, in tiefster Brust verschlossen,
Ihr Weh und Jammer fast das Herz zerbrach
Und wie durch wilden Ritt, durch Scherz und Possen
Sie nur den Gram der Seele übertäubte,
Die gegen diesen wüsten Stand sich sträubte.

„Als zartes Kind beraubt der Eltern schon,
War den Verwandten fern im Dänenlande,
Die sie durch Arglist und Gewalt und Drohn
Zu Diebstahl und Betrug und jeder Schande
Zu zwingen suchten, heimlich sie entflohn;
Daß man sie aufnahm in die Reiterbande,
Als Rettung ihr vor schlimmerem Verderben
Erschienen war's; doch wünschte sie zu sterben.

„Und wenn bei Tanzmusik und Schellenklingen
Sie hoch zu Rosse stand vor Aller Blicken,
Mit Lachen suchte sie und wilden Sprüngen,
Des Herzens große Trauer zu ersticken —
O Jene, deren Augen an ihr hingen,
Durch welches Elend ward nicht ihr Entzücken
Erkauft — die Nacht darauf in ihrer Kammer
Durchweinte sie in hoffnungslosem Jammer.

„Ich eilte von dem Bande sie zu lösen,
Das an die Reiter sie gefesselt hielt;
Und wie errettet aus der Macht des Bösen,
Deß, der dem Himmel frech die Seelen stiehlt,
Taufte mir knieend das wunderbare Wesen;
So froh, bei Gott, hab' ich mich nie gefühlt,
Wie da ich die Gerettete, Beglückte,
Emporhob, an die Brust voll Wonne drückte.

„Nicht in Berlin war ferner meines Bleibens;
Zum Vater — denn ich ahnte seine Wuth —
Zurückzukehren, mich nur mittelst Schreibens
An ihn zu wenden, fehlte mir der Muth;
Von Briefen, drin er wegen meines Treibens
Mich schalt, besaß ich schon ein Convolut;
Was also blieb mir? Fernhin mit Elfriden
Zu fliehen, hatt' ich schleunig mich entschieden.

„So fanden wir denn innerhalb der Thore
Der Kaiserstadt ein freundliches Asyl,
Doch bald mit sehr gesunkenem Humore
Bedacht' ich in dem neuen Domicil:
Daß ich auf Eingang neuer Louisdore
Nicht rechnen könne; wenn ich sonst fürs Spiel
Sie nicht geschont noch für die Equipage,
Wo blieb der Zuschuß jetzt und wo die Gage?

„Auf meine Seele legte sich ein Schatte,
Ich schlich dahin, das Herz von Sorgen schwer,
Und als Elfride — ach! die Arme hatte
Geglaubt, als Prinz sei ich auch Millionär —
Mich fragte: ‚Sprich, warum ist deine glatte,
So junge Stirne nicht die frühre mehr?‘
Sagt' ich ihr, was mich quäle; aber heiter
Blieb sie und sprach von andern Dingen weiter.

„Doch bald schon wünscht' ich, daß mit sieben Siegeln
Ich ihr verschlossen das Geheimniß hätte;
Denn von dem Augenblick zu nähn, zu bügeln,
Zu stricken hub sie an; vor Tag vom Bette
Erstand sie, ihren Fleiß nicht konnt' ich zügeln,
Und selbst die Nacht durch an der Arbeitstätte
Wach wäre sie bei ihrem Werk geblieben,
Hätt' ich sie von der Arbeit nicht vertrieben.

„Karg war der Lohn, den man ihr dafür bot,
Ich sah ihr Antlitz blaß und blässer werden
Und ihre Augen trüb und matt und roth;
Ihr Leben endlich mußte das gefährden;
Ich selber, uns zu helfen in der Noth,
That was ich konnte; Umgang mit den Pferden
Verstand ich, und das Glück ließ mirs gelingen,
Als Stallknecht mich im Circus zu verdingen.

„Daß sie sich bei der Arbeit schone, innig
Bitt' ich seitdem Elfride jeden Tag,
Denn durch Modellstehn nebenbei gewinn' ich
Mir Ein'ges; auch das Springen nach und nach
Hab' ich gelernt und jetzt ein Künstler bin ich
Im Circusreiten; wars doch eine Schmach,
Stallknecht zu bleiben! Selber kommt, ich bitte,
Heut' Abend meine Kunst zu sehn im Ritte."

„Mein Otto, Bester!" — fiel der Bruder ein —
„Du weißt, die Mutter machte mich zum Erben,
Und Alles, was ich habe, ist auch dein!
Mir müßte Schamroth ja die Wange färben,
Ließ' ich dich also Circusreiter sein;
Mag der Director einen andern werben,
Dich aber, mög' es was es wolle kosten,
Entlassen soll er heut' noch von dem Posten."

Noch sprach er's: plötzlich da sprang Otto auf:
„Vom Stephansthurme hör' ich sieben Schläge
Und muß zum Circus fort im schnellsten Lauf."
„Bleib, Bruder, bleib! das hat ja gute Wege!"
„Nein, laß mich! bald wird der Billetverkauf
Beginnen und, daß ich die Bretter fege,
Die Pflicht hab' ich vom Stallknecht beibehalten;
Nachher muß ich die Reiterkunst entfalten."

Nicht halten läßt er sich und eilt von dannen;
Aslauga hielt in tiefen Kümmernissen
Das Haupt verhüllt, und ihre Thränen rannen:
„Welch Weh, so tief gesunken ihn zu wissen!"
Indeß die Beiden, was zu thun sei, sannen,
Kam Erich auch dazu: „Komm mit! wir müssen
Gleich sehn, ob wir nicht den Director finden,
Er soll, er muß ihn des Contracts entbinden."

So Nikolas; mit Erich Arm in Arm
Eilt' er zur Bretterbude in den Prater,
Allein umsonst die Diener, den Gensdarm,
Bei dem Director ihn zu melden bat er;
Zu Wagen strömt, zu Fuße, Schwarm an Schwarm
Die Menge schon in das Amphitheater,
Und seine Meisterschaft im Hengstdressiren
Will eben der Director produciren.

Eintreten Beide drauf, nachdem den strengsten
Befehl dem Diener sie zuvor ertheilt,
Er solle, wenn das Schauspiel mit den Hengsten
Zu Ende sei, sie melden unverweilt;
Doch plötzlich da — ihm ist in seinen Aengsten,
Das Herz sei in der Brust ihm festgekeilt —
Hört Nikolas, wie sie als Reiterhelden
Mit lauter Stimme Monsieur Otto melden.

Und in den Circus, sieh! als Tektosagen,
Als wilden Mann, auf ungezäumtem Pferd
Herein sieht er den tollen Bruder jagen
Und hoch die Keule schwingen und das Schwert.
Ein breiter Balken wird herbeigetragen,
Und kühnen Sprunges, wirklich ruhmeswerth,
Dreimal das Rund umkreisend in Carriere,
Hinvoltigirt er über die Barriere.

Von ringsher bringt in donnernden Applausen
Das Publikum ihm seine Huldigung;
Ein viertesmal — er gönnt sich keine Pausen —
Zum Satz dann holt er aus mit mächt'gem Schwung,
Doch — Nikolas verhüllt den Blick vor Grausen —
Fehl geht der allzu dreist gewagte Sprung,
Und auf den Boden häuptlings, jähen Falls
Stürzt Monsieur Otto hin, der Wagehals.

Da tönt ein Schrei, mit wehnden Lockenhaaren
Zu dem Gesunknen eilt heran ein Weib,
Blond, blaugeaugt und jugendlich von Jahren,
Und wirft sich auf den regungslosen Leib —
Was schelten andre Völker wir Barbaren,
Wenn solche Spiele unser Zeitvertreib?
Ganz so den Römern dient' es zum Gelächter,
Daß sich zerfleischten die Arenafechter.

Ganz so in Spanien bei den Bullenhetzen,
Wenn vor des wilden Stieres Hörnerstoß
Der Matador erliegt, von allen Plätzen
Erschallt der Jubelruf: „Famos! famos!" —
Doch dies beiläufig hier! — Voll von Entsetzen
War Nikolas mit Erich athemlos
Herbeigeflogen zu dem Sinnbetäubten
Und kniete bei dem Weib zu seinen Häupten.

Doch der Director tritt heran, der grobe:
„Wenn er den Hals gebrochen hat, was gehts
Sie an? Hinweg! denn jetzt zeigt eine Probe
Von seiner Kunst Herr X. auf dem Trapez!"
Fort trägt man Otto drum in die Gardrobe,
Und Jene knieen sorgend um ihn stets;
Allein bald hier auch heißt es: „schafft ihn fort!
Wollt ihr ihn pflegen, dies ist nicht der Ort."

„Unmenschen ihr!" rief Erich voll Erbittrung!
Jedoch was halfs? man mußt' hinweg ihn bringen.
Der Arzt erklärte: „Die Gehirnerschüttrung
Ist schwer; noth thut für ihn vor allen Dingen
Ein luft'ger Raum bei dieser heißen Wittrung,
Dann, hoff' ich, wird die Heilung mir gelingen."
So gab denn Nikolas Befehl den Knechten,
Daß sie zu ihm in das Hotel ihn brächten.

Hoch wallt sein Blut, es ist, als ob es siede;
In kühlem Saale wird ihm drum gebettet,
Und unermüdet pflegt ihn dort Elfride,
Man glaubt sie an sein Lager festgekettet,
Sie schwört, es soll zu ihrem Augenlide
Kein Schlaf hernieederthaun bis er gerettet,
Und wenn Aslauga eintritt noch so flüchtig,
Fast wegen ihrer wird sie eifersüchtig.

Nur ihr soll Otto die Genesung danken;
Bei Nacht und Tag hin über ihn geneigt
Forscht sie, ob sich im Angesicht des Kranken
Ein Zeichen, das ihr Hoffnung gebe, zeigt.
So wie für ihn Genesung, Heilung schwanken,
So wie sein Leben sich bald hebt, bald steigt,
Also auch ihres; wär' er nicht genesen,
Des Todes Raub auch wäre sie gewesen.

Doch endlich da in seiner Augen Blau,
Nach welchem sie gespäht zu tausendmalen,
Aufdämmern sieht sie, wie durch Nebelgrau
Die Sonne leuchtet, des Bewußtseins Strahlen,
Und ihrer Augen Freudenthränenthau
Verkündet: nun für alle Mühn und Qualen,
Die sie bestand in kummertrüben Nächten,
Reich ist belohnt sie von den Himmelsmächten.

Und als er ganz genesen sah den Kranken,
Sprach zu Elfriden Nikolas, die Hand
Ihr reichend: „Du, der wir sein Leben danken,
Die du gerissen ihn vom Grabesrand!
Nun auch vereinige — wozu noch schwanken? —
Mit dem Geliebten dich ein ew'ges Band!"
Er rief's, und Otto, dem vom Auge warme
Dankthränen tropften, schlang sie in die Arme.

„Doch jetzt" — so sprach Aslauga dann — „vereinigt
Laßt uns ein Schreiben an den Vater richten,
Damit uns länger das Gefühl nicht peinigt,
Als Kinder hätten wir versäumt die Pflichten.
Von jeder Schuld, fürwahr, sind wir gereinigt,
Wenn wir ihn bitten, diesen Kampf zu schlichten
Und die zu segnen mit des Vaters Liebe,
Die nur gefolgt des Herzens mächt'gem Triebe."

So schrieben Otto, Erich und Aslauge,
Indem sie um des Vaters Segen baten;
Auch fügte Nikolas hinzu: „Ich tauge
Nicht für den Kreis der fürstlichen Agnaten;
Die Eine sucht, die Einzige, mein Auge,
Und find' ich sie, gern allen Majoraten
Entsag' ich, allen Titeln ihretwegen;
O Vater, dann auch hoff' ich deinen Segen!"

Der Brief ging ab, allein als bis zu Ende
Des Juli Antwort nicht gekommen war,
Vor Zeugen reichten feierlich die Hände
Elfride sich und Otto am Altar.
Das war der Tag der großen Sonnenwende
Von Mißgeschick zu Glück für unser Paar,
Und selig wohnten nun im engen Stübchen
Als Mann und Weib, die sonst nur Freund und Liebchen.

Zu Nikolas drauf sprach der junge Gatte:
„Du botest freundlich mir dein Alles an;
Doch so viel anzunehmen nur gestatte
Ich mir, daß ich ein Handwerk lernen kann.
Fliehn wird von mir der Trübsal letzter Schatte,
Wenn Tag für Tag, ein tücht'ger Arbeitsmann,
Ich unbekümmert um der Väter Erbe
Den Unterhalt des Lebens mir erwerbe."

So ging, daß er das Steinmetzhandwerk lerne,
Zur Werkstatt Otto früh an jedem Tag;
Nachdem er dort sich, von der Gattin ferne,
Bis spät mit Hammer und mit Meißelschlag
Gemüht, wie pries er Abends seine Sterne,
Wenn er in den geliebten Armen lag!
Mit den Geschwistern auch wie frohe Stunden
Verlebt' er dann, die er in Wien gefunden.

Oft auch gesellt sich Erich ihrem Kreise,
Den die Musik, die freundliche, verschönt;
Dem neuen Schwager, dessen stolze Weise
Er früher oft mit bitterm Spott gehöhnt,
Jetzt, da der Geist ihm von des Hochmuths Eise
Befreit ist, hat er völlig sich versöhnt;
Die Hand ihm reichend, scherzt er wohl: „Nun Otto,
Ist: „immer standesmäßig!" noch dein Motto?"

Viertes Buch.

Vermöcht' ich doch, statt für die Druckerpresse
Zu dichten, wie es Brauch in unsern Tagen,
Auf Yemens stolzem Roß mit weißer Blässe
Arabiens Wüsten singend zu durchjagen!
Dann würden an der Kaba auf der Messe
Von Okaz meine Lieder angeschlagen,
Und wohl für sie, eh sie erblichen, fände
Sich ein Hamasa=Sammler noch am Ende.

Beneidenswerth auch ist der Lazzarone,
Der am Vesuv auf hohem Felsensitze,
Umleuchtet von des Berges Flammenkrone,
Bojardos Mären oder Bernis Witze
Den Hörern vorträgt bei Guitarrentone
Und, Kupfermünzen sammelnd, seine Mütze
Umherreicht in dem Kreis der Marinari;
Ihm stehn die Dichtungsactien über Pari.

Doch ach! bei uns, daß am Toilettentische
Ein Kreis von Damen seine Verse preist,
Daß ein Justizrath in der Sommerfrische
Daran erquickt den actenmüden Geist,
Daß Confirmandinnen, die netten Fische,
Die man im Singularis Backfisch heißt,
Sie Nachts sich heimlich unters Kissen legen,
Nicht höhern Ehrgeiz darf der Dichter hegen.

Und nun, anstatt nach Tassos Vaterlande,
Statt nach dem Heimathland des Amrul Keis,
Weist mich nach Prenzlau gar und seinem Sande
Der Muse peremtorisches Geheiß.
Fürst Friedrich, tief ergriffen von der Schande,
Die ihm die Kinder bringen, und zum Greis
Herabgewelkt, weilt mit gebrochnem Muthe
Nah jener Stadt auf seinem Ahnengute.

Nachdem sein Nikolas von ihm geflohen,
Die Hoffnung des durchlauchtigen Geschlechts,
Das links von den Germanischen Heroen
Abstammt und von den Eddagöttern rechts,
Schon sah er seinem Haus den Einsturz drohen;
Und ach! das Schicksal, mehr und mehr erfrechts
Sich, an dem edlen Fürstenstamm zu rütteln
Und Frucht an Früchte vom Gezweig zu schütteln.

Aslauga gar mit einem Farbenlecker
Vermählt, den er im Herzen oft geschmäht,
Er habe in der Tasche keinen Sechser,
All sein Besitzthum sei sein Malgeräth!
Und endlich ward die Lage noch complexer,
Denn wie sprach Otto aller Pietät
Für seines Hauses alte Tradition
Durch Flucht mit einer Circustänzrin Hohn!

Um ihn als hoffnungslos Verlornen jammert
Der Vater, auch bevor er noch erfuhr,
Daß er in einer Steinmetz-Werkstatt hammert —
Sank je so tief die menschliche Natur?
Seitdem um einen heißen Wunsch nur klammert
Sein Herz sich, eine Hoffnung kennt er nur,
Daß Max zum mindsten und die jüngern Töchter
Die Ahnen werden herrlicher Geschlechter.

Denn wie am Mittelmeer die Fee Morgane
Von ferne lockend winkt, doch in der Nähe
In Luft verschwimmt, so gings auch mit dem Plane,
Den er auf Petersburg für eine Ehe
Des Prinzen Karl gebaut. Als Russomane
An ihm lang fest gehalten hat er zähe
Und einen Rechtsverständ'gen schon als Beirath
Erkoren für die projectirte Heirath.

Er wartete tagtäglich auf Couriere
Von seinem Sohne und vom Grafen Lorm,
Ja, daß der Kaiserhof das Prävenire
Zu spielen denke und in Uniform
Bei ihm als Ehpaktträger ein Baschkire
Erscheinen werde, dünkt' ihn nicht abnorm.
Zuletzt, um nicht mehr ungewiß zu bleiben,
Entschloß er sich nach Petersburg zu schreiben.

Doch keine Antwort kam; wie das erklären?
Erfindrisch war Fürst Friedrich im Vermuthen:
That Karl auf den Diners, die ihm zu Ehren
Gegeben wurden, allzu viel des Guten?
Mußt' unter Tatzen eines grimmen Bären
Auf einer Hofjagd er vielleicht verbluten?
So sann er täglich, welchen Grund es hätte,
Daß kein Bericht anlangte durch Staffette.

Dann wieder, während er die Tage zählt,
Die schon verschwunden, denkt er: längst versprochen
Ist Karl mit der Czarewna, ja vermählt,
Und Festlichkeiten giebts ununterbrochen,
So daß es ihm an Zeit zum Schreiben fehlt
Bei seinen mondelangen Flitterwochen;
Auch mögen ihn, der zu den höchsten Würden
Befördert ward, Geschäfte überbürden.

Bisweilen aber fast in einem Kerker
Glaubt sich der Fürst. Der Unterschied wie schroff
Vom Rhein'schen Schloß zu diesem Ukermärker!
Wenn Winters hoch der Schnee bedeckt den Hof
Und eis'ge Winde pfeifen durch den Erker,
Behagen mags dort einem Suwaroff,
Doch Jeden sonst, der nicht so decidirt
Eisbärnatur besitzt, natürlich friert.

Vereinsamt überdies fühlt sich Fürst Friedrich:
Da unsre Zeit nicht Rang mehr schätzt noch Namen
Und Kenntnisse verlangt von hoch wie niedrig,
Muß leider Max fürs Lieutenants=Examen
Sich präpariren — o wie standeswidrig! —
Indeß die Töchter sich, die jungen Damen,
Die Siegelinde und Gertrude heißen,
Des Piano und Französischen befleißen.

Daß sich ein heitrer Kreis um ihn geselle,
Verschreibt drum aus der nahen Metropole
Der Fürst sich eine kleine Hauskapelle,
Und bald auch schon — gereich' es ihm zum Wohle! —
Ziehn über seines öden Schlosses Schwelle
Mit Violine, Cello und Viole
Die jungen Musiker heran, im Geigen
Von Streichquartetten ihre Kunst zu zeigen.

Stolz aus dem Heiligthum des Cabinettes
Tritt Abends dann der Schloßherr in den Saal
Und giebt für das Beginnen des Quartettes
Alsbald mit einer Glocke das Signal;
Auf höhrem Platz, der mittels eines Brettes
Gesondert ist vom übrigen Lokal,
Versammeln zum Concert sich die devoten
Tonkünstler mit den Heften und den Noten.

Zuerst mit einem steifen Complimente
Begrüßte der Herr Fürst die Musici,
Denn welche weite Kluft sie von ihm trennte,
Dem hohen Standesherrn, vergaß er nie;
Vielleicht dem Einen oder Andern gönnte
Er auch die Frage wohl: „wie heißen Sie?"
Doch daß von ihm zu ihnen streng bemessen
Der Abstand sei, ließ er sie nie vergessen.

Nur hier und da, wenn irgend ein Andante
Sein Herz bewegte mit dem süßen Moll,
Wenn feurig ihm zum Ohr das imposante
Allegro, scherzend das Menuett erscholl,
Vergaß er sich so weit, daß er bekannte:
„Ein großer Mann, Beethoven! wundervoll!"
Jedoch den Zusatz las man im Gesicht
Ihm gleich: „mir ebenbürtig war er nicht."

An seiner Seite saßen beim Concerte
Die Kinder Max, Gertrude und Sieglinde,
An seinem Tisch auch deckte man Couverte
Für sie nur, da, wie gegen eine Sünde,
Sein Geist sich gegen den Gedanken sperrte,
Daß irgend Andre, die er dem Gesinde
Beizählte, Theil an seiner Tafel nähmen;
Müßt' er sich sonst nicht vor den Ahnen schämen?

Auch Emma lebte drum, die Gouvernante,
Bei Büchern und Klavierspiel und Gesang
Beinah wie eine aus der Welt Verbannte;
Obgleich sie bei den Töchtern Jahre lang
Bereits geweilt, doch nur von Ansehn kannte
Der Vater sie, denn seinen Stolz bezwang
Er kaum so weit, um einen Blick der Gnade
Ihr zuzuwerfen bei der Promenade.

Oft sagten ihm die Töchter wohl: „Talent
Wie diese Emma mögen Wen'ge haben!
Trefflich ist ihr französischer Accent,
Und — die geringste nicht von ihren Gaben —
Vorlesekunst besitzt sie eminent.
Du solltest sie, statt so dich zu vergraben
Und trauriger als deine Hintersassen
Zu leben, dies und das dir lesen lassen!"

Doch er gab Antwort: „Kinder! nicht besäß' ich
Den Stolz, der mehr als Alles Fürsten ziert,
Wenn euerm Rath ich folgte! Wie vergäß' ich,
Daß mir dies Mädchen tief subordinirt?"
Allein zuletzt, da lang er standesmäßig
Sich über alle Maßen ennüyirt,
(Selbst das Quartett half nichts dagegen) schmolz
So weit, daß er dem Rath nachgab, sein Stolz.

Verschrieben also wurden aus Berlin
Die neusten literarischen Produkte,
Die, weil als Meisterwerke ausgeschrien,
Man hundertfältig druckt' und wieder druckte;
Wenn dazumal zu des Geschmacks Ruin
Das Publikum sie mit Begier verschluckte,
Greift jetzt nicht eine Hand mehr in den Säckel,
Um sie zu kaufen; staubig ist ihr Deckel.

Berühmte ihr von heute, die der Laune
Des Tags ihr euern Ruhm verdankt, da seht
Eur künft'ges Loos! Des Tagesruhms Posaune
Ist für die Zukunft noch kein Schiboleth;
Man bricht Unsterblichkeit nicht so vom Zaune,
Glaubt mir, wenn man mit heisrer Stimme kräht,
Der Lesewelt verwöhnte Nerven kitzelt
Und in ein Feuilleton Novellen kritzelt!

Kaum noch der Novellisten und der Sänger
Von damals kennt man Einen. Ein Jahrzehnt
Unsterblich waren sie, jedoch nicht länger,
Bei ihren Werken hat man dann gegähnt;
Erblickt in ihnen eure Doppelgänger!
Die sich die Meister ihrer Zeit gewähnt,
Verschlungen nun — und Viele waren besser
Als ihr — hat sie des Lethestroms Gewässer.

Die Nachwelt einzig ist der ächte Richter.
Wo ist mit seinen mystischen Karfunkeln
Nun Werner hin? Wo sind die Schicksalsdichter?
Doch Andre strahlten, die verkannt im Dunkeln
Gelebt, seitdem empor als helle Lichter,
Um firsterngleich durch alle Zeit zu funkeln.
Fonqué und Müllner haben Ruhm genossen,
Als Kleist sich in Verzweiflung todtgeschossen.

Aus Büchern, welche damals Mode waren,
Las also Emma, wie der Fürst befahl,
Ihm täglich vor — die Titel zu erfahren
Vermocht' ich nicht; Auflagen ohne Zahl
Davon in hunderttausend Exemplaren
Sind für die Mäuse jetzt ein leckres Mahl —
Er gähnte unaufhörlich, aber fand
Der Ehre halber Alles amüsant.

In Wahrheit gab er wenig darauf Acht,
Denn schwer von Sorgen war sein Herz beklommen,
Und ohne Schlummer lag er manche Nacht,
Da er von seinem Karl noch nichts vernommen;
Schon ward ihm der Gedanke nah gebracht,
Auf seiner Reise sei er umgekommen,
Denn immer wurde noch von einem Brautpaar
Am Petersburger Hofe nichts verlautbar.

Trüb' also trotz Musik und trotz Lectüre
Hin lebt' er bis der nächste Lenz begann,
Und einen neuen Faden die Walküre
Am Schicksal seines hohen Hauses spann.
Der Fürst vernahm vor seines Zimmers Thüre
Einst Morgens Streit, wie sein Lakai Johann
Den Eingang einem fremden Mann verwehrte,
Der heftig Zutritt zur Durchlaucht begehrte.

Das Lärmen wächst; dabei Gebell der Hunde;
Forthetzen will den Fremden der Lakai;
Der Fürst, erstaunt, wer in so früher Stunde
Bis in sein Vorgemach gedrungen sei,
Tritt aus der Thür, und sieh! ein Vagabunde
In Lumpen, wohl der Haft der Polizei
Entsprungen, sucht sich Bahn zu ihm zu brechen.
„Hinweg mit ihm! welch unerhört Erfrechen!"

Es ruft's der Fürst; doch Jener drauf: „Durchlaucht!
Muß ich erst als Graf Lorm mich Ihnen nennen?
Hätt' ich den letzten Athem doch verhaucht,
Eh ich's erlebe, daß Sie mich nicht kennen!"
Und wie der Fürst ihn anblickt, wirklich taucht
Ihm ein bekanntes Antlitz auf; es trennen
Aus fremder Maske sich die alten Züge;
Daß das Graf Lorm, fürwahr ist keine Lüge.

Sogleich nach seinem Sohn drängt sich die Frage
Auf seinen Mund; den Grafen mit der Faust
Packt er und ruft: „Verräther! Schelm! nun sage,
Der du mich anzusehn dich nicht getraust,
Was ward aus meinem Karl? Von Tag zu Tage
Hofft' ich umsonst Nachricht von ihm; mir graust
Vor deinem Anblick, wie vor dem von Mördern;
Zum Hochgerichte werd' ich dich befördern."

„Weh mir", ruft Jener, „muß ich ohne Mildrung
Die Wuth des Schicksals bis zuletzt ertragen?
Am Leben ist Ihr Sohn, doch eine Schildrung
Ist möglich kaum der Noth und tausend Plagen,
Die mich in diesen Zustand der Verwildrung
Zuletzt versetzt! Zu den Anthropophagen,
Ja in die Hölle reis' ich künftig lieber,
Als zu den Russen — weh! ich habe Fieber!

„Auf Ihrem Gut, Durchlaucht, nur eine Hütte,
Ein Krankenlager gönnen Sie mir nur!"
Daß Wahnsinn heillos ihm den Geist zerrütte,
Vermeint der Fürst; weichherzig von Natur
Jedoch, wie sollt' er weigern ihm die Bitte?
Nach einem Arzte, daß er in die Kur
Ihn nehme, sendet er und räumt im Schlosse
Ein Wohngemach ihm ein im Erdgeschosse.

Den Dienern, denn er scheut sich vor dem Tollen,
Giebt er Befehl, daß sie ihn streng bewachen
Und ihm Zutritt zu ihm verwehren sollen;
Auch hüten die des Kranken Thür wie Drachen,
Doch da der Arzt versichert, daß er vollen
Bewußtseins sei, was läßt sich weiter machen?
Fremd ist dem Fürsten Alles, unverständlich,
Und, was geschehn, erfahren will er endlich.

Doch bleibt sein Herz von Sorgen noch beklommen.
Erlaubt die Etikette, Dem, der leider
So tief, unglaublich tief herabgekommen,
Audienz zu geben? Erst wird drum vom Schneider
Ihm Maß zu einem Staatshabit genommen,
Sodann, als Lorm die tiefzerlumpten Kleider
Mit einem Frack vertauschen kann, in Gnaden
Wird er zur fürstlichen Audienz geladen.

In aller Form hat Statt die Reception;
Dreimal verneigt der frühre Gouverneur
Sich tief und hebt so an mit dumpfem Ton:
„Durchlaucht vergönnen gnädig mir Gehör,
Doch weiß ich nicht, bei Gott, wie den Sermon
Beginnen oder enden, Monseigneur!
Was ich erlebt, ist über das Begreifen
Und scheint das Reich des Mythischen zu streifen."

Ins Wort fällt ihm Fürst Friedrich und begehrt
Nachrichten über seinen Sohn vor allen:
„Ihr Schweigen hab' ich daraus mir erklärt,
Daß unterwegs Unfälle Sie befallen,
Doch von der Fahrt nicht, die so lang gewährt,
Nein vom Empfange in den Kaiserhallen
Erzählen Sie, wie sie im Festschmuck prangten,
Als Sie mit Karl nach Petersburg gelangten.

„Wann seine Hochzeit ist, will ich erfahren,
Und ob er gleich, wie ich vermuthen muß,
Zur Kaiserlichen Hoheit von dem Czaren,
So wie zum Gouverneur des Kaukasus
Erhoben ward. Was Ihre Fata waren,
Berichten können Sies mir dann am Schluß."
So er; allein, als ob er ihn nicht hörte,
Fährt also fort Graf Lorm, der sinnverstörte:

„O dieses Rußland! Eine Tigerhöhle,
Ein einziges Schaffot und Hochgericht
Ist es; und, wenn Gott selber mir beföhle
Dahin zu reisen, wahrlich thät' ichs nicht,
Nein ließe eher mit dem letzten Oele
Mich salben. Podagra wünsch' ich und Gicht,
Die dort bei den Mongolen, den Tartaren
Ich mir geholt, dem Volke von Barbaren!"

Der Fürst fällt ein: „Es will mir nicht geziemen,
Sie anzuhören? Wie? ein Apostat
Sind Sie von Ihren eignen Rechtsmaximen
Und schmähen Rußland, jenen Musterstaat?
Wird hochgeehrt von allen legitimen
Monarchen nicht der mächt'ge Autokrat,
Und schlossen, um wie er patriarchalisch
Zu herrschen, sie nicht einen Bund in Kalisch?"

Darauf Graf Lorm: „Nur auf vollständ'ge Tata,
O Fürst, fällt der Gerechte sein Verdict;
Darum vernehmen Sie des Prinzen Fata,
Seitdem Sie auf die Brautfahrt ihn geschickt;
Als ohne Beispiel stehn sie in der That da.
Sogleich, als man an Rußlands Gränzdistrikt
Uns führte zu dem ersten Paßbureautisch,
Erkannt' ich: Willkür herrscht dort alldespotisch.

„Doch ich verwirre mich. In Huld ergänzen,
Fürst, werden Sie, was mir an Klarheit fehlt.
Von vorn an denn! Prinz Karl, als Rußlands Gränzen
Wir nahten, sah, von Freude ganz beseelt,
Im Geist schon Kiews goldne Kuppeln glänzen
Und mit der Kaisertochter sich vermählt;
Er kniete hin, dem Reich der Moskowiten,
Dem langersehnten, seinen Gruß zu bieten:

„‚Heil, Land der Herrschermacht, der absoluten,
Das dem legitimistischen Princip,
Indeß im Sturm die andern rathlos fluthen,
Allein ein fester Hort auf Erden blieb.' —
Er rief es und, von Freude strahlend, ruhten
Auf Rußlands Farben, ihm vor allen lieb,
Die Augen ihm, als er zum erstenmale
Sie leuchten sah an dem Barrierenpfahle.

„Auf einmal da, Durchlaucht'ger, wie Harpunen
Auf einen Wallfisch in des Nordens Meer,
Auf ihn gerichtet sah ich bei Eydtkuhnen
Der Bajonette hundert oder mehr.
Ich schrie: „Hält man für einen Volkstribunen
Den Prinzen? Auf der Brautfahrt kommt er her;
Daß Hand an ihn man legt, ist ein flagranter
Rechtsbruch, und rächen wird es sein Gesandter.

„Lernt erst, was Sprossen ältester Geschlechter,
Was deutschen Prinzen an Respect gebührt!'
Ich rief's; allein die Antwort war Gelächter.
In einen Hofraum werden wir geführt
Und sehen einen Haufen Halbbezechter
An einem Feuer, das man emsig schürt;
Dort ihn — hochauf beginnt mein Blut zu sieden —
Und mich in Eisenketten will man schmieden.

„Hier ist ein Irrthum! holt den Commandanten!'
Ruf' ich und kann vor Wuth kaum Athem holen.
Da vor tritt Einer und in fulminanten
Zornworten spricht er: ‚Ich hab' es befohlen,
Zu gut nur kenn' ich Sie als Tumultuanten;
Zum Aufruhr haben Sie gehetzt die Polen,
Kaum aber sahn Sie die Entdeckung drohen,
So sind nach Preußen Sie geheim entflohen.'

„Verleumdung! Lüge! Ueber alles Maß
Geht das hinaus!' schrie ich; ‚so respectiren
Sie doch den preußischen Regierungspaß!'
Doch er lacht laut: ‚Mit solcherlei Papieren
Bleibt mir zu Haus! Ich kenne den Ukas
Allein, der mir besiehlt, zu vigiliren,
Daß Keiner uns der Revolutionäre
Entgeht; und nun genug von der Affaire!'

„Der Prinz ruft wüthend: ‚Die ihr an der Werbung
Um die Czarewna so mich hindern wollt,
Wißt, daß in meinen Adern durch Vererbung
Das Blut Wodans und der Gepiden rollt,
Daß hochconservativ wie ich von Färbung
Kein Andrer ist.' — Allein nicht Mitleid zollt
Man ihm; bald sieht er, da ist nichts zu machen;
Was er auch sagt, man hört ihn an mit Lachen.

„Ich bei dem Allen glaubte bald verrückt
Zu sein und fühlte Fieberfrost mich schütteln,
Bald wollt' ich schreien, wie vom Alp gedrückt,
Man möchte aus dem grausen Schlaf mich rütteln.
Bei uns stand ein Soldat, das Schwert gezückt,
Und unser Jeder ward umringt von Bütteln,
Die beide Arme fest mit Eisenringen
Uns fesselten, an denen Ketten hingen.

Wir wollten schrein, doch konnten einzig stöhnen;
Der Worte jedes ward erstickt von Röcheln.
‚Geduld! Sie werden sich daran gewöhnen,
Nur ruhig!' sprach der Commandant mit Lächeln,
Und noch auf seinen Wink, das Werk zu krönen,
Mit Eisenreifen an der Füße Knöcheln
Belastet wurden Beide wir, die mitten
Bis in der Knochen Mark uns schmerzhaft schnitten.

„Dann — und wie Fieberkranke in Delirien
Sah ich die Welt sich wirbelnd um mich drehn —
Erscholl der Ruf: ‚Nun auf! fort nach Sibirien!'
Und uns mit Hieben zwang man aufzustehn;
‚Wenn es Sie trösten kann, gern an die Ihr'gen
Bestell' ich einen Gruß; auf Wiedersehn!'
Rief noch der Commandant dem Prinzen nach,
Als vor der Hofthür er zusammenbrach.

„Nicht gehen ließ sich bei der Ketten Last,
Allein ein stämm'ger Kerl kam uns zu packen
Und trug in die Kibitke uns in Hast.
Drin sitzen mußten wir mit krummem Nacken,
Ein Zwerg ja hätte kaum hinein gepaßt;
An jeder Seite hielten zwei Kosacken
Und um uns scholls: ‚Sie sind ja nicht die Ersten!
Glück auf die Reise von dreitausend Wersten!‛

„Ein geller Pfiff sodann, und vorwärts sausend
Bei Peitschenknallen gings wie der Orkan.
Ein Tag, den wir, in diesem Käfig hausend,
Zerrissen von der Ketten scharfem Zahn
Verbrachten, o schien länger uns als tausend,
Und, wenn man Rast uns, denn man war human,
Verstattete, so dienten, um das Grausen
Der Fahrt nachher zu mehren, nur die Pausen.

„In wilder Wuth die beiden Fäuste schlug
Ich, bis sie wund, an der Kibitke Wände.
‚Halt, halt! Barmherzigkeit! es ist genug;‛
Schrie ich, und streckte flehend aus die Hände,
Doch weiter, immer weiter donnernd trug
Der Wagen uns, als gings ans Weltenende,
Und das Geroll, vom Fuße bis zur Stirne
Hinzitternd, hallte wieder im Gehirne.

„In Dörfern, wenn am Weg sich Menschen fanden,
‚Helft!‛ riefen wir, ‚schuldlos sind wir bei Gott!‛
Doch unsre Worte wurden nicht verstanden,
Sie hatten Haß allein für uns und Spott
Und hielten uns in unsern Eisenbanden
Für arge Frevler, reif für das Schaffot,
Ja wünschten wohl, mehr noch von solchen Räubern
Und Mördern möge man die Gegend säubern.

„So Tag und Nächte vorwärts weit nach Norden
Gelangten wir in unwirthbare Strecken,
Durchstreift von der Burjäten wilden Horden;
Da kamen zu den alten neue Schrecken;
Tief Winter war es dort bereits geworden,
Und allhin lagen schon die Eisesdecken;
Allmächtig schien in jenen Regionen
Der Tod, der grause Autokrat, zu thronen.

„Durch Oeden, selber im August nicht schneelos,
Fort ging es ohne Rast; wie war mir da,
Wenn ich den Prinzen, statt in Zarsko=Selos
Prachtsälen, neben mir in Ketten sah!
Erliegen müßt' er solchem Elend fehllos,
Dacht' ich und glaubt' ihn oft dem Tode nah —
O vor dem Anblick schwand mein eignes Leiden;
War er doch der unseligste von Beiden.

„Vertauscht ward die Kibitke mit dem Schlitten,
Das Roßgespann mit ungeheuren Hunden;
Die Wächter, die an unsrer Seite ritten,
Lösten sich ab, sie trugen es nur Stunden;
Jedoch wie lang wir so dahingeglitten,
Aus dem Bewußtsein ist es mir geschwunden;
Nicht weiß ich, ob es Wochen, Monde waren,
An Schrecken wurde jeder Tag zu Jahren.

„Und dann die Nächte erst, wie grausenvoll,
Wenn durch den Sturmwind, der den Schnee in Säulen
Aufwirbelte, vor dem Gefährt wie toll
Die Hunde schnoben, und das heisre Heulen
Blutgier'ger Wölfe um uns her erscholl;
Rechts, links und hinter uns in schwarzen Knäulen
Sahn wir der Bestien Rudel und durchs Dunkel
Der gier'gen Augen röthliches Gefunkel.

„Das Blut stand uns erstarrt in allen Venen;
Sieh! nah schon sind sie! wie ihr Zahngebiß
Weiß durch die Nacht blitzt! wie die Rachen gähnen!
Schnell vorwärts, sonst ist uns der Tod gewiß! —
Doch wars nicht besser, daß mit seinen Zähnen
Uns solch gefräß'ges Ungethüm zerriß,
Als daß fürs Ende der Entsetzensfahrt
Zu schlimmerm Loos wir wurden aufgespart?

„Ein Mörder nur — Fürst, ich betheu'r es Ihnen —
Wenn in der Nacht, wo sein der Henker harrt,
Der Höllenabgrund ihm im Traum erschienen
Und jede Fiber ihm vor Schreck erstarrt,
Macht sich ein Bild vom Graun der Bergwertminen,
Wohin Ihr Sohn mit mir verurtheilt ward.
Nertschinsk — kein Wort, das grausiger erschölle,
Kenn' ich — Nertschinsk nur ist die wahre Hölle.

„O Fürst, um Gott! bedenken Sie das Eine:
Der Prinz, so herrlichem Geschlecht entstammt,
Von dem Sie wähnten, daß beim Kerzenscheine
Im Kaiserschloß er tanze, dort verdammt
Ward er zum Schleppen schwerer Erz' und Steine
Und ich mit ihm. Die Fabeln allgesammt,
Die Schreiber von Romanen wohl erfinden,
Vor solcher Wahrheit müssen sie verschwinden.

„In Sträflingstracht und schweren Eisenklammern,
Von scharfen Ketten Hand und Fuß zernagt,
Hinab in jene unterird'schen Kammern
Uns stieß man, wo ein Morgen nimmer tagt
Und Wehruf nur erschallt, Geächz und Jammern,
Daß selbst dem Muthigsten das Herz verzagt;
Dazwischen Flüche, wüster Lieder Singen
Von Wächtern, die die ehrne Geißel schwingen.

„An Stollenwänden hin, an deren Schwärze
Sich Qualm hinzog, wie aus dem Höllenſud,
Dort ſchleppten wir beim Licht der Grubenkerze
Die Bürden, die der Treiber auf uns lud,
Schlacken Metalles, zack'ge Steine, Erze;
Und, wollten ſtillen wir der Wunden Blut,
Schon harrten unſer — nie ließ man uns raſten —
Daß wir ſie ſchleppten, neue Centnerlaſten.

„So oft uns matt die Glieder auch erſchlafften,
Aufjagte wieder uns der Schrecken bald,
Denn in den Schlünden, welche ringsum klafften,
Sahn wir Unthiere, rieſig von Geſtalt,
Skelette von verſteinten grauſenhaften
Scheuſalen, Schlangen, wirr zum Knäul geballt;
Uns war, als wenn ſie ihre Glieder reckten
Und mit den gier'gen Zungen nach uns leckten.

„Wohl, am Geſtein das Haupt uns zu zerſchmettern,
Verſuchten wir, doch hatten nicht die Macht;
Den Erddämonen, wenn in Grubenwettern
Ihr Zug verheerend ging von Schacht zu Schacht,
Oft wohl zujauchzten wir als unſern Rettern:
‚Kommt und begrabt uns in die ew'ge Nacht!‘
Doch uns vorbei — wir fanden nicht Erhörung —
Zogen ſie auf dem Pfade der Zerſtörung.

„Nicht Trank bot man am Tag uns dar noch Speiſe;
Scholl Abends dann der Ruf: ‚es iſt genug!‘
So klommen wir die Schachte, Kreiſ' auf Kreiſe,
Empor, bis Schneeluft uns entgegen ſchlug;
Und über Felder, ſtarr von ew'gem Eiſe,
Heimtrieb die Sträflinge in langem Zug
Der Wächter Chor, um bald zu neuen Schrecken,
Noch eh' der Morgen anbrach, ſie zu wecken.

„Der arme Prinz! Mehr, als ihm zuzumuthen
Bei seiner Jugend, ward ihm auferlegt,
Wenn ich die Treiber mit den Eisenruthen
Ihm drohen sah, oft rief ich wilderregt:
Mich, mich laßt unter euren Streichen bluten!
Mir ladet noch die Last auf, die er trägt!·
Bang war mir, daß der Jugendliche, Zarte
Ein Leiden trüge, das man mir erspare.

„Wir zählten lang uns schon zu den Verlornen;
Wie ließ sich hoffen, daß man jemals frei
Uns geben werde? Uns der Ungebornen,
Der Todten Schicksal wünschten wir herbei.
Auf einmal da ward kund, daß von Verschwornen
Ein Plan zum Aufstand angezettelt sei,
Und ob nun wahr, ob Lüge die Entdeckung,
Schnell folgten Urtheil und Gerichtsvollstreckung.

„Obgleich von hundert Wächtern streng behütet,
Beladen mit der Eisenketten Wucht,
Doch, hieß es, hätten sie den Plan gebrütet
Zum Mord der Hüter und zu eigner Flucht.
Drum mitleidlos ward wider sie gewüthet,
Und an dem Eingang in die Bergwerkschlucht
Erschoß man jeden, welchen ein Verräther
Angab, als Complotteur und Missethäter.

„Vor Tag, wenn man uns in der eisigkalten
Dämmrung zum Schacht trieb, beim Vorüberschreiten
Sahn wir Gericht die Willkürschergen halten;
Wir sahn an Pfählen stehn die Todgeweihten,
Wir hörten wie die Flintenschüsse knallten
Und priesen als beglückt die so Befreiten.
Auch uns einst Abends vor den Gouverneur
Hinführte man; wir glaubten, zum Verhör.

„Nun, dachten wir, würd' unser Elend enden;
Die Todesstrafe war uns angedroht,
Wenn, Briefe in die Heimath zu entsenden,
Wir wagten; dennoch, trotzend dem Verbot,
Hatt' ich versucht, mich, Fürst, an Sie zu wenden
Und ebenso der Prinz, drum, auf den Tod
Gefaßt, zum Gouverneur hintraten wir
Und einzig: ‚macht es kurz!‘ ihn baten wir.

„Er aber winkte; mir nahm ein Gensdarm
Die Ketten, die so lang an mir geklirrt,
Auf sein Geheiß vom Fuße und vom Arm,
Und ihm ins Antlitz starrt' ich sinnverwirrt,
Indeß er sprach: ‚Wir suchten einen Larm,
Sie heißen Lorm, wie uns berichtet wird;
Man hatte a statt eines o gelesen,
Verzeihen Sie! ein Irrthum ists gewesen.‘

„Dann von den Fesseln ward der Prinz befreit,
Und also sprach der Gouverneur: ‚An Zügen
Herrscht zwischen Ihnen große Aehnlichkeit
Und einem Sohn Dembinskis; mit Vergnügen
Zu constatiren bin ich jetzt bereit,
Daß Sie ein Andrer sind, und werd' es rügen,
Daß die Beamten das Versehn begangen;
Dembinskis wahrer Sohn ward schon gefangen.

„Sie können reisen nun, wohin Sie wollen,
Adieu! — jetzt führt den Delinquenten vor!‘
Er sprachs und winkte uns zu gehn. Gleich Tollen
Hinschritten wir durch das Soldatencorps.
Wohl unsern Sinnen war das Wort erschollen,
Doch dachten wir: getäuscht hat uns das Ohr,
Es kann nicht sein! — Erst nach und nach zu fassen
Gelang uns, daß wir wirklich freigelassen.

„Was konnten wir nun thun? Nach Hause schreiben,
Daß man uns Mittel für die Heimfahrt schicke,
Und, sie erwartend, in Sibirien bleiben?
Nein, besser, als dort auch nur Augenblicke
Noch zu verweilen, schien's sich zu entleiben;
So traten wir, vertrauend dem Geschicke,
Den Heimweg an mit unsrer Habe Resten;
Vieltausend Werste ging er gen Südwesten.

„Wie wir dann hin durch unwirthbare Zonen
Geirrt, die kaum zuvor ein Fuß betreten,
Wie uns in jenen wüsten Eisregionen
Vom Tod gerettet schweifende Burjäten,
Wie wilde Stämme, die am Ural wohnen,
Wir bettelnd um Barmherzigkeit gebeten,
Verstatten Sie mir, Fürst, davon zu schweigen!
Mein Antlitz mag, was ich erlebt, bezeugen.

„Auf Knieen priesen wir die Himmelsmächte,
Als nach und nach der eis'ge Boreas
Nachließ und nun die Fackel unsrer Nächte,
Der blut'ge Schein des Nordlichts, mählig blaß
Und blässer wurde. Jenem Land der Knechte
Noch schwuren wir beim Abschied ew'gen Haß.
Brich, Ocean, die Deiche, die dich dämmen,
Vom Erdenboden es hinwegzuschwemmen!

„Doch mir selbst war zu groß die Wuth des Prinzen;
Ich fürchtete Gefahr, wenn laut und scharf
Er seinem Grimm Lauf ließ und schmähnd die Münzen,
Drauf er des Czaren Bild sah, niederwarf.
Vor Allem in den polnischen Provinzen,
Wo man kein freies Wörtchen wagen darf,
War ich besorgt; erst als die Grenzenpfähle
Ich sah, ward mehr beruhigt meine Seele.

„Allein — Durchlaucht, wie soll ichs Ihnen künden? —
Auf deutschem Grund nicht hindern konnt' ich ihn,
Mit den Verschworenen sich zu verbünden,
Die Tag für Tag aus Polen dahin fliehn,
Um neu von dort den Aufruhr zu entzünden;
Die Sache wurde ruchbar in Berlin,
Und jetzt zu Graudenz innerhalb der Wälle,
Fürst, seufzt Prinz Karl in dunkler Festungszelle."

Der Fürst, als ers vernahm, stand wie vernichtet;
So sehr nicht von dem Leiden, das sein Sohn
Ertragen — meistens schien es ihm erdichtet —
Ward er gerührt, allein o Schmach und Hohn!
Daß der, der seinen Blick so hoch gerichtet,
Den er schon nah gewähnt dem Kaiserthron,
Gesunken nun zum Revolutionäre,
Welch schwarzer Fleck auf seines Hauses Ehre!

Als Kainsmal erscheint es ihm, und brennen
Muß es für ewig auf des Frevlers Stirne.
Er schwört, Karl minder noch hinfort zu kennen,
Als Otto, der sich einer Tänzerdirne
Vermählt, ja seinen Namen nie zu nennen. —
Lang stand er so mit schwindelndem Gehirne
Und ließ den Grafen Lorm auf Antwort harren;
Das Wort auf seinem Mund schien zu erstarren.

„Das Herz hat Ihr Bericht mir, Graf, zerschnitten —
So redend bot er endlich ihm die Hand —
„Sie haben viel, ich glaub' es gern, gelitten,
Seit ich auf jene Reise Sie gesandt;
Allein um Eins muß ich Sie dringend bitten:
Schmähn Sie mir deshalb nicht das edle Land!
Rußland bleibt alles dessen unbeschadet
Ein Musterstaat, vom Himmel hochbegnadet.

„Kann man denn in der Revolutionäre
Verfolgung jemals allzu eifrig sein?
Zwar wer um deshalb Leiden von der Schwere,
Wie Sie, ertragen hat, das leuchtet ein,
Mag kurz verstimmt sein, aber sich zur Ehre
Anrechnen wird er die erlittne Pein;
So, wie das selbstverständlich, ziemts dem Christen
Und, was identisch, dem Legitimisten."

Noch dies und jenes wollte Lorm erwidern,
Jedoch Fürst Friedrich schnitt ihm ab das Wort.
„Herr Graf! ich schätze Sie von je als biedern,
Achtbaren Mann" — so fuhr er höflich fort —
„Besuchen Sie, auf daß aus Ihren Gliedern
Die Gicht entweiche, einen Badeort!
Die Mittel geb' ich Ihnen, die Sie brauchen,
Damit Sie sich in Wildbads Quellen tauchen."

So ward, als lau die Frühlingslüfte wehten
Und in der Mark selbst aller Schnee zerschmolz,
Von Lorm die Fahrt nach Wildbad angetreten.
Fürst Friedrich blieb mit tiefgebeugtem Stolz
Auf seinem Schloß und sann noch bis zur späten
Nachtstunde trauernd, wie zum dürren Holz
Sein Fürstenstammbaum abzusterben drohe —
So schwindet auf der Erde alles Hohe.

Für Nikolas und Otto Hoffnung hegen
Kann darf er mehr; nun auch in Karl so schändlich
Betrog er sich! Nach solchen Schicksalsschlägen
Scheint gänzliches Verzagen unabwendlich;
Allein, so wie ein welkes Blatt beim Regen,
An einem neuen Plane richtet endlich
Sein Herz sich auf; bleibt nicht im jüngsten Sohn
Ihm Hoffnung noch auf würd'ge Succession?

Vor dem Gedanken nun muß Alles weichen.
Wenn Abends zum Quartett die Stunde schlägt,
Läßt er die Geiger ihre Saiten streichen,
Doch kommt nicht in den Saal, wie er gepflegt;
Auch stehen bei dem letzten Lesezeichen,
Das Emma nach Gewohnheit eingelegt,
Bleibt er in Sues „unsterblichem" Romane;
Er brütet einzig über seinem Plane.

Als er zuletzt gereist — schon rückte Pfingsten,
Das schöne Fest heran — sprach so der Fürst
Zu Max: „Zwar nenn' ich dich der Söhne jüngsten,
Doch, daß die ältern du beschämen wirst,
Daß du dich nimmer auch nur im geringsten
Von unsres Hauses Tradition verirrst,
Das ist der Glaube, der in dieser Welt
Des Irrsals mich allein noch aufrecht hält.

„Auf dich, mein Max, ich muß dich dessen mahnen,
Auf dich als unsres hohen Stammes Halter
In langer Reihe schauen deine Ahnen,
Vor denen Grafen noch im Mittelalter,
Ja Fürsten, sich gebeugt als Unterthanen,
Und alle flehen zu dem Schicksalswalter,
Es möge unser Haus in der feudalen
Ehrwürd'gen Pracht durch dich von Neuem strahlen.

„So höre denn! Zu Pfingsten — diese Kunde
Entnahm ich aus dem Pommerschen Mercur —
Begeben wird Prinzessin Kunigunde
Nach Interlaken sich zur Molkenkur.
Aus herrlichem Geschlecht, das lang am Sunde
Geblüht und durch Secundogenitur
Abstammt vom alten Königshaus der Dänen,
Ist sie verwandt mit allen Souveränen.

„Wenn ihres sich mit deinem Wappenschilde
Vermählt, welch Glück für mein erlauchtes Haus!
Wohlauf denn! in Helvetiens Gefilde,
Die just im Schmuck des Lenzes blühn, zieh aus!
Der Fürstin Mutter bring — sie heißt Clotilde —
In meinem Namen einen Blumenstrauß
Und sprich, ich sei, wie ehmals auf dem Wiener
Congreß, noch stets ihr unterthän'ger Diener.

„Dann zur Prinzessin — doch dein Mutterwitz
Wird schon dich lehren, wie man sich als Freier
Benehmen muß; was ist mein Reden nütz?
Vor meinem Auge lichtet sich der Schleier,
Und schon auf Kunigundens Herrschaftssitz
Bereitet seh' ich dir die Hochzeitsfeier.
Zieh hin, mein Sohn, und werde zu der Spötter
Verstummen unsres Hauses Ehrenretter!"

Prinz Max ist hochentzückt von dem Projekt;
Denn da zum Taktiker und zum Strategen
Er niemals viel Beruf in sich entdeckt,
Sah dem Examen er besorgt entgegen.
So nach der Schweiz mit Extrapost direkt
Fuhr er, geleitet von des Vaters Segen.
Wir aber lassen seines Wegs ihn ziehn
Und richten wieder unsern Blick nach Wien.

Glaubwürdig wird von dort uns mitgetheilt:
Mit den Geschwistern an der Donau Strande
Hat unterdeß Prinz Nikolas geweilt;
Doch trotz der Freundschafts-, der Verwandtschaftsbande,
Die fest ihn halten, längst hinweggeeilt
Wär' er zum heißersehnten Morgenlande,
Nur möcht' er gern erst heben die Bedrängniß,
Die noch sein Peter aussteht im Gefängniß.

Nach München Brief auf Brief hat er gesendet,
An Herrn von Luchs, ja selbst an die Minister,
Die Bayerns Staatswohl hüten, sich gewendet,
Doch Alles blieb umsonst; sein langvermißter
Leibdiener langt nicht an, und schließlich endet
Ihm die Geduld; er tritt vor die Geschwister
Und kündet ihnen, in den nächsten Tagen
Werd' ihn der Dampfer gegen Osten tragen.

Was für ein Seelendrang als Argonauten
Ihn also in den Orient treibe, läßt er
Vor Otto und Aslauga nicht verlauten;
Er fürchtet Hohn von Bruder und von Schwester
Und hegt den Wunsch doch, einem Herzvertrauten
Zu künden, vor ihm strahle stets als fester
Leitstern die Hoffnung noch, in weitentlegnen
Regionen seinem Traumbild zu begegnen.

In einem Keller sitzen einst am Graben
Der Prinz und Erich, an des Ungarweins
Gluthvollem Trank sich beim Gespräch zu laben;
Leid thut mir, ich gesteh's, dabei nur eins,
Daß mich die Zwei nicht mitgenommen haben;
Als Lebenslabsal dünkt so schön mich keins,
Wie bald in ernster Zwiesprach, bald mit Lachen
Beim Becher Weins die Nacht zum Tag zu machen.

Denn nen, so wie in einem Zauberbronnen,
Verjüngen wir uns in der goldnen Fluth,
Und an den Strahlen längst erblichner Sonnen,
Davon der Wein in sich die Flammengluth
Gesogen hat, erblühen alte Wonnen,
Die starr in unsrer Seele lang geruht;
Die schönsten Stunden, die je unser waren,
Entsteigen wieder den versunknen Jahren.

Laut wirds um uns von Stimmen, lang verklungen,
Indessen Becher an den Becher hallt,
Und uns von seligen Erinnerungen
Wie Hoffnungen die Lippe überwallt;
Des Weines Geister haben tausend Zungen,
Die das Geheimste selbst dem Freunde bald
Vertraun. So hebt vor Erich beim Tokaier
Der Prinz von seiner Seele denn den Schleier.

Er hat vergessen, daß mit scharfem Spotte
Der Freund ihn schon verhöhnt ein früheresmal:
Auch jetzt scherzt Erich über die Marotte:
„Bevor du suchst dein hohes Ideal,
Studire fleißig eine Polyglotte,
Denn Sprachen giebts in Asien sonder Zahl,
Und ehe du arabisch, persisch, indisch
Gelernt hast, abzureisen wäre kindisch.

„Auch denk! das Heimathland der bösen Ghule
Ist ja der Orient, der argen Dschinnen —
Aus Dichtern von des Victor Hugo Schule
Wirst du dich ihrer noch gewiß entsinnen!
Ganz hübsch liest das sich auf dem Polsterstuhle,
Allein in Wirklichkeit, Freund, schwer entrinnen
Nur würdest du den feuerspeinden Drachen,
Die deine Angebetete bewachen.

„Wie du lieb' ich das Schwärmen; als Elias
Im feur'gen Wagen fahr' ich auf im Traum;
Wie Paris hoff' ich täglich eine Trias
Von Göttinnen zu sehn am Bergessaum;
In jedem Walde such' ich eine Dryas,
Und, käme fort bei uns ein Lorbeerbaum,
Gern ihn umarmt' ich, wie der Sohn der Leto —
Doch wider dein Projekt einleg' ich Veto.

„Im Orient, bedenk, giebts keine Posten,
Man reist dort zu Kameel, zu Elephant.
Drum bleib bei uns und spare dir die Kosten
Der weiten Reise, die exorbitant!
Mag Goethe lieber für die Fahrt nach Osten,
Mag Rückert lieber bieten uns die Hand,
Daß mit Suleika, mit dem Kind des Bhima
Wir schwärmen in dem schönen Tropenklima.

„Doch wenn wir unter Palmen, unter Bambus
Genug geweilt im Urwald Indias,
Auf unsern Schiller einen Tithyrambus
Anstimmen wir, geliebter Nikolas,
Berauschen uns an seinem mächt'gen Jambus,
Und leeren auf sein Wohl ein volles Glas.
Führt man die Dichter all in die Arena,
So bleibt doch Sieger der Poet von Jena!"

Er sprichts: der Prinz leiht, in das Naß der Reben
Hinunterstarrend, ihm nur halb das Ohr.
Dann ruft er: „Du verhöhnst sie, die fürs Leben
Ich zum Idol des Herzens mir erkor!"
Und, ohne Erich nur die Hand zu geben,
Von ihm fortstürzt er, dann hinaus zum Thor,
Um unterm Sternendache Nachts im Freien
Sich ganz im Geist der Einzigen zu weihen.

Am nächsten Tage — denn ihm gilt für nichts
Was Jener prophezeit als Unglücksrabe —
Zum Land des Sonnenaufgangs und des Lichts
Zu reisen eben packt er seine Habe,
Als Peter freudestrahlenden Gesichts
Zu ihm ins Zimmer tritt. „Ei, alter Knabe,
Durch ein Tedeum muß ichs wahrlich feiern,
Daß du lebendig dich salvirt aus Bayern!"

„O lieber Herr, ausruft der Diener heiter,
Vergessen längst ist Alles was ich litt,
Als Held jetzt steh' ich da, als Freiheitsstreiter
Und bringe eine Bürgerkrone mit;
Wie dächt' ich noch an das Gefängniß weiter?
Vernehmen Sie, welch einen großen Schritt
Die Weltgeschichte that!" (auf seiner Fahrt
Hat Peter aufgeschnappt die Redensart).

„Die alte Schmach von Como ist gerochen,
Und froh kann jene Lola sein, am Rumpf
Noch ihren Kopf zu haben! Schon seit Wochen
Gohr wider sie die Wuth im Volke dumpf:
Zuletzt ward unser Kerker aufgebrochen,
Und uns Gefangne hat man im Triumph
Befreit, damit wir hülfen, jener frechen
Hispanierin verhaßtes Joch zu brechen.

„Hin durch die Straßen gings in wildem Toben
Vor ihr Palais; allein erstürmt schon wars
Und ward geplündert just; mit Seidenroben
Weithin bedeckt schon sah ich die Trottoirs,
Und stets hernieder aus den Fenstern stoben
Noch Crinolinen, Hauben, Shawls, Foulards:
Selbst leider hatte sie Reißaus genommen
Und war verkleidet nach der Schweiz entkommen.

„So denn von jener argen Tyrannei,
Die sie so lang in ihre Bande schlug,
Aufathmeten die Münchner wieder frei;
Und mich als Märtyrer der Freiheit trug
Man jubelnd fort in eine Brauerei,
Wo mir die edlen Bürger Krug auf Krug
Des köstlichsten Salvatorbiers kredenzten
Und mich mit einem Hopfenzweig bekränzten.

„Stolz, Herr, auf diese Bürgerkrone bin ich,
Und bis zum Tod als einen theuern Schatz — —"
„Daß ich dich wiederhabe, freut mich innig" —
So unterbrach der Prinz ihn in dem Satz —
„Denn eben neue Reisepläne sinn' ich;
Am besten ist, du gehst sogleich, uns Platz
Auf einem Donaudampfer zu belegen;
Dem schwarzen Meere geht die Fahrt entgegen."

Der Diener geht. Des Fürsten Friedrich Sohn
Bleibt, wie er pflegt, in Träume tief versenkt
Am Fenster stehen. Lang dort weilt er schon,
Indem er an sein Herzenstraumbild denkt:
Da gegenüber auf den Hausbalkon
Wird unversehens ihm der Blick gelenkt;
An einer niegesehnen märchenhaften
Erscheinung bleibt sein Auge staunend haften.

Umwogt von langem dunklem Lockenhaare,
Das unter grüner, turbangleicher Binde
Herniederwallt und um die wunderbare
Gestalt leichtgaukelnd spielt im Morgenwinde,
Steht dort ein Weib; aus ihrem Augenpaare —
Wohin nur schaun, damit er nicht erblinde?
Ertragen kann das Keiner auf die Dauer —
Strömt über ihn ein heißer Strahlenschauer.

O steht mir bei, ihr Dichter der Asiaten,
Du Hafis, hoher Sänger du von Tus!
Bei der Beschreibung lad' ich euch zu Pathen,
Die ich von dieser Schönheit liefern muß;
Helft schildern mir die Wange von Granaten,
Den Mundrubin, auf dem ein künft'ger Kuß
Schon lockend blinkt, die bogengleichen Brauen,
Von denen Pfeile wirft die Frau der Frauen!

Von ihres dunkeln Auges Blitz getroffen,
Stand Nikolas; vor sich das Paradies,
Ja alle sieben Himmel sah er offen,
Die der Prophet den Gläubigen verhieß,
Da sie, auf ihre Neigung dürf' er hoffen,
Ihn durch der Zeichen Sprache ahnen ließ;
Leicht solche kabbalistisch-mysteriösen
Aenigmata weiß Liebe ja zu lösen.

Auf einmal hinter des Balkones Gittern
Verschwunden war das himmlisch-schöne Weib,
Und, wie wenn jede Nerve bei Gewittern
Galvanisch zuckt, also durch Geist und Leib
Ging unserm Prinzen hin ein mächt'ges Zittern;
Nachrufen wollt' er der Erscheinung: „bleib!
O bleib!" allein der Ruf erstarb in Stammeln,
Und lang noch konnt' er sich nicht wieder sammeln.

Wer war dies Frauenwunder? Er erkannte
Beim ersten Blick: ein Weib des Orients,
Und hörte weiter dann: der neuernannte,
Von Istambul erst seit dem letzten Lenz
Nach Wien versetzte persische Gesandte
Bewohne jenes Haus: doch zur Audienz
Beim Kaiser, der dort Ruhe von des Staats
Geschäften suche, weil' er jetzt in Graz.

Daß bei der Freiheit, die ihm so gegeben,
Dies eine Festzeit seinem Harem war
Und eine Schönheit dieses Harems eben
Auf dem Balkon erschienen, ward nun klar:
O größter Tag in unsres Prinzen Leben!
Sie, der auf seines Herzens Weihaltar
Ein ew'ges Opfer flammt, hat er geschaut,
Gefunden seiner Seele hohe Braut.

Indeß durchs Fenster ihn mit milden Lüften
Der Lenz anweht, und er von sel'gen Loosen
Der Zukunft träumt, spürt plötzlich er ein Düften,
Wie Ambra halb, halb wie Essenz von Rosen;
Er kehrt sich um, und siehe! um die Hüften
Den rothen Gurt, mit weiten Faltenhosen
Steht hinter ihm ein junger Orientale;
Von selbst versteht sich Kaftan und Sandale.

Drei Finger auf die Stirn gelegt, devote
Huldigungsgrüße stammelnd, überreicht
Ihm ein Billet von Seidentaffet der Bote.
Doch welche Schrift, die keiner andern gleicht!
Ach! wohl der Römer und der Griechen todte
Idiome kennt der Prinz, indeß vielleicht
Nie von der schönsten der lebend'gen Sprachen
Sich Klänge Bahn zu seinem Ohre brachen!

O Persien, Heimathland der Nachtigallen,
Der einzig wahren, deren Melodien
In deinem süßen Parsi widerhallen,
Wie in dem Lied von Chosru und Schirin,
Wer je gelernt Firdusis Verse lallen,
Ihm scheinen — sei der Ausspruch mir verziehn! —
Die andern Sprachen als ein Kauderwälschen
Elender Stümper, deine nur zu fälschen!

Der Prinz starrt lange nach den krausen Lettern,
Und, während er ans Herz das Briefchen preßt,
Schon glaubt er, überstäubt von Rosenblättern
In Schiras' Gartenhain beim Frühlingsfest
Zu ruhen und der Bülbül sel'ges Schmettern
Zu hören, die im duftenden Geäst
Sich ihm zu Häupten wiegt — allein die Chiffern,
Die räthselvollen, kann er nicht entziffern.

Zuletzt dann durch den Boten, der schon Brocken
Französisch aufgefischt hat, und durch Blicke
Und Zeichen nachhilft, wenn die Worte stocken,
Erfährt er von dem nahen Liebesglücke.
Roxane, spricht der Sklav', die ihrer Locken
Als Herzenspfand dem Prinzen eine schicke,
Werd' ihn nach Sonnenuntergang im Garten,
Der hinter dem Palaste lieg', erwarten.

Glücklicher Prinz! Die Reise in die Länder
Des Ostens spart ihm nun das Schicksal hold;
Hält er in Händen doch die Liebespfänder
Der Einz'gen, der sein Herz Verehrung zollt!
Und westlich ist bis an die Himmelsränder
Der Sonnenwagen schon herabgerollt;
Sein Herzensschlag zählt jegliche Sekunde,
Bis sie erscheint, die heißersehnte Stunde.

Sobald verschwunden denn der letzte blasse
Lichtschimmer, führt der Sklav' den Sehnsuchtvollen
Bedächtig fort in eine Seitengasse.
Dort hängt an mächt'gen Seilen, die in Rollen
Sich drehn, ein Korb herab von der Terrasse,
Drin sie den Prinzen aufwärts ziehen sollen;
Am Hauptthor leider wachen die Eunuchen,
Drum gilt es, diese Luftfahrt zu versuchen.

Mag Allah denn, der in Vorherbeschlüssen
Der Menschen Schicksal lenkt, den Prinzen leiten
Und in der herrlichen Roxane Küssen
Ein Vorgefühl der Wonnen ihm bereiten,
Die einst ihn an den Paradiesesflüssen
Erwarten, wenn der Tubabaum mit breiten
Laubzweigen ihn beschattet, und im langen
Glühheißen Kuß die Huris ihn umfangen!

Doch weh! das klingt ja ganz muhammedanisch,
Als wär' es aus dem Koran übersetzt!
Ich fürchte, daß ein Schrecken, wahrhaft panisch,
Den Leser faßt, daß er das Buch entsetzt
Zu Boden wirft und ausruft: „Lange spanisch
Schon kam mir dein Roman vor, aber jetzt
Wird es zu arg; du willst bei Glaubensschwachen
Gar für den Islam Propaganda machen."

So weiter gehts im Styl des Torquemada,
Des Inquisitors, der mit eigner Hand
Zehntausend Ketzerbücher in Granada
Und hinterdrein die Ketzer selbst verbrannt;
Doch ich erwidre solcher Kanzelsuada:
„Wohin, zu welchem Volke, welchem Land
Der Dichter schweifen mag, er nimmt davon
Die Farben an, wie das Chamäleon.

„In Indien liest er andachtsvoll die Veda
Und liebt, sich mit den Büßern zu kastein;
In Hellas scheint Zeus' Liebschaft mit der Leda
Ein heiliges Mysterium ihm zu sein;
In Spanien auf Sevillas Alameda
Schlägt er ein Kreuz, wenn durch die Pappelreihn
Der Klang des Ave hallt im Abendwehen,
Und küßt in Japan Buddhas heil'ge Zehen.

„So hab' ich vor der Götterwelt Walhallas
Gekniet als ich des Snorro Sturleson
Heimskringla las, ich betete zur Pallas
Im hehren Säulenhaus des Parthenon,
Am Nil entflammte zur Verehrung Allahs
Mich eines Imam feuriger Sermon,
Und mit Huronen, fern den Menschenstädten,
Vielleicht zum ‚großen Geist' noch werd' ich beten."

Und zu dem Abenteuer nun zurück,
Das sich nach Wien verirrt aus Bagdads Nächten!
Der Prinz, sich mit der Linken an dem Strick
Festhaltend, an dem Korbe mit der Rechten,
Wagt kühn die Fahrt zu dem ersehnten Glück:
Nach einem Aufruf zu den Himmelsmächten
Auf die Terrasse — seis zu seinem Heile! —
Emporgezogen wird er an dem Seile.

Und sieh! Entgegen strecken, als er oben,
Sich ihm zwei Arme, weiß wie Elfenbein,
Ein Schleier wallt zurück — aus Duft gewoben
Von einer Peri Hand scheint er zu sein —
Und nicht zwei Augen, nein zwei lichte Globen
Ergießen funkelnd wunderbaren Schein
Auf ihn, so daß er fürchtet, ohne Hülle
Ertragen könn' er nicht des Glanzes Fülle.

Sie ist es, schlank von Wuchs, wie die Platane,
Der Frauen schönste, die er je gesehn;
Auf ihren Lippen scheint der Liebe Fahne
Von einem Gotte aufgepflanzt zu wehn;
Und, als die Rechte nun ihm beut Roxane,
Glaubt er im Rausch der Wonne zu vergehn,
Ihm ist, als ob von ihrem Händedrucke
Ein Blitz elektrisch bis ans Herz ihm zucke.

Der Peri, welche Nachts an der Cisterne
Den Wandrer grüßt — so künden Frans Sagen —
Gleicht dieses Weib; all ihre Reize gerne
Hier möcht' ich schildern, doch ich darfs nicht wagen:
Firdusi konnt' es, aber der moderne
Poet muß der Aesthetik Rechnung tragen,
Sonst trifft ihn Lessings Vorwurf, er vermische
Das Pittoreske und das Dichterische.

Die Schöne schreitet, während auf die Pfade
Ein junger Sklave Rosenwasser sprengt,
Hin durch des Laubgangs luftige Arkade,
Bis wo, mit bunten Lampen überhängt,
Auf reicher, purpurprangender Estrade
Ein goldgestickter Thronsitz sie empfängt.
Zu sich hernieder zieht sie dort in vollster
Herzfreudigkeit den Prinzen auf das Polster.

Die Sprache, die von ihren Lippen thaute,
Verstand er nicht, allein wie Harmonie
Der Sphären oder Klänge von der Laute
Der Anahid sein Ohr berauschte sie;
Und daß er kühner ihr ins Antlitz schaute,
Den Arm um ihre Schulter legte, lieh
Sie ihm den Muth durch ihre holde Rede,
Denn Liebe athmete der Silben jede.

Ein Täfelchen dann brachten Aethiopen
Von denen, dran der Orientale speist,
Und drauf, genäht in Fell von Antilopen,
Das köstliche Gericht, das Chalwe heißt —
Werth ist die Speise, daß man in die Tropen
Nur zu dem Zweck, von ihr zu kosten reist,
Denn das Ambrosia, ich behaupt' es keck,
Weicht diesem unvergleichlichen Gebäck.

Dem Duft gleich, der auf Persiens Oasen
Von Weihrauchstauden quillt und fluthet, schwang
Sich Myrrhenrauch aus Alabastervasen;
Und von dem Weine, den Hafis besang —
Er funkelte und strahlte gleich Topasen —
Ließ, während sie ihn mit dem Arm umschlang
Und erst den Becher weihte mit den Lippen,
Roxane den entzückten Prinzen nippen.

Ihm war, so wie dem Streiter, der gefallen
Für Allahs Namen in der Glaubensschlacht
Und plötzlich unter Röschen von Krystallen
Nun selig in der Huri Arm erwacht;
Ihr Lockenhaar auf sich herniederwallen
Fühlt' er, so weich wie Persiens Sommernacht,
Indeß wie Duft von Edens Lotosbeeten
Ihn ihre Athemzüge mild umwehten.

Auf einmal, als sein Mund im langen, langen,
Glühheißen Kuß an ihren Lippen hing,
Auffuhr Roxane; wirre Stimmen drangen
Her vom Palaste durch das Laubgeschling;
Nicht hehlen konnte sie des Herzens Bangen,
Entwand dem Prinzen sich, der sie umfing,
Und rief, doch dieser konnt' es nicht verstehen:
„Verbirg dich! schnell! sonst ists um dich geschehen."

Herüber tönte zu der Schreckerstarrten
Vom Hof, wo Alles durch einander rannte,
Die Meldung, wider jegliches Erwarten
Zurückgekehrt sei Hassan, der Gesandte;
Und schon, gefolgt von Sklaven, in den Garten
Auch drang der Wüthende, sein Auge brannte
Vor Zorn, die Klinge riß er aus der Scheide
Und rief den Sklaven zu: „Packt alle beide!"

Zunächst gebot er, daß die Favorite
Bei Wasser schmachten solle und bei Brod,
Drauf donnernd, sich geberdend wie ein Scythe,
Schrie er dem Prinzen zu: „Dich trifft der Tod!
Ihr, Sklaven, haftet — hört was ich gebiete —
Mit eurem Haupt für ihn bis Morgenroth!
Die Büttel holt, in Ketten ihn zu werfen,
Sein Richtschwert mag indeß der Henker schärfen!"

Roxane will ihn zu besänft'gen suchen,
Allein, von ihren Bitten ungerührt,
Fährt Hassan fort zu drohen und zu fluchen;
An beiden Armen wird sie festgeschnürt
Und in das Fraungemach von den Eunuchen,
Den strengen Haremswächtern, fortgeführt.
Der Prinz, ohnmächtig, sie aus dieser Schmach
Zu retten, starrt ihr in Verzweiflung nach.

An sie nur, nicht an sich scheint er zu denken
Und wäre froh, des Wilden Eifersucht
Und Zorneswuth auf sich allein zu lenken.
Belasten läßt mit schwerer Eisenwucht
Hassan an Händen ihn und Fußgelenken
Und ruft: „Schließt fest die Reise, daß die Flucht
Unmöglich werde dem verfluchten Giauren!
Nun, nur noch Stunden wird sein Leben dauern."

Hinabgestürzt in einen finstern Keller
Wird der Unsel'ge, kalte Pflastersteine
Sind seine Lagerstatt; o läßt sich greller
Ein Schicksalswechsel denken, als der seine?
Und dennoch dünkt die Finsterniß ihn heller
Als Tageslicht, denn noch vom Widerscheine
Erleuchtet wird sie jener Götterstunde,
Als Seligkeit er trank von ihrem Munde.

Auch hofft er — denn an Harun Raschids Hofe
Glaubt er zu sein, im Reich der Feen und Tschinnen —
Gut enden werde noch die Katastrophe
Und er dem Kerker, drin er senfzt, entrinnen.
Er denkt bei jedem Rauschen, eine Zofe,
In List geübt, wie alle Perserinnen,
Sei nah und werde durch gesprengte Thüren
Ihn in die Arme der Geliebten führen.

Dann fliehen sie vereint, vielleicht zum Rheine,
Hinunter auf dem Strom in schwankem Kahn
Und weiter, bis der sel'gen Inseln eine
Sie aufnimmt fern im blauen Ocean.
Da ist für ihn in ew'gem Sonnenscheine
Ein neuer Lebenshimmel aufgethan;
Die lang Gesuchte, endlich nun gefunden,
Untrennbar lebt sie dort mit ihm verbunden.

So träumend lang noch in Geduld sich faßt er;
Doch um ihn her bleibt Alles todtenstill
Und, statt in ihrem Arm von Alabaster —
Auf seine Träume scheint es ein Pasquill —
Noch fort und fort daliegt er auf dem Pflaster;
Zuletzt, da sich kein Retter zeigen will,
Beginnt der Unmuth sich in ihm zu regen;
Er sieht besorgt dem Kommenden entgegen.

Da plötzlich klirrt der Riegel, und ein Neger
Tritt durch das Thor; im Kerker wird es hell.
„Auf!" ruft der Schwarze, „rüste dich, du Träger!
Der Henker wartet schon auf dich; nur schnell!"
Am Eingang aber stehn zwei Trommelschläger,
Von deren Klöpfeln dumpf das Trommelfell
Erbebt — des letzten Augenblicks Verkünder
Sind sie nach Persiens Sitte für den Sünder.

Der Prinz muß folgen. Sieh! in des Palastes
Hofraum errichtet sind zwei Henkerbühnen;
Ach! armer Nikolas, dies Loos, du hast es
Verschuldet durch dein frevelndes Erkühnen!
Doch daß in Wien dies möglich ist, wer faßt es?
Nächst den Schaffotten stehen zwei Tribünen;
Denn Hassan will sammt seinen Secretären
Das Fest mit seiner Gegenwart beehren.

Des Hofes Ausgang schließt das langgereihte
Gesinde der Gesandtschaft als Spalier;
Auf einer Holzbank nimmt der Todgeweihte,
So wie befohlen, Platz. Die Augen stier
Am Boden haftend, sitzt an seiner Seite
Als zweites Todesopfer ein Barbier,
Der beim Rasiren — unerhörte That! —
Jüngst Seine Excellenz geschnitten hat.

Dem Prinzen kommt das Ganze bald als fader
Hanswurstspaß vor, bald, wenn es Ernst ihm scheint,
Kocht ihm das Blut vor Wuth in jeder Ader;
Doch wie sich helfen? Alle sind ihm feind,
Die ihn umstehen, außer nur der Bader,
Der auf der Bank an seiner Seite weint.
„Ach!" schluchzt der Arme, „was hab' ich gelitten,
Seit aus Versehn den Perser ich geschnitten!

„In unsrer Zeit, die sich die Glanzepoche
Der Welt zu sein rühmt, kann ein freier Unger
Also behandelt werden? Eine Woche
Bereits, verschmachtend fast vor Durst und Hunger,
Hab' ich geseufzt im unterird'schen Loche
Und um den Kopf nun komm' ich ach! als junger
Gesell, bevor ich Meister noch geworden!
Verdammt sei'n diese Schufte, die mich morden!"

Dann laut aufschrie der Bader, denn er sah
Zwei Henker, welche in den Hofraum traten
Stets finden solche, wie am Hof des Schah,
Sich im Gefolg' von Persiens Diplomaten,
Doch in den Nebenstunden hier und da
Auch drehen in der Küche sie den Braten —
Versteht sich, das sind Nebenbeigeschäfte,
Dem Köpfen widmen sie die besten Kräfte.

Nächst dem Schaffotte mit dem Richterschwert
Nimmt Jeder Platz; da schallt Tumult und Schrein
Von außen her, und nach dem Hofthor kehrt
Der Prinz den Blick, wo in geschloßnen Reihn
Das Sklavenvolk den Zutritt Jedem wehrt;
Er sieht, gewaltsam in den Hof herein
Will Einer dringen, und vernimmt ein Zeter=
Geschrei; er ist es, ja das ist sein Peter!

„Geh, Peter, geh, um Hülfe mir zu schaffen,"
Ruft er ihm zu und scheint bei dieser neusten
Wendung des Schicksals neu sich aufzuraffen.
Und Jener packt zwei Sklaven mit den Fäusten
Und wirft zu Boden sie mit ihren Waffen;
Doch andre drängen ach! der Diener treusten
Zurück; bald wieder nach des Zwischenfalles
Beseitigung ist stumm im Hofe Alles.

Längst wär' auch die Execution der Beiden
Vollstreckt schon ohne Urtheil und Verhör,
Doch an dem Schauspiel selber sich zu weiden
Beschlossen hat der Herr Ambassadeur;
Die Henker Köpfe von den Rumpfen schneiden
Zu sehn liebt er einmal als Amateur,
Und über den Geschmack läßt sich nicht streiten;
Diesmal jedoch, was kommt er nicht bei Zeiten?

Ist es, daß er, ermüdet von der Reise
Im Schlafgemach noch in den Federn steckt?
Ists, daß zum Frühstück noch die Lieblingsspeise,
In Rosenöl geschmortes Huhn ihm schmeckt?
So geht die Frage in der Sklaven Kreise.
Vielleicht auch, daß ihm eine Flasche Sekt
Nach Perserbrauch zum Morgentrunke mundet
Und er den Beiden drum die Strafe stundet.

Nun schmettern vom Palaste her Trommeten,
In voller Uniform, sieh! aus dem Saal
Mit Secretären, Attaché's und Räthen
Tritt seine Excellenz bei dem Signal;
Und die Estrade hat er kaum betreten,
So wird, da nicht vor diesem Tribunal
Appell Statt hat, die Arme festgeschnürt,
Prinz Nikolas auf das Schaffot geführt.

Muthvoll hin durch die Reihn der Sklaven schreitet
Der Unglücksel'ge; fest steht sein Geschick:
Gebunden für den Tod, der ihm bereitet,
Schon wird er an den Pfahl mit mächt'gem Strick.
Da, während irr umher sein Auge gleitet,
An einem Fenster was gewahrt sein Blick?
Roxane sieht er dort, die Einzig=Eine;
Ihr großes Auge grade trifft das seine.

Er denkt, daß sie ein Wehgeschrei erheben,
Daß Himmel in Bewegung sie und Erde
Für seine Rettung setzen, um sein Leben
Den unbarmherz'gen Hassan flehen werde;
Doch ruhig an des Fensters Gitterstäben
Dasitzt sie, mit gleichgültiger Geberde
Nach unten schauend, und saugt den Tabakrauch
Aus einer Wasserpfeife breitem Schlauch.

In Nebeln, welche seinen Blick umfloren,
Erlischt ihm da das Licht des Tages bleich;
Mit jenem Weib giebt er die Welt verloren;
„Nun, Henker, hole aus zum Todesstreich!" —
Doch welches Lärmen außen vor den Thoren?
Wirrsal im Hofe und Geschrei zugleich;
Hassan, vom Sitz aufspringend, mahnt die Sklaven:
„Verrammt das Thor! Mein Hausrecht schützt, ihr
      Braven!"

Mit Schall von Trommeln, Pfeifen und Triangeln,
Musik in Wahrheit wie der Janitscharen,
Antworten sie: „Wir werden nicht ermangeln,
Dein Haus zu schützen; zähl' auf deine Schaaren!
Doch weh! schon bebt das Thor in seinen Angeln:
Es ist zu spät; eindringen die Barbaren!"
Und wirklich treten in den Hof Soldaten
Trotz Widerstands der tapfern Asiaten.

Bewältigt ist alsbald die wilde Rotte,
Von Militär wird ganz der Hof besetzt,
Und athemlos stürzt Peter zum Schaffotte:
„Durchlaucht, ists möglich denn?" ruft er entsetzt,
„Sie festgebunden hier? Beim ew'gen Gotte,
Man hat sie köpfen wollen, aber jetzt
Ist Alles gut; o ganz gehörig knuffte
Ich schon zur Strafe die verdammten Schufte!"

Indem er tausend, abertausendmale
Dem Himmel dankt, der Hülfe noch gesandt,
Und auf die Perser seines Zornes Schale
Ausgießt, löst er den Prinzen von dem Band
Der Stricke; aber fort und fort am Pfahle
Steht dieser; Petern reicht er wohl die Hand,
Der sich so hohes Recht auf Dank erworben;
Doch ist sein Herz für Lust wie Weh erstorben.

Seit ihn die Liebe so getäuscht, ein wüster,
Ein fader Traum scheint alles Leben ihm;
Doch der Barbier wirft nach so schwer gebüßter
Verschuldung sich aufs Knie mit Ungestüm
Und Petern so als seinen Retter grüßt er:
„Wenn Mensch und einer nicht der Cherubim
Du bist, so will — mein Dank ist überschwänglich —
Ich dich umsonst rasiren lebenslänglich."

Indeß erklärten Polizeisergeanten
Durch einen Dolmetsch, den sie mitgebracht,
Höflich, doch kategorisch, dem Gesandten:
„Bei uns, mein Herr, beschränkt ist Ihre Macht!
Mit der Humanität, der allbekannten,
Die Oesterreich sich zum Princip gemacht,
Ist völlig unvereinbar, Jeder sieht's,
Das Henkerwesen und die Hausjustiz."

Drauf Hassan tiefempört: „Ich protestire
Im Namen meines hocherlauchten Schahs
Und sämmtlicher Minister und Beziere!
Der Eingriff in mein Recht ist ohne Maß.
Wenn ich geschnitten werde vom Barbiere,
Ja wenn ein Fant mein Weib umarmt — ich sah's
Mit eignen Augen — in Geduld mich fassen
Sollt' ich und nicht den Frevler richten lassen?"

Noch weiter so parlamentiren Jene,
Indeß voll Neugier in den Hof ein Schwarm
Von Volk sich wälzt, zu schaun die seltne Scene.
Aslauga auch kommt an des Gatten Arm
Und bei des Bruders Anblick Thrän' auf Thräne
Vergießend, ruft sie: „Nein, daß Gott erbarm',
Blaß bist du, Nikolas, wie eine Leiche!
Schlimm enden konnt' es mit dem tollen Streiche!

„Kaum glauben wollt' ich's erst. Am Fenster stand
Ich just, beschäftigt mit den Blumentöpfen,
Da auf der Straße wild daher gerannt
Kam Peter; kaum noch Athem konnt' er schöpfen
Und schrie angstvoll, als stünd' ein Haus in Brand:
Helft! helft! sie wollen meinen Herren köpfen!
Gensdarmen! Polizei! in das Hotel
Des persischen Gesandten kommt! nur schnell!"

Drauf Nikolas zum Diener: „Wahrlich, wacker,
Mein alter Diener hast du dich bewährt!
Nun ohne dich, wohl auf den Todtenacker
Spedirt schon hätte mich des Henkers Schwert."
Von Erich wird inzwischen ein Fiaker
Geholt, und in der Andern Mitte fährt
Der Prinz nach Hause. Dort erschöpft aufs Lager
Streckt er sich nieder; bei ihm bleibt der Schwager.

Den Hergang ihm erzählend, spricht er: „Schilt
Mich tüchtig, Erich, ruhig will ich's tragen
Und schwöre dir, nie meinem Traumgebild
Bei Orientalinnen mehr nachzujagen.
Schon wollte — dran zu denken macht mich wild —
Der Henker mir das Haupt vom Rumpfe schlagen,
Doch ruhig saß Roxane — das begreife,
Wer es vermag! — und rauchte ihre Pfeife."

Fünftes Buch.

Die ihr, bald Possen so wie vor den Fasten
In Scene setzend, bald ein Trauerspiel
Allhier eur Wesen treibt in tollem Hasten
Und diesem nachjagt oder jenem Ziel,
Vermögt ihr einen Augenblick zu rasten
In diesem immer fluthenden Gewühl,
So denkt, an welchem Ort das ganze Treiben
Von Statten geht! Ich will ihn euch beschreiben.

Ein gas'ger Nebelstrom, ein Flammenschwaden,
Der uferlos durch alle Räume wallt,
Reißt auseinander, wird zu Myriaden
Von feur'gen Klumpen nach und nach geballt;
Die Kugeln dann, erstarrt von Grad zu Graden,
Bedecken sich mit Rinden, wenn sie kalt,
Und bersten wiederum; darauf gestalten
Sich andre, neue Bälle aus den alten.

In dieser Kugeln kreisendem Gewimmel,
In das zerwallt der Flammennebelstrom,
Der kleinsten eine denkt euch, in der Himmel
Unendlichkeit verloren als Atom!
Auf ihr hinwälzt sich, Menschen, eur Getümmel,
Von ihr, dem Sonnenstäubchen, aus will Rom
Im Sturm der Wirbel, die es vorwärts reißen,
Das unermeßne Weltall stillstehn heißen.

Gehäuft auf ihr hat sich der Schutt von Reichen,
Von Städten und Palästen, hochgezinnt,
Der Kampf der Völker sie bedeckt mit Leichen,
Seit der Geschichte wüster Traum beginnt:
Nicht Name blieb und nicht Gedächtnißzeichen
Von hunderttausend, die gewesen sind,
Und einst gleich eines Traumes Hirngespinnsten
Wird diese Kugel selbst in Nichts verdünsten.

Die Götter alle und die Religionen,
Die sie geglaubt auf dem verschollnen Ball,
Der Throne Glanz, der Ruhm der Nationen
Verwehn mit ihm. Von Stern zu Stern durchs All
Wird von dem Lärmen all der Millionen
Nur kurz hinschleichen noch der Widerhall,
Dann, matt wie eines Mückenschwarmes Summen,
Fern in der Unermeßlichkeit verstummen.

Selbst Jene, die um ew'gen Nachruhm warben,
Die Grabpaläste sich gebaut am Nil,
Die mit Leonidas für Sparta starben,
An sie, wie an des Pindar Saitenspiel,
Das Lied Homers und des Urbiners Farben
Bleibt nirgend wo Erinnrung nur so viel,
Wie an der fabelhaften, seit der frühsten
Urzeit versunkenen Atlantis Küsten.

Wer dessen denkt und blickt dann auf der flachen
Armsel'gen Eintagskinder eitles Thun,
Wie sie mit ihrem Nichts sich wichtig machen
Und nie, nach leerem Tand zu haschen, ruhn,
Anwandeln muß ihn ein homerisch Lachen,
Ein unauslöschliches. So lachend nun
Dem Schluß entgegenführen will ich meinen
Bericht vom Fürsten Friedrich und den Seinen.

Im Mai, dem Mond der Wonne und der Weihe,
Kam in das Land der Tells und Winkelriede
Prinz Max, der letzte Sproß der Ahnenreihe,
Der ich in diesem meinem hohen Liede
Unsterblichkeit und ew'gen Ruhm verleihe.
Auftrug ihm, der Familie jüngstem Gliede,
Wie aus dem letzten Buch wir uns entsinnen,
Der Vater, Dänemarks Prinzeß zu minnen.

Zur Braut, die ihm Fürst Friedrich auserkoren,
Einspännig macht die Fahrt er, dienerlos.
Wie? fragt ihr; Einer, der so hoch geboren? —
Nun ja, denn also wills sein Unglücksloos:
Beim Spiel in Baden hat er arg verloren,
Und seiner Baarschaft Rest ist nicht mehr groß;
Drum, da Recurs ihm an des Vaters Kassen
Nicht freisteht, hat er den Lakain entlassen.

Just in der Schweiz hebt an die Zeit der Reisen
Wo allher, gierig nach Naturgenuß,
Von beiden Polen, von den Wendekreisen,
Den Cordilleren wie dem Kaukasus,
Die Fremden nahen, und der Schmied das Eisen
Am Stachelstock des Führers schärfen muß,
Daß er auf Jungfrau, Matterhorn und Eiger
Geleite die beherzten Bergbesteiger.

Der Hirt beginnt, das Alpenhorn zu blasen,
Um baar jedwede Note zu verkaufen,
Die Buben sieht man auf jedwedem Rasen
Für Trinkgeld sich, so wie beim Schwingfest, raufen;
Und jeder Platz, wo zu Natur-Ekstasen
Bei Sonnenuntergang in ganzen Haufen
Die elegante Reisewelt sich sammelt,
Wird sorglich wegen der Entrée verrammelt.

Kein Fels ist, wo noch Lämmergeier nisten,
Kein First, kein noch so hoher Bergesgrat,
Auf welchen nicht zur Labung der Touristen
Ein Wirth sein Gasthaus aufgeschlagen hat
Und sie, barmherzig, wie es ziemt dem Christen,
Für ein'ge Francs mit Kaffeesurrogat,
Getauftem Wein und mehr Delikatessen
Erquickt bei Frühstück oder Mittagessen.

Das Thal, das bei Gegirre und Geschnäbel
Der Tauben eben so idyllisch prangt,
Lockt nicht den kletterlust'gen Fashionable,
Der Rain nicht, der mit Alpenrosen prangt;
Höher empor klimmt er durch Sturm und Nebel,
Wohin dem Adler selbst zu fliegen bangt;
Und bricht er sich den Hals in jähem Sturz,
Das ist just sein Geschmack; der Tod währt kurz.

Doch wo bleibt Max? Nicht groß ist seine Hast;
Eh er die Braut, den hohen Frauenstern,
Heimführt in seinen heimischen Palast,
In Solothurn erst hält er, in Luzern,
Das schöne Schweizerland bewundernd, Rast:
Gern schaun auch möcht' er noch das alte Bern,
Doch sieht sich, da sein Geld sich täglich mindert,
An dieser weitern Excursion behindert.

Direkt begiebt er sich vom Alpnacht-See
Darum nach Interlaken auf die Fahrt;
Doch nein! Damals war dort noch nicht Chaussee,
Und da er gerne auch das Fahrgeld spart,
Schlägt er den Weg zu Fuß ein; aber weh!
Gewöhnt noch nicht an diese Reiseart,
Bald, eh' er noch erreicht den Brünigpaß,
Fühlt er die Füße wund, die Glieder laß.

In Lungern ein Cabriolet zu miethen
Versucht er drum, doch Mangel giebt sich kund
Im Dorf an solchen Reise-Requisiten;
Kein Fuhrwerk finde sich, erklärt man rund,
Und mög' er hunderttausend Franken bieten;
Zuletzt erst wird als unverhoffter Fund
Ein Wägeli gebracht, ein schlechter Karren,
Und doch erwünscht ihm nach dem langen Harren.

Der Koffer wird auf diese Staatskarosse,
Den ihm bisher ein Führer trug, geladen,
Den Sitz besteigt des Odin hoher Sprosse,
Der Vetter Vieler, die von Gottes Gnaden,
Und, Dank dem Kutscher und dem braven Rosse,
Geht rasch dahin auf steilen Bergespfaden
Die Fahrt, daß, von den Stößen sanft gewiegt,
Der Prinz von seinem Sitz oft hochauf fliegt.

Seit Tagen hat aus schweren Wolkenballen
Ergossen auf die Erde sich der Regen;
Am Morgen auseinander zwar zu wallen
Schien das Gewölk, der Westwind sich zu legen,
Doch nun von Neuem stark und stärker fallen
Die Tropfen unter Blitz und Donnerschlägen;
Das Wasser strömt — den Ausdruck mir verübeln,
Ich hoffe, wird man nicht — so wie aus Kübeln.

Mit Mühe wird der Brünig überwunden,
Und abwärts gehts zum Berner Oberland;
In Dunkel ist das Taglicht schon geschwunden
Und die Natur scheint ganz aus Rand und Band;
Nicht kann der Kutscher mehr den Weg erkunden,
Der ihn an des Brienzer Sees Strand
Hinführen soll; zudem noch überschwemmen
Das Thal die Ströme mit durchbrochnen Dämmen.

Stets vorwärts stürmt, ob auch bis an den Bug
Hinauf ihm die empörten Fluthen schwellen,
Der tapfre Gaul; ihm nach schießt, wie im Flug,
Der Wagen durch die ungestümen Wellen.
Ausstößt der arme Kutscher Fluch auf Fluch;
Kein Lichtstrahl will die tiefe Nacht erhellen,
Und stärkre, immer stärkre Wasser wälzen
Sich von den Gletschern, die zerthauend schmelzen.

Was weiter werden soll, wer mag es wissen?
Die Sturmfluth wächst und schwillt, der Donner hallt,
Rings ist die Welt umhüllt von Finsternissen,
Und plötzlich von den Wogen mit Gewalt
Wird Roß zugleich und Reiter fortgerissen;
Der Prinz fühlt bis aus Haupt sich naß und kalt:
Durch Schwimmen einzig, will er nicht ertrinken,
Kann er sich retten; sonst muß er versinken.

Er theilt mit starker Faust, da er zum Glücke
Ein guter Schwimmer ist, zuerst die Wogen,
Doch arg ist solcher Gletscherbäche Tücke;
Zuletzt, vom Wirbel fast herabgezogen,
Gewinnt er einzig Halt an einer Brücke,
Die übers Thal sich spannt in breitem Bogen;
An ihren Pfeiler hält er wie im Krampf sich
Und ringt ans Ufer dann mit schwerem Kampf sich.

Ermattet sinkt er dort zur Erde nieder,
Doch von den Kleidern eiskalt und durchnäßt,
Durchschüttelt ihm ein Fieberfrost die Glieder.
O jetzt ein wärmend Feuer, welch ein Fest!
Er rafft sich krampfhaft auf vom Boden wieder
Und späht, ob sich kein Licht erblicken läßt;
Ja sieh! fernher durch Nacht und Sturm und Regen
Blinkt lockend ihm ein blasser Schein entgegen.

Vor Influenza bangend oder Grippe
Und Obdach suchend nach dem kalten Bad,
Eilt er drauf zu, ob auch von Felsgeklippe
Und Dorngesträuch gehemmt auf seinem Pfad.
Zerrissen von dem stachligen Gestrüppe
An seinen Kleidern wird jedwede Naht,
Und das Gestein bohrt sich mit scharfem Schnitte
In seine Sohlen ein bei jedem Schritte.

Von Regenströmen fort und fort begossen,
Hat er die Hütte so zuletzt erreicht,
Aus der das Licht scheint; doch sie ist verschlossen,
Und eine Viertelstunde schon vielleicht
Pocht er ans Thor, als endlich ein verdrossen
„Wer da?" von innen schallt, der Riegel weicht
Und ihn ein Weib anfährt: „Er Vagabunde,
Was sucht er hier in dieser späten Stunde?"

„Schutz vor dem Wetter unter Eurem Dache,
Ein Nachtmahl und ein Feuer auf dem Herd,"
Ruft zähnetlappernd Max — sogar ein Drache
Hätt' ihm ins Haus zu dringen nicht gewehrt —
Und bricht sich Bahn bis wo er im Gemache
Ein Feuer glimmen sieht. Dort schreiend fährt
Ein junges Mädchen auf von ihrem Rocken
Und starrt den seltnen Fremdling an erschrocken.

Mit lautem Schelten kehrt die Alte wieder;
Als unerhört doch will es sie bedünken,
Daß solch ein Bettler, dem die weißen Glieder,
Die nackten, durch zerrißne Kleider blinken,
Bei ihr eindringt. Plötzlich am Ofen nieder
Zu Boden sieht sie den Erschöpften sinken
Und bald — denn gut von Herzen ist Frau Holler —
Für sein Gebahren wird sie nachsichtsvoller.

„Geh, Trini!" ruft sie; „lege neuen Reisig
Aufs Feuer! ach, wie starr er ist, wie blaß!
Auch Tücher hol', um ihn zu trocknen! Eisig
An allen seinen Gliedern klebt das Naß."
Aus einem Fläschchen, das sie immer bei sich
Im Säckli trägt, reibt sie ohn' Unterlaß
Die Schläfen ihm, indeß die Tochter warme
Umschläge macht um Hals und Brust und Arme.

Bald regt sich in dem Starren wieder Leben.
Durch seine Adern schleicht ein sanftes Thauen
Und gießt in sein Gesicht, todblaß noch eben,
Von Neuem rothen Schein. Die beiden Frauen
Sehn ihn vom Boden mählig sich erheben
Und freundlich dankend auf zu ihnen schauen;
Und eh' ein Wort gesprochen seine Zunge,
Gewinnt der Tochter Herz der hübsche Junge.

„Ach, Mutter" — spricht sie — „sieh nur seine Schwäche!
Zur Stärkung einen Imbiß hol' ich ihm."
„Was" — fällt Frau Holler ein — „soll gar der Freche,
Der so bei uns eindrang mit Ungestüm,
Beköstigt werden? Wer bezahlt die Zeche,
In seinen Taschen ist ja kein Centime."
Doch dann setzt sie hinzu mit milderm Tone:
„Geh! bring ein Nachtmahl her und Wein vom Rhone!"

Das Zanken liebt die Alte, doch ist besser,
Als sie es scheint, und, während Trini geht,
Das Mahl zu rüsten, ordnet selbst sie Messer
Und Gabeln sammt dem sonst'gen Tischgeräth:
Daß aber unser Prinz als tücht'ger Esser
Sich zeigen wird, der seine Kunst versteht,
Wer zweifelt dran? An Appetit ein Riese
Ist er geworden durch die feuchte Brise.

Allmählig wiederum in Jugendfrische
Beginnt sein Angesicht zu glühn, hochroth.
Nicht lange bitten läßt er sich zu Tische,
Um Ehre anzuthun dem Gastgebot.
Ein mächt'ger Käse kommt auf schweizerische
Manier zuerst sammt einem Laibe Brod,
Und größeren Behagens davon schmaust er,
Als je von Caviar, Trüffel oder Auster.

Als die Begier des Trankes und der Speise
Gestillt ist — so im Stile des Homer
Schließ' ich die Schilderung seiner Tagesreise —
Sind ihm von Schlaf die Augenlider schwer:
Die Frauen tragen nach der Weiber Weise,
Woher er sei, zu wissen noch Begehr,
Doch lallend sinkt er auf die Lagerstreu,
Die ihm bereitet ist aus duft'gem Heu.

„Was" — spricht Frau Holler — „sind das für Manieren?
Noth thuts, daß Lebensart der Mensch erst lerne!
So ohne Weiteres hier sich einquartieren! —
Komm, Trini! leuchte mir mit der Laterne."
Die Tochter drauf: „Warum soll er sich zieren?
Gerad herausgesagt, ich hab' es gerne,
Wenn man nicht allzu zaghaft ist; nun, morgen
Will ich ein gutes Frühstück ihm besorgen."

Nach allen den bestandnen Aventüren
Bezwungen von des Schlummergotts Gewalt,
Liegt Max zehn Stunden ohne sich zu rühren.
Am Morgen, als die achte Stunde schallt,
Als Trini kommt, die Ofengluth zu schüren,
(Denn noch im Mai im Thal hier ist es kalt.
Und draußen lärmend zu dem Schulmonarchen
Die Kinder ziehn, noch fährt er fort zu schnarchen.

Erwacht sodann, als höher steigt der Tag,
Wird er gewahr, wie ihm zerfetzt zu Lappen
Die Kleider sind, wie unter ihm, o Schmach!
Die Stiefelsohlen auf den Boden klappen;
Und seine ganze Lage nach und nach
Macht er sich klar — von seinem Fürstenwappen
Wie soll er jemals solchen Flecken waschen?
Leer sind von Gelde die zerrißnen Taschen.

Er wünscht sich, daß er in die Erde sinke,
Und durch das Herz ihm geht es wie ein Schnitt,
Als außen eine Hand er auf die Klinke
Sich legen hört und Trini zu ihm tritt,
Um ihn zu laden, daß er Kaffee trinke.
Er folgt ihr endlich, doch mit lahmem Schritt,
Indem er mit der Rechten den Defect
Der Hose, die ein großes Loch hat, deckt.

Am Frühstückstische, als mit Fragestellen
Frau Holler, neugiervoll, nicht müde wird,
Für einen armen wandernden Gesellen
Giebt er sich aus und denkt dabei verwirrt
An seine Ahnenreihn und die Tabellen
Des göttlichen Geschlechts; wie weit verirrt
Von seinem Stamm hat sich der Odins-Enkel!
Kaum Lumpen decken jetzt ihm Knie und Schenkel.

Indeß, die Fäden ziehend von der Spindel,
Die beiden Weiber ihm zur Seite schwatzen,
Denkt er, wie er zu niederem Gesindel
Jetzt degradirt ist, wie statt auf Matratzen
Er sich begnügen muß, auf einem Bündel
Von Heu zu ruhn; umsonst nach einem Batzen
Sucht er in allen seinen Kleidersäcken,
Und weder Brod noch Kaffee will ihm schmecken.

Was soll er thun nun? An den Vater schreiben,
Daß er sein Geld leichtfertig durchgebracht?
Da schämt er sich; auch weiß er, einzutreiben
Ist von den Gütern eben keine Pacht.
Am besten also wär' es hier zu bleiben:
Zieht Trinis Antlitz ihn doch an mit Macht:
Allein fortweisen wird man ihn — so schwanken
Im Haupt ihm auf und nieder die Gedanken.

Fortströmt der Regen unterdeß in Bächen,
Weil neue Wolken stets die Winde schicken.
„Zeit wird es endlich, von hier aufzubrechen" —
Ruft da der Prinz — „Eur Geld Euch werd' ich schicken,
Frau Wirthin, hört mein heiliges Versprechen!
Nicht so viel hab' ich jetzt, den Rock mir flicken
Zu lassen, aber gern durch Arbeit — wüßt' ich
Nur wo — erschwäng' ich's, da ich jung und rüstig."

Kaum wollen ihm die Worte von der Zunge;
Geweilt gern länger in dem Häuschen hätt' er;
Da nimmt das Wort Frau Holler: „Armer Junge,
Geh nicht von hier, sonst in dem Höllenwetter
Holst du Entzündung dir von Hals und Lunge!
Ich sah dirs an ja, du bist ein honetter
Ehrlicher Bursch, nur tief herabgekommen;
So höre meinen Plan: er wird dir frommen.

„In unsre Dienste nehm' ich dich als Knecht.
Bisher zwar waren wir nur arme Leute,
In unserm Hausstand gings uns herzlich schlecht,
Doch eine Erbschaft macht' ich jüngst, und heute
Vielleicht noch kehrt mein Mann, mein Eckebrecht,
Der sie erhoben hat, zurück aus Reutte
Im Land Tirol, wo mir Verwandte starben;
Da brauchen wir in Zukunft nicht zu darben.

„Ein kleines Wirthshaus also anzulegen
Gedenken wir, da oft im Dorfe hier
Die Wandrer, müde von den Alpenwegen,
Ein Mahl begehren oder Nachtquartier.
Bleib denn bei uns! Mein Mann hat nichts dagegen,
Denn nur mein Wille gilt, indem er mir
Die ganze Baarschaft dankt. Credit beim Schneider
Gewähr' ich dir; bestell dir neue Kleider."

Max steht wie starr, halb froh und halb erschrocken.
Ein Prinz soll Knechtdienst thun um schnödes Geld?
Doch mit zerrißnen Kleidern, kaum noch trocken,
Wie möcht' er weiter ziehen in die Welt?
Auch Trinis große blaue Augen locken
Zum Bleiben ihn. So geht er denn, bestellt
Kniehosen sich und Wamms nach Art der Schweizer
Und tritt den Dienst gleich an als Ofenheizer.

Am selben Tage noch kehrt aus Tirol
Herr Eckebrecht zurück zum Weib und Kinde,
Und ihm gefällt der hübsche Bursche wohl,
Aus dem fürs Erste sein Hotelgesinde
Bestehen soll. Beinkleid und Camisol
Einstweilen leiht er ihm, da so geschwinde
Die neue Tracht nicht fertig werden kann,
Und weist im Haus ihm die Hantierung an.

So wurde Maxi denn — für jedes Alter
Braucht der Helvetier das Diminutiv —
Zu Ried im „Goldnen Hahnen" wohlbestallter
Hausknecht. Früh Morgens, wenn noch Alles schlief,
Bald auf dem Bödli, bald im Keller, Malter
Kartoffeln messend, war er schon activ;
Auch wußt' er umzugehn mit Milch und Käsen,
Als wär' er Dienstknecht immerdar gewesen.

Des Abends, unterm Arm die Serviette,
Die Fremden auch bedient er, höchst gewandt,
Und gerne plaudern sie, eh sie zu Bette
Sich legen, mit dem Burschen voll Verstand;
Wenn ihn der Wirth in seinem Dienst nicht hätte,
Es stünde schlecht um ihn, allein brillant
Gehn die Geschäfte jetzt und täglich kehren
Touristen ein, die Nachtquartier begehren.

Darum denkt Eckebrecht: Verließe nun
Mich dieser Knecht, wie sehr würd' er mir fehlen!
Daß er zwölf Stunden, ohne auszuruhn,
Arbeitet, darauf darf ich täglich zählen.
Gewiß daher kann ich nichts Beßres thun,
Als ihn mit meiner Tochter zu vermählen,
Längst aufgefallen ist mir, daß Geschmack sie
Zu finden scheint an diesem hübschen Maxi.

Auch währt in Wahrheit lange das Geliebel
Schon zwischen Trini und dem Fürstensohn;
Wenn er die schweren Eimer schleppt, die Kübel,
Dünkt ihre Hand ihn seiner Mühen Lohn,
Und ihr auch scheint der junge Knecht nicht übel;
So ist das Paar im Einverständniß schon,
Eh ihm der Vorschlag kommt des guten Alten,
Und frohe Hochzeit wird alsbald gehalten.

Versiegt in unsrem jungen Ehemanne,
Vertrocknet scheint das adlige Geblüt,
Daß er, nicht zagend vor des Vaters Banne,
So degradirt das fürstliche Gestüt!
Sein Stammbaum, ragend wie die Edeltanne,
Die auf dem höchsten First im Frühlicht glüht,
Wie schmachvoll wird er nun, der uralt=stolze,
Durch ihn vermengt mit niederm Krüppelholze!

Der Ahnen ganze Tradition zu Schanden
Macht seine Ehe. Wenn mit goldnem Schlüssel
Ihn Kammerherrn sonst beim Diner umstanden
Und Damen ihm im Spitzenkleid von Brüssel
Zur Seite saßen oder Pommerns Granden,
Mit seiner Trini nun aus irdner Schüssel
Speist er zu Mittag zwischen andern Bauern;
Wer wird den Tiefgesunknen nicht bedauern?

Bald in des Schweizerlandes Sitten hat er
Sich eingelebt, als wär' er dort zu Haus;
Sobald ihm Urlaub gab der Schwiegervater,
Beim Schwingfest stach er alle Burschen aus;
Beim Bundesschießen oft den Hauptschuß that er
Und war, wenn Trini dann ihm einen Strauß
Als Siegslohn bot, so stolz, als wär' ein Orden,
Ein Großkreuz in Brillanten, ihm geworden.

So lassen wir ihn mehr und mehr entarten
Und wenden nach dem Thal uns von Ragatz,
Wo in den Rhein nach wilden Bergesfahrten
Sich die Tamina stürzt mit kühnem Satz;
Dort sehn wir einen kränklichen, bejahrten
Badgast, der eine Bank zum Ruheplatz
Sich ausersehn. Geplagt ist er von Gicht,
Die ihn in Hände und in Füße sticht.

Soll ich den Namen euch des Armen nennen?
Nein, Hörer, die durch Fruchtland wie durch Oeden
Bis in dies Land der Unschuld und der Sennen,
Gefolgt ihr seid dem Liede des Aöden,
Den Fürsten Friedrich werdet ihr erkennen!
Und hören sollt ihr jetzt, daß er von schnöden
Geschicken, die ihn sich erwählt zur Beute,
Hierher gehetzt ward, wie von einer Meute.

Amphions Stamm, auf welchen der Verderber
Apollo Tod geschleudert von dem Bogen,
Vergleicht er seinem, ja sein Loos sei herber,
Als Niobes und nicht von Mythologen
Erdichtet bloß. Seitdem als Brautbewerber
Sein Max nach Interlaken ausgezogen,
Kein Sterbenswörtchen von dem hoffnungsvollen
Jüngling vernahm er mehr; er blieb verschollen.

Fortan denn sann der Fürst, versenkt in Brüten,
Im Schloß bei Prenzlau, wo er trauernd saß,
Wie nach und nach von seinem Stamm die Blüthen
Gefallen sei'n, Karl, Otto, Nikolas,
Aslanga — dann sprang er empor mit Wüthen
Und rief, indem er wild den Saal durchmaß:
„Sie, die ich auserkor für Fürstenstühle,
Erniedern sich — ists glaublich? — zur Crapüle!

„Wie soll mans nennen, wenn, statt Trüffelsaucen,
Sich Einer Wasser aus der Pfütze wählt?
Und nun mein Max! muß ich auch ihn verstoßen?
Mein Liebling, er, auf den ich ganz gezählt,
Den ich im Geist umringt von seinen Großen
Bereits gesehen, königlich vermählt,
Häuft er auch Staub auf meine greisen Haare,
Daß ich in Schmach und Weh zur Grube fahre?"

Nach Interlaken sandt' er Brief und Boten,
Doch keine Nachricht von dem Sohne kam,
Und endlich zählt' er fast ihn zu den Todten.
Ein Glück, daß ihm vorerst der schlimmre Gram
Erspart blieb, daß die Kunden, die ihm drohten,
Von seines Hauses Schmach er nicht vernahm;
Im Grab darob sich umgekehrt und Zeter
Geschrien ja hätten seine Aeltervater!

Allein der Hoffnung wie entsagen möcht' er —
Blieb ihm nicht Aussicht noch auf Descendenz,
Wenn indirekt auch), durch die jüngsten Töchter,
Die herrlich blühten, Rosen gleich im Lenz?
Stammmütter konnten herrlicher Geschlechter
Sie werden, wenn er mittels Testaments,
Vielleicht auch durch pragmatische Sanction,
Für Weiber sicherte die Succession.

Natürlich ebenbürtig sie vermählen,
War Hauptbedingung für des Fürsten Plan,
Und also hofft' er, bald in seinen Sälen
Fürstliche Brautbewerber zu empfahn
Und ihrer den erlauchtesten zu wählen;
In stolzem Hochgefühl sah er als Ahn
Enkel auf Enkel seinem Stamm entsprießen,
Die alle Hoheit oder Durchlaucht hießen.

So nicht um die verlornen Kinder schien
Er mehr zu trauern; wenn ihm bang gewesen
Um seines Hauses drohenden Ruin,
Wenn in Zerknirschung er nur Exegesen,
Erbauungsbücher oder Homilien
Statt der Novellen lange Zeit gelesen,
So trieb er in der goldnen Morgenstunde
Nun Genealogie und Wappenkunde.

Sodann am Abend las die Gouvernante
Emma ihm aus dem Gothaschen Kalender;
Und ob er längst auch jedes Blatt drin kannte,
Ob auch kein Buch der Welt von gleich horrender
Langweiligkeit sein mag, wie das genannte,
Die Prinzen aller deutschen Vaterländer
Ließ er stets neu vor seinem Geistesauge
Vorüberziehn, ob Einer für ihn tauge.

Oft bei den Namen that er heimlich Schwüre:
Den weis' ich ab, denn seiner Ahnen Zahl
Kommt nicht der unsern gleich. Bei der Lectüre
Gähnten die beiden Töchter manchesmal;
Auch schlichen sie hinweg wohl durch die Thüre,
Und ließen von den Musicis im Saal
Lection sich geben im Solfeggiensingen;
Der Vater ward gewahr nicht, daß sie gingen.

Er selbst, in seine Pläne ganz versunken,
Verspürte nicht mehr Lust, Quartett zu hören —
Denn wer, das Herz von hoher Hoffnung trunken,
Stets den Gesang vernimmt von Himmelschören,
In seinen Träumen, wie Geschrei von Unken,
Muß jede irdische Musik ihn stören.
Nah war der Fürst schon, den Beschluß zu fassen,
Die Musici des Dienstes zu entlassen.

Gewachsen in den fürstlichen Finanzen
War nämlich Jahr für Jahr das Deficit.
Er, der in seiner Glanzzeit einen ganzen
Hofstaat gehalten, längst von Schritt zu Schritt
Bis zur Entlassung auch des letzten Schranzen
War er herabgestiegen, und somit
Erschien als überflüssige Entfaltung
Von Luxus der Capelle Unterhaltung.

Einst setzen wollt' er sich zum Mittagessen
Und harrte nur auf Gertrud und Sieglinde,
Da ward ihm Nachricht, daß man die Altessen
Im ganzen Schloß gesucht, doch nirgend finde —
Denkt euch den Schrecken! er war unermessen,
Und allarmirt ward sämmtliches Gesinde;
Dann gar kam Einer mit der fürchterlichen
Botschaft, zwei Musici auch sein entwichen.

Erst stand der Fürst, gelähmt vom jähen Schrecken,
Der ihn durchrieselte an Bein und Mark;
Nochmals dann ward in Winkeln und in Ecken
Auf sein Gebot das Schloß durchsucht, der Park,
Doch ließ der Flücht'gen keiner sich entdecken;
Ringshin, durch Altmark, Neumark, Ukermark
Aussandt' er Boten, doch vergebens spähten
In allen Dörfern sie, in allen Städten.

Verzweifelnd brach Fürst Friedrich da zusammen;
Nur matt bei halbersticktem Wuthgeschrei
Aus seinem Blick noch schlugen Zornesflammen,
Indeß zu einem wüsten Einerlei
Die Erde und der Himmel ihm verschwammen.
Nichts Schlimmres konnt' ihn treffen; weh! die Zwei,
Die ihm mit Siegelinden und Gertruden
Entflohen, waren ungetaufte Juden!

So blieb der arme Vater herzgebrochen
Und sann dem Sturze seines Hauses nach;
Den ganzen Sommer, Wochen hinter Wochen,
Verließ er nicht sein ödes Schloßgemach.
Wenn er den Tag hindurch kein Wort gesprochen,
Vergebens sucht am Abend ihn durch Schach
Die Gouvernante Emma zu zerstreuen;
Nichts half es, die Versuche zu erneuen.

Wenn er ein Buch sah, fuhr er auf erschrocken:
Der Almanach von Gotha, glaubt' er, seis.
Und als der Winter nun mit weißen Flocken
Die Flur bedeckte und die Seen mit Eis,
Aschgrau geworden waren seine Locken;
Gebeugt saß er, mit fünfzig Jahren Greis,
Am Ofen da, in Decken eingewickelt,
Von Podagra und Chiragra geprickelt.

Die Diener, die ihm nur mit Zagen nahten,
Mit Schelten fuhr er an wie ein Barbar
Und überhäufte sie mit Prädikaten,
Davon das mildeste „Halunke!" war;
Die Köchin konnte kochen nichts noch braten,
Er schickt' es ihr zurück, es sei nicht gar;
Durch seine üble Laune außer Fassung,
Begehrten alle ihre Dienstentlassung.

Die Gouvernante einzig, mitleidsvoll,
Hielt aus, bemüht den Leidenden zu pflegen.
Ein schweres Amt! Oft, wenn sein Unmuth schwoll
Und hoch der Puls ihm ging in Fieberschlägen,
Auch sie entgelten ließ er seinen Groll —
Doch durfte sie es schwer zur Last ihm legen,
Da Gicht ihn zwickte wie mit glühnden Zangen,
Und ihm die Kinder alle durchgegangen?

Selbst als schon draußen das Gezirp der Meise
Erscholl — mild war, wie nie, der Februar —
Als wieder heim von seiner Winterreise
Der erste Frühlingsbote kam, der Staar,
Lebt' er dahin in alter traur'ger Weise;
Und bracht' ihm Emma, die beflissen war
Ihn zu erheitern, eine Handvoll Krokus,
So sagt' er nur: „Ach! das ist Hokus-Pokus."

Um mehr noch seine Lage zu verbittern,
Erschien im tollen Jahre Achtundvierzig
Der März mit den politischen Gewittern.
Wohl mancher der geneigten Leser wird sich
Der Zeit erinnern, als ein dumpfes Zittern
Von Land zu Lande schlich, und wie verwirrt sich,
Wie rathlos Deutschland während jenes Jahres
Gezeigt; ein wahres Tohu-bohu war es.

Mit Pflastersteinen und auf Barrikaden
Ward Staatsrecht da docirt, statt vom Katheder,
Und bang verkrochen sich die Retrograden;
In Blousen und mit rother Hahnenfeder
Gebieterisch vor die Herrn von Gottes Gnaden
Traten die Freiheitshelden hin: „Entweder
Bewilligt alle Forderungen oder
Dankt ab!" — nun! das Bewill'gen war kommoder.

Fürst Friederich erfuhr, daß Karl, sein Sohn,
Der jener kühnen Brautfahrt sich vermessen,
Dann in Sibirien seine Ambition
Gebüßt und drauf in Graudenz lang gesessen,
Im März aus der Gefängnißhaft entflohn
Und in Berlin bei allen Sturmadressen
Anführer war und Chef der Demagogen,
Die lärmend durch der Hauptstadt Gassen zogen.

Ein Schriftstück fiel einst in des Fürsten Hände,
In dem es hieß: „Auf! rafft euch auf zur That!
Daß Rußlands Herrschaft uns nicht länger schände,
Das halb in seiner Macht schon Preußen hat,
Macht seinen Creaturen hier ein Ende."
Et caetera. Es hieß, ein Demokrat,
Vor allen anderen vom reinsten Wasser,
Mit Namen Meyer, sei der Schrift Verfasser.

Nun hatte, wißt! der Czarentochter-Freier
Schon längst den Prinzentitel abgelegt
Und führte schlicht den Bürgernamen Meyer.
Man kann sich denken, wie von Gram bewegt
Das Herz des Vaters schlug, als dieser Schleier
Vor ihm gelüftet ward; tiefaufgeregt
Wünscht' er, daß lieber in Sibiriens Schachte
Den Sohn noch ew'ge Finsterniß umnachte.

Die Winterluft der Ukermark auch füllten
Des neuen Völkerfrühlings Stürme bald,
Und Bauern drangen, die im Chore brüllten,
Ins Schloß des Fürsten Friedrich mit Gewalt;
Aufhebung aller Zehnten, aller Gülten
Verlangten sie, die Fäuste drohnd geballt,
Und schrien: „Nichts mehr von Frohndienst! von Feudal-
            recht!
Adelsabschaffung, allgemeines Wahlrecht!"

Erst lange wies er ab die Flegelhaften;
Nicht seine, nur des Königs Sache seiz,
Das zu entscheiden. Aber dem Erschlafften
Wie hätten sies nicht abgetrotzt, dem Greis?
Am Ende also die Errungenschaften
Heimtrugen sie befriedigt, schwarz auf weiß;
Obgleich er sie nicht zu gewähren hatte,
Es war genug, sie standen auf dem Blatte.

Dem Fürsten, der so vergewaltigt worden,
War es, als ob die Welt zusammensänke;
Er hätte lieber jetzt bei Negerhorden
Gehaust, als bei den Deutschen, die — man denke! —
Den Adel abgeschafft. Da nun im Norden
Ihn überdies ein jedes der Gelenke
Im scharfen Hauch der Ostseewinde schmerzte,
Verließ er Deutschland auf den Rath der Aerzte.

Das Gut in Obhut gebend dem Verwalter,
Die Pflegerin mit ihm zu reisen bat er,
Doch Emma konnte nicht; im hohen Alter
Berief an seine Seite sie ihr Vater;
Und so, in Pelze eingehüllt, bei kalter
Schneeluft just am Pankratiustage trat er
Mit einem treuen Diener an die Reise,
Geflohn gern wär' er bis zum Wendekreise.

So viel von dem, was sich bisher begeben!
Jetzt aber wend' ich mich zur Gegenwart,
Wo er, wie früher schon berichtet, eben
An der Tamina vor sich niederstarrt.
Wenn er gehofft, daß ihm zu neuem Leben
Ragatz verhülfe — weh! sein Loos ist hart —
So hat er sich geirrt; von Podagra
Noch stets gepeinigt sitzt er ächzend da.

„Seit ich hier bade, ist ein Mond verflossen,
Und keine Beßrung hab' ich noch gewahrt;
Ein Jahr ists, daß ich meinen jüngsten Sprossen
Zu der Prinzessin auf die Werbefahrt
Entsendet in das Land der Eidgenossen,
Und ach! kein Leid ward mir seitdem erspart,
Nicht Flucht der Töchter und nicht der feudalen
Zustände Umsturz durch die Liberalen."

Er denkts, und wie Erinnerung nicht minder
Der andern Sprößlinge in ihm erwacht,
Ein zweiter Lear sich dünkt er, durch der Kinder
Undank gestürzt in der Verzweiflung Nacht;
Wenn er als neuer Königslinien Gründer,
Sich schon mit stolzem Selbstgefühl gedacht,
So wird er nun — ihn faßt ein Ingrimm-Schwindel —
Der Ahnherr nur von niederem Gesindel.

Nicht alle Pracht, mit der in diesem Bade
Natur sich schmückt, erheitert ihm den Sinn;
Aus Arglist, denkt er, hat die Stromnajade
Ihn hergelockt nur, die Betrügerin;
Denn hüpft sie auch am blühenden Gestade
Lachend mit krausen Wellenlocken hin,
Spielt auch das Licht darauf in tausend Prismen,
Ihm bringt sie nichts als neue Rheumatismen.

Mit dem Entschluß, den Kurort zu verlassen,
Schwermüthig schleicht er heim in die Pension;
Anstatt des Klimas hier, des kalten, nassen,
Will er in einem anderen Canton
Die Lüfte suchen, welche für ihn passen;
Und da er hofft, daß er vom jüngsten Sohn,
Von Max, dort Kunde finde, schwebt zumeist
Als Ziel ihm Interlaken vor dem Geist.

Bald trägt der Wagen mit dem Fürstenwappen,
Mit Rossen von der Schweizerpost bespannt,
Ihn hin durch Gegenden, die aus den Mappen
Der Landschaftsmaler männiglich bekannt;
Allein die Reise geht nur in Etappen,
Sein matter Leib, von Krankheit übermannt,
(Ich sprech' als Arzt), ist gegen seines Wagens
Fahrstöße kein genügendes Reagens.

So kommts, daß wenig an dem Zauberbilde
Der Gegend um ihn her sein Auge hangt;
Gleichgültig sind auch mir drum die Gefilde,
Durch die er bis ins Oberland gelangt,
Erst als im Dorfe Ried er vor dem Schilde,
In dem ein goldner Hahn als Zeichen prangt,
Stillhält, wird das Lokal mir wieder wichtig,
Darum von seinem Nachtquartier bericht' ich.

Befallen hat das Podagra ihn arg,
Darum sucht er sich ein Logis bei Zeiten;
„Ach! aus dem Leben, das, an Freuden karg,
Nur sinnt, mir Weh und Jammer zu bereiten,
Warum quartier' ich lieber nicht im Sarg
Sogleich mich ein? Denn der vermaledeiten
Gichtschmerzen werd' ich nie auf Erden quitt,"
So denkt er, wie er in das Wirthshaus tritt.

Der Wirth und seine Frau, die edlen Zwei,
Dienstfertig immerdar für ihre Gäste,
Eilten, als er die Klingel zog, herbei
Und klagten, daß in Bern beim Schützenfeste
Ihr Schwiegersohn, das Hauptfactotum, sei,
Bald aber kehr' er heim und werd' aufs Beste
Alsdann den hochgeehrten Gast bedienen:
Jetzt sei noch Alles mangelhaft bei ihnen.

„Komm Er sogleich, das Zimmer mir zu zeigen!" —
So adressirt der Fürst den Wirth mit ‚Er' —
„Ich liebe nicht, treppauf treppab zu steigen,
Drum nehm' ich meine Wohnung im Parterre."
Eckbrecht denkt wohl: „Nun die Manier ist eigen;
So spricht bei uns zum Knecht wohl nicht der Herr;
Doch mag er grob sein, nicht daran mich kehr' ich,
Wenn er nur Geld hat; sonst kein Gastwirth wär' ich."

Ins beste Zimmer, das zu ebner Erde,
Läßt denn der Gast vom Wirthe sich geleiten,
Er heischt, daß gleich gemacht sein Lager werde,
Und Trini kommt, das Leinen drauf zu breiten.
Frau Holler zündet Feuer auf dem Herde,
Die Mahlzeit für den Fremdling zu bereiten,
Doch er, nach Ruhe lechzend, nicht nach Speise,
Wirft sich aufs Bett, todmüde von der Reise.

Bis nächsten Morgen liegt er da und stöhnt
Und ächzt, von seinem Podagra gezwickt.
Sein Diener selbst, obgleich daran gewöhnt,
Daß er bei schlimmster Laune sei, erschrickt,
Wenns: „Bleib vom Leib mir!" ihm entgegentönt,
Sobald er durch die Thür ins Zimmer blickt;
Am Nachmittag besänftigter indessen
Ruft er ihm zu: „Bestelle mir das Essen!"

Vom Lager rafft sich ächzend auf der Kranke
Und setzt sich auf den Lehnstuhl nächst dem Bette.
Trini tritt ein, nimmt Leinen aus dem Schranke,
Bedeckt den Tisch mit zierlicher Serviette,
Geht abermals, bringt Teller, Messer, blanke
Bestecke noch auf einem Tafelbrette
Und spricht: „Mein Mann ist heimgekehrt aus Bern;
Serviren wird er gleich dem gnäd'gen Herrn."

Hinaus zur Thüre ruft sie dann: „Hab' Acht!
Das Brod und dann die Suppe bring, mein Schatz!"
Der Fürst, in dem der Appetit erwacht,
Nimmt eben am gedeckten Tische Platz.
Da ins Gemach in hübscher Schweizertracht,
Das Lederbeinkleid kurz, doch breit der Latz,
Schneeweiß das Hemd, die Hosenträger roth,
Tritt Max mit einem mächt'gen Laibe Brod.

„Mein Mann, mein Maxi, der gekrönte Schütze
Ist das!" spricht Trini, drückt noch seine Hand
Und geht hinweg. Der Fürst auf seinem Sitze
Bleibt achtlos erst und hat ihn nicht erkannt,
Max aber steht, getroffen wie vom Blitze,
Gelähmt und an die Schwelle festgebannt;
Zu Boden fällt das Brod, das er gehalten,
Und starren Auges schaut er auf den Alten.

Da, wie sich seine Blicke auf ihn heften,
Wird auch der Fürst der Aehnlichkeit gewahr,
Ihm ist, als ob ihn Spukgebilde äfften,
Und doch, der Name Maxi macht es klar,
Das ist sein Sohn! Bei den gesunknen Kräften
Bringt, fürcht' ich, die Entdeckung ihm Gefahr;
In Wuth, die ihm durch alle Nerven zittert,
Sinkt er auf seinen Stuhl zurück erschüttert.

Dann aufgerafft ruft er: „Hast du die Stirne,
Dich, Ungerathener, vor mir zu zeigen?
Mein Sohn vermählt mit einer Schweizerdirne!"
Max stammelt: „Vater!" — aber: „Wirst du schweigen?"
Donnert der Fürst; im schwindelnden Gehirne
Wird es ihm wirr; vor seiner Seele steigen
Die Bilder all der Kinder auf, die Schande,
Wie dieser, ihm gebracht und seinem Stande.

Ihn zu besänftigen tritt Max heran:
„O Vater! gieb mir doch die Hand zum Zeichen,
Daß ich noch auf Vergebung hoffen kann!
Wenn du es wüßtest nur, wie ohnegleichen
Ich glücklich bin als Trinis Ehemann!"
Den Alten sieht er plötzlich da erbleichen,
Die Hände krampfhaft nach der Stirne ballen
Und plötzlich wie entseelt zu Boden fallen.

Er kniet zu dem Gesunknen hin voll Schrecken
Und ruft, ihm beizustehen, auch sein Weib;
Sie suchen ihn zum Leben neu zu wecken,
Allein umsonst; starr, reglos ist sein Leib.
Aufs Lager tragen und in warme Decken
Einhüllen ihn die Beiden dann. „Du bleib
Am Bette hier bei ihm," spricht Max, „ich eile,
Um einen Arzt zu holen mittlerweile."

Dem Kranken reibt die junge Frau die Glieder,
Die noch den Schwiegervater in dem Gast
Nicht ahnen kann. Bald kommt der Oberrieder
Dorfarzt, von Max herbeigeholt in Hast,
Und fühlt den Puls: „Er ist ein Invalider,
Todmatt; Noth thuts, daß ihr ihn nicht verlaßt;
Umschläge muß man fort und fort ihm machen;
Zum Leben, denk' ich, wird er dann erwachen."

Also der Aesculap und ging von dannen.
Zusammen, sonst ein Riese von Natur,
Brach Max und konnte lang sich nicht ermannen.
Der Frau vertraut' er drauf, sie sei die Schnur
Des kranken Manns, und Beider Thränen rannen;
Sein treu zu warten, thaten sie den Schwur
Und nicht sein Bett, bis wieder auf dem blassen
Gesicht sich Leben zeige, zu verlassen.

Wie sie bei Tag und Nacht am Lager saßen,
Um nach des Arztes Vorschrift ihn zu pflegen,
Und Schlaf und Speis' und Trank dabei vergaßen,
Begann er nach und nach sich neu zu regen.
Ja bald glomm seine Stirne über Maßen,
Und Fieber sprach aus seiner Pulse Schlägen;
Es war, als ob er kämpfte mit Phantasmen;
Sie aber legten kalte Kataplasmen.

So reihten langsam Wochen sich an Wochen,
Und jene Beiden spähten, wechselnd wach,
Indessen träge hin die Stunden krochen,
In seinem Antlitz einem Zeichen nach,
Daß endlich seiner Krankheit Macht gebrochen.
Das Fieber wich zuletzt, doch wieder schwach
Nun lag er da und reglos; nichts gewährte
Gewißheit, daß ihm die Besinnung kehrte.

Einst da, zum erstenmal halb aufgerichtet,
Schlägt er die Augen auf, schaut Beide an;
Es scheint, daß sein Bewußtsein neu sich lichtet,
Daß er zu sprechen sucht, allein nicht kann,
Dann plötzlich sinkt er rückwärts wie vernichtet,
Auf seinen Geist legt sich der alte Bann;
Nach Tagen erst aufblickt er wiederum
Und schaut den Beiden lang ins Antlitz stumm.

Auf so viel bange Tage, düstre Nächte,
Ist das der erste Hoffnungsstrahl für sie.
Mit warmen Thränen küssend seine Rechte,
Wirft Max sich vor dem Vater auf das Knie
Und schluchzt: „Erkennst du nun, daß ich der Schlechte
Nicht bin, wie du geglaubt? O Vater, sieh
Mich freundlich an!" — „Ach! gieb uns deinen Segen!"
Streckt Trini ihm die Hände flehnd entgegen.

Der Alte macht unwillig erst ein Zeichen,
Er woll' allein sein auf der Lagerstatt,
Doch nach und nach läßt er den Unmuth weichen,
Sein Blick wird milde, seine Stirne glatt,
Die Rechte, um sie freundlich ihm zu reichen,
Entgegen streckt er seinem Sohne matt,
Auch Trini hat Erlaubniß sie zu küssen,
Und Beide netzen sie mit Thränengüssen.

Mehr nun und mehr durch ihre treuen Sorgen
Genest der Fürst; Frau Holler und Gemahl
Stehn ihnen bei, und bald erscheint der Morgen,
An dem er nach der schweren Krankheit Qual
Vom Lager aufstehn kann. So wohlgeborgen,
Wie hier im Bauernhaus, in keinem Saal
Der Königschlösser, die von Goldglanz blinken,
Ja nicht im Himmel würd' er sich bedünken.

Zwar wortkarg bleibt er immer noch und spricht
Zum Sohn kein Wort von Allem, was geschehen,
Auch nennt er Trini Schwiegertochter nicht
Und will, daß sie es sei, sich nicht gestehen;
Doch wenn sie mit dem lieblichen Gesicht
Bei ihm eintritt und ihn um sein Ergehen
Befragt, unmöglich kann er fort sie schicken;
Er muß die Hand ihr zum Begruße drücken.

Schon in der Frühe, wenn sie mit dem Besen
Das Zimmer auskehrt, grüßt sie ihn im Bette;
Dann steht er auf, verwandelt all sein Wesen,
Und wandert mit den Kindern um die Wette,
Denn so fühlt er sich von der Gicht genesen,
Als ob sie niemals ihn gemartert hätte;
Er spürt, man wird in diesen Alpenthälern,
An Geist und Seele jung, an Nerven stählern.

Gestützt von Jenen, oft bis zu der Sennen
Berghütten steigt Fürst Friedrich auch empor,
Max lehrt ihn ihre Käsewirthschaft kennen,
Und achtsam leiht er manchmal ihm sein Ohr.
Auch, hört er sich Papa von Trini nennen,
Unwillig fährt er nicht, wie sonst, empor;
Bisweilen aber, so will sie bedünken,
Sehn sie in Sinnen plötzlich ihn versinken.

Da spricht er einst: „Fort rufen mich Geschäfte,
Auf kurz darum sei Abschied nun genommen,
Verjüngt hier fühl' ich meine Lebenskräfte,
Frei klopft die Brust, im Norden so beklommen,
Und frischer quellen alle meine Säfte.
Verlaßt euch drauf, bald werd' ich wiederkommen!
Für jetzt lebt wohl!" Er spricht's, giebt anzuspannen
Befehl und rollt im Wagen rasch von dannen.

Sechstes Buch.

Wie ich begeistert eben daran denke,
Den letzten Canto des Gedichts zu singen,
Um das vollendete zum Weihgeschenke
Dem hohen Adel Deutschlands darzubringen,
Fällt mir der Blick auf meine Bücherschränke,
Und plötzlich sinken läßt mein Geist die Schwingen,
Wie ich das oftmals und vor langen Jahren,
Als ich mein erstes Buch schrieb, schon erfahren.

All diese Reihen, Bände neben Bänden —
Biblioman ja war ich von jeher —
Noch jährlich wachsen sie; wo soll das enden?
Kaum hab' ich Platz in meinem Saale mehr;
Und auf wie vielen, einst von meinen Händen
Gierig durchblättert, ruht der Staub schon schwer!
Wie manchen Ruhm nicht hat die Zeit verschlungen,
Den schmetternde Fanfaren einst umklungen!

Jetzt scheinen viele Bücher uns Scharteken,
Die uns durch blanken Firniß sonst bethört,
Bedünken wills uns, wie wenn Frösche quäten,
Wo sonst wir Nachtigallenschlag gehört;
Und gar im Winkel der Bibliotheken
Wie schläft den ew'gen Schlummer ungestört,
Was noch zu unsrer Väter Zeiten Aller
Entzücken war — wer liest noch Uz und Haller?

„Durch Klopstock wurden des Homer Gedichte,
Tyrtäus ward durch unsern Gleim besiegt" —
So les' ich in der Literargeschichte
Von Achtzehnhundert, welche vor mir liegt.
Cassirt wird von der Nachwelt Schwurgerichte
Wie dies, manch Urtheil. Die ihr gestern stiegt,
Um kurze Zeit mit falschem Glanz zu blinken,
Sternschnuppen gleich sieht man euch heut schon sinken.

Und doch, nicht zagend vor dem ernsten Richter,
Wag' ich auch — o wie thöricht! — den Versuch,
Mich einzureihen in die Schaar der Dichter,
Ja füge zu den frühern noch ein Buch,
Daß bald, so wie auf ihnen, nein noch dichter
Staub auf ihm lagre, wie ein Leichentuch,
Bis es zuletzt, wofern nicht schon vermodert,
Im großen, allgemeinen Brande lodert.

Denn, jetzt schon hochgeschwollen, immer wachsen
Wird so die Bücherfluth von Tag zu Tag,
Daß sie, und hätte sie auch hundert Achsen,
Die Erde doch zu tragen nicht vermag.
Nichts wird dann helfen; legt man schwere Taxen
Auf Verseschreiben auch und Buchverlag,
Selbst Todesstrafen; 'eines nur kann frommen,
Ein zweiter Omar muß als Retter kommen.

Ja komm, Ersehnter! Diese meine Strophen
Und Alles, was ich schrieb, geb' ich dir preis;
Verbrannt in einem ungeheuren Ofen,
Ein Opfer für der Zukunft Götter, seis!
Nur gieb auch, daß der Afterphilosophen,
Daß Hegels Werke brennen, das Geheiß!
Gern, wenn der Babelthurm von hohlen Phrasen
Mit aufflammt, in das Feuer will ich blasen.

Laß in der Gluth die Shakspear-Commentare
Und der Aesthetik-Schreiber Faselein
Auflodern bis zum letzten Exemplare!
Wirf noch, sie ew'gem Untergang zu weihn,
Goethes Waschzettel und dergleichen Waare
Sammt sämmtlichen Dogmatiken hinein —
Gereinigt, frischer wird nach solchem Brande
Die Luft hinwehn durch alle Erdenlande.

Allein wohin hab' ich in dieser langen
Einleitung mich verirrt? Mein Pegasus
Ist mir auf Seitenwege durchgegangen
Und warf mich ab, so daß ich, um zum Schluß
Vorliegender Historie zu gelangen,
Den Pfad zu Fuße keuchend suchen muß.
Voll Schwindel, kaum in ihren Irrgewinden
Vermag ich wieder mich zurecht zu finden.

Wir haben Nikolas in Wien verlassen,
Wo ihn so arg getäuscht die Perserin.
Verzerrt jetzt schauen ihn und mit Grimassen
Die Bilder an, die ihm so lang den Sinn
Gefangen hielten. Durch der Hauptstadt Gassen
Schleicht er mit tief gefurchter Stirne hin,
Und schon sein Blick scheint dem Geschick zu fluchen;
Wo soll er nun sein hohes Traumbild suchen?

Des Ostens Tochter hat ihn in Roxanen,
In Lola ihn des Südens Kind betrogen;
Und wenn er nun zu fernen Meridianen
Fortzieht durch unbekannter Meere Wogen,
Wird nicht auch dort sein Hoffen und sein Ahnen
Ihn trügen, da als schlechten Psychologen
Er hier sich zeigte und beim ersten Laute,
Dem ersten Blick die Beiden nicht durchschaute?

Nah dran oft war er, wenn sein Schmerz am größten,
Hinabzuspringen in der Donau Wellen,
Damit sie ihn von Welt und Weh erlösten;
Auch der Geschwister heitern Naturellen
Gelang es nicht, den Leidenden zu trösten,
Doch Otto ließ sich, den wir als Gesellen
Des edlen Steinmetzhandwerks jüngst verließen,
Erneuerte Versuche nie verdrießen.

Bildhauerei auch in den Nebenstunden
Trieb dieser, sehr geschickt im Modelliren —
Er der zuvor an Pferden und an Hunden
An Staatskarossen, stolz bespannt mit Vieren,
Wettrennen Wohlgefallen nur gefunden,
So Rang und Habe mußt' er erst verlieren,
Um zu entdecken, wie ihm in den Tiefen
Der Seele höhre Trieb' und Gaben schliefen.

O heil'ge Kunst, die du an deinen Brüsten
Die Menschheit mit der Milch des Schönen nährst,
So Wen'ge kennen dich! wenn sie doch wüßten,
Wie du dem Leben Trost und Zier gewährst! —
Doch dies in Klammern! Der Geschwister Büsten
Hub Otto an zu formen, und zuerst
Des Bruders Bild; um Nikolas gesellten
Die Andern bei der Sitzung sich nicht selten.

Indessen Zug an Zug dann aus dem Thon
Das Bild des Melancholischen erwachte,
Mit Scherzen, die vom Mund ihm gaukelnd flohn,
Mit Schwänken, die sein munter Geist erdachte,
Abließ nicht ehr der junge Fürstensohn,
Bis auch der ältre heitre Miene machte,
Und Beistand liehn dabei ihm Erich — vide
Buch vier! — so wie Aslauga und Elfride.

Da kam der wüste März, der dem Orakel
Der alten Staatsweisheit den Mund verschloß,
Die Zeit, als Lärm und höllischer Spektakel
Durch Wiens gesammte Straßen sich ergoß,
Und Knaben, kaum des Schultyrannen Bakel
Entflohn, gefolgt vom Gassenjungentroß,
Den alten Metternich zu fliehen zwangen,
Am Stephansthurme hätt' er sonst gehangen.

Nie hat die Freiheit tollre Capriolen
Gemacht, als dazumal im guten Wien,
Da Deutsche jubelten bei den Parolen,
Die Kossuth gab zu Oesterreichs Ruin,
Und an den Straßenecken Ungarn, Polen,
Slovaken, Czechen predigten und schrien;
Nah wars schon dran, daß sie durch Guillotinen
Erläuterten die neuen Staatsdoctrinen.

Vom Praterstern her auf der Zeil der Jäger
(Der Reim trägt an der Inversion hier Schuld)
Einst wanderten die beiden edlen Schwäger
Erich und Nikolas durch den Tumult,
Und während Fischverkäufer, Gassenfeger
Durch Lärm der Tagesgöttin ihren Cult
Erwiesen, sprach zu dem Begleiter Erich:
„Entfernt von Wien gern tausend Meilen wär' ich.

„An diese Orgien, diesen permanenten
Spektakel mag ein Andrer sich gewöhnen!
Darum hinweg, hinweg! Mit den Studenten,
Der Aula völlig tollgewordnen Söhnen,
Verbündet, mögen hier die insolenten
Volkshaufen ihrem Freiheitsschwindel fröhnen
Und toben wie vom Bisse der Tarantel —
Wir hüllen uns in unsern Reisemantel.

„Mit dir und mit Aslanga nach Venedig
Am liebsten, Nikolas, wohl möcht' ich ziehn,
Der Stadt der Kunst, die schon, da ich noch ledig,
Als Zielpunkt aller Wünsche mir erschien.
Nun, sehen werden wir, wenn Gott uns gnädig,
Im Herbst sie und den hohen Gian Bellin,
Den prächt'gen Paolo, den ernsten Cima,
Doch ist im Sommer dort zu heiß das Klima.

„Laß uns bis dahin denn mit deiner Schwester
In Bergeseinsamkeit Erholung suchen!
Glaub', wohlthun wird vor Allen dir, mein Vester,
Die Waldesluft, das Schattengrün der Buchen;
Nicht ferner wirst du dort mit schmerzgepreßter
Empfindung deinem Mißgeschicke fluchen!
Die Wunder, die der Berge freier Aether
Im Menschen wirkt, kann ahnen kaum der Städter."

Zustimmte Nikolas des Schwagers Plänen;
Empfand er nach Naturgenuß von je,
Nach blauen Bergseen, wilden Felsenscenen,
Die jetzt als aller Leiden Panacee
Ihm Erich preist, ein niegestilltes Sehnen.
So eilten flugs zu Ottos Atelier,
Zuvor Aslauga holend, unsre Beiden,
Abschied von ihm zu nehmen vor dem Scheiden.

Verhallen mög' uns denn das Stadtgewühl!
Die Drei empfängt beim schönen Berchtesgaden
(Und Petern mit) ein ländliches Asyl
An des smaragdnen Königsees Gestaden,
In dessen leichtbewegtem Wellenspiel
Den Fuß die mächt'gen Berggiganten baden,
Indeß, von Adlerfittigen umschwebt,
Die Stirn sich trotzend in die Wolken hebt.

Schon früh, wenn noch das Thal in Nebel schwimmt
Und von den Firnen nicht die Wolkenkappe
Gewichen ist, steht Erich auf und nimmt
Zur Hand den Bleistift, untern Arm die Mappe.
Kein Felsenvorsprung, den er nicht erklimmt!
Und, blieb' er hundert Jahre, eine knappe
Zeitfrist erschien' ihm das, die tausendfältigen
Schönheiten dieses Bergsees zu bewältigen.

Aslauga auch an ihres Häuschens Schwelle,
Wo sie vom blühenden Hollunderbusche
Beschattet wird, sucht bald im Aquarelle
Der Gegend Reiz zu malen, bald im Tusche;
Doch diese Berghöhn, diese Wasserfälle,
Wer kann sie schildern? Oft, daß sie nur pfusche,
Sich sagt sie, springt verzweifelnd auf vom Sitze
Und wirft ins Wasser die zerrissne Skizze.

Und Nikolas? Kam dem von Gram Betäubten
Hier eines neuen Lebenstags Beginn?
Ja, nach und nach, wie lang sie sich auch sträubten,
Die düstern Wolken, die auf Geist und Sinn
Ihm drückend lagerten, zu seinen Häupten
In lichtrer Wallung zogen sie dahin —
Allmählig durch sein ganzes Sein und Wesen,
Er fühlt' es, drang ein wonniges Genesen.

Er rang sich, eh' das Morgenroth gerommen,
Von seinem Pfühl in jeder Frühe los
Und lag, zu steiler Halde aufgeklommen,
Auf duft'ges Gras gebettet und auf Moos.
O Lust, wenn da die Felsen höher glommen
Und, ahnend, daß die Sonne hehr und groß
Bald steigen werde, halb noch traumbefangen
Die Lerchen ihre Morgenlieder sangen!

Er blickt, die Augen halb von Tropfen Thaus
Und halb von Thränen feucht, auf voll Entzücken
Und breitet sehnsuchtsvoll die Arme aus,
Als wollt' ans Herz er alles Leben drücken;
Ihm ist, als säh' er aus des Himmelblaus
Krystall geliebte Augen niederblicken
Und holde Züge, die, wie einst im wachen
Traume der Kindheit, ihm entgegenlachen.

Wenn auch getäuscht und fürchterlich betrogen
Durch jene Zwei, verzweifeln darf er nicht —
Dies ist der Inhalt von den Monologen,
Die er nicht laut, doch mit der Seele spricht —
Reichlich wird all sein Weh noch aufgewogen,
Wenn er das Urbild zu dem Traumgesicht
Erst findet, das vor den getäuschten Sinnen
Ihm vorgegaukelt die Betrügerinnen.

Doch wo soll er, in welcher Hemisphäre
Es suchen? In den Sonnenaufgangslanden,
Fern, endlos fern im Osten, wo die Meere
An nie zuvor entdeckte Küsten branden?
Lebt es in Indien als Bajadere?
Als Sonnenpriesterin am Fuß der Anden?
Bergen's im Süden, jenseits noch der Tropen,
Die äußersten der Menschen, die Aethiopen?

So denkend, klimmt er ruhelos von Klippe
Zu Klippe auf; zu jedem Wasserfall
Dringt er durch Farrenkraut und Dorngestrüppe
Und netzt die Stirn sich mit dem kühlen Schwall.
Er schlürft das heil'ge Naß mit durst'ger Lippe
Und lauscht des Sturzes mächt'gem Widerhall
Von Kluft zu Klüften, bis wo es tief hinten
Verhallt in grünen Waldeslabyrinthen.

Er glaubt, die große Mutter, die Natur,
Werd' ihm durch eine ihrer Stimmen künden,
Wo jene weilt, an die mit theuerm Schwur
Sein Herz gebannt ist. Bald in Thalesgründen,
Bald hoch auf Gipfeln ruft er: „Eine Spur
Von ihr nur zeige mir, und sie zu finden
Den Weg nicht bis ans Weltenende scheu' ich;
Hier feierlich den alten Schwur erneu' ich."

Einst, als er auf verschlungnen Felsenwegen
Zur Dämmerzeit nach Hause kehren will,
Aus einem Häuschen, dicht am See gelegen —
Die Scenerie ist wie für ein Idyll —
Trägt ihm der Abendwind Musik entgegen,
Gefesselt von den Tönen steht er still,
Und denkt erstaunt: „Wohin bin ich gerathen?
Ein Sennhaus und Beethovensche Sonaten!"

Sie war es, schon beim ersten Ton erkannte
Er sie, die große in F-Moll — begonnen
Hat eben erst das göttliche Andante,
In das der Meister alle seine Wonnen,
Des Herzens glühendstes Entzücken bannte;
Es ist, vom Strahle aller Frühlingssonnen,
An denen seine Seele aufgeblüht,
Sei dieses eine Wunderwerk durchglüht.

Du siehst, indessen dich die Töne wiegen,
Die niedre Erde unter dir versinken,
Und glaubst, hoch, höher stets emporgestiegen,
Des Sonnenäthers reine Luft zu trinken.
Wohin noch nie ein Sterblicher zu fliegen
Gewagt, reißts dich empor, und immer winken
Dir neue Himmel, die mit ihrem blauen
Lichtglanz Entzückung auf dich niederthauen.

Nicht wußte Nikolas, wie ihm geschah;
Nie war Musik ihm so ins Herz gedrungen.
Wie festgewurzelt stand er lange da,
Nachdem der Töne letzter schon verklungen.
Dann endlich rafft' er sich empor und sah
Durchs kleine Fenster, rebenlaubumschlungen,
Ein junges Mädchen, am Klaviere sitzend,
Die Stirne träumend mit dem Arme stützend.

Nicht schildr' ich ihres blauen Auges Strahlen,
Die Wange, sanft von Blässe überhaucht,
Das Lockenhaupt; denn solcherlei zu malen
Ist lang in mir der Ehrgeiz schon verraucht;
Gelänge mir nach langen Dichterqualen
Ein neues Bild, man nennt' es doch verbraucht;
Auch zürnen würde mir der Prinz, verrieth' ich
Sein Theuerstes; drum schweig' ich ehrerbietig.

Noch hängt sein Auge an der wundervollen
Erscheinung, der ätherischen Gestalt,
Die, aus der Himmel siebentem gequollen,
Ein Glanz, wie er ihn nie gesehn, umwallt.
Da sieht er einen Vorhang niederrollen,
Das Licht erlischt, und dunkel legt und kalt
Sich Nacht um ihn — entschwunden, hingeflohn
Ist Alles ihm, wie eine Traumvision.

Daß er berauscht von der Sonate Tönen,
Voll Seelentaumels in die Wohnung kehrt,
Ist selbstverständlich, wie daß nach der Schönen
Am Herzen ihm von jetzt an Sehnsucht zehrt.
Als Weib, das seinen Lebenswunsch zu krönen
Geschaffen ist, steht sie vor ihm verklärt;
Gewißheit hat er in den holden Zügen
Gelesen: diese wird ihn nicht betrügen.

So jeden Abend an der Hütte harrt er
Und hofft, nun werde die Musik erklingen,
Allein vergebens; nach dem Fenster starrt er,
Doch sie zu schauen will ihm nicht gelingen;
Oft währt die ganze Nacht durch diese Marter
Getäuschter Hoffnung, bis die Rosenschwingen
Aurora übern Watzmanngipfel breitet,
Und er gebrochnen Muths nach Hause schreitet.

Dem Schwager nichts verräth er, wenn mit Lachen
Er ihn des steten Trübsinns wegen schilt;
Er weiß, daß er für einen nervenschwachen
Phantasten ihm, wie auch der Schwester gilt;
Doch vor dem Geist im Traume wie im Wachen
Schwebt immer ihm des Weibes Wunderbild,
Nur läßt er, endlich wieder sie zu finden,
Nach langem Suchen fast die Hoffnung schwinden.

War sie vielleicht nicht eine Apsarase,
Aus Indras Himmel ungerecht verbannt?
Die Peri einer duftenden Oase,
Die sich verirrt in unser Abendland
Und im Momente dichtrischer Ekstase
Ihm sichtbar wurde, dann in Luft verschwand?
Ach, mußte sie nachher in Nichts zerrinnen,
Warum je sichtbar ward sie seinen Sinnen?

Als Peter sieht, wie in des Herzens Qual
Sich seines Herren Wangen neu entfärben,
Spricht er zu ihm: „Prinz, meiner Hut befahl
Euch Eure sel'ge Mutter an im Sterben,
Darum beschwör' ich Euch: zum drittenmal
Stürzt Euch nicht in Gefahr und in Verderben!
Flieht, so wie vor der Pest, vor jedem Weibe!
Den Teufel haben alle sie im Leibe.

„Als Euch am See von Como die verherte
Lola einlud, wo führte das Euch hin?
Gedenkt an Wien, wie zweier Henker Aerte
Euch drohten wegen jener Perserin!
Und nun — das bringt mich ganz aus dem Conterte —
Berückt ein Weib, ich ahn's, Euch neu den Sinn!"
„Schweig!" spricht der Prinz, „von solcherlei Materien
Verstehst du nichts, sie sind für dich Mysterien."

Nicht lang darauf klimmt er in stiller Trauer,
Als abendlich die Tagesgluth sich kühlt,
Durch eine Schlucht, mit deren düsterm Schauer
Verwandt er seine Seelenstimmung fühlt.
Da plötzlich steilab fällt die Felsenmauer,
Von einem wilden Bergstrom unterwühlt;
Und zitternd ob dem abgrundtiefen Bett —
Kein andrer Weg ist — hängt ein schmales Brett.

Der Prinz eilt drüber hin mit sichern Schritten
Und weiter aufwärts durch Geröll und Kraut,
Als eine grüne Alm, besetzt mit Hütten,
Sich aufthut, und der Heerdenglocken Laut
Ihm an das Ohr schallt. Unter ihm inmitten
Von steilen Felsen aus der Tiefe blaut
Der Obersee, und über ihm erheben
Sich andre Klippen, die das Thal umgeben.

Zu einer Zacke steigt der kühne Klimmer,
Von wo der Ausblick herrlich sich erschließt —
Zu Häupten ihm noch wilde Felsentrümmer,
Vor ihm ein Schlund, der steil hinunterschießt —
Auf einer Klippe, die mit Glorienschimmer
Der Abendsonne goldner Schein umfließt,
Da sieht er eine weibliche Gestalt
An jähem Rand stehn; Schreck durchbebt ihn kalt.

Doch nein, sein Schrecken weicht; so ohne Zagen,
So sicher steht sie an des Abgrunds Rand
Und will den Schritt zu höhrer Klippe wagen,
Um eine Blume von der Bergeswand
Als ihres Klimmens Lohn davon zu tragen;
Auf einmal hat sie seitwärts sich gewandt,
Ihr Angesicht erblickt er und erkennt
Die Eine, Einz'ge, die kein Name nennt.

Sie ist's, sie ist es, die er zum Symbole
Von allem Hohen, Herrlichen gemacht;
Umflossen wie von einer Aureole,
Noch hehrer als in jener Wundernacht,
Steht sie vor ihm; kaum, daß er Athem hole,
Mag er sich gönnen; wird er nicht, erwacht,
Sie in die Lüfte wesenlos vergehen
Und wie ein Traumgebilde schwinden sehen?

Noch steht er regungslos, halb von Entzücken
Gelähmt und halb von dem geheimen Bangen.
Da, einen Büschel Edelweiß zu pflücken,
Streckt sie die Hand nach oben voll Verlangen,
Allein umsonst; sie sieht, es kann nicht glücken,
Weil an dem steilsten Rand die Blüthen hangen;
Doch, sich ermannend, mit des Steinbocks Schnelle
Klimmt Nikolas empor zu jener Stelle.

Schon sehn wir ihn den Strauß in Händen halten,
Allein wie soll er ihn der Schönen reichen?
Zitternd fühlt er bald tödtliches Erkalten,
Bald hohe Gluth durch seine Adern schleichen:
Er glaubt, nicht anders, als mit Händefalten,
Hintreten dürf' er zu der Engelgleichen;
Zuletzt, ein Herz sich fassend, hocherglühten
Antlitzes steht er vor ihr mit den Blüthen.

Sie nimmt den Strauß von ihm: „Mein Herr, ich danke
Für Ihr Bemühn! Welch schönes Edelweiß!
Läßt es sich glauben? Wo nicht Moos noch Raute
Gedeiht, erblüht es zwischen Schnee und Eis."
Ihm aber ist, als ob der Boden schwanke,
Als wirble Alles um ihn her im Kreis.
Das Mädchen staunt, daß er ihr ohne Laut
Wie blitzgetroffen in das Auge schaut.

Dann abwärts steigend von der Felsenplatte,
Spricht sie: „Zeit ists, den Heimweg anzutreten:
Die Mutter wartet unten auf der Matte
Und wird mich schelten über mein Verspäten;
Schon auf den Thälern liegt der Abendschatte,
Und oft voll Sorge hat sie mich gebeten,
Mich nicht zu hoch im Klettern zu versteigen,
Doch wollt' ich Edelweiß durchaus ihr zeigen."

Der Prinz will Glauben schenken kaum dem Ohre
Und staunt befremdet, da sie also spricht;
Zwar lieblich tönt die Stimme, die sonore,
Doch deutsch von ihr zu hören dacht' er nicht;
Sie, die gleich einem lichten Meteore
So oft gezogen durch sein Traumgesicht,
Geglaubt hat er — an sieht er darum starr sie —
Sie rede nur Sanskrit, Tamulisch, Parsi.

Mit Scheu hinschreitet er an ihrer Seite,
Doch dann, da steil der Weg und voll Gefahr,
Damit sie auf dem glatten Fels nicht gleite,
Beut er die Hand ihr, sie zu führen, dar,
Und ihr ist hochwillkommen das Geleite;
In diesen Höhen, nur bewohnt vom Aar,
Wie fühlte nicht ein junges Mädchen Zagniß?
Zum erstenmal besteht sie solches Wagniß.

Bald wieder ist erreicht das Almengrün,
Und eine Stimme schallt: „Sieh da, Helene!
Im Steigen warst du diesmal allzu kühn."
Der Schönen Mutter also, und dann Jene:
„Die Blumen, die auf höchster Alp nur blühn,
Nach denen ich mich schon seit Wochen sehne,
Sieh hier! Nachdem mir der Versuch mißglückt,
Hat sie der fremde Herr für mich gepflückt."

Die Mutter dankt. „Allein nun in den Nachen!
Schon sind die Tagesstrahlen im Erbleichen.
Mein Herr! wenn Sie mit uns den Heimweg machen
Zu großer Freude soll es uns gereichen;
Schön wird die Fahrt sein; wahrlich! selbst der Achen=,
Dem Königsee kann er sich nicht vergleichen."
Den Beiden folgt der Prinz zum See mit Schweigen,
Wo sie vereint den schwanken Kahn besteigen.

Da nun — wie anders, als wenn aus dem Schlote
Des Dampfers uns der Aschenstaub umfliegt! —
Die klare Fluth sie auf dem Ruderboote
Von einer Schlucht zur andern schaukelnd wiegt,
Indeß die Firnen glühn im Abendrothe
Und in dem See ihr Bild gespiegelt liegt,
Bricht oft Helene, die sich mit dem Strauß
Geschmückt, in Laute des Entzückens aus.

Dem Prinzen auch entquellen endlich Worte;
Vertrauter, menschlicher erscheint sie ihm,
Als jenen Abend, da am Pianoforte
Er sie für einen hielt der Seraphim,
Die Wache halten an der Himmelspforte.
Wohl noch mit allem Hohen synonym
Ist ihm Helene; doch, mit ihr zu sprechen,
Bedünkt ihn ferner nicht mehr ein Verbrechen.

Was er gesprochen, will ich nicht berichten
Und nicht die Antwort, welche sie gegeben,
Denn Reden giebt es, die durch ihren schlichten
Inhalt dem Prunk der Verse widerstreben;
Ausnehmen sie sich schlecht nur in Gedichten
Und sind von Seligkeit fürs ganze Leben
Doch übervoll. Allein ich kann beschwören:
Die Mutter durfte arglos Alles hören.

Rings Stille; nur den Ton des Ruderschlages,
Des Wassers Fall, das von ihm niedertrieft,
Vernimmt das Ohr; es ist, als sei in vages
Hinträumen die Natur ringsum vertieft.
So an dem Schlusse seines schönsten Tages,
Der ihm für immerdar sein Glück verbrieft,
Tritt Nikolas ans Ufer mit den Beiden
Und grüßt sie ehrerbietig vor dem Scheiden.

Die Mutter drauf: „Sie werden mich verbinden,
Mein Herr, wenn Sie nicht unser kleines Haus
Verschmähn. Stets Abends können Sie uns finden."
Und noch Helene: „Dank auch für den Strauß!" —
So blickt — wie soll die Nacht, der Tag ihm schwinden? —
Der Prinz fortan nur nach dem Spätroth aus;
Langsam mit träge schleichenden Minuten
Scheint ihm der Strom der Zeit dahinzufluthen.

Doch wenn sie endlich kommt, die Abendstunde,
Wenn ihn das kleine, traute Haus umfängt
Und jedem Worte von Helenens Munde
Sich seine Seele stumm entgegendrängt,
Wie ist ihm jede schwindende Sekunde
Mit Glück befrachtet! Wie entzückt nicht hängt
Sein Ohr an jedem Ton der Pianosaiten,
Wenn ob den Tasten ihre Finger gleiten.

Das ist nicht jenes müßige Getändel,
Das im Salon nur gleich der Whistpartie
Die Zeit vertreibt; nein, eure Werke, Händel,
Beethoven, Bach, sind das! Erkennt ihr sie?
Still stehe, glaubt der Prinz, der Stundenpendel,
Gebannt von dieser mächt'gen Harmonie,
Indessen lauschend durchs Gemach die Geister
Hinschweben der unsterblich hohen Meister.

Nachdem Helene so gespielt, gesungen,
Mit ihr hinaus tritt er auf den Altan,
Denn voll Vertrauen läßt ihn ungezwungen
Die kluge Mutter sich der Tochter nahn;
Wohl auch in sanften Mondnachtdämmerungen
Trägt übern See mit ihr ihn hin der Kahn,
Und mehr und mehr vor ihm zeigt ohne Hülle
Sich ihrer Seelenschätze ganze Fülle.

Von jedem Anblick der Natur noch reiner
Trägt sie in ihrer Brust das Abbild fort;
Was ihm als niedrig nur und in gemeiner
Alltäglichkeit erscheint, verklärt ihr Wort;
Zwiespalt für sie ist auf der Erde keiner,
Der nicht verklingt zum heiligen Akkord,
Und seiner bangen Lebenszweifel jeden
Glaubt er gelöst zu sehn bei ihren Reden.

Die Bitte drängt denn, daß sie sich fürs Leben
Mit ihm vereine, sich auf seinen Mund.
Des Fürsten Rang und Titel anzugeben,
War er gewillt, bevor an diesen Bund
Er noch gedacht, drum ohne Widerstreben
Giebt er als Edelmann sich einfach kund;
Nach Herkunft oder Namen sie zu fragen
Hat er Verlangen nie bisher getragen.

Allein sie spricht: „Freund — laßt mich so Euch nennen —
Mein Herz gewannt Ihr, doch bevor die Hand
Ihr mir zu bieten wagt, müßt Ihr mich kennen;
Ich fürcht', uns Zwei wird eine Scheidewand,
Die zwischen uns gethürmt, für immer trennen;
Ihr, wie Ihr sagtet, seid von Adelstand,
Schlicht aber nennt man mich Helene Heister;
Mein Vater war in Prenzlau Bürgermeister."

So ist das Weib, von welchem er gewähnt,
Es müss' in endlos fernen Regionen,
Wohin umsonst sich der Gedanke sehnt,
An nie zuvor betretnen Küsten wohnen,
Nachdem er Wüsten, endlos ausgedehnt,
Durchpilgert hätte, in entlegnen Zonen
Nicht ists geboren, nein im märk'schen Sand
Zu Prenzlau, wo auch seine Wiege stand.

Daß Nikolas zuerst erstaunt, betroffen
Bei ihren Worten war, erklärt sich leicht,
Doch bald nochmals sein Wünschen und sein Hoffen
Giebt er ihr kund; nicht seinen Bitten weicht
Sie länger aus; er sieht den Himmel offen,
Als sie mit einem Ja! die Hand ihm reicht
Und gleich, nachdem die Tochter eingewilligt,
Auch Madame Heister die Verbindung billigt.

Der Schwester und dem Schwager mitzutheilen,
Welch Glück nach all dem Leiden, das er litt,
Zu Theil ihm ward, will er zu ihnen eilen,
Als an der Hausthür ihm mit hast'gem Schritt
Erich entgegentritt: „Komm ohne Weilen,
Mein Nikolas, komm zu der Schwester mit!
Lies, um zu sehn, wie Alles sich gewandt hat,
Das Zeitungsblatt, das Otto uns gesandt hat!"

Aslauga finden sie in Freudenthränen,
Und stammelnd liest sie also aus der Zeitung:
„O meine Kinder! länger nicht mein Sehnen
Nach euch halt' ich zurück. Des Himmels Leitung,
Ich seh's, ließ scheitern mich mit meinen Plänen,
Drum in dem Blatte, das zumeist Verbreitung
Von sämmtlichen Journalen Deutschlands hat,
An euch wend' ich mich durch dies Inserat.

„Ihr Alle kommt! Am ersten des August
Hoch auf des Rigi Gipfel werd' ich stehen;
So schmerzvoll mir gewesen euer Verlust,
So freudiger sei nun das Wiedersehen,
Wenn ich euch drücke an die Vaterbrust!
Von welcher Art auch seien eure Ehen,
Ob standesmäßig oder standeswidrig,
Ich will sie segnen. — Euer Vater Friedrich."

Man denke sich den Jubel unsrer Drei!
Geschwunden nun auf einmal alle Sorgen,
Die ihre Brust gedrückt so schwer wie Blei!
Kund thut der Prinz, was Jenen noch verborgen,
Wie er Helenens Anverlobter sei,
Und alle rüsten sich am nächsten Morgen
Des jungen Paars Vermählung schon zu feiern;
Das Ehgesetz war nicht zu streng in Bayern.

„Nun, zürnst du noch," spricht Erich, „daß bisweilen
Ich Spott auf dich gehäuft, wenn du gewähnt,
Fern suchen müßtest, fern vieltausend Meilen,
Du die, nach der dein Herz sich stets gesehnt?" —
„Gut meintest du's mit deines Spottes Pfeilen,"
Ruft Jener, „mich mit Recht hast du verhöhnt,
Der Reisen ich zum fernsten Fixstern plante
Und nicht den Himmel, der so nahe, ahnte."

Ein Pred'ger wird, die Zwei zu traun, gefunden,
Lutherisch, so wie sie von Confession,
Und in des nächsten Tages Morgenstunden
Schon präparirt er sich für den Sermon.
Die Braut, nun bald auf immer ihm verbunden,
Abholen will der Prinz zur Trauung schon,
Da tritt zu ihm im schwarzen Frack sein Peter
Und spricht: „Nur auf ein Wort, Herr! Näh'res später!

„Auch ich will eben meine Hochzeit halten,
Der Pastor soll mich gleich nach Ihnen trauen.
Ja, unbegreiflich ist des Schicksals Walten,
Und unberechenbar sind diese Frauen.
In mich, den fünfundfünfzigjähr'gen Alten,
Dem nach und nach die Haare schon ergrauen,
Hat eine schöne Fürstin sich verliebt,
Die heut die Hand mir am Altare giebt."

Laut auf lacht Nikolas: „Statt zum Pastoren,
Zum Irrenarzte, guter Peter, geh!
Seit wann denn hast du den Verstand verloren?"
Doch Jener: „Dieser Spott, Herr, thut mir weh!
Daß eine Fürstin mich zum Mann erkoren,
Ich schwör's! Der Tag, an dem zum Königsee
Man das Gebirgsholz niederfluthen läßt,
Hat eingeleitet dieses Hochzeitsfest.

„In dem Gewühl stand ich — ich faß' es kurz —
Der Menschen, die von rings heran dann ziehn,
Um anzuschaun der Tannenstämme Sturz.
Da, zwischen Burschen mit entblößten Knien
Und andern mit dem Bergwerkknappen-Schurz,
Erblick' ich eine Dame; — mindstens schien
Sie Excellenz zu sein; in das Gedränge
Verirrt, befand sie sehr sich in der Enge.

„Nun wälzte, horch! mit tobendem Geheule
Der Gießbach nieder seiner Stämme Last;
Die Menge ballte sich zum wirren Knäule
Und drängte sich heran in wilder Hast;
Ich selber fiel und schlug mir eine Beule,
Dann aber, als ich wieder Fuß gefaßt,
Was sah ich? Jäh war, unbemerkt von Allen,
Die arme Dame in den See gefallen.

„Nicht lang mehr, denk' ich, und sie muß versinken;
Ich bahne mir durch das Gewühl den Pfad,
Spring' in den See und faß' an ihrer Linken,
Die sie mit letzter Kraft erhoben hat,
Mit meiner Rechten sie; von dem Ertrinken
Errettet so durch meine Heldenthat,
Ward sie gezogen an den Felsenstrand,
Wo wartend ihr Livreebedienter stand.

„Der Schurke hätte sie ertrinken lassen
Und schien kaum über ihre Rettung froh:
In eine Hütte mit der Leichenblassen
Dann gingen wir; bald brannte lichterloh
Ein Feuer dort, daran sie ihre nassen
Gewänder trocknete, doch hell wie Stroh
In ihr auch brannte, oder welke Blätter,
Die Liebe bald zu ihrem Lebensretter.

„Sie lud mich, als ihr die Besinnung kehrte,
In ihre Villa bei Bartholomä;
Und oft, weil sie so dringend es begehrte,
War Abends ich seitdem bei ihr zum Thee;
Gestehen will ich's, daß es lange währte,
Bis Ahnung mir von ihrem Liebesweh
Aufging; man mag mich wegen Dummheit schelten,
Doch für Bescheidenheit nur darf es gelten.

„Schmachtend mit sehnsuchtsvollen Blicken sah sie
Mich an, in stillberedtem Liebesgrame!
Ist sonst der Mann der Freier, war hier quasi
Die Freierin die hochgeborne Dame —
Nicht weiß ich, heißt sie Pulsky, Esterhazy,
Schimpanski, aber ähnlich ist ihr Name;
Sie sagt, in Ungarn lieg' ihr fürstlich Schloß,
Und führt im Wappen ein Rhinoceros.

„An Jahren paßt sie für mich alten Knaben
Und ist noch schön zur Zeit der Dämmerung;
Wohl keinen Andern konnte sie mehr haben
Und hätte mich gewählt nicht, wenn noch jung;
Jetzt aber sicher, einen Streich der Schwaben
Begehnd, wird sie sich im Verzweiflungssprung
Ins Wasser stürzen, wenn ich sie verschmähe;
Ganz angst wird mir bei solchem Liebeswehe.

„Was also, gnäd'ger Herr, bleibt mir zu thun?
Zwar viele Thränen hab' ich drum vergossen,
Allein, wenn einzuwill'gen Sie geruhn,
Aus Ihrem Dienst zu treten, mich entschlossen."
So Peter, und der Prinz drauf: „Laß mich nun!
Ich glaube immer noch, du treibst nur Possen."
Gestanden hat er lang schon wie auf Kohlen
Und geht hinweg nun, seine Braut zu holen.

Als dann die heil'ge Handlung vorgegangen
Und nach dem Akt, ein junges Ehepaar,
Helene sich und Nikolas umschlangen,
So trat auch, denn es war leibhaftig wahr,
Gefärbt die Haare und geschminkt die Wangen
An Peters Arm die Fürstin zum Altar,
Und er von ihr und sie von ihm empfing
Als treuer Liebe Pfand den Ehering.

Und nochmals nun zur Schweiz, der hohen Veste,
Ob deren Wällen, vom Orkan umstürmt,
Der Gletscher ewige Krystallpaläste
Die Herrscherin Natur emporgethürmt,
Geleite mich, o Freundin, Einz'ge, Beste,
Die seit der frühsten Jugend mich geschirmt,
So wie in meines Epos ersten Stanzen
Anruf' ich, Muse, dich am Schluß des Ganzen.

Wie oft, wenn mir der Muth gebrach, die Pfeile
Des unerbittlichen Geschicks zu tragen,
Von dannen trugst du Meile hinter Meile
Mich auf der Phantasie Eliaswagen,
Empor, empor auf hoher Alpen Steile,
Wo tief die Länder mir zu Füßen lagen,
Und nicht des Daseins kleinliche Misere
Hinaufdrang in die reine Atmosphäre.

Jetzt leider ist der wüste Lebenstrouble
Bis dorthin auch gedrungen, und je toller
Das Treiben, desto größer ist der Jubel
Der Wirthe; ihre Kasse macht es voller.
Da kapern sie des Russen Silberrubel,
Das Gold des Britten und des Yankee Dollar;
Bald wird zu Gift das Markten, Prellen, Handeln
Die Milch der frommen Denkart ganz verwandeln.

Am reichlichsten entled'gen sich die Beutel
Von allen Erdenländern oder Ländchen
Des goldnen Inhalts auf des Rigi Scheitel.
Dort, seht! im Loch des Knopfs das rothe Bändchen,
Bläht der Pariser Elegant sich eitel;
Sei noch so winzig auch das Seidenendchen,
Mit höherm Stolz in seinem Vollbesitze
Blickt er hinunter von des Berges Spitze.

An Ladies auch, gepeinigt von Migränen,
An jungen Fanten aus Berlin und Wien
Ist Ueberfluß und Half-pay-Capitänen,
Sammt andern Gentlemen, geplagt vom Spleen.
Beim Sonnenaufgang gähnen sie, und gähnen,
Wenn in des Abends Roth die Firnen glühn,
Doch tanzen, wie auf Wengern-Alp und Furka,
Zur Nachtzeit lustig Polka und Mazurka.

Nun auf den Bergvorsprung, abseits von diesen
Touristen treten wir, wo sich im Kreis
Das Panorama, aller Welt gepriesen,
Aufthut. Seht, wie gekrönt mit ew'gem Eis
Die Berner Alpen, jene Urweltriesen,
Vor uns die Scheitel heben, silberweiß,
Und über zwanzig Seen, die unten glänzen,
Der Blick zu Deutschlands schweift, zu Wälschlands
                Gränzen.

Dort sitzt, gelehnt an einen Felsenblock,
Nicht achtend auf die andern Rigigäste,
Ein alter Mann im schlichten Reiserock.
Aus seinem Blicke spricht, aus jeder Geste
Erwartung, denn hierher am Alpenstock
Ist er gepilgert zu dem großen Feste
Des Wiedersehns der durchgegangnen Kinder;
Fürst Friedrich ists, das sieht beinah ein Blinder.

Schon steht sein Max bei ihm, dem er geschrieben,
Hier an dem Ersten des August zu sein;
Wie wäre Trini da zurückgeblieben?
Ein jüngstgebornes Kindchen wunderfein,
Das erste Pfand, wie sie und Max sich lieben,
Dem Schwiegervater zu dem Stelldichein
Hat sie gebracht, und just auf seinem Sitz
Liebkost der Großpapa den kleinen Fritz.

Dazwischen aber schweift der Blick des Alten
Oft abwärts, wo in langen Karawanen,
Empor am Berghang, durch die Felsenspalten,
Russen herpilgern, Britten und Germanen.
Sorgfältig prüft sein Auge die Gestalten
Der nahnden Fremden, und in momentanen
Aufwallungen leicht hätt' er Den und Jenen
Als Sohn umschlungen unter Freudenthränen.

Doch nun, wer drängt sich aus dem bunten Schwarme
Und wirft sich zu des Fürsten Füßen hin?
Sein Otto ists und führt an seinem Arme
Elfride, vormals Circustänzerin;
Er aber preßt auf Beider Stirnen warme
Willkommensküsse. „Wie so froh ich bin,
Mein Otto, dich an meine Brust zu drücken,
Und Schwiegertochter, dich, o welch Entzücken!

„Recht hattst du, Sohn, daß du, die Kluft der Stände
Nicht achtend, nur gefolgt der Herzensflamme."
Er rufts; doch seine Freude nimmt kein Ende,
Denn lächelnd streckt aus Armen einer Amme
Ein Zwillingspaar entgegen ihm die Hände;
Zwei Zweige sinds, entsprossen seinem Stamme,
Und zärtlich, hohen Glückes sich bewußt,
Drückt er die Enkelchen an seine Brust.

Der in der Kleinen Anschaun ganz Verlorne
Hat lang nicht um sich her geschaut, da sieh!
Sinkt plötzlich Nikolas, der Erstgeborne
Des Hauses, vor dem Vater auf das Knie
Und mit ihm seines Herzens Auserkorne,
Die Gründrin einer neuen Dynastie,
So hoffen wir, die sich nach ächt humanen
Principien reihen wird an die der Ahnen.

Er ruft mit Augen, die von Wonne glänzen:
„Hier meiner Seele Braut stell' ich dir vor;
Die ich gesucht fern an der Erde Gränzen,
In Prenzlau — und ich ahnt' es nicht, ich Thor —
Erwuchs sie. O! wenn Fürsten-Descendenzen
Sonst abwärts steigen, nun empor, empor,
Um alle Königshäuser zu beschämen,
Wird, Vater, dein Geschlecht die Richtung nehmen."

Kaum hat Fürst Friedrich noch umhalst die Zwei,
Durch welche seines Daseins Winteröde
Nun neu verwandelt wird zum duft'gen Mai,
Da nimmt er wahr, wie, schüchtern noch und blöde,
Aslauga seitwärts steht und nicht herbei
Den Mann zu führen wagt, dem er so schnöde
Zuvor begegnet ist; er geht verlegen,
Die Hände ausgestreckt, dem Paar entgegen.

Nicht duldet er, daß sie zu seinen Füßen
Sich werfen, doch kann Fassung kaum gewinnen;
Bald in die Arme ihn, bald sie zu schließen
Wird er nicht müd', und seine Thränen rinnen.
Erst dann mit freudigem Willkommen grüßen
Sich die Geschwister und die Schwägerinnen;
Allein als sie, wie viel sie seien, zählen,
Gewahren sie, daß Etliche noch fehlen.

Kühl wehn schon auf dem Kulm die Abendwinde,
Und Trini will, besorgt um ihren Kleinen,
Ins Wirthshaus eben eilen mit dem Kinde;
An Armen ihrer Musiker erscheinen
Auf einmal da Gertrude und Sieglinde,
Und Max ruft aus: „Sieh, Vater, mehr der Deinen
Und immer mehr noch! Bist du jemals, sage,
So froh gewesen, wie an diesem Tage?"

Sieglind hebt an: „Sei uns, o liebster, bester
Papa, und unsern Männern hold gesinnt!
Die Liebe war, die mir und meiner Schwester
Den Rechten zugeführt, diesmal nicht blind,
Und stolzer macht es uns, daß im Orchester
Die Beiden wackre Musikanten sind,
Als wenn sie Fürsten wären; hiermit führ' ich
Dir meinen zu; er ist Cellist in Zürich."

Gertrude drauf: „Zwar vom Israeliten
Durchaus nicht lassen will mein Lewyson,
Er sagt, die Glaubenslehren sei'n nur Mythen,
Und gleichviel tauge jede Religion;
Allein, drauf will ich eine Wette bieten,
Des allerchristlichsten Monarchen Sohn
Ist nicht so gut wie er, der demokrat'sche
Freigeist, noch solch ein Meister auf der Bratsche."

„Mein Segen" — spricht Fürst Friedrich — „eurem
                             Bunde!
Und Alle nun, die ihr die Pilgerfahrt
Hierher gemacht, mit mir in froher Runde
Sollt ihr ein Fest begehen seltner Art!
Allein zuvor vernehmt von mir die Kunde,
Die ich für diesen Augenblick verspart!
Wie ihr, hab' ich den bessern Theil erwählt
Und nach des Herzens Drang mich neu vermählt.

„Kommt in das Kulmhaus jetzt! Wen meine Wahl
Getroffen hat, sollt ihr noch heute sehn."
So geht der Fürst voran zum Gasthofsaal
Und läßt die Kinder dort erwartend stehn;
Bald aber kehrt der neue Ehgemahl
In schwarzem Hochzeitsfrack zurück, und wen
Führt er am Arme? Eine wohlbekannte
Gestalt uns ists — Emma, die Gouvernante.

Glückwünschend treten Alle zu dem Paar;
Und also spricht der Fürst: „Als viele Wochen
Vorleserin sie mir und Pflegrin war,
Hat Liebe meines Herzens Eis gebrochen;
Zwar lange hats gewährt, bis sie den Staar
Auch meinem Geiste, der stockblind, gestochen;
Ich stand vor einem ernstlichen Dilemma,
Allein am Ende siegte meine Emma.

„Nach alten Satzungen und laut Statuts
Des Fürstenhauses, mir gestehn das mußt' ich,
Ging ich der Titel, des Familienguts,
Sobald ich diese Ehe schloß, verlustig;
Doch schließlich fügt' ich drein mich frohen Muths;
Noch ein'ge Habe blieb mir ja, das wußt' ich;
Und mir und meiner Gattin soll ein Gütli
Jetzt Wohnsitz sein, das ich gekauft am Rütli."

Nun um die reichbesetzte Tafel reihen
Sich Alle wohlgemuthet, vom Ballaste
So vieler Sorgen frei; die Kinder weihen,
Die Eltern gegenseitig sich Toaste:
„Mag herrlicher nun unser Stamm gedeihen,
Da er erlöst ist von dem Bann der Kaste!"
Ruft Nikolas, und aneinander hallen
Die Gläser, die von Schaumwein überwallen.

Allein Aslanga, als die Tafelrunde,
Die fröhliche, sie mit den Blicken mißt,
Ruft aus: „Doch Einer fehlt in unserm Bunde,
Der gute Karl, den nie mein Herz vergißt!
So lang schon ward von ihm uns keine Kunde;
Ob er denn wirklich ganz verschollen ist?"
Und bei den Worten schlugen Alle bang
Die Augen nieder: ja, er zögert lang!

Da spricht Fürst Friedrich: „Allzuviel, ihr Lieben,
Fast sinds der Freuden heut für mich gewesen,
So daß mir die Besinnung kaum geblieben;
Daher vergaß ich, euch den Brief zu lesen,
Den Karl mir aus Amerika geschrieben.
In seinem Leben welche Antithesen!
Er, der zur Braut begehrt ein Kind des Czaren,
Was später aus ihm ward, sollt ihr erfahren."

Dann las er: „O mit wahrem Freudenschauer
Las deinen Aufruf im Journal dein Sohn! —
Aus Preußens Kerkern, drin durch Jahresdauer
Mein Leben hingewelkt, zuletzt entflohn
Ward ich hier in New-York bei einem Brauer
Brauknecht und hab' als treuer Dienste Lohn
Nicht seiner Tochter Hand bloß von dem Alten,
Nein reiche Schätze noch dazu erhalten.

„Nun, da mein eigner Herr, ja Millionär
Ich bin, treibt nach der Schweiz der Wunsch, der eine,
Dich wieder bald zu sehn, mich übers Meer;
Dort neu die demokratischen Vereine
Organisiren will ich nebenher.
Also auf bald'ges Wiedersehn. Der Deine."
Ein Jubel war, als das Fürst Friedrich las,
Im ganzen Kreis, und neu klang Glas an Glas.

Vom Tische neben dem, an dem sie saßen —
Denn noch von Fremden war dort ein Conflux —
Zu ihnen trat ein Herr, der über Maßen
Beleibt war, aber klein von Körperwuchs.
„Durchlaucht!" rief er, „ich hoffe, Sie vergaßen
Nicht Ihren unterthän'gen Diener Luchs?"
Fürst Friedrich sah erstaunten Blicks den Dicken,
Denn Körperfülle droht' ihn zu ersticken.

Allein willkommen heißt er ihn aufs Beste,
Und weiter fährt der Wohlbeleibte fort:
„Kaum hier vermuthet' ich so hohe Gäste.
Erhabner Fürst, des deutschen Adels Hort!
In unsrer Zeit, die alles Guten Reste
Fortreißt, wo jeder Adelsstammbaum dorrt,
Schau' ich aus Schiffbruch-Scheitern und Ruinen
So wie zu einem Pharus auf zu Ihnen.

„Doch à propos! Was eben ich vernehme,
Erfuhren Sie es schon, vom Grafen Lorm?
Gestehen muß ich, daß ich fast mich schäme,
Es zu erzählen; es ist zu enorm.
Sie wissen, immer liebt' er die Extreme.
Er, der die Kammerherren-Uniform,
Wie ich, getragen, schon in den Berliner
Märztagen zeigt' er sich als Jakobiner.

„Beim Himmel, würdig sind der lebenswier'gen
Zuchthausbestrafung solche Apostaten!
Seit er zurückgekehrt war aus Sibirien,
Hielt er sich offen zu den Demokraten
Und predigte — fast scheints, daß in Delirien
Er war — den Sturz der deutschen Potentaten;
Deutschland, rief er bei jedem Redeschlusse,
Sei deinen Klaun entrissen, frecher Russe!

„In Dresden kämpft' er auf den Barrikaden;
Alsdann — so eben les' ich im Organe
Der preußischen Regierung das — in Baden,
Wo er der Führer aller Umsturzplane
Gewesen und im Kampf den Kameraden
Vorangetragen hat die rothe Fahne,
Fiel er und rief, als ihn die Kugel eben
Durchbohrte, noch: die Republik soll leben!"

Gehör kaum leihn Fürst Friedrich und die Seinen
Dem was er spricht. Tief Nacht ist es bereits
Und, früh am Morgen wieder zu erscheinen,
Den Nachtgruß bieten sie sich gegenseits.
Der Fürst will noch die Kinder auf dem kleinen
Landgute bei sich sehn, das in der Schweiz
Er jüngst gekauft. So nächsten Tages heiter
Des Weges ziehen sie zum Rütli weiter.

Dem Haus schon nahn sie, wo in froher Muße
Des Alten Lebensrest verfließen soll;
Da grüßt ein Herr sie, der des Wegs zu Fuße
Mit einer Dame wandert, ehrfurchtsvoll
Und hält auch die Begleitrin an zum Gruße.
Der Fürst erstaunt: „Was seh ich? bin ich toll?
Du, Peter, bist der Herr, der elegante?
Erstaune nicht, wenn ich dich nicht erkannte!"

Der Diener sagt, es geh' ihm excellent:
Die Flitterwochenreise mach' er eben,
Mit der Gemahlin denk' er permanent
In Ungarn auf den Schlössern dann zu leben.
Die Fürstin macht ein steifes Compliment,
Und spricht: „Ich hab' ihm meine Hand gegeben,
Sein ganzes Wesen war mir so sympathisch,
Allein die Ehe ist nur morganatisch."

Abschied nimmt mit gewohntem Redeschwalle
Trauf Peter tiefgerührt, und ihm versprechen,
In Ungarn bald ihn zu besuchen, Alle;
Doch können sie der Furcht sich nicht entbrechen,
Gefangen sei ihr Freund in einer Falle,
Und seine Heirath werde schwer sich rächen.
Beim Vater nahmen auf der Wochen vier
Dann Kinder, Schwiegerkinder ihr Quartier.

Bald kam auch Karl, gesund, mit vollen Wangen,
Nebst seinem Weib; man sah dem stämm'gen Mann
Was in Sibirien, was er gefangen
Im Kerker ausgestanden nicht mehr an;
Und, von dem Fürsten väterlich empfangen,
Der auch die Brauerstochter liebgewann,
Wohnt' er hinfort, statt in den Yankee-Staaten,
Bei ihm, als Haupt der Schweizer Demokraten.

So lebte, fern von Höflingskreaturen,
Fortan Fürst Friedrich, glücklicher als je;
Die Kinder, Abschied von ihm nehmend, schwuren,
Oft zu besuchen ihn an seinem See.
Nach Bayern, wo zuerst Helenens Spuren
Gezeigt ihm hatte eine güt'ge Fee,
Zog Nikolas und ließ bei Berchtesgaden
Sich nieder an den schönen Seegestaden.

Der Andern jeder kehrte zu dem Orte,
Nach dem sein Herz zumeist Verlangen trug,
Doch hielt der Vater alle sie beim Worte
Und sah bei sich sie jährlich zum Besuch.
Dann gab es Wein und Kuchen jeder Sorte,
Und o! wie froh das Herz dem Alten schlug,
Wenn Söhn' und Töchter ihn umschlungen hielten
Und Enkelkinder seine Knie' umspielten.

Nachwort
zum dritten Bande.

Episoden.

Bei der poetischen Erzählung, einer Gattung der Poesie, welche bei den Griechen schon in dem reizenden Gedicht des Musäos „Hero und Leander" auftritt, kann es nicht der Zweck sein, ein Factum kurz und bündig zu berichten; in diesem Falle würde man besser sich der Prosa bedienen. Die metrische Form für die Erzählung hat nur dann Sinn, wenn der Dichter viel mehr darauf ausgeht, die Leser oder Hörer auf möglichst anmuthigem Wege, als schnell aus Ziel zu führen. Selbst die eigentlichen Epiker verfahren dergestalt und schalten in die Haupterzählung Vieles ein, was für deren Fortgang durchaus nicht nothwendig ist, oft in beträchtlicher Ausdehnung. Firdusi ist voll von Betrachtungen und subjektiven Gefühlsergüssen, und diese tragen nicht wenig dazu bei, den Eindruck seines großen Gedichtes zu verstärken. Die poetische Erzählung hat nun hierin einen noch weiteren Spielraum. Es ist daher durchaus ungehörig, bei Gedichten dieser Art zu tadeln, wenn sie bei Nebensachen und Einzelheiten verweilen, Naturschilderungen einflechten u. s. w. Allerdings sollten dabei Schranken eingehalten werden, und diese möchten in manchen berühmten poetischen Erzählungen überschritten sein; in den meisten Byrons 'z. B. überwiegen die Beschreibungen, Reflexionen und Gefühlsergüsse so sehr, daß der Faden der Geschichte oft fast ganz darunter verschwindet, ja daß die letztere zur Nebensache wird. Als normal erscheint es mir, wenn die Erzählung im Vordergrunde des Interesses steht, der Dichter aber auch dasjenige, was sich ihm, abgesehen von dem faktischen Inhalte darbietet, um den Reiz seiner Darstellung zu erhöhen, nicht verschmäht. Die Hauptsache wird sein, daß er immer nur an passender Stelle von der eigentlichen Erzählung abschweift; es würde sich z. B. nicht empfehlen, in Momenten großer Spannung oder da, wo die vorgeführten Personen unmöglich an Anderes als an ihre eigenen Schicksale denken können, Naturschilderungen anzubringen; wo aber Jenes nicht der Fall ist, wo ein Ruhepunkt eintritt oder wo die Figuren der Erzählung in der Stimmung sind, um sich den Eindrücken der Außenwelt hinzugeben und wo sich die Natur in ihrem Gemüth wiederspiegelt, können Landschaftsgemälde, die von Empfindung getränkt sind, einer solchen Dichtung nur zur Zierde gereichen. Völlig sinnlos ist es, wenn einige Schriftsteller, die lieber über Nationalökonomie als über Poesie hätten schreiben sollen, gegen Naturschilderungen überhaupt eifern. Daß es deren giebt, die trocken, seelenlos bloß die äußerlichen Umrisse wiedergeben und daher nicht in die Poesie gehören, ist gewiß. Aber wenn der Dichter sich in den Geist der Natur versenkt, sein Gefühl von ihr erregen läßt und wieder seine Seele in sie hinein trägt, so hat das Gemälde, welches er von einer Landschaft entwirft, die vollste Berechtigung in der Dichtkunst. In Homer und den griechischen Tragikern findet sich Vieles von dieser Art, ebenso bei den alten Indern und bei Firdusi. Da die Empfänglichkeit für Naturgenüsse sich in neuerer Zeit, besonders seit der Mitte des vorigen Jahrhunderts, so außerordentlich gemehrt hat, sind selbstredend solche Schilderungen bei den modernen Dichtern noch viel häufiger geworden, und mit vollem Recht. Denn wenn eine Poesie, die den schlechten Neigungen ihrer Zeit fröhnt, zu verdammen ist, so würde diejenige, welche einem edlen Hange derselben, wie es die Liebe zur Natur ist, nicht entgegenkäme, von vornherein eine todtgeborene sein.

In Bezug auf „Heinrich Dandolo" ist gesagt worden, es sei unglaublich, daß der alte Seeheld das furchtbare Erlebniß seiner Jugend selbst, und gar in einem größeren Kreise, erzähle. Diese Bemerkung möchte jedoch auf sehr mangelhaften psychologischen Beobachtungen beruhen. Es giebt sicher verschlossene Charaktere, welche die schmerzlichen Erfahrungen ihres Lebens vor Jedermann geheim halten; ich kenne dagegen mehrere, die vielmehr einen Trost und eine Befriedigung darin zu finden scheinen, daß sie die ihr tiefstes Herz zerreißenden Schicksalsschläge Anderen, sogar bei der ersten Begegnung und in größeren Kreisen, mittheilen. Bei Dandolo kommt nun noch hinzu, daß er im hohen Greisenalter erzählt, was er in seiner Jugend erlitten, daß die entsetzliche an ihm verübte Missethat ihn nicht allein als Privatmann, sondern auch als den kühnen Vertheidiger der Rechte Venedigs betroffen hat und daß er die Geschichte seiner Leiden in dem Momente vorträgt, wo ihm endlich Rache an seinen Verfolgern zu Theil werden soll.

In dem Gedichte Giorgione hat man es für schwer denkbar erklärt, daß der venetianische Maler seine Eifersucht so weit bezwinge, um der Hochzeit seiner Geliebten, der er zu Gunsten eines Anderen entsagt hat, beizuwohnen. Mein Gedankengang hierbei ist folgender ge-

wesen. Giorgione, das Schwinden seiner Lebenskräfte
fühlend und der Pflicht gedenk, für das Glück seiner
Pflegekinder zu sorgen, bezwingt durch die Macht des
Willens seine Neigung zu Angela so weit, daß er sie
dem von ihr geliebten Sebastian abtritt und die Hoch=
zeit mitfeiert. Aber in dem Seelenkampfe, der hierbei
unausbleiblich, erliegt seine Kraft; er fühlt seinen nahen
Tod, und nun verklärt sich das geliebte Mädchen ihm
nach und nach so sehr, daß er in ihr, nach der in Italien
damals viel verbreiteten neuplatonischen Philosophie, nur
noch das Abbild der himmlischen Schönheit erblickt. So
ist es denn sein letzter Wunsch, das Bildniß Angelas
zu malen, um darin mit Aufbietung seiner ganzen Kunst
die Züge seiner hohen, in überirdischem Glanze vor ihm
strahlenden Geliebten aufzubewahren. — Wer diesen Vor=
gang für undenkbar hält, der muß die Macht des Willens
über die Affekte läugnen.

www.ingramcontent.com/pod-product-compliance
Lightning Source LLC
Chambersburg PA
CBHW032000300426
44117CB00008B/840